經典文學 1

愛在瘟疫蔓延時

El Amor En Los Tiempos Lel C'olera

加西亞•馬奎斯 著　姜鳳光、蔣宗曹 譯

目錄

愛在瘟疫蔓延時

加西亞・馬奎斯最新長篇力作

●鄭樹森

西方文壇有一個調侃諾貝爾文學獎的笑話，說這個獎是「死吻」；得主的成就雖得肯定，但必然從此「江郎才盡」，空戴桂冠。美國小說家史坦貝克一九六二年獲獎時，即揚言不懼此「咒」，且自信日後定有突破。但到了一九六八年，史坦貝克還是賫志以終。史坦貝克之前的幾位美國小說家(如海明威和福克納)，獲獎之後雖有作品問世，但都江河日下，大不如前。

相形之下，哥倫比亞小說家加西亞・馬奎斯一九八二年獲獎後，一九八三年發表電影文學劇本《綁架》，一九八五年完成長篇小說《愛在瘟疫蔓延時》，一九八六又發表報導文學《智利地下行動》，不但文類多樣，且好評如潮，大概是數十年來打破「諾咒」的第一人。但也許這要歸功於他一向的寫作態度。在一九八五年的一個訪問，談到盛名之累時，他說：「出名對我而言並沒有什麼包袱。我的責任是寫作。……而我每一次坐下來寫作時，都是戰戰兢兢，顧慮和擔憂的」。他又表示，當前最大的困擾倒是健康狀況：「現在不論多麼注意飲食和運動，都不管用，身體情況越來越差。……年輕的時候，一有靈感，說寫就寫。但年紀越大，靈感越少，不得不加強和依賴技巧；寫作速度也慢了。二十多歲時，每天都替報紙寫一篇新聞稿和一兩篇社論，晚上還要寫自己的小說。但現在一篇十五頁稿紙的短篇小說，竟要耗掉五百張稿紙。」

一九八二年十二月，也就是獲得諾貝爾文學獎後的一個半月，加西亞·馬奎斯決定埋頭寫一部長篇小說。由於諾貝爾獎的獎金豐厚，他首先辭退其他撰述工作；但也同時謝絕得獎帶來的各種邀約和應酬，中斷電話聯絡，甚至一度「失踪」，隱居起來，天天坐在電腦前（這部電腦也是拜諾獎之賜），努力了近兩年，終於完成二十五萬字的長篇小說《愛在瘟疫蔓延時》（西班牙文直譯可作《霍亂時期的愛情》）。這部小說一九八五年年底同時在西班牙和拉丁美洲十個國家推出，第一版印量就高達一百二十萬冊，成為一九八六年全世界西班牙語文壇的盛事。

這部小說的時間長達六十年。小說開始時，一對青年情侶陰差陽錯，未能結合。半個世紀之後，女方終於成為寡婦，一直獨身的舊情郎出現靈堂，喪禮後立即向老婦人求婚。這段穿越五十多個寒暑的戀情，中間還描繪各式各樣的情愛；難怪拉丁美洲的書評人紛紛稱之為「愛情大觀」、「愛情戰鬥史」、「愛情教科書」。由於小說主線的悲歡離合，再加上筆法的蜿蜒舒展，有論者認為小說令人想起法國名家普魯斯特的《追憶逝水華年》。然而，這個比較似乎過分強調小說的風情月債，而忽略了暗流洶湧的歷史層面。

這部小說以十九世紀七十年代為開端，終結於二十世紀的三十年代，中段剛好是哥倫比亞歷史上有名的「千日戰爭」（一八九九年至一九〇二年）。哥倫比亞在一八一九年自西班牙統治者手上贏得獨立。一八八六年，部分領土分裂獨立，成為委內瑞拉和厄瓜多爾，所餘即為哥倫比亞共和國。（後來在一九〇三年，為了巴拿馬運河的利益，美國成功地支援巴拿馬地區分離建國）。在這段時間，哥倫比亞的既得利益階層分裂為保守黨和自由黨，並各以所能動員的民眾組成武裝隊伍。前者主張中央集權和政教合一，支持者多為莊園主和神職人員。後者倡議聯邦制和政教分離，中堅多為商界和專業人士。兩黨雖然名稱迥異，起初也有個別政策的分歧，但隨著派系矛盾的尖銳化，兩黨的衝突演變成赤裸裸的權力鬥爭，與意識形態完全無關。（一八九九年「千日戰爭」爆發時，全國人口不及四百萬，陣亡數字約為十萬。元氣大傷後，保守黨終於獲勝，掌握中央政權。但兩黨實際制控的地區，依舊壁壘分明，勢力範圍近乎世襲。（一九四八年至五〇年，黨爭再次激變成武鬥時，約有十一萬人死亡，並因此導至軍人獨裁；兩黨終在一九五八年談和，合力推翻軍政府，組成聯合政府，自中央以迄地方的行政、立法、司法體系，都平均委任，總統則四年互調一次。一九四八至五〇年之戰亂及後來的軍事獨裁，都曾是加西亞・馬奎斯小說的背景。）

《愛在瘟疫蔓延時》的歷史背景正是「千日戰爭」前後的三十年。一反《百年孤寂》的直接描繪戰爭場面，這部小說的筆鋒則轉向整個時代的社會風貌。歷史雖然沒有正面出現，卻涓涓滴滴流入情節的罅縫，籠罩著六十年的變遷。另一真實背景則是霍亂的流行。霍亂可說是十九世紀的瘟疫，先後四次蔓延歐洲；在拉丁美洲的落後地區，一旦爆發，更是死人無數。哥倫比亞黨爭日劇的時候也正是霍亂的蔓延期。

在小說裡，女主角的丈夫是位留學巴黎的醫師，因為父親（也是醫生）死於霍亂，留法時專攻傳染病學，成為Adrien Proust醫師的學生（史上確有其人，即法國小說家普魯斯特之父）。回到哥倫比亞之後，致力於撲滅霍亂，救人無數。女主角這位醫師丈夫的德行和科學知識，無疑使他成為「正面人物」。但正如不少留學巴黎的拉丁美洲知識分子，這位醫生的文化意識絕對是法國的（當年不少拉丁美洲作家長居巴黎，甚至改以法文創作）。他的藏書來自歐洲，特別留意法國的文學風尚；家具雖是英國貨，磁器還是法國的；甚至他那隻會說「自由黨萬歲」的鸚鵡，也能用法語和拉丁文學舌。這位醫生無疑是進步人物；但在國族文化本位上，也同時是依賴和寄生的代表。

至於女主角的舊情人，雖然可說是放蕩不羈，但他半個世紀的等待，是一種堅忍不拔；其間無數的雲雨春風，也是一種旺盛的生命力。然而，這個出生貧困、未曾留歐的鄉土子弟，在醫師有生之年，除了苦候，也就別無長策。這並不是他的懦弱無能，而是歷史的必然，因為他代表的，既是拉丁美洲的劣勢，也弔詭地是拉丁美洲的強韌。而出身小資產階層的女主角，先是嫁給留學巴黎的醫生，最後又驚世駭俗，重投舊情人的懷抱，也可作同樣的詮釋。小說終結時，兩人在名為「新忠誠」的船上重拾舊歡。這個船名明顯地強調二人的新關係；但更重要的是，這是第一艘本地自製的輪船。這個細節，配合耄耋之年的再生，使得小說結局樂觀之餘，也無可避免地透露出某種主觀願望。美國社會文化學派評論家詹明信（Fredric Jameson）嘗說，不少「第三世界」的小說，在視境與設計方面，往往於無意有意之間，折射出整個國家民族的特殊歷史情況。這一類型的呈現，可以通稱為「國族的喻意」（national allegory）；他認為魯迅的〈狂人日記〉及〈阿Q正傳〉都可歸入這個範疇。（參看〈Third-World Literature in the Era of Multinational Capitalism〉一文，一九八六年《Social Text》第十五期）。從這個角度來看，《愛在瘟疫蔓延時》無疑也是一部「國族喻意」的小說。

加西亞·馬奎斯的成名作《百年孤寂》充滿超越日常經驗的情節，但顯然也是一部「國族的喻意」。另一部名作《家長的沒落》裡，大獨裁者當權二百年，則將「喻意」擴展至整個拉丁美洲。然而，《愛在瘟疫蔓延時》與這兩部名作極為不同，因為這部新作大膽地擯棄作者揚名國際的魔幻現實主義手法，向傳統的現實主義回歸。但這部小說的情節鋪陳，並不保守；六十年的轉折，自女主角丈夫的去世開始，抽絲剝繭，娓娓倒敘，時空交錯，事件並置。但正因敘事結構的經營，小說的趣味性也相應提高。這部小說的新嘗試，對一位名滿天下的作家來說，想來定必是臨淵履薄的心情。不過，魔幻現實主義在拉丁美洲小說的成長，已有三、四十年歷史，一般讀者極為熟悉，也確實不得不推陳出新，機杼別出。這在一九八一年《一件事先張揚的凶殺案》，已見端倪。

但在一九八一年，加西亞·馬奎斯對拉丁美洲的歷史發展是相當悲觀的。那一年他與哥倫比亞作家阿普萊約·門多薩的長談裡，就說：「拉丁美洲的歷史也是一切巨大然而徒勞的奮鬥的總結，是一幕幕事先注定要被人遺忘的戲劇的總和。至今，在我們中間，還有著健忘症。只要事過境遷，誰也不會清楚地記得香蕉工人橫遭屠殺的慘案，誰也不會再想起奧雷良諾·布恩地亞上校」。這位上校在《百年孤寂》裡，曾三十二次武裝起義，但慘遭擊敗。然而，即使這位上校起義成功，加西亞·馬奎斯也是悲觀的。在《百年孤寂》裡，小說家讓一位即將處死的人對奧雷良諾·布恩地亞上校說：「我擔心的是，你這麼痛恨軍人，這麼起勁地跟他們打仗，又這麼一心一意地想仿效他們，到頭來你自己會變得跟他們一模一樣。照這樣下去，你會變成我國歷史上最暴虐、最殘忍的獨裁者」。在這個談話錄，加西亞．馬奎斯又說，布恩地亞家族百年孤寂的原因，是「不懂愛情，不通人道」，而「孤寂的反義是團結」。（這個訪談錄，一九八二年以《番石榴飄香》為題在西班牙及哥倫比亞同時出版單行本，以上引文為林一安中譯）。

相形之下，《愛在瘟疫蔓延時》就相當樂觀。女主角和醫師丈夫漫長的婚姻，是典型的拉丁美洲的夫妻關係。她沒有個人生命，也沒有個人世界。她的快樂完全是丈夫的恩賜。他倆盡力和睦相處，最後也幾乎是幸福和相愛的。然而，真正的愛情和自主，還得等到丈夫去世後才能實現。也許有人會說，這部小說為了謳歌愛情及其象徵意義，情節安排幾已匪夷所思，無法置信；雖然不是魔幻現實主義，但還是有點乖離現實。

誇張現實和逃避現實向來是大眾文化的特色。拉丁美洲的情歌，更是「熱情奔放」、浪漫異常的大眾文化。加西亞．馬奎斯對這個文化現象，向來都非常關注。他自己甚至多次試寫情歌，但都不成功。一九八五年古巴的《意見》雜誌訪問他時，小說家表示，拉丁美洲的流行情歌手荷西．荷西和路易士．羅德里格斯，「都是我們時代的西班牙語大詩人」。這個「離經叛道」的說法，使得古巴的「革命」音樂陣營，驚惶不知所措。

德國「法蘭克福學派」大將阿當諾（Theodor Adorno）避居美國時，曾貶斥源起民間的爵士音樂，視為另一種「文化工業」，與工廠的流水線生產並無二致。後來不少新馬克思主義評論家沿襲此說，指責大眾文化為麻醉群眾心靈的「文化工業」包裝品。大眾文化先天性的不斷自我重複，斲斷原創性，是消費的而不是反思的。然而，作為一種社會現象，某些大眾文化商品的流行，也弔詭而辯證地反射出一些卑微的企盼、遙遠的期望。在不少拉丁美洲國家的貧窮困頓中，情歌的浪漫、鄉土、原始衝動，又不同於北美地區精心包裝推銷的文化商品，並不單純是市場的消費行為，也是現實環境的反彈、心理的抒發和補償。從這個角度來看，《愛在瘟疫蔓延時》吸收通俗愛情文化的素材（最後甚至「有情人終成眷屬」），但其敘事結構的營造及三角關係的喻意性，加上舒緩輕巧的筆法，顯然衹是借用通俗文化的軀貌，另行提昇和轉化。

晚近歐美精緻文化的發展中，向通俗文化借襲，早已自成一格。建築家羅拔·梵圖理（Robert Venturi）的宣言《向拉斯維加斯學習》，音樂家菲力普·格利斯（Philip Glass）的古典與流行之結合，都是比較顯著的例子。有些論者認為這是所謂「後現代主義」的特色。在「後現代主義」的論辯成為文化時尚的今天，《愛在瘟疫蔓延時》的新嘗試，也許會引起這方面的聯想。但是，迥異於西方現代主義及「後現代主義」，加西亞·馬奎斯的小說向來都「雅俗共賞」，又不炫於技巧和自我迷戀。即使他的魔幻現實主義，也始終緊扣拉丁美洲的社會歷史；就像他曾經說過的：「我所有的作品的每一行，都起源於現實」。

《愛在瘟疫蔓延時》評介

●史提芬·閔達Stephen Minta 作
●林同安 譯

《愛在瘟疫蔓延時》出版前好一陣子，加西亞·馬奎斯都在談這部浪漫小說。他說這個計畫是他長久以來的心願，寫了這麼多的孤寂、暴力和壓迫之後，個人的安慰。果不其然，這是一部探討愛情的小說，而霍亂疫症則穿插其中，但這部小說所關心的其他問題，將我們帶回《沒有人給他寫信的上校》的世界。這些問題是：老年與死亡、浪費一生虛待能夠帶來生命意義的大事件。

《愛在瘟疫蔓延時》是一部大膽的小說，尤其是因為作者才新近戴上諾貝爾文學獎的桂冠，而小說的模式卻根植於「庸俗」的浪漫愛情小說，也就是風行世界而批評家嗤之以鼻或不屑一顧的那類作品。這部小說信心十足地處理陳腔濫調和難以置信的誇張放大，搜索感情生活的真實性；而小說所暗示的，是後者既深藏於最隱晦的心理分析，也植基於大眾流行的想像力。因此，這部小說的寫作在一方面是拒絕被供奉於文學殿堂和隨之而來的傳統文學的束縛，另一方面，也顯然是作者個人對無情歲月的抗拒，對垂暮之年充滿信心的不屈之證言。

《愛在瘟疫蔓延時》的世界是很容易進入的；這和它所倣效的小說模式是相同的。小說充滿了細節和事件，但只有三個主角：婦人貴爾米納和分享她生命的兩個男人。烏爾比諾醫生是她共度五十寒暑的丈夫；阿里薩是她虔敬的傾慕者，而最後終於成為她的情人。小說的情節簡單，其難以置信會令讀者一開卷，就認為這樣的情節不能承載深入的心理探討。然而，奇異而精彩的是，小說終於委婉地肯定充塞其中的陳腔濫調。

小說的想像世界要重視哥倫比亞歷史被遺忘的一頁，充滿了作者及其雙親的過去之回憶，對舊日可觸可感的種種（尤其是衣飾細節），甚為迷戀；因此，就像一位哥倫比亞書評人很早就指出的，讀這部小說，就像在翻閱褪色的家庭照相簿。然而，小說的主要企圖，是重新拾回大眾通俗傳統的價值。小說的活力來自一系列鮮明的老套樣板，但小說的目標不是提昇這些老套，而是將之推展至其極限，抽取本來蘊含其中的真理。總的來說，通過全書並不僅是調皮的反諷式模倣（parody），光明的啟蒙力量敗於黑暗的原始本能。我們掩卷時，覺得好笑的不是浪漫愛情的荒誕濫調，而是烏爾比諾的理性及隨之而來的蠢事——這位醫生訂閱巴黎《費加羅報》竟是為了「不要失去掌握現實的線索」。

這部小說更絕不天真，而充分體會到，本能的勝利是有代價的；因此，小說開始時一宗純理性的自殺，結尾時由純感性（失戀）的自殺來小心迴應。儘管如此，小說洋溢著一種喜悅，因為受到種種威權（階級、理性、金錢、宗教、文學傳統）不斷威恐的生命態度，通過小說而重拾回來。烏爾比諾是文學正統及生命各種規範的象徵，因此他不得不閱讀當代歐洲文壇的最佳作品。阿里薩純粹是喜歡讀書而讀書，也就不用理會良莠之別。阿里薩是唸「大眾文庫」長大的；這套書到處都賣，包羅萬有，上起荷馬，下迄本地的小詩人。

這一種自由，相對於十九世紀歐洲傳統及其二十世紀附庸所象徵的威權性，正是加西亞・馬奎斯這部小說要追尋的。通過這個批評，這部小說回歸另一個傳統；這個傳統認為「一貫正確」固然光榮，但生命並不自囿於不犯錯誤。這個傳統歐洲也有。巴斯卡（Pascal）典雅的著名格言不就說：「感情本身的道理，往往是道理本身茫然不知的。」這句名言在中美洲和加勒比海地帶，也有同樣睿智，不過比較通俗和鄉土的說法：「感情的空間容量，妓女戶所有的房間加起來都比不上。」阿里薩在人群中孤獨地揮別他生命中無數的豔遇之一時，這句話正是他憤懣的自我發現；然而，阿里薩生命中的眾多豔遇，祇是無痕的春夢，因為他心靈的龐大感情空間，永遠是留給獨一無二的費爾米納的。（摘自一九八七年，英國出版的《加夫列爾・加西亞・馬奎斯》）。

愛在瘟疫蔓延時

加西亞・馬奎斯／作
姜鳳光、蔣宗曹／譯・尹承東、林同安／校

自然，本書爲梅塞德斯而作

這些地方的變化日新月異
它們已有了戴王冠的仙女

——萊昂德羅・迪亞斯

這是注定無疑的：苦扁桃的氣息總勾起他對情場失意的結局的回憶。胡維納爾·烏爾比諾醫生剛走進那個半明半暗的房間就悟到了這一點。他匆匆忙忙地趕到那兒本是為了進行急救，但那件多年以來使他憂心的事已經不可挽回了。那位安的列斯群島的流亡者，殘廢軍人，兒童攝影師，又是跟醫生交情甚篤的國際象棋對手德薩因特·阿莫烏爾，此刻已利用氰化金揮發出來的氣體，從回憶的折磨中徹底解脫了。

醫生看到屍體躺在行軍床上，覆蓋著一條毛毯。阿莫烏爾生前一向是睡在這張行軍床上的。靠近行軍床有個板凳，凳子上放著一只小桶，那是用來蒸發毒品的。地板上躺著一條胸脯雪白的黑色丹麥大狗。它被捆綁在行軍床的床腿上，旁邊擺著一條拐杖。那間令人窒息的、雜亂的房間，既是臥室，又充當工作室，黎明的曙光從打開的窗戶射進來，熹微的光亮足以使人們立即認出他確實已經死了。其他的窗戶以及門縫都被破布遮得嚴嚴實實或用黑色的馬糞紙封閉起來，這更增加了室內的壓抑的氣氛。室內有一張木台，上面堆滿了細口小瓶和沒有商標的香水瓶。在用紅紙罩著的一台普通聚光燈下有兩只白臘小桶，外皮已經剝落。第三只桶裡盛著定影劑，靠近屍體。過期報章雜誌扔得到處都是，一塊塊玻璃板上堆滿底片，破舊的家具擺得零亂不堪。但是，在那雙勤勞的雙手的操持下，一切都顯得纖塵不染。儘管從窗外吹來的空氣使室內氣息變得清新，但熟知內情的人，仍然可以感覺出那帶有苦扁桃氣息的不幸的愛情的幽怨和隱痛。烏爾比諾曾不止一次地在沒有先兆的情況下想過：那裡真不是應上帝的恩召而離開人間的合適場所。但是，隨著時間的推移，他終於認識到，他的神經失調也許正是出於上帝的一種密旨。

警察局長帶著一個正在市診所裡進行法醫實習的年輕學生先到了，是他們在烏爾比諾醫生到來之前打開了窗戶，並把屍體蓋了起來。局長和學生嚴肅地跟醫生打了個招呼，這位醫生這次所以到來，主要是出於同情，而不是出於受人崇敬，因為沒有人知曉他和阿莫烏爾的友誼之深。這位醫道高明的教授，就像每天在臨床課開始之前跟他的學生一一握手一樣，同警察局長和年輕的實習生拉了拉手，然後便用食指和拇指緊緊捏住毛毯的邊緣，彷彿對待一朵鮮花，像慣常一樣慢慢地小心翼翼地揭開了屍體。他赤裸的身體僵硬地彎曲著，眼睛睜著，軀體呈藍色，彷彿比前一天晚上老了五十歲。他的瞳孔是透明的，鬍子和頭髮是黃色的。肚子上有一道舊傷痕，粗糙地縫合著。由於拐杖的折磨，他的身軀和胳膊猶如被判服划船苦役的犯人那樣粗大健壯，但是他的僵死的雙腿卻像無依無靠的孤兒的細腿。烏爾比諾醫生懷著痛苦的心情凝望著他，在他同死神徒勞爭奪的漫長歲月裡，他很少有這樣的表示。

「真蠢，最糟糕的事情終於發生了。」

他用毛毯重新把屍體蓋上，恢復了卓犖不群的教授的神氣。前年他過八十壽辰時，熱熱鬧鬧地慶祝了三天，在致辭時，他再次頂住了退職的誘惑。他說：「我死後總會有充分的時間休息，但死亡這件變幻不定的事還沒有列入我的議事日程。」他右耳越來越不中用了，他用帶銀柄的拐杖來掩蓋蹣跚的步履，依舊擺出年輕時的氣派，身穿一套亞麻布衣服，外加一件坎肩，坎肩上掛著金錶鏈。珍珠母色的巴斯德①式的鬍鬚和同樣顏色的、梳理得溜光鋥亮、居中分開的頭髮，是他性格的忠實反映。記憶衰退，越來越使他不安，他不得不隨時把事情記在小紙條上，以免遺忘。結果，口袋裡的小紙條太多了，又混得難以分辨，正同醫療器械、藥瓶以及其他東西在他塞得鼓鼓囊囊的手提箱裡混成一團一樣。他不僅是城裡資格最老和最傑出的醫生，也是最講究穿著的人。

然而，他的過於外溢的智慧和不太謙虛地動用權威的方式，反而使他得不到應有的愛戴和尊敬。

他給警察局長和實習生下的指示是準確迅速的，不必驗屍。房間裡散發的氣息就足以確定死因：某種感光的酸液引起了容器內的活性氰化物的揮發。但死者阿莫烏爾本人是此中老手，決不會在這種事情上有所疏忽。看到警察局長的猶疑不已的表情，烏爾比諾以他典型的為人方式斬釘截鐵地打斷了他的話：「請記住，簽發死亡證明的人是我！」年輕的醫生也感到掃興；他從來沒有遇到過通過解剖屍體來研究氰化金性能的機會。烏爾比諾醫生很驚奇，在醫學院裡沒有見過這個學生，但是從他羞澀的面容和安第斯發音上很快就明白了：也許他剛剛來到城裡。他說：「在這裡，要不了幾天，就會有某個愛情狂人給您一個機會。」這句話剛出口，他便馬上意識到，在他記憶中數不清的用氰化物自殺的人中間，這是第一個並非由於愛情而自殺的人。於是他稍稍改變了他的聲調：

「當您遇到這種事時，請好好注意，」他對實習生說，「在心臟裡常常可以找到金屬的微粒。」

然後他像上級對下屬那樣跟警察局長談話，吩咐他要繞開一切審理手續，以便當天下午神不知鬼不覺地舉行葬禮。他說：「以後我找市長去談。」他知道阿莫烏爾是個十分節儉的人，節儉得近乎原始人，他憑自己的手藝掙來的錢足以維持生活，因此，在他的某個抽屜裡應該放著存款，用作葬禮是綽綽有餘的。

「不過，找不到也沒關係。」他說，「一切費用由我承擔。」

雖說他知道報界對這一消息決不會感興趣，他還是關照了記者：攝影師是自然死亡。他說：「如果需要的話，我會找省長談的。」警察局長是個規矩而謙恭的公職人員，他早就聽到過烏爾比諾醫生的嚴厲甚至可以使他最親密的朋友也無法忍受。他對他那麼輕易地跳過一切法律手續匆匆忙忙安排葬禮感到驚訝。警察局長唯一沒有同意的是去和主教商量，把阿莫烏爾安葬在聖地。他對自己的不肯通融的態度感到歉疚，請求醫生原諒。

「我深知此人是個聖者。」他說。

「不僅是個聖者，還有點古怪。」烏爾比諾醫生說：「他是個無神論的聖者。但那是上帝的事情。」

在殖民城市的另一端，大教堂的鐘聲遠遠地傳來了，召喚人們去望大彌撒。烏爾比諾醫生戴上半月形夾鼻金絲眼鏡，掏出一塊精緻的方形懷表看了看，彈簧把表蓋輕輕地打開了：他險些誤了聖靈降臨節的彌撒。

客廳裡，一架巨型照相機架在輪子上，那輪子就像公共場所活動欄杆下的輪子一樣。幕布上畫著「黃昏的大海」，是工藝匠的手筆。周圍牆上掛滿了孩子們的照片，並標著那些帶有紀念意義的日期：第一次聖餐、戴兔子假面具、幸福的生日。烏爾比諾醫生通過他到這裡來下棋的那些下午，年復一年，於冥思苦想之餘，目睹了這個客廳的牆壁已逐漸被照片覆蓋殆盡。他曾多次不無痛心地想到，在那個陳列著即興拍下的照片的展室裡，孕育著一個未來的城市，這座城市將由那些難以捉摸的孩子來管理和敗壞，而他的榮譽則將蕩然無存。

寫字台上，靠近一個放有幾只海狼牌煙斗的陶瓷罐，擺著一局殘棋。儘管他有急事要辦，心情又非常陰鬱，烏爾比諾醫生還是禁不住要把那盤棋研究一番。他知道，那是前一天夜裡下的棋，因為阿莫烏爾每天下午都下棋，而且至少要找三個不同的對手。不過，每次他都是把棋下完，把棋盤和棋子收拾到盒子裡，再把盒子放到寫字台的抽屜裡。他還知道，阿莫烏爾對弈時歷來執白，而那一局棋，不出四步，白棋就必輸無疑了。「如果他是被殺，這是一個有力的證據。」他心中這樣想。「我知道，只有一個人才會設置這麼巧妙的殺著。」那位頑強不屈的、慣於拚殺到最後一滴血的戰士為什麼沒有結束這最後的一局棋就溘然撒手了？他覺得不究清其原因，自己繼續活下去便失去了意義。

清晨一點鐘，更夫在作最後一次巡邏時，看到了在臨街的門上赫然標著這樣幾個字：「不必敲門，請入內，並請通知警察。」不久，警察局長和實習生就趕到了，兩人在房間裡搜索了一番，企圖尋找苦扁桃氣味的來源。但是，在分析那盤殘棋的短短幾分鐘內，警察局長在寫字台上的一些紙張中發現了一封致烏爾比諾醫生的信。信封用火漆封得結結實實。必須撕開封口，才能把信取出。醫生拉開黑色的窗簾，讓光線射進來，然後飛快地向那十一頁正反兩面都用漂亮的字體寫得密密麻麻的信紙掃了一眼。從讀完第一段起，他就明白自己已趕不上領聖靈降臨節的聖餐了。他激動地喘著氣，閱讀著，為了把失掉了的思路聯接起來，他幾次倒回去重讀。當讀完全信，他感到自己彷彿是從過去一個非常遙遠的地方歸來。儘管他想努力振作精神，依然改變不了沮喪的神色。他雙唇發藍，手指顫抖著把信疊好放進坎肩的口袋裡。這時，他記起了警察局長和年輕的實習醫生，便帶著痛苦的表情向他們微笑了一下。

「沒有什麼特別的東西。」他說，「是他最後的一些囑托。」

這半真半假的話完全博得了他們的信任，因為他們照他的吩咐揭開地板上一塊活動瓷磚，果然在那裡找到了一本陳年舊帳，上面寫著開保險櫃的密碼。錢沒有他們想像的那麼多，但是用來安葬和辦理其他瑣事已足夠了。烏爾比諾醫生此時意識到，在宣講福音書之前，他已無法趕到大教堂了。

「自從我記事以來，這是我第三次誤了星期日彌撒。」他說：「但是，上帝會原諒的。」這樣，他寧可再拖幾分鐘，以便把所有細節全部解決，儘管他迫不及待地想同他的妻子共同分享信內的機密。他表示要通知為數眾多的住在城裡的加勒比海難民，以考驗他們是否願意向這位最受尊敬，最積極和最激進的死者表示最後的敬意，儘管他顯然已經向障礙屈服，沒有克服他前進路上的絆腳石。他也將通知死者的棋友們，在這些棋友中間，有著名的職業棋手，也有無名小卒。他同樣準備通知一些交往較少的朋友，因為說不定他們會來參加葬禮。在看到遺書之前，他決定成為第一個參加葬禮的人，但在讀過遺書之後，他什麼也不敢肯定了。不管怎麼說，他要送一個梔子花的花圈！也許阿莫烏爾最後曾一度失悔呢！葬禮定在五點舉行，那是炎熱季節裡最合適的時間。如果需要的話，他可以從十二點鐘就去拉西德斯．奧利貝利亞醫生的鄉間別墅，這位醫生是他喜愛的學生，他將以豐盛的午餐來慶祝從業二十五年紀念日。

當最初在軍隊服役的那些暴風雨般的歲月過去之後，烏爾比諾醫生變成了一個十分隨和的人，他在全省獲得了無與倫比的崇敬和威望。他雞鳴即起，開始服用一些祕方：提神的溴化鉀；治風溼痛的水楊酸鹽；治昏厥的黑麥角菌滴劑；治失眠的顛茄。他不間斷地吃，但總是偷偷地吃，因為在他長期的行醫和授業的生涯中，他一向反對給老人開治標性的藥劑。對他來說，忍受旁人的痛苦要比忍受自己的痛苦容易得多。他衣袋裡時刻帶著樟腦晶，沒有人看見時，他就拿出來深深地吸一口，以消除對那麼多藥物混在一起的恐懼。

他一般在書房裡待一個小時，為他星期一至星期六每天八時整到醫學院講授普通臨床學備課，直到臨死的前夕為止。他也是個新文學作品的熱情讀者，這些作品由他的巴黎書商寄來，或由當地書商從巴塞羅那為他定購，儘管他對西班牙語文學不像對法語文學那樣重視。不管怎樣，他從來不在早晨讀文學作品，而是在午覺之後讀個把小時，晚上睡覺之前再讀一會兒。備課結束後，他面對打開的窗戶，在浴室裡做十五分鐘呼吸操。他總是面向公雞啼鳴的方向做操，因為新鮮空氣從那兒吹來。然後他洗澡，修鬍子，在貨真價實的意大利香水的濃郁芳香中粘鬍子。他穿上白色亞麻衫褲，外加一件坎肩，戴上軟帽，穿上西班牙科爾多瓦產的山羊皮靴。到了八十一歲，他依然保持著在霍亂流行期後不久從巴黎返回時的那種瀟灑風度和歡快神態。他的頭髮居中分開，梳理得整整齊齊，除了顏色變得像金屬一般之外，和年輕時沒有半點差異。他在家裡用早飯，但是他有自己的一套規矩：一杯大苦艾花湯順胃，再加一頭大蒜。他吃大蒜向來就著麵包一瓣瓣細細咀嚼，為的是預防心臟憋悶。教課之後，他常去參加正當的社交活動，或者去接觸天主教徒，或者從事藝術方面或社會方面的某項課題的研究。

他幾乎總是在家中吃午飯，飯後一邊坐在院裡花壇上打十分鐘的盹，一邊在夢中聽女佣們在枝繁葉茂的芒果樹下唱歌，聽街上的叫賣聲，聽港灣裡柴油機和馬達的轟鳴聲。炎熱的下午那種響聲在周遭迴盪著，就像被判刑的天使在受難一樣。接著，他要讀一個小時的新書，特別是小說和歷史專著。隨後他便教鸚鵡講法語和唱歌，多年以來，那隻鸚鵡已經成了家中迷人的娛樂品。四點鐘，喝下一大杯加冰的檸檬汁之後，他就出去巡診。儘管他已經上了年紀，他還是拒絕在診所接待病人，而是一如既往，到患者家裡去為他們治病。自從市政建設越來越完備以來，他可以乘馬車到任何地方去。

他第一次從歐洲回來後，便乘坐由兩匹棗騮馬駕著的家用四輪馬車活動。這輛馬車壞了，他又換了一輛由獨馬駕轅的雙座四輪帶篷馬車。當馬車開始被淘汰，只是在供旅遊觀光者玩賞和為葬禮拉花圈才使用時，他照舊乘坐這種馬車，而且還為它古舊的式樣頗感自豪。儘管他拒絕退休，但是他心中明白，除非遇到不治之症，人們是不會上門請他的。他認為那也是一種專長。他只憑外表就可看出患者得的什麼病。他越來越不相信藥物，對外科手術的普及，他懷有一種驚恐的心情。他說：「手術刀是藥物無效的最大證明。」他認為，嚴格說來，一切藥物都是毒藥，百分之七十的普通藥物都在使人加速死亡。「無論如何，」他經常在課堂上講，「人們已知的良藥並不很多，而且只有少數醫生真正了解它們的性能。」他從熱情奔放的青年時代起，就把自己稱為宿命論的人文主義者。他說：「每個人的死期都是自已命中注定，我們唯一能夠做到的，只是時辰一到，就幫助他們既不害怕又無痛苦地了卻生命。」不過，儘管這些偏激的觀點已經構成地方醫學的組成部分，他昔日的學生們，即使在正式開業之後，也還在繼續向他請教，因為他們承認他的診斷準確無誤。不管怎麼說，他一直是一位可貴的、不可多得的醫生，他的病人集中在總督區的高貴門第裡。

他每天的工作井然有序，以致如果在他下午出診期間發生點緊急事兒，他的妻子準知道該往什麼地方給他送信兒。從年輕時起，他總要在回家之前去教區的咖啡店裡呆一陣子，因此，從岳父的朋友和一些加勒比海難民那裡學了一手好棋。但是，從本世紀開始，他就不上教區咖啡店去了，而是打算組織由社會俱樂部贊助的全國性比賽活動。就在此時，阿莫烏爾來了，他下肢癱瘓，當時還沒有搞兒童攝影。不到三個月，他高超的棋藝便使所有的人對他另眼相看了。他尤其善於走

「象」，從來沒有人贏過他一盤棋。對於烏爾比諾醫生來說，那堪稱是一種奇遇。當時，他對象棋簡直入了迷，而能使他滿意的對手已經不多了。

烏爾比諾醫生成了他的無條件的保護人，並為他的一切擔保，他甚至沒有去調查他是誰，從事何種職業，在什麼不名譽的戰爭中留下一副殘廢身子茫然地在這兒出現。醫生借給他一筆錢，讓他開一家照相館，而阿莫烏爾，自從用閃光燈為第一個神色驚恐的孩子照相時起，總是把最後一分錢都付給他。

一切都來自於象棋。最初，他們在晚飯後七點鐘下棋，醫生略勝一籌，因為對手顯然也棋藝不弱。後來醫生的優勢越來越小，最後就旗鼓相當了。加利萊奧·達孔特先生開辦第一家電影院之後，阿莫烏爾成了它的最準時到場的觀眾之一，下棋就只限於沒有電影首映式的夜晚了。那時阿莫烏爾和醫生已是形影不離的朋友，所以醫生便陪他去看電影。但醫生看電影從不帶妻子。這一方面是因為她沒有耐心看那些曲折複雜的情節，另一方面也因為醫生憑著他敏銳的感覺，認為阿莫烏爾不會成為任何人的好夥伴。

醫生在星期日的生活就是另一種模樣了。他去教堂出席大彌撒，然後回到家中休息，或到院裡花壇上去看書。如果沒有十分緊急的情況，在這個專為自己保留的日子裡他很少出診。多年以來，除非情不可卻，他從來不接受社會義務。聖靈降臨節那天，由於意外的巧合，兩件離奇的事湊在了一起：一位朋友之死和一位傑出的學生慶祝從業二十五周年。雖說如此，他並沒有如原來預想的那樣在證實了阿莫烏爾的死亡以後逕直回家，卻被好奇心牽到了別的所在。

他一上車，就把遺書迫不及待地重新看了一遍。他要車夫把他拉到古老奴隸區的一個不易尋找的地方去。這個決定是如此反常，以致車夫想確認一下是否有錯。沒有錯，地址很清楚，有充分的理由可以說，寫地址的人十分了解它。烏爾比諾醫生重新讀起了遺書的第一頁，他再一次沉浸在那些不怎麼受歡迎的大量披露中。假如阿莫烏爾能夠使自己相信那些話並不是一個絕望者的夢囈的話，那麼，即使到了他這把年紀，生活也還是可以改變的。

一大早，天空就板起了臉，變了顏色，烏雲密布，寒風襲人，然而中午之前並沒有下雨的徵兆。為了找一條近路，車夫驅車走上了殖民城市鋪著石頭的崎嶇不平的高地，結果他不得不多次停下來，以免那些參加聖靈降臨節禮拜儀式歸來的學生和教徒們使馬匹受驚。街上擺著紙花環，樂隊奏著樂曲，鮮花也到處可見，姑娘們打著五顏六色的陽傘，頭上戴著薄洋紗飄飾，站在陽台上觀看節日隊伍通過。教堂廣場上，在非洲棕櫚樹和嶄新的球形路燈之間，幾乎看不清美洲解放者西蒙·玻利瓦爾的塑像。彌撒一結束，人們蜂擁走出教堂，堵住了汽車出口處，可敬而喧鬧的教區咖啡館裡也擠滿了人。烏爾比諾醫生的馬車是唯一的一輛。這輛馬車跟城裡留下來的其他幾輛屈指可數的馬車大不相同。它的漆皮折疊車篷總是保持得明亮耀眼，包鐵是銅的，為的是不讓硝石腐蝕。輪子和車轅都塗成了紅色，金色鑲邊。這種裝扮，使人想起維也納上演歌劇時的盛裝夜晚。此外，最愛擺排場的家庭往往允許他們的車夫穿上乾淨的襯衫，而他卻要求車夫穿上軟綿綿的天鵝絨制服，戴上馬戲團馴獸人的大禮帽。這種衣帽除了不合時宜之外，在加勒比海地區的三伏天裡，也似乎欠缺一些憐憫之心。

儘管烏爾比諾怪癖似地熱愛那個城市，並且比任何人都更了解那個城市，他卻很少有過像那個星期日那樣，毫不猶豫地在那個古老奴隸區的喧囂中冒險。為了尋找那個地方，車夫不得不繞來繞去，幾次停車問路。烏爾比諾醫生終於認出了附近骯髒陰鬱的泥塘，它的不祥的沉寂，它的溺死者的屍體散發出的惡臭，這種惡臭曾在無數個不眠之夜的黎明跟院子裡的茉莉花的芳香混在一起飄進他的臥室。他感到這種惡臭如同昨天的一陣風一般從他的身旁吹過，同他的生活沒有任何關係。不過，當馬車開始在街道的泥濘路上顛簸而行的時候，那種被他的懷念之情多次理想化了的惡臭就變成了一種難以忍受的現實。汙泥地上，幾隻禿鷲在爭食用船錨從屠宰場裡拖出來的廢物。和總督區石砌房子相反，這裡的房子是用陳舊的木材和鋅皮搭成的。大多數的房子都架在木樁上，這是為了避免在陽溝漲水時汙水湧入。那些陽溝是從西班牙人手中繼承下來的。一切都呈現出貧困、淒涼的景象。但是，從骯髒的酒店裡還是不時地傳來貧苦人既不提上帝，也不涉及聖靈降臨節戒條的歡快而又震耳欲聾的樂曲。當他們終於找到了應該找的地方時，馬車後面已經緊跟著成群的赤身裸體的孩子。他們嘲笑馬車夫那一身演員般的打扮，而馬車夫則不得不揚鞭抽喝他們，把他們趕跑。準備進行一次秘密拜訪並且讓別人道出隱私的烏爾比諾醫生，有件事他領悟得太晚了，這就是沒有比他那種年齡的天真更危險的天真了。

這是一所沒有門牌號碼的房子，從外觀上看，除了掛著鑲有花邊窗帘的窗戶和那扇從某個古老教堂拆卸下來的大門外，看不出它和比較貧寒的家庭有什麼不同。車夫敲著門環叫門，直到問清地址準確無誤後，才把醫生扶下車。大門已輕輕打開，陰暗的門洞裡站著一位成年婦女。她穿著一身黑衣服，耳朵上插著一朵紅玫瑰，雖然已年過四十，依舊是一位惹人注目的黑白混血女人。她長著一對金色的嚴厲的眼睛，頭髮緊緊地貼在頭顱上，宛如一頂鐵絲做成的帽盔。在照相館裡下棋時他曾幾次看見她出現在來來往往的眾多的美女之中，有一次他還給她開過幾袋治間日瘧的金雞納霜，但此時烏爾比諾醫生並沒有認出她來。他向她伸過手去，她卻用雙手握住了他的手，與其說是跟他招呼，不如說是拉他進去，客廳裡擺著馨香襲人的花草，放滿了家具和精緻的物品，每件東西都錯落有致地放在恰當的位置上，令人賞心悅目。烏爾比諾醫生毫不費力地回憶起了巴黎一個古董商的小店，時間是在上個世紀的一個秋天的星期一，地點是蒙特馬爾特勒大街二十六號。女人在他對面坐下來，用很不熟練的西班牙語對他說：

「在這兒您就像在家裡一樣，醫生。」她說：「想不到您竟來得這樣快。」

烏爾比諾醫生感到女人已經知道了自己的身分，他仔仔細細地將她上下打量了一番，注意到她身著重孝，神情痛苦而嚴肅。他這才明白訪問是徒勞的，因為她對阿莫烏爾遺書的詳細內容比他知道得更多。事情確實如此。他自殺前的幾小時她一直在陪伴著他，就像二十年來她懷著柔情忠誠地陪伴他一樣。那件事在這個沉睡般的省城裡沒有一個人知曉，儘管在這裡連國家機密都瞞不過公眾。他們是在波爾特．奧普林塞的慈善醫院裡相識的。她出生在那兒，而他又是在那兒度過了最初的流亡生活。一年之後，她跟隨他來到這兒，進行了一次短暫的造訪。他們意見不盡相同，但兩個人都清楚，他將永遠留在這兒了。她每周一次去他那兒打掃衛生和整理工作室，但是就連最愛往壞處想的居民都沒有把表面現象和事實混為一談，因為他們和所有人一樣，認為阿莫烏爾的殘廢不僅僅只是行走方面，這一點，就連烏爾比諾醫生從醫學的角度也是這樣肯定的。如果不是阿莫烏爾自己在遺書中披露了這件事的話，醫生決不會相信他有一個女人。不管怎麼說，兩個互不了解對方歷史的自由的成年人，擺脫開一個保守社會的種種偏見，選擇了僥倖的默默相愛的道路，這對他來說是難以理解的。然而，她自己解釋說她喜歡這樣做，再說，那個男人從來沒有完全屬於過她，她同他祕密相愛，他們不止一次體驗到了剎那間爆炸性的幸福，在她看來，這無可非議，相反，生活已向他們表明，也許這是最值得讚許的方式。

前天晚上，他們一起去看電影，各自買了票，坐在隔開的位子上。自從意大利僑民加利萊奧·達孔特，在十七世紀一個修道院的廢墟上開設了露天電影院以來，他們每個月至少這樣去兩次。前天的電影雖已過時，但那是以上年一本暢銷書為基礎改拍的。烏爾比諾醫生懷著痛苦的心情讀了這本書，因為作者把戰爭描寫得太殘忍了。這本書的書名叫《西線無戰事》②。然後他們一塊去工作室，她發現他心煩意亂，惆悵憂鬱，她以為那是因為看了電影裡的某些場面所致：垂死的傷兵在淤泥中掙扎，令人不忍目睹。她想驅散他這種情緒，便邀他下棋。為了使她高興，他答應了，但是心不在焉——當然他用的是白子。後來他發現再有四步，他就要輸了，於是不光彩地投了降。醫生這時才明白，最後一盤棋的對手是她，而不是他原來以為的赫羅尼莫·阿爾戈特將軍。他驚奇得喃喃自語道：

「這盤棋下得妙極了！」

她堅持說她所以贏棋功勞不在她，而應歸於阿莫烏爾，因為他已被死神的信息弄得神志恍惚，沒有心緒去把握棋子。當中斷了那盤棋時，他請求她讓他留下來。那時大約是十一點一刻，因為舞廳的音樂已經停止。他想寫封信給烏爾比諾醫生，他認為這位醫生是他熟人中最值得尊敬的人，而且也是他的摯友。就像他經常喜歡說的那樣，儘管他們唯一的共同之處就是下棋這個癖好，他仍然這樣評價他。他把下棋看作理智的對峙，而不是一門學問。那時她知道阿莫烏爾的末日已到，他的生命只有寫一封信的時間了。聽了這番話之後，醫生真是難以相信。

「那麼說，您是知道他要死了？」他驚叫道。

她證實說，她不僅知道，而且十分願意幫助他分擔痛苦，正如當年她懷著同樣的感情幫助他發現幸福那樣，因為那是他最後的十一個月：一種殘酷的垂死掙扎。

「您的責任是告發他。」醫生說。

「我不能對他做這種事！」她憤慨地說，「我太愛他了。」

烏爾比諾醫生像聽海外奇遇一樣聽著這聞所未聞的故事，她講得如此直截了當，以至他不能不全神貫注地看著她，企圖將她當時的形象永遠銘刻在記憶裡。她矗立在那裡，有如一尊穿著黑衣的冷漠的海神，眼睛像蛇一般，耳朵上插著一朵玫瑰。許多年之前，在交歡之後，兩個人曾赤身躺在海地一個荒涼的海灘上，阿莫烏爾突然嘆息道：「我將青春常在。」當時她理解他的意思是要同時代的災禍進行英勇的殊死鬥爭，但是他進一步把話說明了：「我決定到七十歲就離開人間，我說到做到，決不反悔。」

果然，這一年的一月二十三日他年滿七十，於是他把最後期限定為聖靈降臨節前夕，因為聖靈降臨節是這個城市膜拜上帝的最大節日。那天晚上的任何一個細節她都是事先知道的。他們經常在一起談論那件事。時光流逝，他們對那個無法挽回的局面感到憂心忡忡，肝腸寸斷。阿莫烏爾以麻木般的激情愛著生活，愛著大海，愛著他的狗，自然也迷戀著她和愛情。隨著日期的臨近，他完全絕望了，彷彿他的死不是他自己的決定，而是無情的命運的安排。

「昨晚當我同意他獨自留下後，他就悄然辭別了這個世界。」她說。

她本想把狗帶走，但是他看到狗靠著拐杖在昏昏欲睡，便用指尖撫摸牠說：「我很遺憾，不過，維爾松將同我在一起。」他在寫信時，請求她把狗拴在行軍床的床腿上。可是，她打了個活結，以便牠能夠自然鬆脫。那是她唯一背信棄義的行為，但這樣做是有道理的，她希望從那條狗陰冷的眼睛裡永遠記住牠的主人。烏爾比諾醫生打斷了她，告訴她那條狗並沒有逃生。她說：「那是牠不願這樣做。」這時，她的情緒一下子活躍起來，因為她更願意按照阿莫烏爾的意願來紀念這位已故的情人。當時他正在寫信，突然停下筆來，最後看了她一眼，說：

「請用一朵玫瑰花紀念我。」

她回到了家，那時剛過半夜。她和衣躺在床上吸菸，用一個菸蒂點燃另一支菸，為了等他把信寫完，她一支接一支吸著。她知道這封信又長又難寫。將近三點鐘時，狗開始吠叫，她在灶上煮咖啡，並穿起了重孝，然後到院子裡去剪下了黎明時分開放的第一朵玫瑰花。烏爾比諾醫生早就意識到，他是多麼討厭那個不可救藥的女人。他有他的道理：只有玩世不恭的人才會從痛苦中得到滿足。

訪問結束時，她又對烏爾比諾醫生講了更多的事情。她不想參加葬禮，因為她是這樣答應自己的情人的，可是醫生認為，信中有一段話內容與此恰恰相反。她不會流一滴眼淚，也不想在有生之年記起那個慘死的人來折磨自己。她也不會關起門來埋頭編織裹屍布，這對當地的寡婦來說，是司空見慣的事。她打算出賣阿莫烏爾的房子。根據他在信中的遺囑，這所房子連同裡面的東西從現在起都屬於她了。她將像往常那樣繼續生活著，安分知足地生活在這塊窮人的葬身之地上，因為她在那兒度過了自己的幸福日子。

在回家的路上，那句話一直回蕩在烏爾比諾醫生的耳際：「這塊窮人的葬身之地」。這個評語是有道理的。那座城市，也就是他所居住的城市，儘管歲月流逝，舊貌仍在：炎熱、乾燥、充滿恐怖的夜晚，享受著獨居樂趣的年輕人。在那裡，花朵凋謝，食鹽發霉，除了月桂樹正在日漸萎敗和人們正在爛泥塘中慢慢地衰老以外，這座城市四個世紀以來沒有發生過任何變化。冬季，陣陣突降的災難性暴雨使廁所漫溢，把街道變成令人作嘔的沼澤地。夏季，一種刺鼻的、有如鮮紅的粉末似的看不見的塵埃被狂風吹蕩著，透過哪怕堵得再嚴實的縫隙鑽進屋裡。可怕的狂風可以掀走屋頂，把孩子們吹到空中。在星期六，那些黑白混血兒吵吵嚷嚷地亂紛紛地離開在泥沼地邊上用馬糞紙和鋅皮搭成的棚屋，帶著家畜和炊具，來到殖民區多石的海灘舉行他們的歡宴。在那些最年邁的人中，有些人不久前胸脯上還留著用烙鐵打上的印記，這是真正的奴隸的標記。周末，他們瘋狂地跳舞，豪飲家釀烈性酒，喝得酩酊大醉後在椰李灌木叢中自由尋歡。星期日半夜時分，他們便以一場全體出動的血腥格鬥來代替方丹戈舞③。在一周的其他日子裡，這一股浩浩蕩蕩的人流又湧進了老區的廣場和小巷，擺起小攤，做各式各樣的生意，他們使死氣沉沉的城市變成了散發出煎魚香味的熱鬧非凡的集市；展現一種新的生活。

擺脫西班牙統治，以及隨之而來的廢除奴隸制，加速了王公貴族們的衰落，而烏爾比諾醫生正是在那種環境中出生和成長的。昔日的名門望族靜靜地待在他們撤去防衛的宮殿和城堡裡，深居簡出。在一度十分有效的防止了海盜突襲登陸的用石塊砌的城牆上，雜草沿著牆頭爬了下來，在石灰粘縫的牆上打開裂縫，那怕它是本市最豪華的府邸。下午兩點鐘，這些府邸唯一有生氣的標誌就是在午休的昏暗時刻傳出無精打采的練琴聲。裡面，在充滿香氣的涼爽的臥室裡，女人們躲避陽光就像躲避瘟疫那樣。即使在做早彌撒的時候，她們也用毛巾蒙著臉。她們的愛情來得又遲緩又艱難，而且往往被不祥的預兆擾亂，生命在她們看來是無盡頭的。傍晚時分，在交通擁擠的時刻，黑壓壓的長腳蚊子從沼澤地裡飛起來，好像一片片烏雲，追趕著路上的行人。同時，難聞的人糞尿味也從那兒湧來，熱呼呼地撲到人臉上，擾得他們心煩意亂，確信那是死神送來的信息。

年輕的烏爾比諾在令人憂鬱的巴黎常常懷念的那座殖民城市的生活，此刻也只不過是記憶中的一場幻夢。在十八世紀，它的貿易在加勒比海地區是最繁榮的，尤其是由於它的令人詛咒的非人的特權——這裡是美洲最大的黑奴市場。此外，它還是新格拉納達王國總督的傳統駐蹕之地。總督們喜歡待在那兒，面向世上的大洋進行統治，而不願意住在遙遠寒冷的首都，生怕首都連綿不斷的毛毛雨打亂他們對現實的理解和認識。滿載波多西、基多和維拉克魯斯④的巨大財富往來於美洲和西班牙的大船隊，一年幾度要在這裡的港口匯集，那是這個城市最榮耀的黃金時代。一七〇八年六月八日，星期五，下午四點鐘，聖約瑟大帆船載著時價五千億比索的寶石和貴金屬起航，開往加的斯，剛出港口就被一支英國艦隊擊沉，直到漫長的兩個世紀以後還沒有打撈上來。那批躺在海底珊瑚間的財富和斜著身子漂在指揮台上的船長的屍體，經常被歷史學家們作為那座被淹沒在記憶中的城市的象徵提及。

烏爾比諾醫生的家坐落在港灣另一邊的拉曼加住宅區。那是一幢舊式房子，是一座寬大涼爽的平房，室外平台上建有陶立克式的柱廊，從平台可以看到散發著瘴氣、布滿遇難船隻殘骸的水塘。從門口到廚房，地板上都鋪著黑白相間的方格瓷磚。不止一次，這一建築都歸因於烏爾比諾醫生的別出心裁，而忘記了那是本世紀初葉，建築那個暴發戶住宅區的加泰隆尼亞⑤建築師們的共同弱點。寬敞的客廳像家中所有的房間一樣，天花板很高，臨街有六扇落地窗。客廳有一扇巨大的古色古香的玻璃門和飯廳隔開，上面雕著茂密的葡萄藤和一串串的葡萄，還有金色的林中牧神和被他的蘆笛誘引著的姑娘。客廳裡的家具，包括活哨兵似的壁鐘在內，都是一色的十九世紀的英國貨，吊燈上裝飾著水晶墜子，蘇雷斯的各式花瓶和異教的石膏情人小雕像處處可見。但是，那種歐洲家具在家裡的其他地方並不多見。在別的房間裡，既擺著藤製扶手軟椅，也有維也納搖椅和當地手工製作的皮靠背椅。臥室裡，除了床，還有聖・哈辛托的豪華帆布躺椅。躺椅上用絲線以哥特字體綉著主人的名字，四周還垂著彩色的流蘇。飯廳的一旁有一塊地方，原來是用來舉行盛大宴會的，後來成了小音樂廳，每當出色的演奏者來到本市時，主人便邀來親朋好友開音樂會。花瓷磚地面上鋪著從巴黎萬國博覽會上買來的土耳其地毯，為的是使環境更為幽靜。近處擺著整整齊齊的唱片架，放著一台時新的電唱機。在房間的一角，有一架用馬尼拉大披巾蓋著的鋼琴，烏爾比諾醫生已有多年不彈琴了。這個家裡，到處可以看出一個務實的女人的精明和操勞。

然而，最莊嚴肅穆的地方要算書房了。它可謂烏爾比諾醫生在進入老年以前的聖殿。那裡，在他父親的胡桃木寫字台和皮革安樂椅四周，鑲滿一道道上過釉的擱板，把牆壁甚至窗戶都遮得嚴嚴實實。擱板上整整齊齊地放著三千冊書，全部用小牛皮精裝，書脊燙金。其他房間都充滿港口的喧鬧和汙濁空氣，書房恰恰相反，它有著修道院的寧靜和芬芳，烏爾比諾醫生和他的妻子是在加勒比海海邊誕生和長大的，那兒有一種迷信的說法：打開門窗可以引進實際上並不存在的涼爽空氣。所以起初他們關在那座書房裡感到呼吸侷促。但是，最後他們終於相信了羅馬人對付炎熱的好辦法，就是在悶熱的八月，白天把門窗全部關閉，不讓街上的熱空氣進來，晚上有風時再把它們統統打開。從那個時候起，他們的房子就成了拉曼加區炎炎赤日下最陰涼的所在了。在臥室的昏暗中睡午覺，下午坐在柱廊上觀看新奧爾良滿載貨物的沉重的灰色貨船和木船通過，真是一種美好的享受。這些木船一到黃昏就點燃起全部燈火，嗚嗚地鳴響著，清除滯留在港口的垃圾。每年十二月分至三月分，來自北方的信風掀開屋頂，夜間像餓狼似地在屋子周圍呼嘯不止，打著轉轉尋找縫隙企圖鑽進屋裡時，烏爾比諾的書房也是保護得最好的。誰都不會去想，住在那樣一幢房子裡的夫婦有什麼理由會是不幸福的。

儘管如此，烏爾比諾醫生在那天早晨十點鐘趕回家時並沒有感到什麼幸福。兩次拜訪弄得他心神不安，腦袋昏昏沉沉。這兩次拜訪不僅使他誤了聖靈降臨節的彌撒，而且有可能使他變成一個和他心力交瘁的年齡不相稱的另一個人。他本想在跟拉西德斯．奧爾貝利亞醫生一起用豐盛的午餐之前睡個午覺，但是僕人們卻在亂哄哄地追捕一隻脫籠飛走的鸚鵡。僕人們把牠從籠子裡抓出來，想替牠剪翅膀的時候，牠冷不防飛到了芒果樹最高的樹枝上。那是一隻禿毛的怪鸚鵡。訓練牠講話時它死不張嘴，但有時卻愣頭愣腦地自言自語起來。眼下牠卻開了腔，而且那種清晰的語調和才智，即使在人的身上也是不常見的。鸚鵡是烏爾比諾醫生親自馴化的，這使牠享有全家人誰都沒有的特權，就連他兒子在小時都沒有這種特權。

鸚鵡已在醫生家裡養了二十多年，誰也不知道牠以前活了多少年。每天下午午睡之後，烏爾比諾醫生坐在院中的花壇上，與鸚鵡為伴。花壇是家裡最涼爽的地方。他以教育家的熱情，勤奮地訓練那隻鸚鵡，直到牠能像大學教授一般講道地的法文。之後，純屬對牠的過分寵愛，醫生又教會牠用拉丁文為做彌撒伴唱，並背誦《馬太福音》的一些片斷。他還企圖給牠灌輸算術上的加減乘除四個概念，但是沒有成功。在他最後幾次到歐洲旅行時，有一次他帶回了一個有喇叭的留聲機，還有很多流行唱片和他喜歡的古典作曲家的唱片。在幾個月之間，他讓鸚鵡日復一日地聽吉爾布特和布魯安譜寫的歌曲，這兩位作曲家上個世紀在法國曾紅極一時。鸚鵡終於把他們的歌曲背熟了。牠能用女人的嗓音唱女士歌曲，用男高音唱男士歌曲，唱到最後還來一陣縱聲大笑，跟女僕們聽牠用法語唱歌時的哄笑不差分毫。這個鸚鵡的美名遠揚，幾乎無人不知，以致某些從內地乘船來的貴客都來求見。有一次，許多英國旅遊者不惜一切代價要把牠買走。那個時期，許多英國旅遊者都乘新奧爾良的海盜船打那兒經過。然而，鸚鵡最榮耀的一天是共和國總統馬爾科・菲德爾・蘇阿雷斯帶著他的全體內閣部長屈尊駕臨，他們想來證實一下牠是否真的像傳說那樣神奇。他們大約在下午三時到達，頭戴大禮帽，身穿呢料大禮服，這一身打扮使他們熱得透不過氣來。他們在赤日炎炎的八月，在整整三小時的訪問中，不曾有片刻寬衣。他們乘興而來，敗興而歸，因為在令人難以忍受的兩個小時中，鸚鵡始終一言不發，請求和威脅都無濟於事。烏爾比諾醫生羞愧得無地自容，因為他對妻子明智的勸告置之不理，固執地發出了魯莽的邀請。

在那一歷史性的輕舉妄動之後，鸚鵡仍然保持了牠的特權，這一點，證明牠在這個家庭裡始終享有神聖的權利。在那個家裡，除了陸龜之外，不准豢養任何動物。那陸龜曾失踪過三、四年，人們以為牠一去不回了，可是後來又重新出現在廚房裡，不過，人們並不把牠看成生靈，只把牠看做交好運的含礦物質的護身符。至於這個護身符到底起不起作用，誰也說不清楚。烏爾比諾醫生拒不承認他憎惡動物，他用各種科學的杜撰和哲學的遁辭來掩飾這一點。他的那些冠冕堂皇的道理說服了許多人，唯獨沒有征服他的妻子。他說，如果誰愛上了動物，就會對人類做出最殘忍的事情來。他說狗並不忠誠，而是奴性十足；貓是機會主義者和叛徒；孔雀是死神的傳令官；赤鸚鵡是無用的裝飾品；兔子使人貪心；猴子能傳染色情狂；而公雞是罪該萬死的東西，因為牠們甘願三次拒絕為基督效勞。

他的妻子費爾米納·達薩卻相反，那時她已七十二歲，不能再如從前那樣外出狩獵，但她對熱帶花草和家養動物著實愛得發瘋。剛結婚的時候，她利用方興未艾的愛情，在家中養了許多動物，簡直有點違反理智。最初飼養的是三條以羅馬皇帝命名的南斯拉夫達爾馬提亞狗，牠們為爭風吃醋互相殘殺。爭奪的母狗不愧叫梅薩利娜⑥，因為牠剛產下九個小狗就又懷了十個。以後又飼養了阿比西尼亞貓，牠們有老鷹的外貌，法老的風度，暹羅人的斜眼，波斯王朝大臣的橙色眼珠。夜晚，牠們像幽靈的影子一般在臥室裡竄來竄去，發情求偶的叫聲攪得人們難以入夢。有幾年，院子裡芒果樹上拴著一隻亞馬遜長尾猴，牠被攔腰捆著，委實令人同情，因為牠有著奧布杜利奧大主教和國王的悲天憫人的外表，天真的目光，還有一雙富有感染力的靈活的雙手，但是費爾米納並非因此而拋棄了牠，而是因為牠有以向貴婦們獻殷勤而自鳴得意的壞習慣。

在走廊上的籠子裡，她養了各種各樣危地馬拉小鳥；家中還養了先兆鷺鷥和黃色長腿的泥塘裡的鷺鷥，以及一頭小鹿，這隻小鹿經常從窗口探進頭來啃花瓶裡的花枝。最後一次國內戰爭前不久，當第一次傳說教皇可能來訪時，他們從危地馬拉弄來了一隻天堂鳥。可是，當獲悉政府宣布教皇來訪只不過是用來嚇唬密謀反抗的自由人的謊言時，那隻鳥便被送回牠的故土去了，而且回去得比來時還快。另有一次，他們在荷屬庫拉索奧島的走私者的帆船上買了關在鐵絲籠裡的香烏鴉，一共六隻。這些烏鴉和費爾米納小時候在娘家馴養的一模一樣。她結婚後仍然想養這種烏鴉。

但是，那些烏鴉不停地拍擊翅膀，使整個家裡彌漫著喪儀花圈的氣味，誰都忍受不了。他們還養了一條四米長的蟒蛇，這個不眠獵手的颯颯聲擾亂了寢室夜間的安寧，儘管他們利用它達到了自己的目的：用它那死神般的呼吸嚇跑蝙蝠和蠑螈，以及多種在雨季侵入家中的害蟲。烏爾比諾不僅職業上忙得不可開交，而且還有許多社會文化活動，所以照他看來，在那麼多令人討厭的生靈中，只要他的妻子不僅是加勒比海地區最漂亮的女人，而且是最幸福的女人，他就知足了。可是，在一個雨天的下午，當他結束了一天的工作，疲憊不堪地回家時，看到的一場悲劇使他重新回到了現實生活。從會客室直至視力所及之處，一長排動物的屍體漂浮在血泊之中，女僕們爬到椅子上不知所措，對這場大屠殺驚魂未定。

事情的起因是幾條德國大獵狗中有一條突然得了嚴重的狂犬病，失去了理智，見什麼咬什麼，虧得鄰居家的園丁膽略過人，揮起砍刀把牠殺死。不知那條狗咬死了多少動物，也不知牠用綠色的唾沫傳染了多少動物，因此，烏爾比諾醫生下令對全部倖存者格殺勿論，並把牠們弄到一個偏僻的處所燒掉。他還請慈善醫院的工作人員到家裡來進行了一次徹底消毒。唯一得救的是一隻象徵好運的雄陸龜，因為誰也沒有想到牠。

費爾米納史無前例地在一件家務事上稱讚丈夫做得有理，此後許久也沒有再提動物的事。她拿林奈⑦的《自然史》彩色插圖作為消遣，使自己得到慰藉。她把那些彩色插圖鑲上鏡框掛在客廳裡。倘若不是一天黎明盜賊砸開浴室的窗戶偷走了一套五代相傳的銀製餐具的話，也許她終身再也不願意在家中看到一隻動物了。烏爾比諾醫生在窗外的鐵環上加了雙鎖，用鐵門閂把大門插得死死的，把貴重的東西鎖進保險櫃，並且從此培養了睡覺時把手槍放在枕頭下面的戰時習慣。然而，即使盜賊把他們洗劫一空，他也反對買一條惡狗來看家，不管那狗是否接受過防疫注射，也不管是把牠放開還是用鎖鏈拴起來。

「不會說話的東西不准進咱們家門來。」他說。

為了不再讓妻子嘮嘮叨叨地糾纏，烏爾比諾醫生說出了這句斬釘截鐵的話。他的妻子固執地想再買一條狗，壓根兒沒想假如狗在家中一條一條地繁殖起來，終有一天會使她喪命。費爾米納的任性，隨著年齡的增長也逐漸地變了，她立即抓住丈夫話中的漏洞，在家中被盜幾個月後，重新回到庫拉索奧海盜們的帆船上，買來了一隻真正的帕拉馬里博鸚鵡。這隻鸚鵡只會說水手們的罵人話，可是牠說得跟真人一模一樣。十二個生太伏⑧的價錢雖說貴了點，但還是很值得的。

那是一隻良種鸚鵡，比想像的還要聰明。牠黃腦袋，黑舌頭，這是跟曼格雷鸚鵡的唯一不同之處。曼格雷鸚鵡即使用松節油栓劑也不能讓牠們學會說話。烏爾比諾醫生是個有氣魄的男子，他在妻子的才智面前心悅誠服地認輸了。那隻鸚鵡的進步使他興趣盎然，他對自己的轉變也感到驚訝。一到雨天的下午，鸚鵡由於羽毛浸濕而感到愜意，便說一些從前的老話，這些話在這個家裡是沒人說過的。後來，醫生態度上的最後一點保留也取消了。那是一個夜晚，盜賊打算從屋頂平台的天窗上鑽進來，鸚鵡居然用猛犬的吠聲把他們嚇跑了。牠模仿得非常逼真。牠還高喊有賊，有賊，有賊，這兩個有趣的呼救的詞兒也不是在這個家裡學的。從此，醫生親自負起照料鸚鵡之責。他吩咐在芒果樹下面搭個支架，放一個盛水的小碗和盛熟香蕉的容器，外帶一個吊杆，供鸚鵡練走繩索的本事。從十二月到三月，晚寒襲人，北風使鸚鵡在戶外不能居住時，他們便把牠裝進一隻罩著毛毯的的籠子，讓牠睡在臥室裡，儘管烏爾比諾醫生知道牠的慢性鼻疽病對人的正常的呼吸是有危害的。多年以來，他們總是把牠的翅膀剪短，把牠撒在院子裡，讓牠像個老騎士似地彎著身子，自由地踱來踱去。但是，有一天牠在廚房的橫樑上興致勃勃地做起了特技演員的動作，一下子掉進了木薯香蕉肉菜鍋裡。牠吱吱喳喳地呼叫求救，幸好廚娘用大湯勺把牠舀了起來，雖說熱湯把牠的羽毛燙掉了，牠還是活了下來。從那時開始，甚至在白天，他們都把牠關在籠子裡，儘管人們常說關在籠子裡的鸚鵡會忘掉學會的東西。只有在下午四點鐘天氣涼爽時才把牠放出來，由烏爾比諾醫生在院子的花壇前給牠上課。誰也沒有及時注意到牠的翅膀長得太長了，那天早晨女僕們正準備為牠剪翅膀，沒想到牠居然飛到芒果樹冠上去了。

她們費了整整三個小時還沒有捉住牠。在鄰居的女僕幫助下，她們採用了種種辦法想把牠騙下來，也無濟於事，牠繼續頑固地停在原地不動，還放聲大笑，使勁地高呼自由黨萬歲，扯蛋的自由黨萬歲。這種膽大妄為的呼叫，近來已經使四、五個幸福的醉漢送了命。烏爾比諾醫生望著在茂密的樹枝間肆無忌憚的鸚鵡，用西班牙語、法語，甚至拉丁語規勸牠，鸚鵡則用同樣的語言，同樣強調的聲調，同樣的音色來回答他，賴在那兒一動不動。看到好言相勸無效，烏爾比諾醫生便吩咐求助於消防隊員，他們是他在本市的最新的玩具。

確實，不久前，火災都是讓志願人員架起泥瓦匠的梯子，用水桶來潑水撲滅的，他們的秩序是如此紊亂，以致造成的災難比火災更為嚴重。但是，前年開始，由於公共福利社的募捐——烏爾比諾醫生是這個團體的名譽主席——這兒有了一個職業消防隊和一輛配有警報器、警鈴和兩條高壓水龍帶的貯水卡車。一切都是現代化的，當聽到教堂敲鐘報警時，為了讓孩子們看消防隊救火，學校甚至宣佈停課。最初，消防隊的任務只是救火，但是，烏爾比諾醫生告訴市政當局，他在漢堡看到消防隊員們曾救活了一個在三天大雪之後凍僵在地窖裡的孩子，他還在那不勒斯的一個小巷裡，看到消防隊員從第十層樓的陽台上把一具裝著死人的棺材運下來——因為樓梯彎彎曲曲，家人無法把棺材抬出來，這樣，這兒的消防隊員便學會了其他緊急服務項目，如撬鎖開門和殺死毒蛇，醫學專科學校為他們專門開了一般事故急救課。因此，請消防隊把一隻跟紳士一般具有種種美德的高貴鸚鵡從樹上捉將下來自然也是義不容辭之職責。烏爾比諾醫生說：「請告訴他們，這是我的鸚鵡。」說罷他便去寢室換衣服，準備出席豐盛的午宴。事實上，這會兒他已被阿莫烏爾的信弄得昏頭昏腦，並沒有把鸚鵡的命運放在心上。

費爾米納穿了一件齊臀的又寬又鬆的絲綢襯衣，戴了一條長長的繞了大小六圈的真珍珠項鏈，穿著一雙只是在非常莊重的場合才穿的高跟緞子鞋，年齡已不允許她經常打扮了。對一個可敬的老太太來說，時髦的華麗服飾已不太合乎時宜，但穿在她身上還是挺合適的，她的身材修長而挺拔，一雙富有彈性的手還沒有一塊老年斑，粗硬的頭髮閃出藍鋼般的光芒，在面頰兩側對襯地剪得整整齊齊。跟她的結婚照片相比，此時唯一留下的是那雙明亮清澈的杏仁眼和民族的自豪感，不過，在她身上，由於年齡而減少的東西卻在性格上得到了補償，而勤奮使她贏得的東西，更超過了年齡使她失去的東西。這身衣服使她感到很舒適。她既沒有偷偷地束胸，也沒有束腰，更沒有人為地用布將臀部墊高。她的身體各個部位都是自由自在的，呼吸也是舒暢的，總之，她身體的輪廓顯現的是自己的本來面目。這就是七十二歲的費爾米納·達薩。

烏爾比諾醫生看到她坐在梳妝台前，電扇在她頭頂上緩緩轉動。她正在戴一頂鐘形的帽子，帽上裝飾著紫羅蘭型的絨花，寢室寬敞而明亮，英國式的床上掛著玫瑰色針織蚊帳，兩扇窗戶朝院裡的樹木敞開著，刺耳的蟬鳴從那兒傳進來，預示著快要下雨了。從蜜月旅行回來，費爾米納一向根據氣候和場合給丈夫挑選衣服，頭天晚上就把它整整齊齊疊好放在椅子上，以便他從浴室出來時就能穿上。她不記得從什麼時候開始，先是幫他穿衣服，後來就乾脆替他穿衣服。她記得，這樣做，最初是由於愛他，但是自從五年前開始，她就非做不可了，因為他自己已經不能穿衣服了。他們剛剛慶祝過金婚。他們相依為命，誰也離不了誰，誰也不能不顧誰，否則他們一刻也活不下去。隨著年齡的增長，他們對這種感情越來越不理解。無論是他還是她，都說不清這種互相依賴是建立在愛情還是舒適的基礎上，但是他們從來沒有考慮過這個問題，因為兩個人都不願意去找這個答案。

她已經逐漸發現了丈夫腳步聲的拖沓，情緒的變化無常，記憶力的衰退，最近甚至常常在睡夢中哭泣。但她沒有把這些看作是迅速老化的確鑿無疑的徵兆，反而認為是返老還童的表現。因此，她沒有把他當作生活難以自理的老人看待，而是把他當作孩童。這種自欺欺人，對他們兩個人來說，也可以說是一種天意，使他們避免了互相憐憫。

如果能及時懂得繞開婚姻的種種災難比繞開日常的微不足道的貧困更為容易的話，他們的生活就會大不相同。但是，如果說他們倆在共同生活中也體會了點什麼的話，那就是明智只是在吃了苦頭之後才來到他們身邊。多少年來，費爾米納一直懷著冷酷的心情忍受丈夫在黎明時分歡快地醒來。當他以孩子般的天真醒來時——他覺得每過一天，他又長大了一點，——她卻仍緊緊抓住最後的一絲睏意，不願去正視每一個新的清晨的不祥之兆所預示的必然的命運。雞剛打鳴，他就醒來了，他的第一個活著的標誌是一聲無緣無故的咳嗽，好像是故意要把她驚醒。她聽到他一邊摸索床邊的拖鞋，一邊嘟嘟囔囔，唯一的目的就是使她不得安寧。然後在黑暗中咚咚地邁步走到浴室，一個鐘頭之後，她又睡了一覺醒來，聽到他從書房裡回來，摸著黑穿衣服。有一次在客廳裡玩牌，人們問他怎樣看自己，他說：「我是一個夜遊神。」她聽得明明白白，那些聲響沒有一種是必不可少的，而他卻偏偏故意弄出來給她聽，還裝著是不可避免的。這正如她明明醒著，卻裝作睡著一樣。他的理由是不容置疑的：他從來沒有像在這些惶恐的時刻那麼需要她，需要她活著，並且頭腦清醒。

她的睡態比誰都高雅，她蜷曲的身子擺成一種舞蹈姿勢，把一隻手放在額上。但是，當她想睡而不能入睡時，她比誰都暴躁。烏爾比諾醫生知道她在等待他弄出那怕是最小的聲音，甚至會因此而感謝他，因為那樣她就可以將早上五點鐘就被吵醒的過錯推諉給他了。事情確實如此，有幾次他找不到拖鞋，不得不在黑暗中摸索時，她突然以睡意朦朧的聲音說：「昨晚你把它放在浴室裡了。」接著她又以暴怒的清醒的聲調罵道：

「這個家，最倒楣的就是不讓人睡覺。」

於是，她打開燈，沒好氣地在床上翻來覆去，為這一天的初戰告捷而洋洋得意。實際上，那是雙方的一種神秘而惡劣的遊戲，但卻使她感到愜意，因為它是夫婦之間既冒險而又輕鬆的事情之一。可是，正是由於這種輕浮的遊戲，他們在開始共同生活了三十年之後，險些為某一天浴室裡有沒有肥皂的事兒鬧得各奔東西。

事情是由一件不值一提的日常小事引起的。當時，烏爾比諾還能夠獨立洗澡。他回到臥室，開始摸著黑穿衣服。她跟往常一樣，到這時還像嬰兒似地甜甜地躺在那兒，閉著眼睛，微微地呼吸，把那只女舞蹈家的手臂莊嚴地放在頭頂上。但是，她也像往常一樣，似睡非睡，這他知道。漿過的亞麻衫在黑暗中沙沙響了一陣之後，烏爾比諾醫生自言自語道：

「差不多有一個星期我洗澡沒找到肥皂了。」他說。

她終於全醒過來了，想起了那件事，氣鼓鼓地翻了個身，因為她準是忘記在浴室裡擱肥皂了。三天之前，她就發現沒有肥皂了，但當時已站在噴頭下，她打算以後再去拿。然而，第二天，她把這件事忘了。第三天又忘了。實際上不是如他說的那樣一個星期沒有肥皂，他那樣說是為了誇大她的過失，但是，三天沒有肥皂，卻是確實的，這是推諉不了的。被別人抓住了過失，她心中很不是滋味，終於老羞成怒。像往常一樣，她以攻為守了，說：

「這些日子我天天洗澡，」她怒氣沖沖地叫道，「每次都有肥皂。」

儘管他很熟悉她的鬥爭方法，這一次卻忍不住了。他隨便找了個工作上的藉口，搬到慈善醫院裡的住院處去住，只是在黃昏外出巡診之前才回家換件衣服。他一回家，她就躲到廚房去，裝著幹這幹那，直到聽見他乘馬車走了才出來。在以後的三個月中，他們也曾幾次想解決糾紛，結果火卻越撥越旺。在她不承認浴室裡沒有肥皂之前，他不準備回家。而她呢，在他不承認自己故意說謊話折磨她前，也不想讓他回來。

自然，這次衝突又使他們想起了其他的衝突，想起了在許許多多灰暗的黎明發生過的數不清的小糾紛。一些惱怒引起了另一些惱怒，老傷疤被重新揭開變成了新傷疤。他們痛苦地看到，多年的爭吵僅僅培養了夫婦間的仇視，這一點使他們不寒而慄。他甚至提出如果需要的話，他們可以一同去找大主教做公開懺悔，以便由上帝來裁決，浴室的肥皂盒裡到底有沒有肥皂。她本來就十分惱怒，這一下更是火上加油，駭人地嚷道：

「讓大主教先生吃屎去吧！」

這句話震動了全城，引起的後果難以消除，最後，人們甚至編成流行的小調來打諢：「讓大主教先生吃屎去吧！」她意識到把話說過了頭，便搶在丈夫前做出了反應。她威脅丈夫說，她要一個人搬到她父親從前的房子裡去住，那房子儘管租給了政府部門的辦事機構，但仍然歸她所有。這並不是虛張聲勢，她真的要搬走。對社會輿論滿不在乎。她丈夫及時注意到了這個動向。他沒有勇氣向她的固執挑戰，只好讓步。

他的讓步並不意味著他承認浴室裡有肥皂，——設若如此，那是對真理的侮辱，——而是為了兩個人必須在這個家裡繼續住下去，但是他們要分室而居，而且互不說話。他們坐在一起吃飯，並且巧妙地繞開那種僵局，讓孩子們從餐桌的一邊往另一邊傳話，而孩子們竟然沒有察覺他們互不理睬。

由於書房裡沒有浴室，烏爾比諾醫生不得不改變他的生活程序，這倒解決了他們清晨吵吵鬧鬧的矛盾，他把進浴室的時間安排在備課之後，而且輕手輕腳，千方百計地不吵醒妻子。他們在睡前多次湊巧遇在一起，於是就輪流刷牙。四個月之後的某一天，在她從浴室出來之前，他像平時那樣躺在雙人床上看書，看著看著就睡著了。她從浴室回來後，沒好氣地躺在他身邊，以便讓他醒來主動撤退。他半睡半醒，非但沒有起來走開，反而吹滅蠟燭，拉拉枕頭，舒舒服服地睡了。她推他的肩膀，提醒他應該到書房去睡覺，但是他又一次感到躺在祖傳的軟床上是如此舒適，於是乾脆以妥協的口氣商量說：

「讓我睡在這兒吧。」他說：「你說得對，浴室裡有肥皂。」

當回憶起這段發生在他們已近老年的插曲時，無論他還是她都不能相信那一令人驚奇的事實，那場爭吵是他們在半個世紀的共同生活中最嚴重的一次，而也正是由於這場爭吵，使他們產生了言歸於好，開始一種新的生活的想法。儘管他們年事已高，應該和睦相處，他們還是注意不再提起這件事，因為否則的話，剛剛癒合的傷口會重新出血，舊恨又會變成新怨。

他是使費爾米納聽見小便聲的第一個男人。那是在新婚之夜，在他們乘坐的開往法國的輪船船艙裡。當時她由於暈船而渾身無力，他的噴泉似的小便如此強勁有力，簡直像匹公馬似的，這更增加了她對那一「災難」的畏懼心理，隨著年齡的增長，他小便的勁頭也日趨減弱，那一回憶卻經常縈繞在她的腦海裡，因為她從不允許他把便池的邊緣弄溼。烏爾比諾醫生想用一種任何人都能懂的淺顯的道理說服她，讓她明白他所以把便池弄溼，並非像她固執地認為的那樣是由於他的粗心，而是由於生理上的原因。他年輕時小便又準又直。在中學生比賽往瓶子裡撒尿他曾數次榮獲第一。但上了年歲，不僅小便勁頭沒有那麼大了，而且歪歪斜斜，滴滴嗒嗒撒得滿處都是，根本沒法掌握，儘管他主觀上還在竭力想瞄準方向。他說：「抽水馬桶肯定是對男人一無所知的人發明的。」他用自己的日常行動來求得家庭的安寧，對妻子更多的是低三下氣，而不是謙恭。他每天小便時，都用衛生紙把便池邊擦乾淨。她知道這件事，當浴室裡氨氣的味道不是十分明顯的時候，她什麼也不說。不過，一旦氨氣的味道濃重起來，她就會像發現一樁罪行似地嚷道：「臭得連兔窩裡都能聞到。」將近晚年時，烏爾比諾醫生終於想出了最後解決這一麻煩的辦法：像妻子一樣蹲著小便，這樣不僅可以保持便池清潔，而且也省力得多。

那時他生活自理的能力已相當差，他盡量避免淋浴，因為在浴池裡摔上一跤，足以使他送命。他的家是現代化的，沒有古城府邸中常見的那種帶獅腿的金屬浴缸，他從衛生的角度把這種浴缸取消了，他說：「浴缸是歐洲人最髒的東西之一，他們只在每月的最後一個星期五洗澡，而且是在被他們身上的髒物弄髒的水裡洗澡」。因此，他讓人用結實的愈瘡木做了一個特大號木盆，費爾米納用它來給丈夫洗澡，就像給新生嬰兒洗澡一樣。每次沐浴要拖一個多小時。用錦葵葉和桔皮煮成的黑褐色的水，對他有如此良好鎮靜效果，有時他不知不覺地便在散發著香氣的浴盆中睡著了。洗完澡後，費爾米納就幫他穿衣服，把滑石粉敷在他兩腿中間，把可可油塗在他的燙傷之處，她如此愛撫地替他穿上褲衩，彷彿他是一個在襁褓中的嬰兒。她接著一件件地替他穿下去，從襪子一直穿到用黃玉別針打領帶結。夫婦之間和睦相處，黎明時的爭吵已成為過去。他似乎又重新回到了被子女們奪走的童年，而她則每天忙於家務，且隨著歲月流逝，上了年紀，睡覺的時間越來越少，在滿七十歲之前，她總是醒得比丈夫早。

在聖靈降臨節的那個星期日，當烏爾比諾醫生掀開毛毯來看阿莫烏爾的遺體時，他發現了一點在他醫生和信徒的最光輝的航程中一直否定掉的東西。在他同死人打了那麼多年交道之後，在同死神做了那麼多年爭奪之後，在反過來覆過去經常觸摸死人之後，他彷彿第一次敢於面對面地看一個死人，而死者也在以同樣的方式注視著他。他以前一直沒有面對面看過死人，並非由於恐懼。不是。因為多年以來，恐懼就像個幽靈似的一直和他形影不離。那是從一天晚上他被惡夢驚醒之後開始的。他意識到，死亡對於他，不僅像他感覺到的那樣隨時都具有可能性，而且是一種很快就會發生的事實。相反，那天他看到的是一件事情的物質表現形式。那件事情過去一直是僅僅存在於他的想像之中的。他很高興上帝出其不意地以阿莫烏爾作為工具向他揭示了那件事情。他向來把阿莫烏爾看做是一個聖人。但是，那封遺書表明了他的真實身分，他的邪惡的歷史和不可思議的耍陰謀的能力，使烏爾比諾醫生感到一種不可移易、難以追回的東西在他的生活中已經失落了。

費爾米納並沒有受他憂鬱的情緒所感染。當她幫他把腿伸進褲子和扣上一大排襯衣組扣時，他是想用自己的情緒感染她的，但是他沒有達到目的。費爾米納不是那麼容易動感情的，何況死的是一個與她無關的男人。她幾乎不知道阿莫烏爾是個使用拐杖的殘廢人，她從來沒有見過他，也不知道他是在安第列斯群島某個島嶼的一次暴動中——那兒發生過無數次暴動——從行刑隊的槍聲中逃出來的，更不知道他為了生計做了兒童攝影師，而且是全省生意最興隆的人。她也不知道他曾贏過某人一盤象棋，那個人似乎叫托雷莫利諾斯，而實際上叫卡帕布蘭卡。

「他是一名因為犯了一樁兇殘的罪行而被判無期徒刑的卡耶納的逃犯。」烏爾比諾醫生說，「你設想一下，他甚至還吃過人肉！」

他把那封遺書交給了她，信中的秘密他至死不想告訴任何人。但是她沒有把信打開，直接把它放在梳妝台上，而且用鑰匙鎖上了抽屜。她已經習慣了丈夫莫名其妙的大驚小怪的毛病，習慣了他隨著年齡的增長變得更加難以理解的誇大其詞，以及那種與其言表不相稱的狹隘的見解。但是那一次她超越了自己的界限。她以為丈夫之所以尊敬阿莫烏爾並非由於這個人過去的歷史，而是由於他作為一個流亡者提著行李到達這兒以後開始的所作所為。她不明白為什麼他對阿莫烏爾最後暴露身分感到如此驚訝和沮喪。也不明白為什麼他對他窩藏女人感到深惡痛絕，因為這是他那種階級的男人的一種世代相傳的風氣，包括他自己在忘恩負義的時刻也是這麼幹的。此外，她認為那女人幫助阿莫烏爾實現了死亡的決心，是一種令人肝腸寸斷的為愛情的犧牲。她說：「如果你也跟他同樣嚴肅地決定自殺，我的義務也將是跟她作同樣的事。」烏爾比諾醫生又一次處在呆頭呆腦無法理解的十字路口，這種不理解使他在半個世紀中一直感到惶惑。

「你什麼也不懂，」他說，「使我憤慨的不是他過去是什麼人和幹過什麼事，而是他欺騙了我們大家這麼多年。」

他的眼睛開始噙滿了淚水，但是她裝作沒看見。

「他做得對，」她反駁說。「如果他過去說了真話，不管是你還是那個可憐的女人，或是這個地方的任何人，都不會那麼愛他。」

她替他把錶鏈掛在背心的扣眼裡，幫他打好領帶結，別上黃玉別針。然後用灑著花露水的手帕擦去他流在鬍子上的淚水，最後把手帕放在他胸前的口袋裡，手帕的四角張開著，宛如一朵洋玉蘭。這時，大廳裡的掛鐘響了十二下。

「快走吧，」她說，一邊挽起他的胳膊，「我們要遲到了。」

奧利貝利亞醫生的妻子和他的七個聰明過人的女兒已經為那頓紀念從業二十五週年的午飯做好了一切準備，她們決心要使那頓午餐成為當年社會上的一件大事。醫生的家坐落在過去的市中心，那裡原是一所造幣廠，由一位在這兒掀起過一陣革新邪風的意大利弗羅倫薩建築師改建成如今的豪華邸宅。這位建築師曾把四、五個十七世紀的歷史遺址變成了威尼斯式的大教堂。醫生的邸宅擁有六間臥室，一個飯廳，一個會客室，寬大明敞，通風良好，但是，它只能用於接待特邀前來的外地客人，對本地的來賓是不敷應用的。宅邸的院子跟修道院裡帶迴廊的院子一樣，中央有個石砌的噴泉，不時發出悅耳的鳴響，花壇上的香水草散發著醉人的芳香。但是，那連拱的迴廊是不宜接待大量的貴賓的，因此，他們決定把午宴設在鄉間別墅，開車只有十分鐘的路程。這個別墅有六千六百平方米的院子，到處是巨大的印度月桂樹，在平靜的小河裡長著本地的睡蓮。堂·桑喬客店的工人們在奧利貝利亞夫人的指揮下，在沒有樹蔭的空地上搭起了五彩繽紛的帆布帳篷。在月桂樹下面用小桌排成長台，長台上擺了一百二十套餐具，鋪著亞麻台布，主賓席上還擺了新鮮的玫瑰花。他們還專門為管樂隊搭了個長台，這管樂隊只吹奏對舞和民族華爾茲舞曲。藝術學校的四重奏弦樂隊也坐在那兒。奧利貝利亞夫人的這種驚人之舉是她丈夫敬愛的老師意想不到的，今天的午宴將由這位老師主持。儘管今天實際上並不是醫生大學畢業的日子，但他們還是選擇了聖靈降臨節這個星期日，以增強歡慶的氣氛。

午餐的準備工作在三個月之前就開始了，因為他們擔心由於時間不夠而有什麼必不可少的事情做不了。他們從金沼澤地弄來許多活母雞，那種母雞在整個沿海地區是有名的——不僅由於牠們體壯味美，而且由於牠們在沖積土裡覓食，有時可以在牠們的嗉囊裡找到純金的砂粒。奧利貝利亞夫人親自帶領她的女兒和奴僕們爬上遠洋輪船，選擇來自世界各地的最好的東西，以頌揚她丈夫的功業。除了下雨以外，一切都預見到了。那天早上，當她去望大彌撒時，空氣潮濕得厲害，氣壓很低，天空烏雲密布，連海平線都望不到，她擔心很可能要下雨了。儘管有些不祥的預兆，氣象觀測台的台長在望彌撒時卻說：在這座城市多災多難的歷史上，即使在最嚴寒的冬季，聖靈降臨節這一天也從來沒有下過雨。然而，當時鐘敲響十二點，來賓們正在露天吃開胃品時，突然一聲霹靂震撼了大地，海上吹來的狂風掀翻了桌椅，把帳篷捲到空中，災難性的暴雨隨即從天而降，天彷彿要塌下來了。

烏爾比諾醫生好不容易在大雨滂沱中跟同路的最後一批來賓一起到了鄉間別墅。他也想跟別的來賓一樣，由下車的地方從一塊石頭跳上另一塊石頭穿過積水的院子，但最後他只能不大體面地接受了打著黃色帆布大傘的堂·桑喬工人的幫助，被挾在臂下抱了進去。東倒西歪的桌子重新在室內擺開，連臥室都被利用上了。來賓們毫不掩飾他們對那場劫難的沮喪。屋裡熱得有如舵船上的鍋爐房，因為他們不得不關上全部窗戶，以避免大風再度把雨水刮進來。在院子裡，桌上本來都擺好了來賓的名簽，按照習慣，男女分座。桌子移到屋裡來後，名簽全亂了，大家只好隨便就座，亂糟糟的，至少不太雅觀。在這場災難中，奧利貝利亞夫人幾乎無處不在，同時出現在各個地方。儘管秀髮淋得透濕，華麗的服裝上面濺滿了泥漿，但是，面對那種尷尬的局面，她臉上始終掛著微笑，這是從丈夫那裡學來的本領，她向來遇到逆境不惱不怒，不急不躁，再大的困難也不認輸。靠了和她在同一個熔爐裡鍛鍊出來的女兒們的幫助，她不僅重新布置了主賓席，而且盡量安排得妥妥貼貼，讓烏爾比諾醫生坐在中央，雷伊大主教坐在他右邊。費爾米納像往常那樣靠近丈夫就座，她擔心他會在午宴中間睡著，或把湯灑在衣服的翻領上。對面的位子上坐著奧利貝利亞醫生，他是個帶有女人氣的五十歲的老人，身體保養得很好，他的樂觀的精神對他準確的診斷毫無影響。在主桌就坐的還有省市兩級的官員和前一年選出的美女，省長挽著她的手臂讓她在他旁邊就坐。儘管並不要求來賓穿特別華麗的衣服，更何況是鄉間別墅的午宴，女人們還是穿上了夜禮服，戴上了貴重的寶石首飾。大多數男人莊嚴地穿著深色的衣服，打著黑色的領帶，有些人還穿了呢料大禮服。只有那些見慣大場面的人，其中包括烏爾比諾醫生，才穿常服。每個座位上都有一張法文菜單，上面印著燙金圖案。

奧利貝利亞夫人懾於熱浪襲人，在房間裡走來走去，要求客人們寬衣就餐，但是誰都不敢帶這個頭。大主教提醒烏爾比諾醫生，這次午宴從某種程度上說是一次具有歷史意義的午宴：自從國家獨立以來，這是曾把國家淹沒在血泊中的內戰雙方第一次癒合了傷口，消除了仇恨，坐在同一張桌子上用餐。主教的這一思想，正好同自由黨人特別是青年自由黨人的熱望相吻合，他們保守黨獨攬大權四十五年之後，終於選出了他們黨的總統。烏爾比諾醫生不同意大主教的觀點。他認為自由黨總統和保守黨沒有什麼兩樣，只是自由黨總統更不講究穿着罷了。然而，他不想使大主教不悅。他本來就想告訴大主教，大家之所以來出席午宴，是由於那位出身名門的醫生的光輝成就，而不是像他想的那樣。的確，醫生的高貴的門第和偉大功績是凌駕於政治風雲和內戰恐怖之上的，所以那次午宴沒有一個人缺席。

暴雨像突然開始那樣又突然停息了，太陽立即在萬里無雲的晴空烈火一般地照耀著大地。但是大風是如此猛烈，以致把一些樹連根拔起，積水把院子變成了沼澤。這次大災難也沖擊了廚房，在房子後面露天裡用磚砌了幾個柴火灶，廚師幾乎沒有來得及把鍋搬到避雨的地方。他們好不容易急急忙忙地擠入已經進滿水的廚房，又在後面走廊裡臨時搭了幾個新的爐灶。到下午一點鐘，一切必需的食品都準備好了，只有桑塔·克拉拉修道院修女還沒有把飯後點心送來，他們本來答應在十一點之前送到的。人們擔心像在不太冷的冬天那樣，公路旁山溝裡的水又漫了出來，果真如此。點心就要等到下午兩點鐘才能送來。暴雨一停，窗戶馬上打開了，房間裡吹進被暴雨中的硫黃淨化的新鮮空氣，顯得十分涼爽。樂隊在門廊的平台上奏華爾茲舞曲，銅管樂器在室內轟鳴，使得人們不得不提高嗓門交談。奧利貝利亞夫人等得不耐煩了，她眼裡含著淚水微笑著，吩咐上菜開始午宴。

藝術學校的樂隊開始演奏了，在一片莊嚴的肅靜中，奏起了莫扎特的快滑步舞曲。儘管人們講話的聲音越來越高，越來越嘈雜，堂·桑喬的黑人奴僕又在放著熱氣騰騰的菜餚的餐桌中間擠來擠去，烏爾比諾醫生還是給樂隊留出了一塊空地，讓他們把節目全部演完。他的精神和記憶力一年不如一年，甚至下棋時每步都要記在紙上，才能知道已經走到哪裡。但他還是能一邊進行嚴肅的談話，一邊有條不紊地指揮演奏，雖然他還沒有達到一個德國樂隊指揮的嫻熟程度。那個德國樂隊指揮是他在奧地利時的好友，他能夠一邊聽《湯好色》⑨一邊讀《堂·喬萬尼》⑩的樂譜。

第二支曲子是舒伯特的「死亡和姑娘」，烏爾比諾醫生認為演奏輕快而富有戲劇性。他一邊在盤子和刀叉的碰擊聲中費勁地聽著，一邊盯著一位向他點頭打招呼的有著玫瑰色臉龐的年輕人。無疑，他在什麼地方見過他，但他已記不起了。這樣的情況時有發生，甚至很熟悉的人的名字或者過去曾經聽過的曲調他都忘記了，這使他萬分痛苦，以致有一天晚上他寧可死去，也不願在這種折磨中等待天明。他正在急得要死的時候，突然一道仁慈之光照亮了他的記憶，那個年輕人前一年曾做過他的學生。他在這個人材薈萃的地方看見他感到很驚訝，奧利貝利亞醫生提醒他，那是衛生部長的公子，他到這裡來是為了準備法醫論文。烏爾比諾醫生做了個手勢，高興地向他打招呼，這位年輕醫生站起身來，行禮作答。但是，不管那時還是後來，他都沒有意識到，他就是那天早晨在阿莫烏爾家跟他在一起的實習醫生。

由於又一次戰勝了老年的健忘症，他感到輕鬆了。於是他沉溺於最後一支充滿激情的、清亮流利的樂曲中，他既聽不出那是什麼曲子，也不知道是誰的作品。後來，樂隊中有位剛剛從法國回來的青年告訴他，那是加富列夫·福爾的弦樂四重奏。烏爾比諾醫生從來沒有聽到過此人的名字，儘管他對歐洲的所有新鮮事兒一向十分注意。費爾米納像往常那樣照料他，特別是看到他在公眾面前發呆的時候，她就停止吃飯，把他的手拉過來放在她的手上，對他說：「你就別在意啦！」烏爾比諾醫生銷魂地向她微笑著，就在這時，他重新想起了她所擔心的事情。他記起了阿莫烏爾他穿著一身假軍裝，戴著昔日的勛章，在兒童照片的遣責的目光下，此時正靜靜地躺在棺材裡。他轉過身去告訴大主教他自殺的消息，但大主教早已得到消息。做完大彌撒之後，這事就廣泛傳開了。他甚至收到了陸軍上校阿爾戈特以加勤比海地區全體流亡者的名義寫的一分申請書，要求把死者葬在聖地。他說：「我認為這種請求不夠嚴肅。」然後，他以更富有人情味的語調問烏爾比諾醫生是否知道自殺的原因。烏爾比諾醫生靈機一動，用非常肯定的語氣回答說，阿莫烏爾死於老年憂鬱症。奧利貝利亞醫生在關照他的賓客，一時沒有注意他的老師跟大主教的談話，這時插言道：「至今還發生為愛情而自殺的事，實在令人遺憾。」烏爾比諾醫生看到他的愛徒的思想跟自己一致，並不感到驚詫。

「更糟的是，」他說，「是服氰化金自殺。」

當說這句話時，他感到同情心已超過了那封信帶給他的痛苦。這一點他並不感激他的妻子，而歸功於音樂的神奇力量。這時他跟大主教談起了在傍晚悠然地下象棋時認識的那位世俗的聖人，談起了他把自己的藝術貢獻給孩子們的幸福，談起了他罕見的博學，對世上的事情無不知曉，談起了他斯巴達式的習俗……此刻，醫生竟為那個跟自己的過去突然徹底決裂的純潔靈魂而感到驚訝。然後，他又告訴市長，應該買下那位兒童攝影師的底片檔案，以便把一代人的形象保存下來，而這一代人，除了拍照片之外，也許再也不會有幸福，然而城市的未來就掌握在這一代人手中。一個正統的、有文化修養的天主教徒公然聲稱自殺是聖潔高尚的行為，這使大主教很不高興，但他同意把底片存檔的建議。市長想知道向誰去買這些底片，烏爾比諾醫生著了急，一時不知說什麼是好，因為他要保守秘密。但他還是沉住了氣，沒有把遺產繼承者的姓名公布出來。他說：「這事交給我去辦好了。」他由於自己對那個女人的忠誠而產生一種贖罪的感覺，因為他在五個小時前背棄了她。費爾米納注意到了這一點，她要他低聲答應將去參加葬禮。他說，他當然要這麼做，這是理所當然的事。於是，他感到鬆了一口氣。

講話是簡短而迅速的。管樂隊開始演奏一支節目單上沒有的俚曲。來賓在平台上散步，等待著堂·桑喬旅店的侍者把院子中的雨水排乾，看看誰有跳舞的興致。只有主賓席上的客人們還留在客廳裡喝茶。烏爾比諾醫生把最後的半杯白蘭地一飲而盡。他以前只能喝少許葡萄酒，吃一盤特製的菜，誰都不記得他喝過白蘭地。但那天下午他的心情驅使他這樣做，從而使他的軟弱得到了補償。多年以來，他終於又有了唱歌的興趣。如果那位年輕的樂師向他提出這種請求，並且自告奮勇為他伴奏的話，他肯定會高高興興地唱上一曲的。不巧的是，開來了一輛全新的小轎車，在穿過泥濘的院子時，濺了樂師們一身泥漿，把鴨子驚得在圍欄裡嘎嘎亂叫。汽車停在門廊對面。烏爾比諾·達薩醫生和他的妻子，每隻手托著一只用呢絨花邊布蓋著的托盤，笑盈盈地下了車。汽車裡擺滿了同樣的托盤，一直擺到司機的腳下。那是本應及時送到的餐後點心。在熱烈的掌聲和親切的帶有嘲弄性的口哨聲停歇之後，烏爾比諾・達薩醫生鄭重地作出解釋：修女們請他在暴雨之前務必把點心送到，但是他在路上拐了個彎，因為有人告訴他，他父母的家裡失火了。烏爾比諾醫生沒等兒子把話說完，就驚恐起來，他的妻子及時提醒他說，消防隊員只是應他本人之請前去抓鸚鵡而已。儘管已經喝過了咖啡，精神煥發的奧利貝利亞夫人還是決定讓大家在平台上用餐後點心。烏爾比諾醫生和他的妻子沒有吃點心就告辭了，在參加葬禮之前，他必須為神聖不可侵犯的午覺騰出時間。

他這次午睡的時間很短，而且睡得很不好，因為他回到家中時，看到了消防隊員造成的破壞如此嚴重，絲毫不亞於一場大火災。為了嚇唬鸚鵡，他們用高壓水龍帶把那棵樹的葉子全打光了。由於瞄錯了地方，一股激流從臥室的窗戶射進去，給家具和掛在牆上的無辜的祖父母的照片造成了無可挽回的損失。聽到消防車的鈴聲，居民們紛紛趕來，以為真的失了火。好在星期日學校停課，才沒有造成更大的混亂。當消防隊員們看到多高的梯子也不可能把鸚鵡抓住時，他們便動手砍起樹來，幸好烏爾比諾・達薩醫生及時趕到，才阻止了他們把樹幹鋸掉。他們走時留下話說，打算五點鐘以後再來鋸樹。他們不僅把露台和客廳的地板踩得到處是泥，還踩破了費爾米納最喜愛的土耳其地毯。消防隊造成了那麼嚴重的災難，但毫無收穫，鸚鵡大概已趁著混亂逃到鄰居的院子裡去了。烏爾比諾在樹叢中找了牠好一陣子，鸚鵡既沒有用任何語言也沒有用口哨或歌聲來回答他。他認為鸚鵡是丟定了，大約在三點鐘時，便去睡午覺了。上床之前，他還蹲在廁所裡，盡情地嗅了一陣擺在那兒的溫馨的石刁柏馥郁的花香。

他在悲傷中醒來。這不是早晨在朋友遺體前的那種悲傷，而是午覺醒來之後籠罩着他的心靈的無形的雲霧。他認為那是一種神諭，告訴他大限已近，他正在度過他的最後的一個下午。五十歲前，他對自己內臟的大小、重量和狀況不大了然。但是，一過五十，漸漸地，每當他在午睡之後閉着眼睛躺着的時候，內臟的一切情況他都能體察得到，甚至能感到那正在跳動的心臟，神祕的肝臟，奇妙的胰腺。他發現，就連比他年長的老人都比他年輕。在他的同代人中，他已是留在世上的最後一人了。當他發現自己已經開始忘事時，他採用了從醫科學校的一位老師那兒聽來的辦法：「失去記憶的人要用紙來幫忙。」然而，那也只不過是一種瞬息即逝的幻想，因為他的記憶力甚至衰退到這樣的地步：他記不起口袋裡那些紙條上寫的是什麼意思；戴着眼鏡到處找眼鏡；鎖上門以後還在匙孔中轉鑰匙；讀書時，讀着讀着就再也讀不下去了，他忘記了情節的邏輯和人物之間的關係。最使他不安的是他已不相信自己的理智：他已逐漸陷入了不可避免的災難，失去了正確的判斷能力。

憑着經驗，烏爾比諾醫生知道，大多數致命的疾病都有一種特殊的氣味，而進入老年期後的氣味比任何氣味都更為獨特。這一點，他從解剖台上已經解剖過的屍體中也能嗅聞出來，即使無法看清死者的年齡，屍體散發的氣味也騙不過他的鼻子，他甚至從他自己的衣服的汗味和熟睡着的妻子的微弱的呼吸中，都能夠辨別出那進入老年期的氣味。從本質上講，事情確實如此，否則，一個老式的基督教徒也許會同意阿莫烏爾的意見：老年是一種不體面的狀況，應該及時防止。

他過去身體相當強健，聊以為慰的是性慾慢慢地消失，逐漸在不知不覺中達到性的平靜。到了八十一歲，他的頭腦還相當清醒，他知道，自己的生命只是由幾根細線維繫在這個世界上，這些細線，甚至他在睡夢中簡單地換個姿勢都有可能在毫無痛苦的情況下斷掉。如果說他在盡一切努力維持這些細線的話，那是因為他害怕在死亡的黑暗中找不到上帝。

費爾米納已經把被消防隊員破壞的臥室重新整理就緒。快到四點鐘時，她吩咐給丈夫送去一杯常喝的加冰檸檬水，並且提醒他，應該穿上衣服，準備去參加葬禮了。這天下午，烏爾比諾醫生手頭放着兩本書，一本是亞歷克西·卡雷爾⑪的《人類之謎》，另一本是阿克塞爾·芒特⑫的《聖·米歇爾傳》。後面一本還沒有開頁，他要廚娘迪格納·帕爾多把他忘記在臥室裡的象牙裁紙刀給他拿來。可是，當她把裁紙刀拿來時，他已經在讀《人類之謎》的用一個信封夾着的那一頁，那本書他很快就要讀完了。他讀得很慢，在午宴上最後碰杯時他喝了半小杯白蘭地，此時稍感頭痛。閱讀停下來時，他便呷一口檸檬水，或慢慢地在嘴裡化一塊冰。他穿上了襪子，穿上了一件沒有假領的襯衣。帶有綠色條紋的鬆緊帶掛在褲腿的兩旁。一想到必須更衣去參加葬禮，他就感到厭煩。他很快就停止讀書，把它放在另一本書上，而後開始在柳條搖椅上來回悠晃，心情沉重地觀看着院子裡沼澤地上的小香蕉樹，光禿禿的芒果樹，雨後出來的螞蟻，和另一個值得懷念的、即將一去不復返的那下午短暫而絢麗的光彩。他已經忘記他曾經有過一隻帕拉馬里博鸚鵡，而且他像愛一個人似地愛着牠。這時，他忽然聽到一個聲音說：「真正的小鸚鵡。」這聲音很近，幾乎就是在他身旁，他立即在芒果樹最下面的枝頭上找到了牠。

「不要臉的東西。」他對牠喊道。

鸚鵡以同樣的聲音反駁道：

「你更不要臉，醫生。」

他繼續跟牠談著話，並且一直盯著牠，同時小心翼翼地穿上短筒靴，以便不把牠嚇跑。接著，他把鬆緊帶拉到肩膀上，起身往汙泥滿地的院裡走去。在下平台的三道台階時，為了避免滑倒，他用拐杖試探著。鸚鵡沒有動，而且站得很低，他像往常一樣把拐杖伸過去，想讓牠站在銀柄上，但鸚鵡躲開了。牠跳到了旁邊較高的樹枝上，在消防隊到來之前，家裡的梯子就一直架在那兒，現在更容易捉住了。烏爾比諾醫生估摸了一下高度，認為只要爬上兩級，就能夠抓住牠。他爬上了梯子的第一級，唱著歌兒來轉移那個不聽話的傢伙的注意力，而牠沒有唱，卻在重覆著他的歌詞。醫生順手抓牠時，牠在枝頭上左躲右閃，醫生又用雙手緊緊抓住梯子，不費力氣地爬上了第二級，鸚鵡沒有挪動地方，並且開始重覆著他的歌曲。他感到剛才低估了樹枝的高度，他又往上爬上了第三級和第四級。那時，他左手抓緊梯子，用右手去捉鸚鵡。老女僕帕爾多來了，她想提醒他天已不早，該去參加葬禮了。她進來時，看到有人爬在梯子上，要不是那條綠色的鬆緊吊褲帶，她真不相信那就是烏爾比諾醫生。

「天哪！」她喊道，「您會摔死的！」

烏爾比諾醫生抓住鸚鵡的脖子，帶著勝利的神情，高興地舒了一口氣：「啊，終於把你抓到了。」但是，他立即又把鸚鵡放走了，梯子在他的腳下滑開了。他懸在空中的一剎那，意識到自己死了，在聖靈臨降節的這個星期天的下午四點零七分，來不及接受聖餐儀式，來不及懺悔，也來不及同任何人告別，他死了。

費爾米納正在廚房品嘗晚飯的湯，忽然聽到了帕爾多的可怕的尖叫聲和佣僕們的吵嚷聲，隨之而來的是鄰居們的哄鬧聲。她扔下湯勺，拚命往外跑，她上了年紀，心有餘而力不足，怎樣也跑不動。她像瘋子似地喊叫著，不知道在枝繁葉茂的芒果樹下發生了什麼事。看到丈夫仰面躺在泥地上時，她的心幾乎要從胸膛裡跳出來了。他已奄奄一息，還在抵抗著死神最後的打擊，等候她的到來。他終於在混亂的人群中認出了她，眼裡含著最後的痛苦的眼淚。他最後看了她一眼，在他們共同生活的半個世紀中，她從來沒有看到過他的目光如此明亮，如此悲傷，如此充滿感激之情。他用盡最後的力氣對她說：「只有上帝才能知道我多麼愛你。」

烏爾比諾醫生之死當然是值得紀念的。他剛從法國學成歸國時，就在全國享有盛名，他採用新奇而激烈的措施制止了全省最後一次霍亂病的蔓延。上一次霍亂病流行時，他還在歐洲，那次霍亂病在不到三個月的時間內奪去了城裡四分之一人的生命，包括他的父親在內。他父親也是一位有名望的醫生。由於他名聲大振，家產激增，他創辦了一個醫學研究會，這是多年來在加勒比海諸省建立的第一個，也是唯一的一個醫學研究會，而且由他自己擔任終身主席。他建設了第一條導水管和第一個下水道系統，還建立了有遮篷的公共市場，這個市場避免了阿尼馬斯海灣汙穢物的侵入。此外他還是語言研究院和歷史研究院的院長。由於他對教會的貢獻，耶路撒冷的拉丁國家總主教授予他聖墓騎士團騎士的頭銜。法國政府則授予了他榮譽軍團騎士團團長的軍銜。他是本市所有愛國宗教團體的積極支持者，他全力支持愛國委員會，這個委員會的成員是城裡那些沒有官職的領袖人物，他們以當時過於激進的思想對政府和商界施加壓力。在這些進步思想中，最值得紀念的是氣體靜力學的氣球試驗。第一次試飛時，他們通過氣球把一封信帶給沼澤地的聖·胡安，這一想法要比開創航空郵路的設想早出許多年。成立藝術中心也是這些人的主意，後來藝術中心又在同一幢房子裡開設了美術學校，藝術中心和美術學校的舊址至今依然存在。多年來，藝術中心還是四月花會的贊助者。

整整一個世紀認為幾乎不可能辦到的事，他卻辦到了：從殖民時期以來已經變成鬥雞場和公雞飼養場的喜劇院，被重新修復了，那堪稱是一場驚心動魄的愛國運動的頂峰，本市各界都捲了進去，無一例外，人們被廣泛地發動起來，參與這項公認的宏偉的事業。總之，喜劇院在既無座位又無燈光的情況下舉行了落成典禮，開始演戲。觀眾不得不帶座位，幕間休息時他們點起自己帶來的燈籠。劇院的節目公演時，也像歐洲那般隆重，貴婦們利用這個機會，在加勒比海地區的大熱天，爭相炫耀她們的長禮服和皮大衣。不過，劇院也必須准許僕人進入，由他們搬椅子，提燈籠，攜帶各種他們認為必要的吃食。節目一演就沒完沒了，有的節目一直拖到做晨彌撒時方告結束。首先，在這個劇院演出的，是一個法國歌劇團，這個樂隊的新型樂器——豎琴——使人大開眼界。但最令人難忘並引以為驕傲的，是一位才華出眾的土耳其女高音，她不僅歌喉婉轉無可挑剔，而且赤著腳演唱，腳趾上戴著貴重的寶石戒指，更增加了她演出的戲劇效果。從第一幕開始，人們就幾乎看不到舞台，密密麻麻的椰油燈裡冒出的黑煙籠罩著舞台的空間，薰得歌唱家們走了調。城裡的新聞記者對這些小小的不足之處毫不介意，他們交口讚揚那些值得紀念的東西。無可置疑，演出歌劇是由烏爾比諾醫生倡議的，他的倡議是那樣的富有感染力，以致使歌劇熱一直影響到本市最偏僻的角落，甚至導致了《特里斯坦和依索爾德》、《奧賽羅》、《阿依達》和《齊格弗里特》等著名歌劇的出現，造就了瓦格納、威爾地式的整整一代著名作曲家。然而，歌劇始終沒有發展到烏爾比諾所希望的頂點，因為意大利派和瓦格納派在幕間休息時並沒有像預期那樣面對面地敲著拐杖爭論得面紅耳赤。

烏爾比諾醫生從不接受任何委任，他無情地抨擊那些利用職業威望撈取政治地位的醫生。他一向被認為是個自由黨人，而且在選舉中他常常投自由黨候選人的票，但與其說他站在自由黨一邊是由於信念，還不如說是由於傳統。當大主教華麗的四輪馬車通過時，也許他是最後一個當街下跪的貴族的成員。他認為自己是天生的和平主義者，主張為了祖國的利益，自由黨和保守黨應該徹底妥協，然而，他在公開的行動中一貫自行其是，以至誰都不把他當作自己人。自由黨人把他看作山洞裡的哥特人，保守黨人認為他幾乎是共濟會成員，而共濟會員們又把他視作替羅馬教廷效勞的暗藏的牧師，對他深惡痛絕。對他的批評不那麼憤恨的人也認為，他只不過是全民族被無休止的內戰血泊淹沒之時的一名在花會中逍遙自在的貴族而已。

只有兩件事同他的這一形象不符。一件是他把家搬到了暴發戶區，新居是用卡薩爾杜埃羅侯爵古老的宮殿式的樓房換來的，那座樓房一個多世紀以來一直是這個家族的邸宅；另一件是和一位既無名望又無財產的本地美女聯姻，從而遭到那些有著長長姓名的夫人們暗中嘲笑。鑒於那位姑娘的「高貴出身」和「氣質」，她們無法不相信她比她們所有的人都更為優越。烏爾比諾醫生對那些議論和許多其他有關他公開形象的議論，一向心中有數，而且知道他自己正是那個正在消亡中的姓氏的最後一個主角，這一點，他比誰都清楚。他的子女是家族中兩個平平庸庸的人。兒子同他一樣，是個醫生，就像歷代的所有長子一樣，毫無建樹，年過五十，連個兒子都沒有。女兒和新奧爾良銀行一個善良的職員結了婚，已進入更年期，膝下有三個女兒，沒有一個男孩。在歷史的長河裡，他的氏族血統將由此而中斷，這使他傷心不已，可是，更令這位醫生操心的是在他死後費爾米納的孤獨的生活。沒有他，她如何打發日子！

那場悲劇震撼了醫生的全家人，也影響到了全城，百姓們都走到大街上，想把事情打聽個究竟。全市宣布致哀三天，各種機構和商店都降了半旗，所有教堂的鐘聲都在不停地敲響，直到死者的屍體在家庭陵園裡落葬。美術學校一個班的學生，做了一個遺體的真容模型，以便為將來塑半身像留下個模特兒。但是，這計畫剛開始便被取消，人們都這樣認為，那個逼真地塑出了醫生最後一刻恐怖神情的真容模型有失莊重。一個湊巧打這兒經過的歐洲藝術名家畫了一幅傷感現實主義的大油畫，再現了烏爾比諾醫生在梯子上伸手捕捉鸚鵡的致命的一剎那。畫面上唯一與原來的事實不符的是，他穿的不是無領襯衣和用綠色吊帶繫著的褲子，而是戴著蘑菇帽，穿著霍亂流行期報上經常刊登的版畫人物身上的黑呢大禮服。這幅畫在烏爾比諾醫生逝世幾個月之後陳列在一個名叫「金鈴鐺」的大畫廊裡，讓民眾一飽眼福；爾後又掛在公私機關的牆上展出，這些機關都認為應向這位傑出的貴族表示敬意。最後，這幅畫陳列在美術學校，並為此在那兒舉行了第二次葬禮。又過了多年，美術學校的學生把它拿到大學廣場上燒掉了，他們把它看作一種美學的象徵，也把它看作一個令人厭惡的時代的象徵。

費爾米納從成為未亡人的那一刻起，就不像她丈夫擔心的那樣孤獨和無用。她下了決心，毫不妥協，不允許利用她丈夫的遺體做任何事情，包括共和國總統拍來的電報都沒有用，那個電報命令把屍體放在紅箱子裡擺在省府會議廳讓人們瞻仰。她也以同樣冷靜的頭腦反對在教堂為丈夫守靈，那是大主教親自要求的，她只答應在舉行葬禮彌撒時把屍體移到教堂去。被各種各樣的要求弄得手足無措的女兒出來調停，她也仍然毫不動搖的堅持她的農村觀念，死者不屬於任何人，只屬於他的家庭；他們應在自己家裡喝著苦咖啡，吃著奶酪餅守靈，每個人都享有充分的自由，想怎樣哭就怎樣哭。他們將免去傳統的守靈九晝夜的儀式，在葬禮之後就把大門關閉，除了最知己的客人之外，不接待任何來訪者。

家裡籠罩著居喪的氣氛。所有貴重的東西都放在安全的地方。光禿禿的牆壁上只留下掛過圖畫的痕迹。自家的椅子和從鄰居那兒借來的椅子都擺在從客廳到臥室的牆邊。除了擺在一個角落裡用白床單蓋著的鋼琴外，大型家具都搬走了。空間似乎擴大了，聲音發出鬼怪似的回響。書庫的中央，在他父親的寫字枱上，躺著醫生的遺體，他的臉上帶著最後的驚恐神情，他穿著黑斗篷，披著聖墓騎士的戰刀。在遺體的旁邊，身穿重孝，渾身顫抖，但自制力仍然很強的費爾米納，忍著悲痛，莊嚴地接受人們的吊唁，堅持到第二天上午十一點鐘，幾乎紋絲不動。十一點鐘一過，她便站在門廊上，揮著手帕向丈夫的遺體告別。

自從她聽到帕爾多在院子裡喊叫，看見老頭兒在泥地上奄奄一息地掙扎以來，現在能恢復到控制自如的狀態委實不易。當時她的第一個反應是認為丈夫尚有希望，因為他還睜著眼睛，瞳孔是如此明亮，她從來就沒見到過。她懇求上帝至少給她一點時間，以便讓他知道，儘管他們之間出現過多次疑雲，她卻始終在愛著他。她實在不願他在明瞭這一點之前就離開人世。她感到有一種強烈的、難以抵制的願望，希望同他重新開始生活，以便互相表達長期壓在心頭尚未出口的話，把過去沒有安排妥當的事情重新做好。但是，在無情的死神面前，她只好投降了。她的痛苦變成了一種盲目的憤怒，她對誰都言詞激烈，怒氣沖沖，甚至對自己也是如此。這倒使她獲得了自我控制的能力和獨自忍受寂寞的勇氣。從那一刻起，她一刻不停地做事，不讓臉上露出任何痛苦的痕迹。唯一身不由己地流露出某種淒楚的時刻是星期日夜裡十一點，當時根據大主教的命令，把還在散發著墊木的氣味、打著銅箍、蓋著紅罩的棺材抬走了。烏爾比諾·達薩醫生命令立即蓋棺，在那難以忍受的炎熱天氣裡，家中那麼多花散發出的味道使得空氣都變得稀薄了，他似乎看到父親的頸脖上出現了最初的紫色痕迹。他在寧靜中彷彿聽到了一個漫不經心的聲音：「人到了這個年紀，活著也爛了一半。」在蓋棺之前，費爾米納摘下結婚戒指，把它戴在了亡夫手上，然後用自己的手捂住他的手，就像平常她看到他在公共場合信口開河地講話時做的那樣。

「我們很快就會再見面的。」她對丈夫說。

聽了這話，躲藏在社會名流中的弗洛倫蒂納·阿里薩，感到像是在體側被刺了一槍。費爾米納在最初吊唁的混亂中沒有認出他來。其實，在處理那天晚上的緊急事故中，誰都沒有他出現得及時，誰都沒有他更起作用。是他把滿滿當當的廚房安排得井井有條，使咖啡得以充分供應。當從鄰居借來的椅子不敷應用時，是他從別處弄來了椅子。當室內擺滿了花圈時，是他命令把餘下的花圈搬到院子裡去。他為奧利貝利亞醫生請來的客人端去了白蘭地，那些客人是在慶祝從業二十五周年的高潮時聽到噩耗後急急忙忙地趕到這裡來的，他們在芒果樹旁圍成一圈坐下，繼續吃喝作樂。當鸚鵡昂著腦袋張開翅膀半夜出現在飯廳時，他是唯一及時作出反應的人。鸚鵡的出現，使全家人不寒而慄，因為那彷彿是懲罰性的遺贈。阿里薩抓住鸚鵡的脖子，不讓牠叫出荒唐的話來，並把牠放入帶罩的鳥籠掛進了馬廐。這一切，他做得是如此乾淨俐落，以致沒有一個人認為他介入了別人的家務，相反，倒認為他在那個家裡遭受厄運的時刻做出了無法估量的貢獻。

從表面來看，他是一個樂於助人的嚴肅的老人。軀幹消瘦而筆挺，棕褐色的皮膚上汗毛稀少，白金架的眼鏡後面藏著一對貪婪的眼睛，末端粘得很好的羅曼蒂克的小鬍子已有點過時。他的最後幾縷鬢髮上梳著，用髮蠟緊緊貼在閃閃發亮的頭顱中央，似乎這樣就最後解決了他的禿頂問題。他的天然的文雅和鬱鬱寡歡的舉止十分討人喜歡，但同時也被視為一個頑固的光棍漢身上的兩種可疑的品德。他花費了許多錢，用了許多心計，費了好大的力氣，為的是不讓人們看出在當年的三月份他已滿了七十六歲，而且他在孤寂的心靈中深藏著一個信念，在這個世界上，沒有哪個人比他愛得更深。

那天，儘管六月的天氣熱得叫人透不過氣，從聽到烏爾比諾醫生去世的消息起，直到晚上，他還是穿著慣常穿的衣服。深色呢料坎肩，襯衣的硬領上繫著絲帶結。戴著毡帽，手執一把兼作拐杖的黑綢傘。黎明時分，他從守靈的地方離開了兩個小時。太陽剛剛升起時，他又大大方方地回來了，鬍子修葺得整整齊齊，美容洗髮劑的香氣四溢。他換上了一件黑呢料大禮服，這種衣服他平時一般不穿，只有在參加葬禮和出席聖周彌撒時才正式穿用。他沒有打領帶，而是在硬翻領上別了藝術家的帶狀飾物，頭上換了一頂蘑菇帽。他還是帶著傘，但此時已不僅是出於習慣，而是因為他估計在十二點鐘之前肯定有雨。他把下雨的迹象告訴死者的兒子烏爾比諾．達薩醫生，以便讓他考慮是否有可能提前安排葬禮。他們也真的試圖這樣做了，因為他們知道阿里薩出身於船主家庭，本人是加勒比海內河航運公司經理，對氣象是個內行。但是他們無法及時在民政當局和軍事當局、公共團體和私人團體、軍樂隊和藝術學校樂隊，以及各宗教團體之間進行協調，大家早已同意在十一點舉行葬禮，倉促之間難以達成一致協議。這樣一來，那次歷史性的安葬儀式便被一場傾盆大雨弄得狼狽不堪。咕吱咕吱地踩著泥水到達家庭陵墓的送葬者寥寥無幾。陵墓的庇護者是一棵歐洲木棉樹，繁茂的枝葉一直探到墓地的牆外。就在同一棵木棉的樹蔭下，在牆外被指定埋葬自殺者的一座小墓上。前天下午，加勒比海地區的流亡者們埋葬了阿莫烏爾，根據他本人的意願，他的愛犬和他同穴安眠。

阿里薩是為數不多的堅持到達墓地的人之一。他連內衣都溼透了。他提心吊膽地回到家裡，這麼多年以來，他一直小心翼翼、無微不至地愛護著自己的身體，生怕被這次大雨澆出肺炎來。他煮了一杯熱檸檬水，又加了一點白蘭地，躺在床上用它沖服下兩片阿斯匹林，裹在毛毯裡出了滿身大汗，身體才暖和過來。他再度回到守靈的地方時，已感到精神抖擻了。費爾米納重新挑起了操持家務的重擔。房間已進行了清掃，可以接待客人了。書房裡設了個祭壇，安放著一張已故丈夫的蠟筆肖像，像框上掛著黑紗。八點鐘時就賓客盈門，天又像前一天夜晚那麼炎熱，於是，在做完念珠祈禱之後，有人提出要早些告退，以便讓亡者的遺孀稍事休息，從星期日下午以來，她一直未得稍停。

費爾米納站在祭壇旁邊，跟多數來客告別，把最後一批契友一直送到臨街的門口之後，她像往常那樣，要親自把門關好。她正在關門時，卻看到了穿著喪服站在空曠的客廳裡的阿里薩。她感到意外驚異，因為多年以前，她就把他從她的生活中抹掉了。這是第一次她從忘卻中恢復過來，清清楚楚地看到了他。在她尚未來得及為他的來訪致謝之前，他已經渾身戰慄著莊嚴地把帽子放在胸前，鬱積在心中的話陡然引爆，那句話一直是他生命的支柱。

「費爾米納，」他對她說，「我為這個機會等了半個多世紀，為的是再一次向您表達我的誓言，我永遠愛您，忠貞不渝。」

倘若費爾米納・達薩沒有想到阿里薩在此時此地出現是上帝的旨意的話，她真會以為站在她面界上的日子也不長了。」
前的是一個瘋子。她的第一個衝動就是高聲詛咒他，她的丈夫在墳墓裡屍骨未寒，他就這樣來到她的面前，這是對她家門的褻瀆。但是，狂怒和尊嚴不允許她這麼做。「滾開！」她對他說，「這輩子別讓我再看到你。」她重新把剛要關上的臨街大門徹底打開，最後加了一句：「但願你在世界上的日子也不長了。」

當她聽到他的腳步聲在寂靜的街道上漸去漸遠時，便慢慢地關上了門，上了門閂和插鎖。現在，她要獨自面對自己的命運了。在這以前，她從未完全意識到她年滿十八歲時發生的那場悲劇的輕重和大小。這場悲劇她必須一直演下去，直到她死去為止。自從那個災難性的下午以來，她第一次悄悄地哭了。她為丈夫的死亡而哭，為她的孤獨和憤怒而哭。當她走進空蕩蕩的臥室時，她又為自己而哭，她自從出嫁以來，很少一個人獨自睡在那張床上。丈夫留下的一切都使她流淚不止：帶穗頭的拖鞋，枕頭下面的睡衣，梳妝台上鏡子裡她丈夫的身影的空缺，以及她丈夫皮膚上散發的特有的氣息。一種恍惚的思想震動了她：「一個被愛的人，死去時應當把一切帶走。」她不願在任何人的幫助下就眠，睡覺之前也不想吃任何東西。由於悲痛已極，她祈求上帝讓她在睡夢中被死神喚去，她懷著這樣的幻想脫下了鞋，和衣而臥，很快就睡著了。她不知道自己已經入睡，睡夢中她還意識到自己還活著，意識到床上空出了一半，她像往常那樣側躺在左邊，而在右邊缺少另一個身體跟她對稱。她在夢寐中思慮著，她想她絕不能再這麼下去，不禁嗚咽起來。她在夢中哭泣了好一陣，雄雞終於高啼，不受歡迎的晨光將她喚醒。她醒來時，看到身邊沒有丈夫，只有孑然一個人，只是在那個時候，她才意識到她在夢中痛哭了很久，然而她並沒有死。她還發現，自己在啜泣著睡覺時，想阿里薩的成分比想她死去的丈夫更多。

■註

①法國生物學家和化學家。

②雷馬克小說《西線無戰事》一九三〇年改編成電影上映。

③一種西班牙民間舞蹈。

④這三個城市分別屬於玻利維亞、厄瓜多爾和墨西哥。

⑤西班牙地區名，包括巴塞羅那、塔拉戈納、萊里達和赫羅納四省。

⑥古羅馬國王克勞狄一世的第三個妻子，以放蕩著名。

⑦瑞典著名生物學家。

⑧拉美國家貨幣單位，等於百分之一比索。

⑨德國作曲家瓦格納寫的歌劇。

⑩莫扎特的兩幕歌劇。

⑪法國著名哲學家和外科醫生，一九一二年諾貝爾醫學獎獲得者。

⑫瑞典文學家、精神病專家和物理學家。

在經過長時間的不愉快的戀愛，費爾米納無可挽回地拒絕了他的求婚之後，阿里薩無時無刻不在思念著她。從那時起，已經過去了五十一年九個月零四天。他毋須為了備忘而每天在牢房的牆上畫一個道道計算日子，因為每一天都會發生點事兒使他勾起對她的回憶。他們斷絕關係時，他二十二歲，當時，他跟他母親特蘭西托·阿里薩住在文塔納斯街租下的半幢樓房裡。母親從年輕時起就在那裡經營一個小百貨店，除此之外，還把舊衣服拆了當棉花賣給戰爭中的傷員。阿里薩是她的獨子，是她跟著名的船主洛阿伊薩先生偶然結合所生。這位洛阿伊薩先生是建立加勒比內河航運公司的三兄弟中的老大。他們靠了這個航運公司推動了馬格達萊納河的航運事業的發展。

當他兒子十歲時，洛阿伊薩先生故世。他一直在偷偷地負擔著他的花費，但從未在法律上承認他是自己的兒子，也沒有解決他的前程問題。因此，阿里薩一直只有母姓，他真正的父親是誰，公眾向來是清清楚楚的。父親死後，阿里薩不得不輟學到郵局去當學徒，在那裡，他負責打開郵袋，分揀信件，在門口升起有關國家的國旗，通知人們哪個國家的郵件已經到了。

他的才智引起了報務員的注意。那位報務員是個德國僑民，名叫洛特里奥·特烏古特，此人除在郵局幹事外，還在教堂的重要慶典上彈風琴和兼任家庭音樂教師。特烏古特教他學會了莫爾斯電碼和掌握電報系統。僅僅上了頭幾堂小提琴課，阿里薩就可以像個職業演奏者似的一邊聽課，一邊演奏其他曲子了。他在十八歲上認識費爾米納，當時他稱得上是本社會階層中最引人注目和最受歡迎的年輕人。他能跟著時髦的音樂翩翩起舞，情意纏綿地背誦詩篇，只要有人求他，他隨時都樂意帶上小提琴為他們意中人去奏小夜曲。從那時起，他一直瘦骨嶙峋，印第安人的頭髮用香脂黏得鋥光閃亮，架在鼻樑上的近視鏡加深了他的落落寡合的印象。除了視力上的缺陷外，他還患有慢性便祕，終生都離不開通便的灌腸劑。他僅有的一套考究的替換衣服，是從他已故的父親那裡繼承來的，由於特蘭西托善於保存，以致每個星期日穿起來都像是新的。儘管他長得很纖弱，性格內向，穿著樸素，可是班上的姑娘們為了爭奪和他待在一起的機會，還得在私下抽籤。他也常和她們在一起玩。直到他認識了費爾米納，那些天真無邪的行動才算告終。

他第一次見到她是在一個下午。那天下午，特烏古特叫他去給一個通訊地址不大明確的名叫洛倫索·達薩的人送電報。他在埃萬赫利奧斯小公園裡一座半倒塌的古老的房子裡找到了那個人。那座房子的裡院跟修道院相仿，花壇上長滿雜草，中央有一個乾涸的泉眼。當阿里薩在走廊裡跟著赤腳女僕穿過一道道拱門時，他沒有聽到任何人聲，走廊裡擺滿了尚未打開的搬遷用的箱子，泥瓦匠的工具，以及一堆堆沒有用完的水泥和石灰，當時這座房子正在翻修。在院子的盡頭，有一間臨時辦公室，室內有個大胖子正坐在寫字枱前睡午覺，他的鬈曲的鬢髮和鬍子攪在一起。此人正是洛倫索·達薩，他在城裡尚不十分出名，因為他來到此地還不到兩年，而且交遊不廣。

電報的到來彷彿是他的惡夢的繼續。阿里薩懷著一種公務人員的同情心，觀察著他的鉛色的眼睛，注意到他正在撕開封條的哆哆嗦嗦的手指，以及他內心的恐懼。這種恐懼，他從許多人身上都看到過，因為收件人在打開電報前，難免把它同死亡聯繫在一起。讀過電報後，他馬上鎮定下來，嘆息道：「好消息！」他按照慣例送了阿里薩五個雷阿爾，他以寬慰的微笑使他明白，如果給他帶來的是壞消息，那五個雷阿爾他是不會破費的。接著，他又緊緊地握手同他告別，其實，這對送電報的人來說是不必要的。女僕一直把他送到大門外，不僅是為了給他引路，也是為了監視他。但是，他跟著女僕又沿著同一條走廊回進去了。阿里薩發現裡面還有另外的人：在明亮的院子裡有一個女人的聲音在反覆誦讀課文。當他在縫紉室的對面穿過時，從窗戶裡看到一個成年的婦女和一個姑娘，她們坐在兩張並排的椅子上，同時讀一本攤在那個成年女人膝上的書。這種景象使他覺得奇怪：女孩在教母親讀書。這個估計，只有一點不太準確，因為那個婦女是女孩的姑媽，而不是她的母親，儘管她曾像母親似的把她撫養成人。書聲沒有中斷，但女孩把頭抬了起來，想知道是誰在窗口經過。誰也沒有料到，這偶然的一瞥，引起了一場愛情大災難，持續了半個世紀尚未結束。

關於洛倫索・達薩，阿里薩唯一能夠打聽到的只是：他是帶著獨生女兒和獨身妹妹，在霍亂發生後不久從沼澤地的聖・胡安遷到這兒來的。那些目擊他下船的人，毫不懷疑他將會在這裡定居，因為他把裝備一個家庭所需要的東西全部帶來了。女孩還小，但妻子已經去世了。他的妹妹叫埃斯科拉斯蒂卡，四十歲。她上街時，總是按照聖芳濟會的習慣著裝；留在家裡時，也在腰間圍條帶子。女孩十三歲了，取了個跟死去的母親一樣的名字：費爾米納。

看來，洛倫索・達薩是個有資產的人，他雖然沒有正當的職業，卻生活得很好。他花二百金比索，買下了埃萬赫利奧斯的舊房，而整修這所房子所花的錢至少是買價的兩倍。女兒就讀於「聖母獻瞻節」①學校，兩個世紀以來，這個學校就為閨秀們開設如何做賢妻良母的家政課。在殖民時期和共和國初年，這所學校只收貴族門第的小姐。但是，由於獨立而破落了的古老家族不得不屈從於新時代的現實，這個學校的大門終於向所有能夠支付學費的女學生敞開，不管她們有沒有貴族頭銜，只要是按天主教儀式結婚的父母的合法女兒就可以就讀。這是一所收費昂貴的學校，僅就費爾米納在那裡就讀一事，即使不能說明她家庭的社會地位，至少表明了她家庭的富有。這些消息使阿里薩極為興奮，那位杏眼通圓的美貌姑娘正是他夢寐以求的意中人。可惜，那位父親對女兒管教甚嚴，這對阿里薩接近費爾米納是一種不可逾越的障礙。其他女學生一般都是結伴而行，或由年長的女僕陪著上學，費爾米納則總是由單身的姑媽陪著，使她的一舉一動不能有任何越軌之處。

阿里薩以下列天真的方式開始偷偷跟踪費爾米納的生活——早晨七點鐘，他一個人坐在公園裡不太為人注意的靠背長椅上，佯裝在扁桃樹下讀詩，直到那位姑娘無動於衷地在他身前走過。她穿的是藍條制服，有鬆緊箍的襪子高齊膝蓋，一雙男式的高腰皮鞋。一條粗大的辮子齊腰拖在背後，末端打著一個結。她走路時有一種天然的高傲，腦袋高高地昂起，目不斜視，腳跟輕快，尖鼻子，兩臂交叉，把鼓鼓囊囊的書包抱在胸前。真的，她走路的姿勢頗似母鹿，輕鬆自在。在她旁邊，姑媽穿著棕褐色的教服，繫著聖芳濟會的腰帶，緊緊跟著姑娘的腳步走著，誰也甭想湊進那姑娘一步。阿里薩一天四次看著她們來回走過，星期天到教堂做大彌撒出來時也能見她一次。他只要看到那個女孩就感到心滿意足了。漸漸地，他把她理想化了，把一些不可能的美德和想像出來的情感都安在她的身上。兩個星期後，她成了他心目中的唯一存在。他決定給她寫封信，用職業抄寫員的清秀的字體寫在一張紙的正反兩面。這封信在他口袋裡擱了幾天。在琢磨如何把信交給她的同時，他每天睡覺之前都再補寫幾頁，結果，最初的那張紙逐漸擴大成了一本情話詞典，那些話都是他在公園裡等待姑娘走過時從讀過的許多書中背下來的。

為了尋求遞信的方法，他想結識幾個「聖母獻瞻節」學校的女學生。然而，她們的天地同他相距太遠了。再說，經過反覆考慮之後，他認為讓人知道他的企圖是不明智的。他聽說，費爾米納剛到此地數天之後，曾經有人邀她參加周末舞會，但被她父親斬釘截鐵地拒絕了：「現在還不到做這種事情的時候。」阿里薩再也難以忍受為自己的愛情保守秘密，他的信已長達七十張紙，而且兩面都寫得密密麻麻。他把信毫無保留地呈現在母親面前，母親是他唯一願意講講知心話的人。特蘭西托為兒子的純真的愛情激動得流下了眼淚。她想用自己的智慧和經驗引導他。她首先說服他，不要把那封抒情詩般的長信交給姑娘，那只能使她在幻夢中大吃一驚，她認為這位姑娘在愛情上跟她兒子同樣缺乏經驗。她對他說，第一步應該是使她意識到他對她有興趣，以便他向她吐露愛情時不致使她感到意外，並且有充分的時間去考慮。

「不過，更重要的是，」她對兒子說，「你要爭取的第一個人，不應該是她，而應該是她的姑媽。」

這兩條勸告無疑是明智的，但是晚了一些。事實上，那一天，當費爾米納心不在焉地給她姑媽讀著課文，抬起頭來看看誰從走廊裡經過的一剎那，阿里薩的落落寡合的神態便給她留下了深刻的印象。晚上吃飯時，父親談起那分電報，她便知道阿里薩到她家幹什麼來了，也知道他所從事的職業。這些消息使她興趣大增，因為她跟當時許多人一樣，認為電報的發明應該同魔法有點關係。因此，當她第一次看見阿里薩坐在小公園的樹下讀書時，便一眼認出了他，並且沒有引起她絲毫的不安。其實，她的姑媽早在幾個星期之前，就發現阿里薩在那裡了，只是沒有讓侄女知道而已。以後每逢星期日做完彌撒從教堂出來，她們都見到他，那時，姑媽才明白，小伙子如此頻繁地同她們相遇並不是偶然的。她說：「他處心積慮地纏著我們，大概不是為了我。」儘管她身穿教服，舉止莊重，還是具有生活的本能和複雜的心理，那是她的美德。一想到有一個男子對她的侄女發生興趣，她就難以遏止心中的激動。費爾米納對愛情還沒有感到好奇，阿里薩只使她產生了一點兒憐憫，她覺得他似乎是個病人。但是，她姑媽對她說，必須在一起生活很久，才能了解一個男人真正的性格，而且她深信，那個坐在公園裡守著她們的年輕人，害的準是相思病。費爾米納是一對沒有愛情的夫婦生下的獨女。姑媽對她既理解又疼愛。自從她母親死後，就是這位姑媽在撫養著她。她跟洛倫索·達薩的關係，更像是孩子的母親，而不像是姑媽。因此，阿里薩的出現，使她們增加了一項隱秘的消遣。為了打發漫長的時光，她們發明了許多不讓外人知曉的娛樂。每天四次，當她們穿過洛斯·埃萬赫利奥斯小公園時，兩個人都用一道飛快的目光急切地捕捉那個瘦弱、靦腆、不起眼兒的哨兵。不管天氣如何炎熱，他總是穿著黑衣服，在樹下佯裝讀書。「他在。」姑媽和侄女中誰第一個發現他，誰就忍住笑這麼說。這時，他才抬起頭來，目送那兩位嚴肅的女子目不旁視地穿過公園。她們距他的生活十分遙遠。

「可憐的孩子，」姑媽說，「我和你在一起，他不敢過來。但是，如果他真的愛你，總有一天他會湊過來，遞給你一封信。」

姑媽預見到戀愛將會經歷種種磨難，便教她熟悉書寫體的筆跡，那是互通款曲所不可缺少的手段。阿里薩那些出人意料的既聰明又天真的花招，使費爾米納產生了新的好奇心，但是，幾個月過去了，她還沒有想得更遠。她並不知道在什麼時候她的這種消遣會突然變成焦慮，全身的血液會沸騰起來，產生一種急切地想看到他的渴望。一天晚上，她居然驚醒過來，她看到他在黑暗中站在床邊注視著她。那時，她從內心希望姑媽能夠言中。她祈求上帝給他勇氣，把信交給她，她想知道，信裡到底說了些什麼。

但是她的懇求沒有被理睬，而是相反，因為這正好發生在阿里薩跟母親談話的時候，母親勸他不要馬上遞交那封長達七十頁紙的情書。結果，費爾米納只好一直等到年底，隨著十二月分寒假的臨近，她的焦慮變成了絕望，她不安地暗問，在她休假的三個月時間裡，為了他們互相能夠見面，她該怎麼辦？這個問題直到聖誕節的夜晚才得到解決。那天晚上，一種預感震撼著她，她覺得他在做午夜彌撒的人群中凝視著她。她感到不安，心臟像要從嘴裡跳出來。她不敢回過頭去，因為她坐在父親和姑媽之間。她只好竭力克制自己，以便不讓他們察覺她的驚慌不安。但是，當人們蜂擁擠出教堂時，她感到，在混亂的人群中，他顯然就挨在她的身邊。在離開中殿時，一種不可抗拒的力量迫使她通過人們的肩膀上方望去，她看到了兩隻冰冷的眼睛，一張紫色的面孔，和被愛情的恐懼弄僵了的雙唇。他的大膽使她暈眩，為了不致跌倒，她趕快抓住了姑媽的手臂。姑媽透過花邊露指手套感到她手上滲出了冷汗，於是做了一個幾乎不為人察覺的暗號，表示了她無條件的支持，激勵她振作起來。在柱廊上的彩燈下，在爆竹、大鼓的巨響和渴望和平的人群的呼喊聲中，阿里薩像個夢遊症患者似的恍恍惚惚，眼裡含著淚花，觀賞著節日的盛況，一直遊蕩到天明。他彷彿覺得那天晚上誕生的不是救主，而是他自己。

下一個星期，每逢午覺時刻，他從費爾米納門前無望地走過時，就更加恍惚了，他看到姑娘總是跟姑媽一起坐在柱廊的扁桃樹下。那情景跟他第一個下午在縫紉房前看到的一模一樣：姑娘正在為姑媽讀課文。但是，費爾米納換了新裝，她沒有穿學生制服，穿了一件多褶麻紗長裙。像古希臘女子穿的寬大無袖衫那樣，長裙的褶縐從她肩膀上垂下來。她頭上那頂梔子花編織的花冠，使她具有女神般的丰采。阿里薩在公園裡坐了下來，他肯定，在那裡準會被她們看到。所以，他沒有再偽裝讀書，而是把書本打開，眼睛盯住他朝思暮想的姑娘。然而，姑娘並沒有對他報以憐憫的目光。

最初他想，他們在扁桃樹下面讀書是一種偶然的改變，也許是由於家裡一直在沒完沒了地修理，後來他才明白，費爾米納所以在三個月的假期中每天下午的同一個時候都待在那裡，目的是為了使他能夠看到她。這一結論使他重新鼓起了勇氣。姑娘並沒有對他流露出注意的神情，也沒有作出感興趣或厭惡的表示。但在她冷漠的臉上卻出現了一種與往昔不同的光彩，似乎在鼓勵他堅持下去。一月末的一個下午，姑媽突然把手中的活兒放在椅子上離開了，讓侄女單獨留在鋪滿扁桃樹枯葉的柱廊裡。阿里薩不假思索地認為，那是她們商量好了的一種安排，就鼓起勇氣，穿過大街，走到費爾米納跟前。他離她是那麼近，以致能聽到她的呼吸和聞到她身上散發出的馨香——在以後的日子裡，他就是通過各種芳香來辨認她的。他揚起頭跟她講話，那副果斷的樣子只是在半個世紀以後才再現過一次，而且也是出於同樣的原因。

「我對您有個要求，請接受我的一封信。」他對她說。

費爾米納感到，他的話語不是她預料的那種聲音。它清晰，有分寸，跟他無精打采的神志沒有任何相似之處。姑娘的眼睛沒有離開刺繡，回答說：「在沒有得到我父親允許之前，我不能收下您的信。」這溫和親切的聲音使阿里薩激動得渾身戰慄，低沉的音色使他終身難忘。他佇立著，又說了一遍：「請收下吧。」他把命令的口氣變成委婉的央求：「這是生命攸關的大事。」費爾米納沒有看他，也沒有停下手中的刺繡活，她暗暗地把決心的大門半開半掩，那裡容得下整個世界。

「請每天下午都到這裡來，」她對他說，「等待著我換椅子。」

到了下星期一，阿里薩才明白她那句話的含意。那一天，他坐在小公園的長椅上，除了慣常的情景外，他還看到一種變化：當姑媽回到房間去時，費爾米納站起身來，坐上了另一把椅子。於是，阿里薩在大禮服的扣眼裡插上一朵山茶花，穿過街道，停在了她的面前，說：「這是我一生中最美好的機緣。」費爾米納低著頭，用目光掃視四周。在旱季的酷熱中，街上空曠無人，只有風捲落葉在地上飄舞。

「把信給我吧。」她說。

阿里薩本來想把那封自己讀得滾瓜爛熟的七十頁長信全部交出去，但最後決定只送出全信的一半，這部分寫得既明確而又有分寸，主要意思是：他將忠貞不二，永遠愛她。他從大禮服內側的口袋裡把信掏出來，放在那個不敢正眼看他的痛苦的刺綉姑娘面前。姑娘看到藍色的信封在他的一隻由於害怕而僵直的手中顫抖，便想舉起綉花綳子來接信，因為她不能讓他發現她的手指也在發抖。這時出了一件節外生枝的事：從扁桃樹的樹葉中掉下一攤鳥糞，不偏不倚正好落在綉花綳子上。費爾米納趕快把綳子藏到椅子後面，以免引起他的注意，她的臉羞得通紅，瞥了他一眼。阿里薩把信拿在手中若無其事地說：「這是幸福的預兆。」聽了這話，她第一次燦然開顏，流露出感激的神情。她從他手中把信搶了過去，折疊起來，塞到緊身背心裡邊。那時，他把插在扣眼上的白山茶花獻了上去。她拒絕了，說：「這是定情花。」她隨即意識到時間已經到了，又恢復了原來的姿勢。

「現在您可以走了，」她說，「沒有得到我的通知請您不要再來。」

母親在兒子向她傾訴前就發現了他的心事。因為他不言不語，茶飯無心，晚上在牀上輾轉反側，難以成眠。在他等待她的第一封回信期間，焦慮使他的身體狀況更加複雜化了，他腹瀉、吐綠水，失去了辨別方向的能力，還常常突然昏厥。母親十分驚慌，這些症狀不像是愛情引起的身體失調，倒像是染上了可怕的霍亂。阿里薩的教父，一個懂得順勢療法的老人——此人從偷偷愛上特蘭西托時起，一直是她的知心人——看到病人的這些症狀，也感到束手無策，病人的脈搏微弱，呼吸時發出沙啞的聲音，臉色像垂危的病人似地蒼白，盜汗，但並不發燒，也沒有哪兒感到疼痛。老人詳細向患者本人及其母親詢問了情況，得出的結論是生了一種和霍亂病的症狀完全一樣的相思病。老人建議用玉米花水來鎮定神經，並建議他到外地去換換空氣，調劑精神。但是阿里薩寧願忍受折磨和煎熬也不願離開這裡。

特蘭西托是個獨身的混血女人，她認為，是貧困葬送了她的幸福。兒子的痛苦彷彿就是她自己的痛苦，而她同樣也在這種折磨中得到了喜悅和滿足。看到兒子神魂不定，她就給他喝點玉米花水。兒子感到發冷，就給他蓋上幾條毛毯。與此同時，她也勸他打起精神，在病中及時行樂。

「趁著年輕，要嘗嘗各種滋味，」她對他說，「這種事情也是終身難逢的。」

當然，郵局的同事並不是這樣想的。阿里薩已變得非常懶散，對工作心不在焉，以致在郵件到達時經常掛錯國旗。一個星期三，英國的利物浦萊蘭航空公司的郵船到了，他掛了一面德國旗。又有一天，法國聖納澤爾遠洋航運總公司的郵船到了，他掛了一面美國旗。愛情的迷惘使他把郵件分發得亂七八糟，引起了公眾的紛紛抗議。阿里薩之所以沒有丟掉飯碗，只是因為特烏古特堅持要留下他，並想帶他到教堂唱詩班去拉小提琴。他們在年齡上的差異幾乎同祖父和孫子一樣，卻能志同道合，這是令人難以理解的。不管是在工作中，還是在港口的小客棧裡，他們都相處得很好。港口的小客棧是三教九流的人過夜的地方，上至穿禮服的公子少爺，下至靠施捨為生的酒鬼，無不聞風而來。公子少爺們是從「社會俱樂部」豪華的舞會上逃出來的，到這兒來是為了嘗嘗油炸花鰍和可可米飯。特烏古特常常在發完最後一班電報之後就趕到那兒，跟安第列斯群島小船上的狂熱的水手們一起喝牙買加甜酒，拉手風琴，一直玩到天明。他身材高大健壯，一副金黃色的鬍子，晚上出來時戴一頂弗利吉亞帽，倘若再加一串喇叭花的話，簡直就跟聖·尼古拉斯②一模一樣了。他每個星期至少跟一個野妓過夜。有個小客棧，那樣的女人特多，專向過路的海員賣淫。他認識阿里薩以後，第一件事就是欣然慫恿他效法自己，過過那種祕密的天堂生活。他為他挑選最好的野妓，跟她們討價還價，商量行樂的方式，並且替他預付金錢。但阿里薩不肯接受他的好意。他是個童男，在沒有得到真正的愛情之前，他不願跟任何女人同枕共眠。

這家客棧在殖民地時期是一座貴族宅邸，眼下已搖搖欲墜。寬敞的大廳和大理石的房間用紙板隔成一間間小臥室，紙板牆上被刺了無數的洞孔。到這裡來開房間的人，既是為了自己，也是為了偷看別人。據說，有的偷看者被隔壁捅過來的毛線針扎瞎了眼。有人在偷窺時恰巧認出了他的妻子。還有一些有身分的紳士來此行樂，裝扮成菜販和輪船水手長，也遭到了厄運。總之，偷看者和被看者的故事是當地的趣聞。阿里薩想到這一點，就嚇得魂不附體。特烏古特始終沒法使他相信，看別人和讓別人看是歐洲王子們的一大樂事。

特烏古特魁梧的身材頗具魅力，然而他臉上卻長了個玫瑰蓓蕾似的肉瘤。這雖說是個生理缺陷，卻給他帶來了好運氣，那些經驗豐富的野妓都爭著和他交歡。他由於才能和風度，成了客棧裡最受尊敬的顧客之一。阿里薩的沉默寡言和難以捉摸的性格，也贏得了主人的賞識。在他心力交瘁的最艱難的時刻，他常常把自己關在令人窒息的小屋裡，讀傷感的詩文和連載小說。那時，在他的幻夢中，便出現了陽台上的燕子窩，出現了接吻聲，出現了在沉寂的午睡時刻鳥兒拍擊翅膀的聲音。當黃昏到來熱氣消退的時候，總能聽到男人們的對話聲，他們是在勞累了一天之後，到這兒來找野食的。就這樣，弗洛倫蒂諾·阿里薩聽到了那些重要顧客以至地方政府要員們向他們的露水情人們述說的許多夫妻間的不忠行為，甚至聽到了某些國家機密。他也聽說在索塔文托北面四海里的海底，躺著一艘十七世紀沉沒的西班牙大帆船，船上載有價值五千多億金比索的大量寶石。這件事使他感到驚訝，但當時並沒有引起他進一步思考，過了幾個月之後，狂熱的愛情激起了他的慾望，他才想去打撈那批淹在海中的財富，為費爾米納打個金浴缸。

數年之後，當他企圖回憶被他自己以詩的靈感理想化了的姑娘究竟是什麼模樣時，他仍然未能把她辨認出來。即使在他焦急地等待她的回信，偷偷地窺視她的行動的日子裡，他看到的也只是在下午兩點鐘被橙黃色扁桃花卉映照得變了樣的形象。扁桃樹的繁花四季常開，周圍永遠春意盎然。那時，他唯一感興趣的，是帶著小提琴，陪著特烏古特得天獨厚地站在唱詩班的樓台上，從而得以欣賞費爾米納的長裙隨著輕風般的讚美詩聲，像波浪似地飄蕩。但這種歡樂的機會，卻被他自己的胡思亂想平白葬送了，他覺得那些神秘的宗教音樂過於索然無味，異想天開地打算代之以愛情的華爾滋，結果特烏古特只好把他趕出唱詩班。就在這個時候，他貪饞地吃了母親種在院裡花壇上的梔子花，從此才明白了費爾米納身上散發的香味。同樣在這個時候，他偶爾在母親的箱子裡發現了一大瓶花露水，那是跑漢堡至美洲航線的海員賣的走私貨。他產生了一種不能遏制的願望，為了了解他所愛的女子的其他香味，他一點一點地品嘗這瓶花露水，一直喝到東方欲曉。最初他是在港口的小客棧裡。後來昏昏沉沉地跑到海邊的防波堤上，那兒是沒有房子的戀人們談情說愛的地方。最後，他終於醉得不省人事。母親提心吊膽地一直等到清晨六點鐘，然後尋遍了所有最隱蔽的地方。過了中午，才在港灣某處經常有溺死者沖上海灘的地方發現了他。當時，他正躺在一片散發著芳香氣味的嘔吐物中間。

在兒子恢復健康期間，母親責備他不該只是被動地等待費爾米納回信。她告誡他：軟弱者永遠進不了愛情的王國，愛情的王國是無情和吝嗇的，女人們只肯委身於那些敢作敢為的男子漢，因為這樣的男子漢能使她們得到她們所渴望的安全感，使她們能面對生活。阿里薩接受了母親的教誨，也許還在此基礎上有所發揮。特蘭西托也掩蓋不住自己的驕傲，那更多的不是由於母愛，而是由於色情。當見到兒子穿著黑呢料衣服，戴著硬帽，賽璐珞的衣領上打著優美的領結，跨出小百貨店時，母親開玩笑地問他，是不是去參加葬禮。他漲紅了臉回答說：「大概是吧。」她看到，他緊張得幾乎透不過氣來，但是他的決心是不可戰勝的。她向他提出了最後忠告，為他祝福，笑著說：「你要是能把費爾米納征服，我就再給你買一瓶花露水，在一起慶賀慶賀。」

自從一個月以前他給他意中人遞交了第一封信以來，他多次違背了不再到小公園裡去的諾言，只是做得十分謹慎，沒有讓她發覺。一切同往常一樣。費爾米納和姑媽在樹下讀書，到下午兩點鐘，全城人從午睡中醒來時才結束。然後她們在一起刺綉，直到熱浪下降，空氣漸漸變得涼爽。阿里薩沒有等姑媽進入內室，就挺起胸膛，邁開大步，穿過了大街，他這麼做是為了給自己壯膽。不過他開口講話時沒有面對費爾米納而是衝著她的姑媽。

「請允許我單獨和這位小姐待一會兒。」他對她說，「我有點重要的事要告訴她。」

「放肆！」姑媽說，「她的事情沒有什麼不能對我說的。」

「我不能對您說。」他答道，「但是我得提醒您，您要對發生的事情負責。」

在姑媽心目中，侄女的未婚夫不可能這樣說話，但她還是不安地站了起來，因為她第一次震驚地意識到，阿里薩是在照上帝的啟示說話。於是，她進入房間去換針，讓兩個年輕人單獨留在柱廊的扁桃樹下。

事實上，費爾米納對這個沉默寡言的求愛者知之甚少，他像冬天的燕子似地闖入了她的生活，要不是信上落了款，她連他的名字都不知道。她打聽過，知道他沒有父親，只跟一位勤勞嚴肅的獨身母親過日子。她的母親儘管是個品德高尚的人，但卻無可挽回地帶著年輕時誤入歧途的烙印。她原以為他是個送電報的信差，現在才知道，他是一位精通業務、前程遠大的助理報務員。她想，他所以屈尊親自給她父親送電報，不過是想找個同她謀面的藉口。這種猜測，使她深受感動。她也知道他是唱詩班的樂師之一，儘管在望彌撒時她從來不敢抬起眼來證實這一點。有個星期日，她發現出了這樣一件怪事，整個樂隊在為大家演奏，唯獨小提琴只為她一個人演奏。他不是她要選擇的男人。他的棄兒般的眼睛，牧師般的裝束，他的神祕的行動，都引起她難以遏止的好奇心，但她從來沒有想到，好奇也是潛在的愛情的變種。

她自己也不明白為什麼收下了那封信。這不能責怪他。但是，她必須實現自己的諾言，必須對他的信做出回答，這使她坐臥不安。父親的每一句話，每一道偶然的眼光，他的最普通的動作和表情，都構成了可能使她暴露祕密的陷阱。她成天心驚膽戰，生怕因疏忽而失密，在飯桌上常常一言不發。她甚至在同姑媽說話時都支支吾吾，儘管姑媽跟她一樣熱心，把侄女的事當作她自己的事，她毫無必要地把自己關在浴室裡反覆閱讀那封信，企圖從五十八句話的三百一十四個字母中發現什麼暗號，藏著什麼神奇的方法。她希望從那封信中找出比表面語言更豐富的內容，然而她反覆尋覓，除了跟讀第一遍時相同的內容外，沒有發現任何新的東西。她剛拿到這封信時，匆忙地跑進浴室關起門來，緊張得心像跳出來似地撕開了信封，幻想著那是一封感情熾烈的長信，但是她看到的只是一張洒了香水的便條，上面寫的誓言使她震驚。

最初她沒有考慮一定要回答，但是，信裡講得如此清楚，她無法回答。同時，她感到十分憂慮。為什麼阿里薩的影子時時出現在她的腦海裡？為什麼對他的興趣與日俱增？她甚至痛苦地問自己，為什麼他不像往常一樣按時在小公園裡出現，卻忘記恰恰是她自己要求他在沒有考慮好如何回答之前不要再去的。現在，她是那樣思念他，她從來沒有想到過她會如此鍾情一個人。他本來不在那兒，她卻覺得他在那兒；他本來不可能到的地方，她也希望他在那兒。有時她突然在夢中醒來，感到他正在黑暗中注視著她。所以，那天下午她聽到在小公園中鋪滿黃葉的小徑上響起堅定的腳步聲時，她的確認為那是她的幻覺又在欺騙她。但是，當他一反委靡不振的常態，以威嚴神情要求她作出回答時，她終於克制了自己的惶恐，企圖逃避現實，因為她實在不知道怎樣回答。儘管如此，阿里薩還是驚呆地聽到了她的話：

「我收到了您的來信，」她對他說，「不回答是不禮貌的。」

這便是那道難題的結局。費爾米納完全控制了自己，她請求原諒她遲遲未作回答，並鄭重告訴他，在假期結束之前他將得到回信。這個諾言後來真的實現了。在二月分最後一個星期五，也就是開學的前三天，姑媽到電報局去詢問發到彼埃特拉斯．莫萊爾——這個鎮在他們的服務冊上沒有出現過——的電報需要多少錢。她裝得彷彿和阿里薩素未謀面似的，向他打聽這件事。在離開電報局時，她故意把本蜥蜴皮封面的《每日祈禱書》放在櫃台上，那本書裡夾著一個有著燙金圖案的亞麻紙信封。阿里薩欣喜若狂，那天下午，他再也沒做別的事，只是邊吃玫瑰花邊讀信。他把那封信字斟句酌地讀了一遍又一遍，一直讀到半夜，讀的遍數越多，吃的玫瑰花也越多，以致他母親不得不像對一頭小牛犢那樣哄著他，叫他吞服蓖麻油瀉藥。

那是他們如癡如狂地相愛的一年。他們天天都是白天思念，夜晚夢見，急切地等信和回信，除此之外，他們什麼也沒有幹。不管是在那個神魂顛倒的春天，還是在第二年，他們都沒有見過面、說過話。甚至，從他們第一次相見，直到半世紀後他向她重申他的至死不渝的愛情之前，他們沒有單獨見過一次面，談過一次話。但是在最初三個月裡，他們每天通信，有時一天寫兩封，那種如膠似漆的情景，就連幫助他們點燃那團熾烈情火的姑媽都感到吃驚。

自從她胸懷復仇的火焰——她在愛情上曾遇到過不幸——把第一封信送到電報局之後，她幾乎天天允許他們以似乎是偶然相遇的形式在小巷裡交換信件。但是，她沒有勇氣讓他們見面交談，這不僅是因為她認為那是一種輕浮的行為，而且也因為相見的時間過於短促。三個月之後，她才明白，她侄女熱戀著阿里薩，並非像她最初認為的那樣，是年輕人的一時衝動，因此她自己的生活便受到了那場情焰的威脅。埃斯科拉斯蒂卡除了依靠哥哥的施捨外，沒有任何的生活資助。她知道，哥哥暴躁的脾氣是絕不會原諒她對他的信任的嘲弄的。但是，在這最後抉擇的時刻，她沒有勇氣使侄女遭受她從年輕時代就遭受的那種無可挽回的不幸，而是任憑她用某種辦法做一場天真無邪的夢。這種辦法很簡單：費爾米納每天去學校時，把信放在途中的一個隱蔽之處，並且在信裡告訴阿里薩，她希望在哪兒拿到他的回信。阿里薩也同樣這麼做。這樣，在這一年裡，埃斯科拉斯蒂卡姑媽就把這個難題轉移到了教堂的洗禮盆上，大樹的空樹幹裡，以及已經變為廢墟的殖民地時期的碉堡的空隙裡。有時候，他們的信件被雨水淋溼、沾滿泥漿，拿到手時已被撕破。由於各種原因，有幾封信已經丟失，但是他們總會找到辦法重新建立起聯繫的。

阿里薩每天晚上不顧一切地拚命寫信。在店鋪的後室，他在椰油燈下一個字一個字地寫著，無視從那縈繞的煙雲中吸進多少毒物。他越是努力模仿「大衆文庫」裡那些他所喜愛的詩人的作品，他的信就寫得越冗長、越瘋狂。此時，「大衆文庫」裡已存有八十部詩集。一度熱心鼓勵他及時行樂的母親，這時也開始為他的健康不安了。「你會損傷腦子的。」當雄雞引吭高歌時，她在臥室裡對他喊道。「沒有哪個女人值得你這樣勞心費神。」她不記得有哪個男人被女人弄得這般神思飄忽。但兒子並不理睬她的話，愛情使他忘記了一切。有時為了使費爾米納去學校途中及時拿到信，當他把信放在預先講好的隱蔽處，然後走進辦公室時，連頭髮都來不及梳理。費爾米納卻相反，在父親和修女們嚴格的、令人不快的監視下，她幾乎難得從筆記本上撕下紙來藏在浴室裡寫上半頁信，或者在課堂上佯裝做筆記寫上幾句。這不僅是時間不允許和害怕，而且也由於她的性格，她的信從不拐彎抹角和無病呻吟，而是以航海日記那種討人喜歡的風格講述她日常生活中的遭遇。實際上那是消遣性的信，她通過它們保持情火如熾，但自己卻沒有陷進去。而阿里薩卻是在每一行字的情火中自焚。他急不可待地要把自己的狂熱傳導給她，他在山茶花的花瓣上細心地用別針尖刻上詩文送給她。是他，而不是她，大膽地把自己的一縷頭髮放在信封裡，卻永遠沒有得到他所渴望的回答，亦即沒有得到費爾米納的一根完整的頭髮。不過，他這樣做至少使她前進了一步，從那時起，她開始給他寄去放在字典裡的做成標本的葉子、蝴蝶的翅膀和珍禽的羽毛，並在他生日時贈給他一個一平方厘米大小的聖．彼得③的教服。那種教服那些天以極其昂貴的價格在當地偷偷出售，在她同樣年紀的女學生中只有她一個人買到了。一天晚上，沒有任何思想準備，費爾米納被一支小夜曲驚醒了，那是一支小提琴演奏的華爾滋舞曲。她吃驚地發現，每個音符都是對她的植物標本花瓣的感謝，對她害怕考試的感謝，她在更多的時間裡是在想念他，而不是去關注《自然科學》教科書，那琴聲使她得到了安慰。但她不敢相信阿里薩竟是這樣的魯莽。

第二天早晨吃早飯的時候，父親說那琴聲使他感到奇異。首先，他不懂得這小夜曲意味著什麼。其次，儘管他全神貫注地聽小夜曲，到頭來他還是沒有聽清是在什麼地方演奏的。姑媽沉著冷靜地為侄女遮掩，毫不含糊地聲稱她透過臥室的薄紗窗簾看到小提琴獨奏者是在公園的另一邊，並且說，無論如何只奏一支舞曲那是通知決裂。在這一天的信中，阿里薩證實說，那個奏小夜曲的人就是他，華爾滋舞曲是他自己譜寫的，曲名就是他心中的費爾米納「戴王冠的仙女」。為了使她在臥室聽到小夜曲不再害怕，他沒有再到公園去拉小提琴，而是常常在月夜精心選擇個地方去演奏。他最喜歡的地方之一是窮人的墓地。這墓地在一個貧瘠的小山頭上，沐浴著陽光，吸吮著雨露，禿鷲在那兒安眠。這地方樂曲可以發出神奇的回響。後來，阿里薩學會了辨別風向，讓風來傳送他的樂曲，他肯定他演奏的樂曲聲會傳到應該到達的地方。

半個多世紀以來，國內戰亂一直未停。這年八月，一場新的內戰又有席捲全國的趨勢。政府宣布在加勒比海岸的幾個省實行軍事管制法和從下午六點鐘開始宵禁。騷亂在不斷地出現，軍隊犯下了種種鎮壓暴行，可是阿里薩仍是懵懵懂懂，對世態一無所知。一天清晨，一支軍事巡邏隊抓住了他，當時他正在以調情來擾亂亡靈們的貞潔。他奇蹟般地逃脫了一次集體槍決。他被指控犯了間諜罪，用樂譜向三天兩頭出現在臨近水域的自由黨船艦通風報信。

「瞎扯淡，什麼間諜！」阿里薩說，「我只不過是一個熱戀中的窮光蛋。」

他戴著腳鐐在地方警備隊的牢房裡睡了三個夜晚。當他被釋放出來時，他又為只關了那麼短時間感到失望，直到了老年，當許多其它戰爭也混在他的記憶中時，他還在繼續想著，他是這座城市裡，乃至是全國唯一由於愛情的原因戴上五磅重鐵鐐的男人。

當阿里薩正式向費爾米納提出結婚的建議時，他們狂熱的通信已近兩年了。在頭六個月裡，他給她寄去了幾次白山茶花，她在回信時卻把山茶花還給了他，為的是表明她將繼續給他寫信，但還沒有到定情的時刻。事實上，她一直把傳遞山茶花視為愛情的激越，她從來沒有考慮過那表明她已到了命運的十字路口。但是，當她接到阿里薩正式建議時，她感到死神第一次在撕裂著她的心。她嚇得六神無主，便把這事情告訴了姑媽。姑媽勇敢而聰明地擔當起顧問的角色，可是姑媽在她二十歲需要決定自己的命運時，卻沒有這樣冷靜頭腦和勇氣。

「告訴他你答應他啦！」姑媽對她說，「儘管你怕得要死，但是，如果你拒絕了他，你會後悔一輩子的。」

費爾米納是那樣心亂如麻，她要求對方給她一段時間，讓她好好考慮一下。起先她要求一個月，以後要求兩個月、三個月。在快滿四個月時她還沒有作出回答，她又接到了白山茶花。他這次不像往常那樣，只是在信封裡把山茶花寄來，而是在信中說明這是最後通牒：要麼答應，要麼告吹。

於是，阿里薩收到了一封信，裡面只裝了從學生作業本上撕下來的一頁紙，上面用鉛筆寫道：「好吧，如果您答應不讓我吃苦頭，我就跟您結婚。」然而，也正是在這天下午，阿里薩看到了死神的面孔。

阿里薩沒有想到會得到那樣的回答，但是他的母親預料到了。自從六個月前他第一次告訴特蘭西托他想結婚時開始，她就著手操辦，把整座房子租下來。直到那時，他們一直跟另外兩家人合住那座房子。那是一座十七世紀的民用建築，分兩層，在西班牙統治時期，曾做過菸草專賣商店。它的破產的主人，由於缺乏維修資金，只好將它分成幾部分租出去。房子的一部分臨街，以前是零售店，另一部分在方石舖的庭院盡頭，以前是工廠。一個很大的馬廐，目前讓房客們共同使用洗晾衣服。特蘭西托・阿里薩占據著第一部分，儘管是最小的，但卻是最有用、保持得最好的房間。在昔日烟草專賣商店的大廳裡，如今開設著小百貨店，寬大的店門衝街開著。旁邊有個舊倉庫，除了天意之外，沒有別的通風口，特蘭西托・阿里薩就睡在那兒。店鋪的後房占了大廳的一半，用一道木屏風同前面的舖面隔開。那裡有一張桌子，四把椅子，既用來吃飯，也用來寫字。弗洛倫蒂諾・阿里薩在那兒掛了一個吊床，黎明停止寫信時，他就在那上面休息。這部分房子對兩口人來說是足夠用了，但如果再增加一個人就顯得擁擠，更何況來的是「聖母獻瞻節」學校的一位高貴小姐。她的父親曾經把瓦礫上的一座房子整修一新，當時在那所房子裡住著占有七個爵位的幾個大戶人家，他們惶惶不安，時時擔心房頂塌下來壓在他們身上。為了迎接未來的兒媳，特蘭西托終於使房主答應她占用院裡的走廊，其代價是把那座房子維修五年。她有錢做這件事。除了小百貨店和拆洗舊衣服作止血藥棉賣出的實際收入外，她還把錢借給那些剛剛破產、羞於去沿街乞討的無米下鍋的人，這些人為了感激她為他們保守祕密，答應願意付高額利息。這樣，特蘭西托・阿里薩就成倍地增長了她的積蓄。有著女王神態的夫人們，在小百貨店的柱廊前從華麗的四輪馬車中走下來，她們即沒有保母，也沒有令人生厭的僕人，在那兒，她們假裝購買荷蘭花邊和金銀條帶滾邊，在幾聲抽抽咽咽中把她們已失去的天堂的最後象徵物——華麗的服裝和貴重首飾——典當掉。特蘭西托出於對他們出身的莫大尊敬，幫助她們從窘境中解脫出來。她們中間許多人的感激心情更多地是出於保全了榮譽，而不是得到了恩惠。在不到十年的時間裡，特蘭西托把那些多次贖出、又多次重新含著眼淚典當了的首飾已經看成像自己的一樣了。她把賺得的錢換成純金，放在一只瓦罐裡埋在床底下。當兒子決定結婚時，這筆錢完全可以做她的後盾了。她算了一下賬，發現她不僅能夠在五年中間把那座房子掌管好，並且，靠她的智慧，再加上點運氣，也許在死之前能夠從別人手中把它買下來，為她所希望有的十二個孫子安排下住處。與此同時，阿里薩已被任命為電報局臨時首席助理。當他去領導準備於次年成立的電報和磁力學校時，特烏古特就打算安排他作辦公室主任了。

結婚的籌備實際上已經就緒。然而，特蘭西托認為還有最後兩件事需要謹慎些。第一，打聽清楚洛倫索・達薩的身世。他的口音清清楚楚地表明他是什麼地方人，關於他的身分和生活來源卻沒有誰能夠確切的了解。而且，戀愛期間雙方的言行必須十分嚴肅和檢點，以保障婚後感情的牢固。她建議待戰爭結束時再結婚。阿里薩贊成絕對保密，這一方面由於他母親指出的理由，另一方面也由於他的緘默的性格。他也同意推遲婚期，但是，他認為到戰爭結束再結婚那是不現實的，因為自從擺脫西班牙統治半個多世紀以來，國家一天也沒有安寧過。

「到那時再結婚，我們都變成老頭老太太了。」他說。

他的教父，一個順勢療法醫生，在偶然的情況下參加了討論這件事。他認為戰爭對結婚沒有什麼妨礙，照他看來，戰爭只不過是被地主像公牛一樣趕著的窮人和被政府趕著的打赤腳的士兵之間的武裝衝突罷了。

「仗是在山上打的，」他說：「自我記事以來，在城裡殺我們的不是子彈，而是法令。」

不管怎麼說，關於結婚的細節問題在下一個星期的通信中全部解決了。費爾米納接受了姑媽的勸告，同意兩年後結婚，而且絕對保持貞潔。她還建議，到她在聖誕節假期中學畢業時，阿里薩就向她求婚。他們將根據她父親可能接受的程度商量出辦法，通過適當的手續使訂婚合法化。在這期間，他們還是那樣熱烈地、頻繁地繼續通信，只是不再像以前那樣遮遮掩掩。他們的通信以家人的口氣相稱，彷彿兩個人已經成為夫妻。至此，世上沒有任何東西可以打亂他們的幻夢了。

阿里薩的生活已經有所改變。費爾米納接受了他的愛情，使他對生活充滿憧憬，感到渾身有一種從未有過的力量。他工作幹得是那樣的出色，以致特烏古特很快就把他當作了自己的繼承人。那時，建立電報和磁力學校的計畫已經告吹，這個德國人把他全部的空閒時間都用到了他最喜歡的事情上，那就是到港口上去拉手風琴，和海員們一起喝啤酒，而這一切都是在客棧裡做的。過了許久，阿里薩才明白特烏古特之所以在那個名為客棧實為妓院的地方有影響，是因為他終於變成了這家客棧的老闆和港口上那些墮落女人的業主。他用多年的積蓄漸漸買下了客棧，替他出頭露面的是一個瘦小的獨眼龍。這個獨眼龍見人笑臉相迎，一副慈善心腸，誰都想不到他會撈上客棧經理那件好差事。然而事實就是如此。至少阿里薩認為他不錯，因為他對他的旨意心領神會，比如說，沒等阿里薩開口，他就在客棧裡給他準備了一個包間。這間房子不僅可供他在需要時解決那種事，而且可供他安安靜靜地讀書和寫情書。就這樣，在正式辦理結婚手續的那段漫長時間裡，他在客棧裡消磨的時間比在辦公室和家裡加在一起還多。有些時候，特蘭西托只是在他回來換衣服時才看到他。

讀書成了他的一種嗜好，不讀書簡直活不下去。母親自從教會他識字起，就給他買一些北歐作家寫的帶插圖的讀物，這些書是作為兒童故事出售的，但事實上，卻是些什麼年齡的人都可以讀的最殘酷和邪惡的書籍。阿里薩五歲時，無論在課堂上還是在學校的晚會上都能背誦這些書裡的篇章，不過，熟讀這些書籍並未減少他的恐懼，而是相反，愈發加劇了他的這種心理。因此，從閱讀這類書籍轉而讀詩，對他的神經彷彿是一種緩衝劑。到了青春時期，他已按出版順序讀完了「大衆文庫」裡的全部詩集。那些詩集是特蘭西托・阿里薩從「代筆先生門洞」的書商們手裡買來的，價錢便宜，從荷馬到不太引人注意的地方詩人，無所不包。他讀書沒有選擇，拿到什麼就讀什麼，好像一切遵從天意辦事。多年以來，他讀了那麼多書，到頭來哪是好書，哪是壞書，他壓根兒分不清楚。他頭腦中唯一清楚的是，在散文和詩歌之間，他喜歡詩歌；在詩歌裡面，他喜歡愛情詩。愛情詩只需讀上兩遍，他即可背得滾瓜爛熟，押韻押得越好，越有規律，越傷感，他就背得越容易。

這也是寫給費爾米納的最初幾封信的源泉。在那些信裡，他整段整段地抄錄西班牙浪漫詩人的作品，連一個字都不改變。後來，直到現實生活迫使他關心更多的塵世之事，而不僅僅是關注心靈的痛苦，他才跳出了浪漫主義詩篇的圈圈。那時，他已經向傷感連載小說和一些世俗的散文跨進了一步。他能跟母親在一起，一邊朗讀地方詩人的詩，一邊傷心落淚。那些詩是在市場和街道柱廊下出售的，兩個生太伏一本。同時他也能背誦黃金時代最優秀的西班牙詩歌。一般說來，凡是到手的書他無一不讀，先拿到什麼就讀什麼，甚至在他第一次艱難曲折的戀愛之後，他已經不是年輕人了的時候，他還是從頭到尾一頁不落地讀完了二十卷的《青年文庫》、全部翻譯成西班牙文的德國經典著作，以及最通俗易懂的西班牙著名小說家伊巴涅斯的文集。

阿里薩的青年時代，不僅是關在那家客棧裡讀書和寫熾烈的情書，而且也偷偷地過起了沒有愛情的愛情生活。客棧裡的生活從午後開始，那時，他的女友們，也就是那些妓女起床了。她們一絲不掛，就像媽媽生她們時一模一樣。阿里薩從電報局下班來到這裡，走進的是一座擠滿裸體仙女的宮殿，她們高聲評論著城市裡的祕密，其實，那些祕密都是由導演者本人的不忠而披露出來的。很多女人在她們的裸體上展示著過去留下的痕迹：肚子上的刀疤、槍疤和殘忍的剖腹產的縫合處。有些女人白天讓人把她們年幼的孩子——那是她們年輕時絕望或疏忽大意的不幸產物——帶來。這些孩子一進到客棧，媽媽們便把他們的衣服剝光以便使他們在這個裸體天堂裡不感到和別人有什麼兩樣。每個女人都自己做飯，可沒有一個人比阿里薩吃得好，因為所有的女人都邀請他吃飯，而他又選擇每個人做的最好的菜來品嘗。每天從午後到黃昏，客棧裡就像節日一般熱鬧非凡。黃昏到了，那些裸體女人便唱著歌兒魚貫走向浴室，她們互相借剪刀、肥皂、牙刷，互相剪頭髮，互相換衣服穿，互相把臉上塗得花裡胡梢，像小丑一般難看。爾後，她們便上街去，捕捉她們晚上的第一批獵物。從那時起，客棧裡的生活就變得殘忍而不講人格了。沒有金錢，在那兒寸步難行。有了金錢，一切唾手可得。

自從阿里薩認識費爾米納以來，沒有任何一個地方比這家客棧更使他逍遙自在，那是他唯一不感到孤獨的地方，甚至到了後來，他感到那是唯一他和她在一起的地方，也許由於同樣的原因，那裡也住著一個上了年紀的有著一頭銀白色秀髮的漂亮女人。她不像那夥裸體女人過著放蕩不羈的生活，然而那些女人都對她必恭必敬。她在年輕的時候，一個早熟的未婚夫把她帶到了那裡，他把她佔有了一段時間之後便隨意把她拋棄了。不過，儘管她有過這一段經歷，她後來的婚姻還是相當美滿的。丈夫去世時，她年紀已經大了，兩個兒子和四個女兒都爭著要她跟他們住在一起，但是她覺得沒有一個地方比住在那個妓女們居住的客棧裡更合心意。她年年包租一個房間，不到任何地方去。這使她很快就和阿里薩心心相印了。她對阿里薩很欣賞，說他有一天會成為世界上的著名學者，因為他居然能在那淫蕩的天堂裡，用讀書豐富自己的心靈。而阿里薩竟也是如此喜歡她，不僅熱情地幫助她在市場上買東西，而且常常幾個下午都和她一個人談話。他認為她在愛情上是個有智謀的女人，她在這方面給了他許多指導和啟發，儘管他沒有把自己的祕密告訴她。

如果說，在得到費米爾納的愛情之前，他沒有產生用手去撫摸女人的慾望，那麼，當她成了他的正式未婚妻以後，他就更加沒有這種想法了。阿里薩和姑娘們共同生活在客棧裡，和她們同甘共苦，不管是他，還是她們，互相間保持著友好，都沒有越軌的行為。一件意外的事情表明了他的意志堅強和嚴肅。一天，下午六點鐘，當姑娘們穿好衣服準備接待晚上的顧客時，一位負責打掃該層樓地板的女僕走進了他的房間。那是一個未老先衰，神情憔悴的年輕女子，在那個裸體女人的天堂裡，她就像是個宗教遊行隊伍中穿悔罪服的人。他天天看到她，他覺得，他從未引起過她的注意，好像客棧裡根本不存在他這個人。那女人拿著笤帚，提著垃圾桶，帶著專門撿那些不堪入目的髒東西的破布，從一個房間走到另一個房間，不停地串來串去。她像往常一樣，走進了阿里薩讀書的房間，也像往常一樣，小心翼翼地清掃了一遍。為了不打擾他，她輕手輕腳，不弄出一點聲響。突然，她走到他的床邊，他感到有一隻溫暖而柔軟的手伸到了他的小腹下面，在那兒摸索著尋找什麼，而且終於尋找到了，接著便解他的扣子，與此同時，他感到她的呼吸充滿了整個房間。他裝作讀書，不去理睬她，然而終於抵擋不住她的進攻，只好躲開她。

她很害怕，因為錄用她作清掃工時，給她提出的第一個警告就是不能跟顧客胡來。其實無須跟她講明這件事，因為她跟許多女人一樣，賣淫不是為了錢，而是為了跟陌生的男人睡在一起。她有兩個兒子，是跟兩個不同的丈夫生的，那不是因為她喜歡逢場作戲，而是因為她未能得到一個男人的真正的愛情。她所愛的人，跟她睡上兩三個晚上就把她甩掉了，在進客棧作工之前，她並沒有尋求男人安慰的急切欲望，她生性平和，耐心等待著，並不絕望。然而，那客棧的生活摧毀了她的貞節。她下午六點鐘開始來客棧工作，整個晚上從這個房間走到那個屋間，匆匆忙忙清掃，撿走髒東西和更換床單。男人在尋歡作樂之後丟下的那些「垃圾」，多得難以想像。他們留下嘔吐物和眼淚，這在她是可以理解的。他們也留下許多鍾情的隱語：血汗、排泄物、玻璃球、金錶、假牙、放著金色鬈髮的珍品盒、情書、貿易信函、吊唁信，以及其他各種各樣的信件。有些人回來尋找丟失的東西，但大部分都留在那兒無人問津。特烏古特把這些東西鎖起來保存好，他心想，那座倒楣的樓房，靠了那成千上萬件個人失物，遲早會成為愛情的博物館。

她工作很繁重，活幹得很賣力氣，報酬卻很低。使她不能忍受的是那些啜泣、呻吟和床上彈簧的吱吱格格的響聲，那些聲音是如此熱烈而痛苦地刺激著她的血液，以致天亮時她再也忍耐不住，真想一切不管不顧地跟在街上遇到的隨便一個乞丐或者無家可歸的醉漢去睡上一覺。只要他們願意就行了。一個像阿里薩那樣年輕、誠實又沒有妻子的男人出現在她的面前，對她來說無疑是上天的饋贈，從一開頭她就發現，他跟她一樣，需要愛情的撫慰。但是，他像一個木頭人兒，對她的急迫心情毫無理解。他一直對費爾米納保持著童貞，世上沒有任何力量和理由能夠使他改變主意。

這就是阿里薩在準備正式辦理訂婚手續四個月以前的生活。可是，恰恰在這個時候，一天清晨六點鐘，洛倫索·達薩到了電報局打聽他。由於時間尚早，他還沒有上班，達薩便坐在長凳上等他。他要到八點十分才到，所以來訪者就把那只沉甸甸的鑲著名貴蛋白石王冠的金戒指來回地從一個手指倒到另一個手指上。當他看到阿里薩走進電報局門口時，立即就認出了這個電報局職員，於是上去扯住他的胳膊說道：

「請跟我來一下，小伙子。咱們這兩個堂堂正正的男子漢，必須得面對面談上五分鐘。」

阿里薩嚇得臉色鐵青，只好跟他走。這次相遇完全出乎他的意料，費米爾納沒有找到機會和恰當的方法事先通知他。事情發生在前一個星期六。那一天，「聖母獻瞻節」學校校長、修女弗蘭卡·德·拉盧斯像蛇一樣神不知鬼不覺地走進宇宙起源學基本概念課教室，從肩膀上方窺視女學生，發現費爾米納裝作寫筆記，實際上正在練習本上寫情書。根據學校的規定，她應該受到開除學籍的處分。洛倫索·達薩被緊急招到校長室，他在那兒發現了對女兒管教的漏洞。費爾米納以她天生的沉著和美德承認了寫情書的錯誤，但是她拒絕說出她的祕密未婚夫是誰。而且被招到教會法庭時，她再次拒絕供認。這樣，教會法庭便批准了開除她學籍的決定。直到那時女兒的臥室仍舊是一所不可侵犯的聖殿，儘管如此，父親還是對女兒的臥室進行了搜查，在箱子的夾層底裡查出了一個包，裡面裝著三年間費爾米納收到的全部情書。她懷著那樣的深情收藏著它們，就像阿里薩飛筆疾書地寫它們時一樣。信上的簽名清清楚楚，然而洛倫索·達薩不管是當時還是後來都不能相信，他的女兒對那個不露面的未婚夫除了他的報務員身分和愛好小提琴之外，其他一概不知。

洛倫索·達薩確信，沒有他妹妹的合謀，女兒同阿里薩之間如此困難的聯繫是不可能做到的。他沒有作任何解釋，也沒有說一句感謝的話，就打發妹妹上了小帆船，送到沼澤地聖·胡安市去了。那個最後離別的鏡頭，永遠留在了費爾米納痛苦的記憶中。那天下午，她穿著灰、褐、白三色相間的教服，發著高燒，站在門廊下向姑媽告別，注視著她的身影在濛濛細雨中消失在小公園裡。可憐的姑媽，她唯一的所有便是一個獨身女子的舖蓋捲和一個月的生活費。那點錢她用手絹裹著，緊緊地攥在手中。後來，費爾米納一擺脫父親的控制，就派人在加勒比海地區諸省尋找她，向一切可能認識她的人打聽她的下落，始終沒有得到一點音信。直到幾乎三十年之後，她才收到一封不知經過了多少人之手才輾轉到達她手裡的信。這封信告訴她，姑媽已在「上帝雨露」瘋病院裡謝世，享年近一百歲。

洛倫索·達薩沒有預見到女兒對他不公正的懲罰，尤其是以她的姑媽作犧牲品，反應是如此的瘋狂。他怎會想到，實際上，女兒一直把姑媽視為只在記憶中有著模糊印象的親生媽媽。姑媽走後，她把自己關在臥室裡，插上門閂，既不吃，也不喝。當父親先是用威脅，爾後顯然是用懇求，終於讓她把門打開時，他看到的再也不是那個十五歲的天真無邪的姑娘，而是一個像受了傷的雌豹似的強悍的女人。

他用各種花言巧語誘惑她，想使她明白，在她那樣的年紀，愛情只不過是海市蜃樓。他對她好言相勸。讓她把情書退回，並回到學校跪在修女們面前請求寬宥。他還向她保證說，他將是第一個幫助她找到出身高貴的意中人的人，也是使她的愛情永生幸福的人。但是，女兒對他的話根本不加理睬。由於計畫失敗，洛倫索・達薩終於在星期一吃午飯時勃然大怒了。費爾米納一邊心潮起伏地吞下那惡毒的咒罵和褻瀆神明的話，一邊把砍肉刀架在了脖子上。那顯然不是作戲。父親看到她那堅定的神情和呆滯的目光，只好軟了下來，不敢再緊逼不放。就是在這個時候，他才決定冒著危險去跟那個可惡的窮小子以男子漢的氣概談上五分鐘。他從不記得，在什麼地方見過這個在如此不吉利的時刻闖入他生活的人。純粹由於習慣，他在出門前拿上了左輪手槍，不過他十分小心地將它藏在了襯衫下面。

洛倫索・達薩拉著阿里薩的手臂，沿著教堂廣場走到教區咖啡館的拱廊裡，邀他在平台上坐下來。阿里薩仍舊沒有從惶惑中清醒過來。咖啡館裡還沒來其他顧客，一個微胖的黑女人正在用墩布擦大廳的磁磚地。大廳的彩色玻璃窗邊緣已經破損，上面掛了一層厚厚的塵埃。廳堂裡的椅子腿朝上地碼在大理石桌面上。阿里薩曾經多次看到洛倫索・達薩在那兒賭博，看到他一邊跟公共市場上的阿斯圖里亞人喝著桶裝葡萄酒，一邊高聲吵架。那是另外一些沒完沒了的戰爭，只不過同我們的內戰性質不同罷了。有許多次，他想到愛情的宿命論，不禁在心中問自己，他們遲早會相逢，那時的情景會是怎樣的？可嘆的是這種相逢不以任何人的意志為轉移，他們雙方的相逢已命中註定。他猜想，他一定是個無人能與之相比的吵架能手，這不僅由於費爾米納早已在信中告訴過他，說她的父親性情暴躁，而且他自己也注意到，即使在賭桌上哈哈大笑的時候，他的眼睛也閃爍著凶光。他的整個形象給人以粗俗的印象，醜陋的大肚囊，加重的說話語氣，猞猁似的絡腮鬍子，粗糙的大手，無名指上還戴著鑲蛋白石的戒指。他唯一動人的特點——阿里薩從第一次看到她就承認這一點——就是他走路的姿勢跟女兒一模一樣，像頭母鹿一般。然而，當他指給阿里薩一把椅子請他坐下時，他覺得此人不似平時他認為的那麼凶。洛倫索・達薩請他喝一杯茴香酒，他的神經更加鬆弛下來。阿里薩從來沒有在早晨八點鐘喝過酒，但他還是懷著感激的心情接受了，此刻他感到實在需要喝點什麼。

果然，洛倫索・達薩只用了五分鐘就陳述完自己的理由。他是那樣真誠而坦率地道出了一切，使得阿里薩不知所措，無言以對。洛倫索・達薩說，在他妻子去世時，他就打定了主意，一定要使他的女兒成為一位高貴的夫人。這對一個沒有文化的做騾馬生意的人來說，道路是漫長而艱鉅的，好在他的盜畜賊的名聲不像在沼澤地聖・胡安省流傳得那樣廣。他點燃一支趕騾人抽的雪茄菸，嘆息道：「糟糕的就是我的壞名聲，這比身體不佳給我帶來的災難更為嚴重。」然而，他又說，他的命運的真正祕密卻是，在他的騾子中沒有一頭像他自己那樣勤勞、能幹和堅韌不拔，即使在最艱難的戰爭歲月裡也是如此。在這種災難沈重的時刻，人們醒來時看到的是大火後的灰燼和毀壞的田野。女兒從來不知道父親對她的命運早有考慮，她的表現卻像是在跟父親積極配合。她的頭腦是那樣的聰明，辦事是那樣的有條不紊，她自己剛剛學會識字就教父親念書。剛滿十二歲時，她就十分懂事，沒有姑媽的幫助，她照樣可以把家管理得很好。他感嘆地說：「這是一頭金騾子。」女兒小學畢業時，門門功課都是五分，並且在畢業典禮上獲得了榮譽獎。那時他才明白，沼澤地聖・胡安省容納不下他女兒的種種幻想。於是，他賣掉了土地和全部牲口，帶著新的抱負和七萬金比索遷到了這座建立在廢墟上的、其榮譽已成為過去的城市。在這裡，一個漂亮的受過舊式教育的女子，有可能靠著幸運的婚姻而獲得新生。阿里薩是一位不速之客，他的闖入對他咬緊牙關實現自己的計畫無疑是一個天外飛來的障礙。「因此，我到這兒來是向您提出一個請求，」洛倫索・達薩說，他把雪茄菸頭放在茴香酒裡沾了一下，狠狠地吸了一口卻沒有冒烟。最後他用憂傷的聲調說：

「請您從我們的路上走開。」

阿里薩一邊聽著洛倫索・達薩講述自己女兒的歷史，一邊慢慢地呷著茴香酒。他感到茫然，不知道在自己開口時該說些什麼。但他意識到，不管他說什麼都會危及他自身的命運。

「您和她談過了嗎？」他問。

「這用不著您管。」洛倫索・達薩說。

「我問您這事，」阿里薩說，「是因為我覺得事情必須由她來決定。」

「您完全錯了，」洛倫索・達薩說，「這是男人的事，應該由男人來解決。」

他的聲調變得強硬起來，旁邊桌上的一個顧客回過頭來瞧了瞧他們。阿里薩用更加柔和然而也是更加不容蔑視的堅定語調說道：

「無論如何，」他說，「在不知道她怎麼想之前，我什麼也不能回答您。否則，那就是背叛。」

這時，洛倫索・達薩在座位上向後靠了靠，他的眼皮發紅和溼潤了。他的左眼珠在眼窩裡轉動了一下，向外面歪斜著。他也壓低了嗓門。

「您不要逼著我給您一槍。」他說。

阿里薩感到一股冷颼颼的風通過了他的五臟六腑，但是他的聲音沒有顫抖，他感到上帝在啟示他。

「朝我開槍吧！」他說，把一隻手放在胸口上，「沒有比為愛情而死更光榮的事情了。」

洛倫索・達薩不敢正視阿里薩，只是像鸚鵡一樣斜著眼瞥了他一下。他像是從牙縫裡一個音節一個音節地擠出了四個字：

「婊——子——養——的！」

就在那個星期，他帶上女兒去旅行，要讓她把過去的事情忘掉。他沒有對她作任何解釋，氣勢洶洶地闖進她的房間，亂糟糟的髒鬍子上掛著嚼碎的菸草沫，命令她收拾行李。她問他要到哪裡去？他回答說：「去死！」那回答完全像是真的，她嚇壞了，她本想以前幾天的膽量來對付他，終於克制住了自己。她看到他解下了帶著實心的銅製卡子的皮帶，繞了幾圈緊緊攥在手中，在桌子上狠狠地抽了一下，其響聲像來福槍一般震動了整個房間。費爾米納很清楚自己力量的大小和如何正確運用自己的力量。她用兩張席子和一個吊床打成鋪蓋卷，用兩個大箱子裝好自己所有的衣服，她斷定這次旅行定是有去無回。在穿衣服之前，她關在浴室裡，利用一張衛生紙，給阿里薩匆匆地寫了一封告別的短信，然後她又用修枝的大剪刀把辮子齊頸整個兒剪下來，繞在一起放在一個繡著金絲邊的絲絨盒子裡，連同信件一起設法送到阿里薩手裡。

這是一次瘋狂性的旅行。最初是安第斯的騾夫們結成一個長隊，騎在騾背上，沿著覆蓋著片片積雪的高寒山區的崎嶇小道，整整走了十一天。他們有時頂著驕陽前進，有時被十月的幾乎是橫掃過來的大雨淋得透溼。懸崖峭壁間的水氣憋得他們透不過氣，使他們昏昏欲睡，打不起半點兒精神。在上路的第三天，一頭騾子被牛蛇叮得發了瘋，帶著牠的主人，拖著全部鞍索跌下懸崖。另外七頭跟牠拴在一起的騾子也未能幸免。八頭騾子的主人的慘叫聲，直到幾個小時之後還在懸崖下的峽谷裡隱隱約約地回盪著。那令人心碎的慘叫聲，多少年後都未能從費爾米納的記憶裡抹掉。她所有的行李也隨著騾子一起滾下了山谷。從那場災難發生，到可怖的慘叫聲在谷底消失那段既像是一瞬間，又像是幾個世紀的時間裡，她既沒有去想那可憐的死去的騾夫，也沒有去想那些跌得血肉模糊的騾子，而是為自己的騾子沒有跟那些受難的騾子拴在一起感到深深的惋惜。

這是她第一次騎騾子，倘若不是她斷定永遠再也見不到阿里薩，再也得不到他的書信的安慰，路途中的險惡和無數的艱難困苦她本不會覺得那麼難以忍受。從旅行開，始她就沒有跟父親說過一句話。她的父親也是一副難堪的樣子，除非不得已，也不跟她講話，或者通過別的騾夫給她捎話。他們走遠的時候，可以找到一家開設在羊腸小道邊上的小客棧，在那裡可以買到山隊吃的食物，然而她拒絕用餐。他們向客棧租用痲布床，上面布滿了一片片汗漬和尿迹，髒得令人作嘔。大多數情況下，他們是在印第安村落裡過夜，集體睡在用兩排柱子和苦棕櫚樹葉搭在道旁露天的公共臥室裡。所有到來的人，都有權在那裡待到黎明。費爾米納整夜都難以闔眼，她害怕得渾身出冷汗，在黑暗中她聽到旅客們在悄悄地忙碌著，把他們的牲口拴在柱子上，隨便找個什麼地方掛起吊床。

傍晚，當頭一批行人到來時，村落裡是空曠安靜的，第二天清晨，那裡就變成了嘈雜的集市。吊床密集地掛了一層又一層，山裡人蹲在地上打著盹兒。拴著的小山羊咩咩地叫著。鬥雞在主人的背簍中昂起腦袋撲打著翅膀。受過訓練的山狗知道戰爭的危險而不敢吠叫，只是呼嚇呼嚇地伸出舌頭喘著粗氣。這些貧困的景象，洛倫索・達薩是司空見慣的，他在這一帶做了半輩子生意，幾乎每天黎明都會和老朋友相遇。這一切對他的女兒來說，卻是極度痛苦的。一馱馱鹹鮎魚臭烘烘的味道，加上她本來就由於思念情人而食欲不振，終於破壞了飲食習慣，她不思茶飯。如果說她沒有因絕望而發瘋的話，那是因為她總是從思念阿里薩中得到一點寬慰。她毫不懷疑，她再也難以回到他的身邊去了，她必須忘掉一切。

另一件使他們常常膽戰心驚的事就數戰爭了。從旅行開始，人們就紛紛議論，他們有可能和分散的小股巡邏隊遭遇。騾夫們教會了他們如何識別自由黨和保守黨人，以便隨機應變。他們常常遇到由一個軍官指揮的騎兵小隊，他們是來抓兵的，他們把抓到的新兵像牛犢一樣捆在一起，讓他們跟著馬隊拚命地奔跑。被這些可怖景象壓得喘不過氣來的費爾米納，已經忘記了她心目中的那個傳奇式的人物，把目光轉向了眼前所發生的事情。一天夜晚，一支不明黨派的巡邏隊綁架了商隊中的兩個騾夫，把他們在離印第安人村落大約五公里處的一棵樹上吊死。洛倫索・達薩跟他們沒有任何關係，他讓人把屍體放下來，按照基督教的禮儀埋葬了他們，以表示慶幸他自己沒有遭到同樣的厄運。他為此受到了應有的懲罰。那些綁架者用獵槍筒搗他的肚子，使他從睡夢中驚醒。一個衣衫襤褸、臉上塗著黑煙灰的指揮官，用燈籠照著他，問他是自由黨人還是保守黨人。

「我既不是自由黨，也不是保守黨。」洛倫索・達薩說，「我是西班牙平民。」

「算你走運！」指揮官說。他舉手向他告別，高聲喊道：「國王萬歲！」

兩天之後，他們走到了美麗的平原上，熱鬧非凡的瓦列杜帕爾鎮就坐落在那裡。院裡在鬥雞，街角上響著手風琴的樂曲聲，騎士們騎在良種馬上到處奔跑，爆竹聲噼噼啪啪響個不停，宏亮的鐘聲回盪在鎮子的上空。另外，那裡正在安裝一個焰火發射架。費爾米納甚至沒有察覺到這種歡鬧的場面。她們住在了她的舅舅利西馬科·桑切斯家裡。舅舅帶領著全部年輕的親戚，騎著全省最好的良種馬，熱熱鬧鬧地來到公路上迎接他們。在火焰的轟鳴中，他們跟著歡迎的人群在鎮裡的街道上走著。利西馬科·桑切斯家位於大廣場上，靠近多次修葺過的殖民時期的教堂，從那些寬大而陰暗的房間，以及從果園前面那道散發著甘蔗酒味的走廊裡看去，它更像一家大商店或加工廠。

他們剛從馬上下來，會客室裡就擠滿了許多陌生的親戚，他們那過於熱情的親暱表示，使費爾米納心煩意亂，簡直難以忍受。由於騎騾長途跋涉，此刻她渾身痠痛，瞌睡得要死，而且還鬧著肚子，她唯一渴望的是，找一個僻靜的地方，痛痛快快地哭上一陣子，沒有半點心思去愛世上的任何人。她的表姐伊爾德布蘭達，比她大兩歲，跟她同樣傲視一切，唯有她第一眼就看出了費爾米納的心事，她也正在情火的煎熬中過日子。夜晚，她領她走進準備好的臥室，兩個人住在一起。她不明白她的臀部怎麼會磨成那個樣子，失去了表皮，露出火紅的鮮肉。在她母親——一位跟丈夫面貌酷肖、彷彿跟他是孿生兄妹的溫柔女人——的幫助下，她給她安排了坐浴，並用山金車花酊劑為她洗滌傷口，以減輕她的痛楚和消除炎症。這時，五彩繽紛的焰火升空時的巨響在震撼著她家的屋基。

半夜時分，客人們起身告辭，三三兩兩地各奔西東。伊爾德布蘭達表姐借給費爾米納一件馬大普蘭細布睡衣，讓她在那張鋪著潔白的床單和擺著羽絨枕頭的床上躺下來。床鋪立即使費爾米納產生了一種既喜悅又慌亂的感覺。這一對表姐妹終於單獨待在臥室裡了。伊爾德布蘭達插上房門，從自己床鋪的席子下面抽出一個國家電報局用火漆密封的馬尼拉信封。看到表姐那副詭異的表情，費爾米納立刻覺得有一股白栀子花的幽香湧上心頭。她用牙齒咬碎了火漆印花，十一封傾訴相思的電報，匯成了一條淚河，她在淚河之中輾轉反側，直到天明。

原來他已經知道了。起程旅行之前，洛倫索・達薩犯了個錯誤，他把出門的事用電報通知了他的小舅子利西馬科・桑切斯，後者又把消息傳遞給了那群人數眾多、錯綜複雜的散居在全省城鄉的親戚。阿里薩不僅了解到他們的全部旅程，而且還建成了一條長長的報務員關係線，循著費爾米納的行踪，直追到卡博・德拉維拉的最後一個村落。自從他們一家到達瓦列杜帕爾鎮之後，他和她就頻頻傳書遞簡。洛倫索・達薩一家在那裡住了三個月，最後到了這趟旅行的終點站里約阿查。經過多少歲月，兩親家終於捐棄了部族前嫌，推心置腹地坐到一起，他們把他當作自己人。他們的吹捧，使洛倫索・達薩飄飄然。這次登門拜訪，成了一種亡羊補牢的和解，雖然拜訪的目的原本並非如此。原先費爾米納・桑切斯家曾不惜一切代價地反對她嫁給這個來歷不明的外來戶，他口若懸河，舉止粗魯，經常走村串戶經營顯然只能獲得蠅頭小利的騾子買賣。洛倫索・達薩真是癩蛤蟆想吃天鵝肉，他追求的是當地一位望族的掌上明珠。那個部族的女人都強悍潑辣，男人都心軟而又動輒玩命，對名聲看重到了近乎死心眼兒的地步。然而，費爾米納・桑切斯對受阻的愛情產生了一種盲目的義無反顧的深情，把家裡的反對置諸腦後，同他結了婚。這婚事來得迅雷不及掩耳而又神秘莫測，彷彿不是為了愛情，而是為了用聖毯來遮蓋某種驟然降臨的疏忽。

二十五年過去了，洛倫索・達薩並未意識到，他對女兒的初戀的頑固態度，正是其本身經歷的惡意重複。在那些曾經和他作對的舅子們面前，他悲嘆自己的不幸。不過，他怨天尤人浪費掉的時間，都被女兒在自己的愛情中爭取回來了。他在舅子們的肥美的土地上閹割小公牛和馴化騾子的時候，女兒在以伊爾德布蘭達為首的那一大群表姐妹中隨心所欲。伊爾德布蘭達長得最美，心眼也最好。她愛上了一個比自己年長二十歲的有妻室兒女的人，好事難成，能夠互相暗送秋波，也就聊以自慰了。

在瓦利杜帕爾鎮長住之後，他們越過百花盛開的草原，跨過景色迷人的台地，繼續在那條山脈的峽谷中旅行。在各個村鎮，他們都受到了跟在第一站同樣的歡迎。敲鑼打鼓，鞭炮齊鳴。所到之處，都有串通一氣的表姐妹，電報局都有及時的信息。經過這段旅行，費爾米納終於明白了，他們到達瓦利杜帕爾鎮的那天下午所出現的熱鬧景象並非偶然，在那個富足的省分裡，每天都跟過節一樣。他們對待客人一貫殷勤備至。客人們天黑到了就有住處，肚子餓了就有飯吃，房子都是敞著門的，總是備有吊床，爐子上的砂鍋裡備有熱氣騰騰的木薯香蕉肉，以防有人在通知電報到達之前就光臨。伊爾德布蘭達在最後一程一直陪伴著表妹，高高興興地指點她，從月經來潮開始對她進行講解。費爾米納懂得人事了，第一次覺得成了自己的主人。她覺得自己有人陪伴，有人保護了。自由的空氣，使她心情恬靜、安定，而且覺得生活無比美好。後來直到垂暮之年，她還在懷念著那次有點邪門的旅行，往事依然歷歷在目。

一天晚上，像往常一樣散完步回家的時候，她心裡好似有十五個吊桶在七上八下。有人對她說，沒有愛情可以獲得幸福，扼殺愛情也可以獲得幸福。這個說法使她提高了警惕，因為有個表姐偷聽到了自己的父母和洛倫索・達薩的一次談話。談話中，洛倫索・達薩提出要把女兒嫁給克萊奧法斯・莫斯科特的萬貫家財的唯一繼承人的設想。費爾米納認識這個人。她看見過他在競技場上騎在他那些無可挑剔的馬上表演。金碧輝煌的馬披，宛如祭壇上的帷幔。小伙子一表人才，精明能幹，迷人的眼睫毛頑石也會點頭讚嘆。然而，她把他同懷念中的阿里薩，那個坐在小廣場的扁桃樹下膝頭上捧著詩集的可憐巴巴、瘦骨嶙峋的小伙子作過比較之後，心裡並沒有一絲一毫的動搖。

在訪問過女巫之後的那些日子裡，伊爾德布蘭達一直如癡如醉地沉浸在幻想中。女巫料事如神使她驚訝不已。被父親的意圖嚇壞了的費爾米納也去向女巫求教。卦象說，她的未來，沒有任何東西影響她的永久而美滿的婚姻。這個預言重新給了她勇氣，她不認為，幸福美滿的歸宿可能跟一個她並不傾心的人聯繫在一起。在這個信念的鼓舞下，她放開了心猿意馬的繮繩，同阿里薩的電報往來，已不再是憧憬和虛幻的海誓山盟的唱和，而是有條有理和實實在在的事情，而且比以往任何時候都更為頻繁。他們訂下了日子，確定了方式，發誓不徵求任何人的意見，不計較地點和形式，一旦再見面就立即成為眷屬。費爾米納一絲不苟地信守這個諾言，她父親允許她首次出席成人舞會那天晚上——就是在豐塞卡村舉行的那次舞會，她認為不經自己的未婚夫同意就答應出席舞會是不貞的。那天晚上，阿里薩住在一個臨時棲息的客店裡。通知他有加急電報找他的時候，他正在同特烏古特玩牌。

是豐塞卡村的電報員在叫他，這位電報員掐斷了途中七個電報站的線路，讓費爾米納請求參加舞會。但在得到許可之後，她卻對那簡簡單單的首肯滿腹狐疑，要求證明在線路另一端操縱發報鍵的確確實實是阿里薩本人。受寵若驚之下，他編了一句足以證明身分的話：「請告訴她，我以戴王冠的仙女的名義向她發誓。」費爾米納認出了那位神靈和他的暗號，終於參加了她的第一次成年人舞會，一直跳到翌日清晨七點，才匆匆換下衣服，趕去望彌撒。這時候，她在箱子底層收藏的信和電報已經比被她父親從中截走的要多得多了，她還學會了已婚女人的行為舉止。洛倫索·達薩以為，她的舉止的改變，是距離和時間使她恢復了童年時期的頑皮，但他從來沒對她提過那樁已經議定了的親事。自從姑媽被趕走之後，女兒一直對他保持著戒心，現在父女之間的關係終於漸趨融洽，安然相處，誰也不會懷疑這種和睦是建立在感情之上的。

就是在這段時間裡，阿里薩決定寫信告訴她，他正在致力於為她打撈那條有著無數財寶的沉船。他是在那個晴朗的下午想出這個主意的。當時，難以計數的魚兒被毒魚草熏得浮出水面，大海好像舖滿了鋁塊，天上的各種鳥兒都對這幕屠殺場面啼鳴不已，漁夫們不得不揮舞船槳把牠們嚇走，免得牠們前來爭奪這些違禁的捕獲物。毒魚草只是讓魚兒昏睡，自從殖民地時期開始，使用毒魚草就是被法律禁止的，但加勒比海地區漁民依然一直在光天化日之下如法炮製，直到毒魚草被炸藥取代為止。費爾米納旅行在外的時候，阿里薩的消遣之一就是在防波堤上看漁民們把盛滿昏睡的魚兒的巨大的拖網拉上小獨木舟。捕魚的時候，一群深通水性的小孩要求看熱鬧的人把錢扔下去，讓他們從水底撈起來。這些孩子抱著同樣的目的游出去迎接遠洋客輪。早在戀愛之前，阿里薩就認識他們，但他從來沒想到過也許他們能把沉船上的寶貝撈出來。那天下午他產生了這個想法。

歐克利德斯——戲水的孩子之一，在談了不到十分鐘之後，就跟他一樣對海底探險雀躍欲試了。阿里薩沒有向他透露這件事的真實情況，只是深入了解了他的潛水和航海能力。他問小孩是否能夠屏住氣潛到二十公尺的深度，歐克利德斯說能。他問小孩是否能夠獨立駕駛一條捕魚獨木舟在暴風雨中不用其它儀器只憑直覺在深海航行，歐克利德斯說行。他問小孩是否能夠在索塔文托群島最大的那個島嶼西北十六海浬處找到一個確切的地點，歐克利德斯說可以。他問小孩是否能夠在夜間靠星星辨別航行的方向，歐克利德斯說行。他問小孩是否願意為了得到和他幫漁民捕魚所得同樣的日薪而做那一切，歐克利德斯說願意，但星期天得另加五枚硬幣。他問小孩是否會對付鯊魚，歐克利德斯說會，因為他有嚇唬鯊魚的妙法兒。他問小孩是否能在哪怕是被塞進宗教法庭的刑具裡的條件下也保守祕密，歐克利德斯說能。他對什麼都不說個不字，而且把是說得那麼自信，使人無從置疑。最後，他向阿里薩列出了費用帳單：獨木舟的租金，寬葉槳的租金，捕魚執照的租金——為了不讓任何人發現他們出海的真實目的。此外，還得帶上食物，一大罐淡水，一盞油燈，一把油蠟燭和一只獵人的牛角號，以便在危急的時候呼救。

他約摸有十二歲，機靈麻利，鬼心眼兒不少，說起話來滔滔不絕。他的身子跟條鰻魚似的，彷彿生來就是為了從牛眼睛裡鑽過去，同時順手牽羊撈點東西。終年日曬風吹，他的皮膚像鞣過的皮革一樣，已經想像不出本色是什麼樣子了，這使他那兩隻黃眼睛顯得更大。阿里薩立即斷定，這個孩子是他去搞這筆橫財的冒險事業的最佳同夥。那個禮拜日，兩人沒辦更多手續就開始行動了。

天剛發亮，他們就從漁港起錨出發，帶齊了行頭，做好了一切準備。歐克利德斯幾乎全身赤裸，只穿著那條不離身的游泳褲。阿里薩則身穿長禮服，頭戴黑帽，腳登漆皮靴，脖子上繫著詩人式蝴蝶結，還帶著一本書，以便登上島之前消磨時間。第一個禮拜日他就發現，歐克利德斯不但是個優秀的潛水員，也是個熟練的水手，他對大海的脾氣以及港灣的沉船都瞭如指掌。他能如數家珍般講出每條銹迹斑斑的船殼的歷史，了解每截浮標的年紀和隨便哪堆廢墟的來歷，說得出西班牙人用來封鎖港灣入口的那條鐵鏈有多少環。阿里薩擔心他也知道這次探險的目的，就向他提了些不懷好意的問題，他發現歐克利德斯對那條沉船一無所知。

自從在那個過路旅店第一次聽到關於那些財寶的故事開始，阿里薩就盡可能地去打聽那條帆船的情況。他了解到，聖約瑟號並非孤零零地躺在珊瑚礁邊的沉沒處。的確如此，聖約瑟號原來是「陸地艦隊」的旗艦，是一九〇八年五月以後從巴拿馬開到這裡來的，那時正在舉辦聞名遐邇的波托貝約博覽會。在艦上，裝載了一部分財寶；三百箱祕魯白銀和維拉克魯斯白銀，一百一十箱在孔塔多拉島搜集到並清點過的珍珠。在這裡逗留的漫長的一個月中——那個月的日日夜夜都是民間節日——還裝上了一筆準備把西班牙王國從貧困中拯救出來的財寶：一百一十箱穆索和索蒙多科綠寶石，三千萬枚金幣。

「陸地艦隊」由至少十二艘大大小小的船隻組成，從這個港口起航後由一支裝備精良的法國艦隊護航。但在瓦格爾司令指揮的英國艦隊的準確的炮火面前，法國護航艦隊未能拯救這次遠航成行，英國艦隊在港灣出口處的索塔文托群島伏擊了「陸地艦隊」。雖然沒有確切的記載到底有多少艘船被擊沉，又有多少艘逃脫了英國人的炮火，但聖約瑟號不是唯一被打沉的一艘，並且可以肯定，旗艦是第一批沉沒的船隻之一，全體船員和紋絲不動地站在後甲板上的艦長隨船一同葬身海底，而且大部分貨物又都是裝載在旗艦上的。

阿里薩從當時的航海日誌上查到了那批帆船的航線，可以確信，他已經確定了沉船的地點。他們從「小口」的兩座要塞中間穿出港灣，航行四小時後進入了群島的內港池。在躺滿珊瑚礁的海底，可以隨手撈到沉睡的龍蝦。風平浪靜，海面清澈，阿里薩覺得自己彷彿是照在水中的影子。在滯流帶的盡頭，離那個最大島子兩個鐘頭路程的地方，就是沉船的地點。

驕陽似火，穿著長禮服的阿里薩渾身像火燒似地漲得通紅。他讓歐克利德斯設法潛到二十公尺深的地方，把在海底裡摸到的隨便什麼東西都給他拿上來。海水清極了，他看見歐克利德斯就跟一條黑不溜秋的鯊魚似的在水底下游動。一條條藍色的鯊魚從他身邊游過，碰都沒有碰他一下。不大一會兒，他看見歐克利德斯消失在一蓬珊瑚礁裡了。正當他想著歐克利德斯該憋不住氣了的時候，聽見背後響起了說話聲。歐克利德斯站在水裡，舉著雙手，海水只到他的腰部。就這樣，他們繼續尋找更深的地方，始終向北。他們從熱呼呼的雙吻前口蝠鱝頭頂上划過，從羞羞答答的魷魚頭頂上划過，從黛色海薔薇上面划過，最後歐克利德斯明白了他們是在白費時間。

「如果您不說您到底想找什麼，我就不知道怎麼去找。」他對阿里薩說。

但他還是不告訴他。於是，歐克利德斯建議他把衣服脫了，跟他一塊下去，哪怕光是去看看地球底下的另一個天空——滿是珊瑚樹的海底也好。阿里薩素常總是說，上帝創造大海，只是為了讓人們從窗戶裡看它，從來沒有學過游泳。不久，天漸漸暗了，風變得冷颼颼，潮乎乎的。他們正在依靠燈塔辨別方向尋找港口的當兒，天全黑了。進入港灣之前，看見一艘法國遠洋船從離他們很近的地方開過。白色的輪船是個龐然大物，船上所有的燈都亮著，後面拖著鮮美的杏仁羹和無數咕嘟嘟滾開的花菜。

他們白幹了三個禮拜日，如果不是阿里薩下決心同歐克利德斯分享他的祕密，他們會白白浪費所有的禮拜日的。之後，歐克利德斯改變了整個尋找計畫，他們沿著帆船的歸航道航行。那個地方距離阿里薩確定的地點東面二十多西班牙海浬。不到兩個月，在海上嘀嗒下雨的一個下午，歐克利德斯在水底下待了很長時間，獨木舟漂走了，歐克利德斯不得不游了差不多半小時才追上，阿里薩沒能把船划到他跟前。歐克利德斯好不容易爬上船後，從嘴裡掏出兩件女人首飾，當作不懈努力的勝利果實拿給弗洛倫蒂諾·阿里薩看。

他那會兒講的情景是那樣引人入勝，以致阿里薩拍著胸脯說要學會游泳，鑽到盡可能深的地方去，親眼核實核實。歐克利德斯說，在那裡，在僅僅十八公尺深的地方，珊瑚礁裡躺著許許多多帆船，數不清到底有多少。躺著帆船的地方大極了，一眼望不到頭。最奇怪的是，沉在水裡的那些船，比海灣裡露出水面的任何一條船的船殼都要完整。在好幾條三桅帆船上，連船帆都是好好的，連船底都瞧得見，看來它們是帶著原有的空間和時間沉下去的，仍然沐浴在沉船的那個日子——六月九日，禮拜六——上午十一點的陽光裡。想像力固有的刺激，使他喘不過氣來了。他上氣不接下氣地說，最容易分辨出來的，是聖約瑟號，它那噴在船尾巴上的金字船名看得清清楚楚，但它是被英國人的炮火打得最慘的。他說，他看見船裡頭有條三百多歲的章魚，它的觸鬚從彈孔裡伸出來，不過它在餐廳裡長得太大了，要放它出來非得把船拆了不可。他說，他還看見了穿著軍服的艦長，他側著身子浮在艙樓的游泳池裡。還說，他沒鑽進裝載財寶的船艙裡是因為他肺裡的空氣不夠用了。這不是證明嗎！一個綠寶石耳環，一個鏈子被硝銹壞了的聖母徽。

這就是阿里薩在費爾米納回家之前給她往豐塞卡寫的一封信裡第一次提到財寶的情形。她對沉船的故事是熟悉的，她聽她爸爸洛倫索·達薩談過多次。她爸爸為了說服一家德國潛水員公司和他合夥打撈沉在海裡的財寶，喪失了時間和金錢。要不是幾位歷史研究院的研究員使他信服，沉船的天方夜譚是某個盜匪般的總督侵吞王室的財富而編造出來的，他還會繼續幹下去。總之，費爾米納知道，沉船在二百公尺深的地方，那是任何人也潛不到的，根本不是阿里薩對她說的什麼二十公尺。然而，她對他的詩人般的誇張已經習以為常了，還是把撈沉船的冒險事業當作最成功的事情慶祝了一番。然而，當她繼續收到那些敘述更加狂熱的細節的書信的時候——寫得是那麼認真，就跟講他對她的愛情一樣，不得不向伊爾聽布蘭達吐露了實情，她擔心她那著了魔的情人發了瘋了。

在這些日子裡，歐克利德斯撈出了不勝枚舉的給他的謊話作證據的玩意兒。已經不是再拿著從珊瑚礁裡撈到的銹蝕了的耳環和戒指歡蹦亂跳的事情，而是弄錢搞一個大公司來打撈那五十來條船裡的取之不盡的財富的事情了。於是，或遲或早要發生的事情發生了：阿里薩要求母親幫助他把此項冒險進行到底。他母親只是咬了咬首飾上的金屬，對著陽光看了看那些玻璃塊兒，就明白是有人在利用她兒子的天真發橫財。歐克利德斯跪下向阿里薩賭咒發誓，他的買賣裡沒有一丁點兒昧著良心的地方。然而，第二個禮拜天他沒有在漁港露面，以後也再沒有在任何地方出現過。

這次上當給阿里薩帶來的唯一好處，是找到了燈塔這個躲避情場失意的避難所。在深海遇到暴風雨的一天夜裡，他坐著歐克利德斯的獨木舟來到了燈塔看守所，從此以後，他經常在午後去同燈塔看守人聊天，聽燈塔看守人講那些關於陸地和海洋的無窮無盡的奇聞。這就是他們之間那歷盡滄桑而未改初衷的友情的開端。阿里薩學會了點燈，在電力使用傳播到我國之前，起先是用柴火，後來用油罐。他還學會了用反光鏡來控制燈的方向和增加亮度。有好幾次，在燈塔看守人不在場時，他還留在那裡，在燈塔上監視著海面。他學會了利用聲音、利用地平線上的燈光的大小來辨別船隻，以及辨別它們通過用燈光掃射燈塔給他發回來的信號。

白天，尤其是禮拜日，樂趣又有所不同。在總督區——老城的有錢人住在那裡——女人使用的海灘是用泥灰牆同男人的海灘隔開的：一個在燈塔右邊，另一個在燈塔左邊。於是，燈塔看守人安裝了一架土望遠鏡，人們交一文錢就能通過土望遠鏡觀賞女人的海灘。上流社會的小姐們不知道有人在窺視她們，把最美的部位都展示出來了，只是她們穿著帶寬荷葉邊的游泳裝、涼鞋，戴著草帽，把身體遮蓋得同穿著便服時差不多，不是那麼令人神往就是了。母親們由於擔心鄰近海灘的男人們從水底下鑽過來勾引她們，穿著去望大彌撒時的那身衣服，戴著羽毛編織的帽子，打著遮陽傘頂著烈日坐在藤條搖椅上，在岸上監視著。實際上，通過土望遠鏡能看到的，並不比在街上看到的更多，更令人銷魂，但每個禮拜日到那裡去爭先恐後地租望遠鏡的顧客還是很多，其目的僅僅在於領略被人圍觀這淡而無味的果實所能產生的快意而已。

阿里薩就是其中的一個。他這樣做與其說是尋歡作樂，不如說是因為閑得無聊。不過，他和燈塔看守人結成莫逆之交，倒並非因為這種外加的吸引力。真實的原因是，自從費爾米納收回暗許的芳心之後，當他狂熱地到處尋花問柳試圖移花接木的時候，除了在燈塔，他沒領略過更愉快的足以忘憂的時刻。那是他最喜歡的地方，喜愛之深，使他曾在好些年裡試圖說服他母親，後來又想說服叔叔萊昂十二資助他把燈塔買下來。當時，加勒比海沿岸的燈塔屬於私人財產，燈塔的主人按照進港船隻大小收取稅金。阿里薩以為，那是靠靈感致富的唯一的體面方式，但他母親和叔叔跟他的想法不同，而等他自己有錢辦這件事的時候，燈塔已經成為國家財產了。

不過話又得說回來，這些幻想沒有一個是毫無用處的。關於帆船的天方夜譚也好，後來關於燈塔的新鮮主意也好，都有助於他減輕思念費爾米納的痛苦。在他意想不到的時候，得到了她回來的消息。果然，在里約阿查住了許久之後，洛倫索·達薩決定返回家鄉。十二月間，信風陣陣，海面上不是最風平浪靜的季節，只有那條老掉牙的輕便船才敢冒險開航。如果碰上逆風，它開了一夜之後還會退回起錨港。果真如此。費爾米納受了一夜折磨，把膽汁都吐出來了。她把自己捆在艙房的牀上，船艙不但狹窄得讓人喘不過氣來，而且又臭又熱，跟小飯店的茅廁一樣。船顛簸得非常厲害，好幾次她都以為牀上的皮帶要被扯斷了。甲板上傳來斷斷續續的痛苦的喊叫，跟翻了船似的。隔壁艙房傳過來的她父親那老虎般的鼾聲，更增加了恐怖氣氛。將近三年來，這是她第一次度過一個不眠之夜而又絲毫沒有想到阿里薩。與此相反，此時阿里薩正在店堂後房的吊床上輾轉難眠，一分鐘一分鐘地計算著那總也過不完的時間，盼望著她的歸來。黎明時分，風突然停止了，海面上重又變得平滑如鏡。費爾米納發覺，雖然頭昏腦脹，她還是睡覺了，因為她是被錨鏈的轟隆聲吵醒的。她解開牀上的皮帶，從天窗裡探出頭去，希望能在港口嘈雜的人群裡看到阿里薩。然而，她看到的是被晨曦染成金黃色的棕櫚樹叢中的海關倉庫，是里約阿查港的朽糟的木碼頭，他們的船頭天晚上正是從這個地方起錨的。

這一天的其它時間，她都覺得恍如在幻覺中，她仍然在那個一直住到昨天的家裡，應酬著那些曾經送別她的相同的客人，說著同樣的話。正在重複著已逝日子的某一片斷，這種感覺使她惶惑了。這種重複沒有一絲一毫變化，只要一想到乘船旅行也是走回頭路，費爾米納就不寒而慄，單是回想昨夜的旅行，就夠她膽戰心驚的了。可是，除此以外，回家只有一種辦法，就是騎著騾子沿著懸崖峭壁走兩周，而且比上一次的情況更加危險，因為從安第斯山地區的考卡省開始的新內戰，正在向這個地區的其他省分蔓延。於是，晚上八點鐘時分，還是那群七嘴八舌吵吵嚷嚷的親戚又把她送到了港口，他們又一次洒下告別的淚水，送給她那些原封不動的、船艙裡放也放不下的大包小包的臨別饋贈。起錨的時候，送行的男人們朝天開槍，為帆船送行。洛倫索・達薩在甲板上用左輪手槍連放五響作為回答。費爾米納的擔心很快就煙消雲散了，整夜都是順風，大海散發著鮮花的芳香，她沒繫安全帶就酣然入夢了。睡夢中，她又看見了阿里薩，他摘下了她過去常見的那副面孔，那實際上是副假面具，不過，那副真實面孔跟假面具一模一樣。夢中這一不解之謎，使她一大早就起牀了，她看見她父親正在船長的房間裡喝兌白蘭地的苦咖啡，酒使他的眼睛扭歪了，他臉上沒有露出對歸程絲毫擔心的表情。

他們正在進港。輕便船從停靠在港灣市場裡的迷宮似的帆船群中無聲地滑行著。市場的臭味，遠在好幾西班牙海里之外的海面上就能聞到。密密麻麻的牛毛細雨，遮住了天邊的魚肚白，不久，細雨變成了瓢潑大雨。船帆被雨水澆得耷拉下來的輕便船，穿過「鬼魂灣」，在市場碼頭跟前拋錨的時候，站在電報局瞭望台上的阿里薩一眼就認出它來了。昨天，他一直等到上午十一點，直到從一分偶然的電報中得知輕便船因遇到打頭風而推遲抵港時間。這一天，他從早上四點鐘起就在那裡守候。他仍然在那裡等著，目不轉睛地盯著那些小艇，它們準備把決定冒著暴雨下船的旅客接到岸邊來。大部分旅客不得不中途從擱淺的小艇上下來，稀里嘩啦地蹚著泥水爬上碼頭。等到八點鐘，雨仍然下個不住，一個黑人搬運工蹚著齊腰深的水把費爾米納從輕便船上接下來，把她抱到岸上。她渾身溼得跟落湯雞似的，阿里薩沒認出她來。

她自己也沒意識到，在這次旅行中，她真長大了不少。踏進一直關鎖著的家門，她立即動手進行清掃和布置的艱巨工作。接到他們回來的通知後，黑女奴普拉西迪婭即刻從奴隸住的舊茅屋趕回來協助她。費爾米納已經不再是那個既被父親溺愛又受他限制的獨生女兒，而是一個灰塵山積、蛛網縱橫的王國的權威和主婦。只有戰無不勝的愛情的力量，才能拯救這個王國。她沒有氣餒，她覺得渾身有使不完的力量，簡直可以改天換地。就在回家的當天晚上，在廚房的備餐間吃雞蛋奶油餅，喝巧克力的時候，她父親像在宗教儀式上似的鄭重其事地把管理家屋的大權交給了她。

「我把常用的鑰匙交給你吧。」父親對她說。

已經年滿十七周歲的她，堅定不移地接過了這一權力，她知道，爭取到每一分自由都是為了愛。一夜無眠。第二天，她打開陽台的窗戶，看見小廣場上依然霪雨紛霏，看見那位被斬首的英雄的塑像，看見那個阿里薩素常捧著詩集坐在上面的大理石長凳的時候，心中泛起了回家以來的第一次煩惱之情。她已不再像想念一個猶如鏡花水月的情人，而是像想念一個她的一切都屬於他的地地道道的丈夫一樣想念著阿里薩了。她覺得，自從離家以來，這被虛耗的良辰美景是多麼令人惋惜，人生是多麼的艱難，她該帶著多麼深沉的愛去按上帝的旨意愛她的心上人啊。他沒有像過去那樣冒雨來到小廣場，使她頗覺意外，也沒接到過他用任何方式發出的任何表示，甚至連預兆都沒有，她突然想，莫非他死了嗎。思念及此，她不由得一陣顫慄。不過，她隨即又排除了這種不祥的想法，因為眼看就要回來，他們在最近幾天的狂熱的電報裡忘了商定一種她回來後繼續聯繫的方式。

原來，阿里薩從里約阿查的服務員那裡確認費爾米納他們所乘的輕便船已於禮拜五再度出發之前，他還滿以為她沒有回來吶。周末，他圍著她家的房子轉來轉去，觀察裡面的動靜。禮拜一黃昏，他看見窗戶裡透出了游移不定的燈光，九點過後，燈光移到了緊靠陽台的那間臥室裡，熄了。懷著跟初戀頭幾夜同樣忐忑不安的焦慮，特蘭西托一夜沒睡著，在雞叫頭遍的時候就起來了。兒子半夜裡就到院子裡去了，一直沒再回屋，家裡沒有他的人影，她慌了。原來阿里薩在岸邊的礁石上迷了路，他對著風背著愛情詩，高興得哭了，直到天色大亮。八點鐘時，他坐在那個教區咖啡館的拱門下面，琢磨著如何向費爾米納表示歡迎，徹夜未眠，使他幻覺叢生。突然，他渾身猛然一震，幾乎心肝五臟都碎了。

是她。她正從大教堂廳廣場上走過，普拉西迪婭挎著買東西的籃子跟著她。她比離別時更高了，身材更加勻稱，線條更加分明，成年人的氣質使她顯得更加美麗。她的頭髮又長了一些，但不是披散在背後，而是斜披在左肩上，單是這個變化，就把她的孩子氣一掃而光了。阿里薩坐在那兒發呆，那個宛如下凡仙女的姑娘目不斜視地穿過了廣場。然而，那股使他渾身酥軟的不可抗拒的力量，又迫使他急急忙忙地隨她而去。她拐進大教堂旁邊的那條街，消失在市場上的人群裡。市場上人聲鼎沸，發出震耳欲聾的爭吵聲。

他暗中尾隨著她，觀察著世界上他最愛的這個人的驚鴻般的身影，舉手投足的儀態和她那早臨的成熟。這是他第一次看到她自由自在的樣子。她在人群裡矯健的步伐，使他嘆為觀止。普拉西迪婭不是撞在別人身上，就是被人家的籃子勾住了衣裳，不得不邁步小跑才跟得上她，而她卻在熙熙攘攘的街上隨意地、從容地走著，不同別人相撞，像似蝙蝠在黑暗裡飛翔。她跟著埃斯科拉斯蒂卡姑媽逛過許多次市場，但買的都是些小玩意兒，當時由她父親親自負責採購家裡的用品，不但買家具和食品，而且也買女人的衣服。第一次上街採購，實現了她童年時代的夢想，她覺得心醉神迷。

對捕蛇郎向她兜售永恆愛情糖漿時的吹噓，她未加理睬。對躺在屋簷下面露出鮮血淋淋瘡疤的叫化子的乞求，她置若罔聞。對那個想把一條訓練過的鱷魚賣給她的冒牌印第安人，她掉頭它顧。她走得很遠，看得很細，但沒有一個固定的方向，她在這兒停一下，那兒停一下，只是為了享受那種悠游自在東顧西盼的樂趣。每個多少有點東西出售的門洞，她都進去看一下，她發現到處都有吸引人的東西。她興致勃勃地聞聞箱子裡的呢料散發出的芒草芳香，把印花絲綢裹在身上，對著「金絲商店」那面穿衣鏡裡自己頭插小梳，手握彩扇那種小家碧玉的模樣她欣然發笑，繼而又對自己的笑聲感到好笑。在海員商店，她揭開一只盛著大西洋鹵鯡魚的大桶上的蓋子，想起了她童年時代在沼澤地的聖·胡安市和在東北度過的那些夜晚。她嚐了嚐帶著一股甘草味兒的阿利康特血腸，買了兩條留待禮拜六當早點，還買了幾大塊鱈魚肉和一袋酒醉棗子。在香料店裡，純粹是為了聞著好玩，她用雙手搓了搓鼠尾草和荊芥，隨後買了一小包乾香石竹花苞和一小包大料，又買了一小包生薑和一小包刺柏。卡耶胡椒的氣味兒使她噴嚏連連，她笑得滿臉淚水走了出來。她在法國藥店裡買路透肥皂和安息香水的時候，人們在她的耳朵背後滴了一滴在巴黎風靡一時的香水，又給了她一片抽菸後使用的除味劑。

她買東西是為了好玩，這不假，但她真正需要的東西，她還是毫不猶豫地買了下來，那個當機立斷的勁兒，使人以為她不是頭一次這麼做。她心裡明白，她不單是為自個兒買，也是為他買呀。她買了十二碼為他倆做台布用的亞麻布，又買了塊舉行婚禮時做床單的印花細布，這床單天亮時將洋溢著兩人的氣息，以及他們倆將在充滿柔情蜜意的家裡共享的各種佳品。她討價還價，而且做得在行，笑容可掬而又不失體面地爭著，直到獲得最優惠的價格。她用金幣付錢，商店老闆們檢驗金幣，其實只是為了聽聽金幣掉在櫃台的大理石面上那悅耳的聲音，以從中取樂。

阿里薩神魂飄蕩地盯著她，氣吁吁地尾隨而行，好幾次撞到了女佣的籃子上，女佣對他的道歉報以微笑。她離他極近，他聞到了微風送過來的她的芳馨。當時她沒看見他，並非因為她看不見，而是因為她在高視闊步地走路。他覺得她美若天仙，勾魂奪魄，沒有任何人跟他似的魂不守舍，踢里吐嚕地磕碰著街上的方石。她衣衫上的寬荷葉邊一翕一動送來的氣息竟沒使別人的心跳失常，她的頭髮搧起的微風，她的似乎在飛翔的雙手以及那金子般的笑聲也沒讓所有的人愛得發瘋，他簡直不可思議。他把她的一笑一顰，一喜一怒都看在了眼裡，但沒敢走近她，他怕錯失了心醉神迷的時刻。然而，當她走進喧囂的代筆先生門洞的時候，他心裡明白了，他正在走鋼絲，數年來夢寐以求的良機眼看要失之交臂了。

費爾米納贊同她的女學友們那個古怪的看法：代筆先生門洞是個誨淫誨盜的地方，順理成章，仍然是品行端莊的姑娘的禁區。那是個拱門式的長廊，長廊對面是塊空地，空地上停著出租車和用毛驢拉的貨車，民間交易在這裡搞得更加如火如荼，也更加喧囂震耳。代筆先生門洞這個名字是從殖民地時期流傳下來的，從那時起，那些穿呢背心戴袖套的一言不發的書法家們就坐在那裡，以低廉的價格代人書寫各式各樣的文件：受害或申訴的狀紙，打官司的辯詞，賀帖或輓聯，從情竇未開到耄耋之年的各種年齡的情書。當然，嘈雜喧鬧的市場臭名遠揚，不能歸罪於這些書法家，而是因為後來的奸商。他們在櫃台底下出售由歐洲船舶帶來的許許多多走私冒牌貨，從淫穢下流的明信片、春藥香膏到著名的卡塔盧尼亞巫術棍——有的棍子末端不是黏的鬣蜥冠毛，而是鮮花，花瓣可以按使用者的心願張開，應有盡有。費爾米納對街道不大熟悉，沒留意這是什麼地方，就走進了那個門洞，目的只是找個陰涼地方避一避十一點鐘的火辣辣的太陽。

她在那群咿哇亂嚷的擦鞋匠、鳥販、廉價書販、走方郎中和叫賣甜食的女人堆裡消失了。賣甜食的女人以壓倒一切的震耳的喊聲在吆喝：姑娘呷的菠蘿汁、瘋子吃的椰子羹、聖典用的紅糖水。不過，她對這些喊聲充耳不聞，因為她一下子就被那個賣文具的人吸引住了，他正在表演變化無窮的墨水兒，像血一樣紅的紅墨水兒，色澤憂鬱的寫輓聯的墨水兒，在黑處都看得見的發光的墨水兒，寫時看不見顏色用火光一照就能現出字跡來的墨水兒。她想把所有的墨水都買一點，好同阿里薩一起玩，用自己的天才叫他大吃一驚，但她試了幾下之後，決定只買一小瓶金色的墨水。隨後，她到了那些坐在自己的巨大的球形玻璃瓶後面的賣甜食的女人跟前，她買了各種不同的甜食，每種六塊。她指著瓶子裡的甜食，因為干擾的聲音太大，她沒法讓人家聽清她的話：六塊蛋松，六塊白奶酪，六塊綠豆糕，六塊木薯糕，六塊用印有格言的紙包著的巧克力，六塊杏仁羹餅乾，六塊女王點心。六塊這個，六塊那個，每樣六塊，邊買邊以一種令人心動神馳的姿勢把東西放進女佣提著的兩只籃子裡，對盯著糖漿周圍嗡嗡轟叫的蒼蠅，對一刻也不停息的喧嘩，對令人喘不過氣來的熱浪中散發出的一股又一股餿臭的汗味兒，她都毫不在意。一個頭戴花頭巾的滾圓而漂亮的黑人婦女，笑吟吟地請她品嘗一塊穿在殺豬刀刀尖上的三角形菠蘿塊兒，使她從陶醉中醒了過來。她取下那塊菠蘿，整個兒塞進嘴裡，有滋有味兒地品嘗著，一邊用秋水似的眼睛掃視那挨肩擦背的人群，這時，她一陣激動，釘子似的鵠立在原地不動了。在她背後，就在她的耳朵跟前響起了一個聲音，只有她一個人才能在嘈雜的人聲中分辨得清的聲音：

「對戴王冠的仙女來說，這裡可不是什麼好地方。」

她回過頭來一看，在離自己的眼睛兩巴掌遠的地方，看見了兩隻冷若冰霜的眼睛，一張蒼白的臉，兩片因膽怯而咬緊了的嘴唇，就跟那天在望大彌撒時他第一次和她近在咫尺的情況一模一樣，有所不同的只是，熱戀的激情變成了不滿的冷峻。一剎那間，她發覺自己上了個天大的大當，驚訝地在心裡自問，怎麼可能讓一個如此冷酷無情的魔鬼長年累月地占據了自己的芳心。她僅僅來得及想：「我的上帝喲，真是個可憐蟲！」阿里薩勉強一笑，開口想說點什麼，試圖跟她一起走，但她把手一揮，把他從自己的生活裡抹去了：

「不必了，」她說，「忘掉吧。」

就在這天下午，她父親睡午覺的時候，她讓普拉西迪婭給他送去了一封寥寥數語的信：「今天，看到了您，我如夢初醒，我們之間的事，無非是幻想而已。」女傭把他的電報、情書、乾枯了的山茶花也送去了，並要他退還她給他的信和紀念品：埃斯科拉斯蒂卡姑媽的祈禱書，從她的植物標本裡面抽出去的樹葉標本，一小塊兒聖彼得·克拉維爾祭袍上的布片，幾枚聖靈紀念章，和一束校服上的綢帶繫著的她十五歲生日時剪下來的頭髮。從那以後的那些日子裡，瀕臨瘋狂邊緣的他，給她寫了無數封悲痛欲絕的信，纏著女傭把信送給她，但女傭履行了斬釘截鐵的命令，除了退還的紀念物之外，不收任何東西。在女傭再三再四催逼下，阿里薩只好把所有的東西都退還了，但要求保留那束頭髮，他說假如費爾米納不親自來找他談哪怕一小會兒，他決不退還。他的目的沒有達到。擔心兒子會尋死，特藍西托低聲下氣地去求費爾米納發發善心，同她談五分鐘。費爾米納在家裡的前廳站著見了她一會兒，沒請她進屋，也沒表示任何回心轉意的態度。又過了兩天，跟母親吵了一架之後，阿里薩把臥室牆上那個沾滿灰塵的玻璃壁龕取了出來，那束頭髮跟聖物一樣放在裡面，特蘭西托把頭髮裝進了那個綉著金絨的天鵝絨套盒。阿里薩再沒遇到過和費爾米納單獨相處的機會，後來，他們在漫長的一生中曾多次相遇，也沒有單獨談過話，直到五十一年九個月零四天之後，在她成了未亡人的第一天晚上，他向她再次表白了他的矢志不渝和永恆的愛情。

■註

①十一月二十一日，紀念聖母由其父母帶入教堂瞻仰上帝的節日。

②羅馬主教。

③基督的第一個使徒。

二十八歲的烏爾比諾醫生是最受青睞的單身漢。他在巴黎長期旅居後剛剛回來。在巴黎，他進修了內科和外科。從登岸開始，他就充分證明，沒有虛度過一寸光陰。他比去的時候更加衣冠楚楚，更加自信。同窗學友中，沒有第二個人在學術上像他那樣一絲不苟和知識淵博，也沒有第二個人在跳現代舞蹈或即興演奏鋼琴上比他更棒。他個人的才華和風度令人傾倒，他家裡的財富令人羨慕，和他門當戶對的姑娘們彼此暗自較勁兒，對他頻送秋波，他也向她們投桃報李，但始終保持著瀟脫，未越雷池而魅力猶存，直到嫵媚迷人的費爾米納使他一見鍾情。

他總是津津樂道地說，那次戀愛是誤診的結果。他自己也無法相信後來居然成了事實，尤其是發生在他一生中的那個時刻，發生在他把全部感情都傾注在他的城市命運上的時刻。他總是三句話不離本行，而且是脫口而出地說，世界上沒有另外一座城市能同他的城市媲美。在巴黎，深秋季節挽著邂逅相逢的情人的胳膊漫步，他覺得再也找不到比那些金色的下午更純真的幸福了，火盆裡的栗子發出山野的清香，手風琴在憂鬱地低吟，愛欲難填的情人們，在露天陽台上沒完沒了地你親我吻。然而，他以手撫膺說，拿這一切來換加勒比四月裡的一刻，他也不幹。當時，他還太年輕，還不知道內心的記憶會把不好的東西抹掉，而把好的東西更加美化，正是因為這種功能，我們才對過去記憶猶新。可是，當他倚在輪船的欄杆上重新看到殖民地時期留下的老區那片白色的高地，看見鵠立在屋頂上的禿鷲，看見晾在陽台上的破衣爛衫的時候，也只有在這個時候，他心裡才明白了，隱惡揚善的懷鄉病，輕而易舉地讓他上了個大當。

輪船緩緩穿過一片牲畜的浮屍駛進港灣，受不了那股惡臭，大部分旅客都躲進船艙裡去了。年輕的醫生沿著舷梯棄船登岸，他身穿合體熨貼的三套件駝絨西服，外罩一件長罩衣。臉上蓄的鬍子，跟青年時代的帕斯托①的一樣，分頭中間的線條，清晰而白淨。他顧盼有度，堪堪蓋住了那個雖非不忍卒睹卻也令人望而生畏的領結。碼頭上幾乎空無一人，幾個沒穿制服的赤腳大兵在值勤，他的兩個妹妹，母親和幾個最親密的朋友在等著接他。雖然他們歡天喜地，他還是覺得他們憔悴而毫無生氣。他們談到危機和內戰的時候，彷彿是在談某種遙遠而不關痛癢的事情，但每個人都語辭閃爍，目光游移，言不由衷。最使他震動的是他的母親，她原來是個品貌端莊而富有社交活力的風姿綽約的女人，曾在生活中大顯身手，現在卻穿了一身散發著樟腦味兒的綢綢衣裳，一副憔悴枯槁的寡婦模樣。兒子的猶豫使她覺察到了自己形容的變化，她以攻為守搶先問兒子為什麼臉色像石蠟似的白裡透青。

「這是生活所致，母親。」他說，「巴黎使人臉色發青。」

後來，靠著母親坐在關得嚴嚴實實的車子裡的時候，他覺得熱得透不過氣來。車窗外一閃而過的一幕幕觸目傷心的景象，使他再也無法忍受。大海恍若死灰，昔日的侯爵府第，差不多變成了一群群叫化子的棲身之所，沁人心脾的茉莉花香聞不到了，有的只是露天堆放的垃圾堆散發出來的惡臭。他覺得所有的東西都變得比他走的時候更窄小、更破舊、更淒慘了。街道上的糞便堆裡，饑鼠成群，拉車的馬也嚇得猶豫不前。在從港口到他家這段漫長的路上，在總督區的中心地帶，他沒發現任何足以和他的鄉思相稱的東西。他看不下去了，把頭扭向後面，免得被他母親看見，無聲的眼淚簌簌地滾落下來。

古老的卡薩爾杜埃羅侯爵府，即烏爾比諾·德·拉卡列家族世代居住的那幢邸宅，和周圍那些劫後餘生的房屋相比，也不是維護得最好的。烏爾比諾醫生走進陰暗的前廳，看見內花園塵封的噴泉，鬣蜥在無花的野草叢中亂爬時，心都碎了。他發現，在通向正廳的路上，那條圍著銅欄杆的寬闊的台階上，好些大理石已不翼而飛，剩下的也都破碎不全。他父親，一位獻身精神高於醫術的外科醫生，死於六年前那場使這個城市陷於滅頂之災的亞洲霍亂，這幢房子的生氣也隨之消失。他母親布蘭卡太太，決心終身不除喪服，由於悲痛壓抑，早已把亡夫在世時遠近聞名的載歌載舞的晚會和家庭音樂會取消了，代之以下午舉行的九日祭。他的兩個妹妹，一反活潑的天性和對交際的喜好，變成了修女院的行屍走肉的修女。

回家當晚，懾於黑暗和沉寂，烏爾比諾醫生一宵沒有入睡。從沒有關嚴的門的縫隙裡鑽進來了一隻石鴴，每打一點鐘都在臥室裡叫喚。他向聖靈念了三遍玫瑰經，還念了記憶所及的各種驅邪消災以及保佑夜晚平安的各種經文。從隔壁那個名叫「聖母」的瘋子院裡傳來的瘋女人的狂喊聲，甕裡的水不緊不慢地滴到盆裡的響徹各個角落的嘀嗒聲，在臥室裡迷失了方向的那隻石鴴的長腿在地上的踱步聲，以及他對黑暗的天生恐懼和亡父在這座沉睡中的空曠房子裡的陰魂，使他毛骨悚然。五點鐘，那隻石鴴和鄰居的公雞一起引頸啼鳴的時候，烏爾比諾醫生雙手合十乞求神聖的上帝保佑，他不敢再在已成廢墟的家鄉多待一天了。然而，親人們的疼愛，禮拜日的郊遊，他那個階層的未字閨秀們的表示渴慕的奉承，使他淡忘了第一天晚上的痛苦。漸漸地，他對十月裡的悶熱，對刺鼻的氣味，對朋友們的幼稚見解，對「大夫，明兒見，甭擔心」都習慣了，最後，在習慣的魔力面前屈服了。很快，他就對自己的回心轉意找到了方便的答案。這裡是他的天地，他對自個兒說，是上帝為他創造的悲慘而壓抑的天地，應當隨遇而安。

他做的第一件事，是接管父親的診所。對那些英國家具，他原封未動。家具笨重而結實，上面的木頭在黎明時的寒冷中嘎嘎作響。但那些總督時期的學術機構和浪漫派醫學機構簽發的字據，他把它們統統搬到閣樓上去了，把法國新潮學校的文憑放進了玻璃框。除了一幅醫生正在搶救一名裸體女病人的畫像和一張用哥特式字體印的古希臘醫生的座右銘之外，他把那些褪了色的圖片都摘掉了，把自己在歐洲各個學校獲得的許多各式各樣的評語優良的文憑貼了上去，緊靠著他父親那張僅有的文憑。

他想在慈善醫院推行新章法，但這並不像他所想像的那麼容易，儘管這是發自於年輕人的激情。這所陳舊的醫院，頑固地堅持那些早已過時的迷信，比如把病床的腿兒放在盛著水的盆子裡避免疾病爬上床，或者規定在手術室穿名牌衣服和戴羚羊皮手套，因為他們有個根深柢固的信念：考究是無菌操作的基本條件。這位初來乍到的年輕人用嚐尿的辦法來確定尿裡是否有糖，像稱呼同窗學友似的提及查科特②和圖肖，在課堂上鄭重警告牛痘有致人於死地的危險，卻又對新發明的坐藥相信到了令人懷疑的程度，這一切都讓人受不了。他在各方面都同別人格格不入：他的改革精神，他的怪癖般的責任心，在一個到處都是風趣成癖的人們的國家，他對詼諧反應遲鈍。他那些實際上是他最難能可貴的美德都引起年長同事的妒忌和青年人油腔滑調的嘲笑。

他最感到擔憂的，是城裡那種可怕的衛生條件。他在各方面的最高當局之間奔走求助，建議把那些西班牙式的陰溝填掉，那是巨大的老鼠溫床，代之以加蓋的下水道；髒東西也不能像過去和現在那樣瀉進市場旁邊的海灣裡，而應運到遠方某處的垃圾堆裡去。設備齊全的殖民地時期的房屋有帶糞坑的廁所，但擁擠在湖邊簡易窩棚裡的人，卻有三分之二是在露天便溺。糞便被太陽曬乾，化作塵土，隨著十二月涼爽宜人的微風，被大家興沖沖地吸入體內。烏爾比諾醫生曾試圖在古堡裡開辦一個義務訓練班，讓窮人學會修建自備廁所。他曾一無所獲地鬥爭過，禁止在樹林裡倒垃圾——千百年來，那裡已經變成了藏垢納汙的淵藪——他主張至少每周收集兩次垃圾，拉到沒人的地方去燒掉。

他明白，飲水是個致命的危險。想修一條水管，簡直成了癡人說夢，因為那些有能力促成這件事的人，都有自己的地下水池，厚厚的青苔下面，藏著多年儲存的雨水。那個時期最值錢的家具之一，就是用刨光的木板做的水甕，水甕的石頭漏嘴夜以繼日地把水滴入水缸。為了防止有人就著吸水的鋁瓢喝水，瓢的邊兒是鋸齒形的，就像滑稽戲裡的王冠一樣。盛在若明若暗的陶罐裡的水，顯得又清又涼，還帶有林間山泉的餘味兒。但是，烏爾比諾醫生並沒有被這種自欺欺人的淨化所迷惑，他心裡清楚，雖然採取了種種防範措施，水甕底部依然是蛆蟲的孳生之地。童年時候，為了消磨百無聊賴的時光，他帶著近乎神秘的驚奇久久注視那些孑孓，跟當時許許多多人一樣，他確信孑孓是精靈，是小妖，牠們在靜靜的水底的泥沙裡向小姑娘求愛，而且，為了愛情，牠們會進行瘋狂的報復。小時候，他看見過一位名叫拉薩拉．孔德的女教師的房子被弄得支離破碎，因為她斗膽得罪了精靈。他還看見過滿街的碎玻璃片兒，為了破壞窗戶，精靈們三天三夜運來了成堆的石頭。很長時間，他對此信以為真，後來他從學習中知道了孑孓實際上就是蚊子的幼蟲，不過一旦學會了，就永遠也不會忘記，因為從那時候起，他就發現，不僅是孑孓，而且還有許許多多害蟲，都可以安然無恙地通過我們那些天真的石頭濾嘴。在相當長的時間裡，人們必恭必敬地認為，城裡成千上萬的男人不以為恥反以為榮地拖著的陰囊疝氣，全是水池裡的清水所賜。烏爾比諾在上小學的路上看見那些疝氣病人在赤炎炎的下午坐在各自的家門口，用扇子給那跟一個在兩腿中間睡著了的孩子一般大小的睪丸扇風的時候，總免不了有大禍臨頭的預感。據說，在風雨交加的夜晚，疝氣會發出不祥之鳥的叫聲；如果在近處點燃一片禿鷲的羽毛，疝氣就會使人痛得死去活來。然而，沒有一個人因為這種倒楣事怨天尤人，因為碩大無朋的陰囊，是一種凌駕於一切之上的男人的驕傲。烏爾比諾醫生從歐洲回來的時候，早已知道這些信仰是毫無科學根據的了，但是，這些信仰在當地根深柢固，不少人因為擔心培養大陰囊的方法從此失傳，反對在水池中增加礦物質。

跟水質不純一樣，公共市場的衛生狀況也令烏爾比諾醫生感到擔憂。市場是幽魂灣正面的一大片空地，安的列斯公司的帆船就停靠在幽魂灣裡。當時的一位著名旅行家，把它描繪成了世界上最琳琅滿目的市場之一。確實，市場物資豐富，品種繁多，熱鬧極了，但同時也許是最令人擔心的。海浪忽東忽西地去而復來，海灣的潮汐把汙水溝排進海裡的垃圾又湧回地上，市場就躺在自個兒的糞便裡。緊靠市場的那個屠宰場，也在那裡傾倒髒東西，砍碎的腦袋，腐爛的內臟，牲口的糞便，靜靜地飄浮在血泊上，暴曬在陽光下。兀鷹、老鼠和狗，為爭食掛在貨棚房簷下面的鹿肉和美味可口的索塔文托閹雞，還有那晾曬在席子上的阿爾霍納早豆莢，沒完沒了地吵鬧不休。烏爾比諾醫生想整頓這個地方，提出把屠宰場遷走，修一個像他在巴塞羅那看到的古河道入海口那種玻璃圓頂的室內市場——那些市場裡的食品，收拾得漂漂亮亮，乾乾淨淨，吃了都覺得可惜。然而，在他那些有地位的朋友中，就連對他最言聽計從的也不同情他的狂想。他們是些這樣的人：以自己的籍貫為驕傲，炫耀城市的歷史功績，它的文物的價值，它的英雄主義和旖旎風光，渾渾噩噩。時光對城市的侵蝕，他們卻視而不見。和他們相反，烏爾比諾醫生則是以深切的愛和現實

「這座城市倒真是難得，」他說，「四百年來我們一直企圖毀掉它，卻至今沒有達到目的。」

然而，大禍臨頭了。傳染性霍亂，在十一周內，創造了我國歷史上的死亡紀錄，而這場霍亂的第一批犧牲者，就是猝然倒斃在市場的幾處水坑裡的。在此之前，有些地位顯赫的人物死後是葬在教堂的墓地裡的，與那些落落寡合的主教及教士會信徒為伴，另一些不是那麼富的人，則葬在修道院的院子裡。窮人們，埋在殖民地公墓，公墓在一座迎風的小山上，一條汙濁的水渠橫在小山和城市中間，水渠上那道泥灰橋的拱形防雨頂蓋上，有位未卜先知的市長下令刻上了這麼一行字：「入此門者應將一切希望留在門外。」③霍亂流行的頭兩周，公墓就已人滿為患。儘管把許許多多不知姓名的顯貴人物的枯骨遷進了萬人坑，教堂裡還是騰不出一個墓穴。沒掩蓋嚴實的墓穴裡散發出來的水汽，使大教堂裡的空氣都變稀薄了，大教堂的門三年之中再也沒打開過，直到費爾米納在大彌撒上第一次遇到阿里薩的時候為止。第三周，聖克拉拉修女院的回廊上死屍都堆不下了，一直堆到了楊樹林裡，後來，只好把比楊樹林大兩倍的教堂大菜園改成公墓。在那裡，人們挖成深葬墓穴，準備分三層堆埋死人，草草安葬，不裝棺材。然而，後來，連這種辦法也不得不放棄了，因為埋滿了死人的土地變成了一塊海綿，一腳踩下去就滲出惡臭難當的血水。於是，決定在離城市不到一西班牙里的那個名叫「上帝之手」的育肥牧場裡掩埋死人，那個牧場後來被命名為「大同公墓」。

自從發布發現霍亂的公告開始，每隔一刻鐘，當地駐軍營地的碉堡就鳴炮一響，晝夜如此。按民間的迷信說法，火藥能避邪。霍亂在黑人中間流傳得最厲害，因為黑人最多，也最窮。不過，實際上霍亂並不管你是什麼膚色和何種出身。同突然蔓延開來一樣，霍亂又突然停止了，從來沒弄清楚到底有多少人死於非命，這倒不是無法統計，而是因為我們最常見的美德之一就是對自己的不幸逆來順受。

馬可奧雷略·烏爾比諾醫生，即烏爾比諾醫生的父親，在那些不幸的日子裡成了一位人民英雄，同時也是最引人注目的犧牲品。根據政府的決定，他親自制訂了抗病戰略並親自領導了抗病戰爭。他自告奮勇干預一切社會事務，在瘟疫最猖獗的那些日子裡，他成了淩駕一切的權威人士。幾年之後，烏爾比諾醫生在查閱那段歷史的大事記時，證實他父親的辦法是仁慈重於科學，許多做法是和常理背道而馳的，在很大程度上為瘟疫橫行起了推波助瀾的作用。他懷著兒子對父親的同情心證實了這一點——生活逐漸把兒子變成了父親的父親，破天荒第一次，他為在父親鑄成錯誤孤軍奮戰的時刻沒有伴隨在父親周圍而感到痛心。不過，他沒有貶低父親的功績：勤勤懇懇，奮不顧身，尤其是他的孤膽，說明他對城市從飛來橫禍中死而復生後人們奉獻給他的豐厚的榮譽是當之無愧的。他的名字，理所當然地同其他並不那麼光彩的戰爭中曾出現的不少英雄人物的名字排在了一起。

父親沒有享受到他的榮耀。當他發現自己染上了他曾目睹並同情過的別人所患的絕症時，想都沒想去徒勞無益地掙扎一番，而是與世隔絕，以免傳染別人，他把自己反鎖在慈善醫院的一間後勤工作室裡，對同事們的呼喚和親人們的哀求充耳不聞，對走廊裡地板上擠得滿滿的垂死掙扎的霍亂患者的撕心裂肺的哀嚎無動於衷，給妻子兒女們寫了一封表露對他們的火熱的愛和因活了一輩子而感謝上蒼的信，信中抒發了他對生活的無比的、鏤骨銘心的熱愛。那是一封毫無掩飾的長達二十頁的告別信，字跡越來越模糊，看得出他的病是越來越沉重，不必了解寫這封信的是何許人就知道，落款署名是在生命的最後一息寫上去的。根據他的要求，那具青灰色的遺體混雜著埋進了公墓，沒讓任何一個愛他的人看見。

三天之後，烏爾比諾醫生在巴黎收到了電報，當時他正在和朋友們共進晚餐，他提議乾一杯香檳酒來紀念他的父親。他說：「他是個好人。」過後他準會責備自己不成熟：為了不痛哭失聲，他逃避現實。可是，三周後，他收到了遺書的抄件，他向實際投降了。猛然間，那個他最先認識的人，把他撫養長大並教育成人的人，和他母親同床共枕、結髮三十又二年的人，然而又是僅僅因為羞於啟齒而在寫這封信之前從來沒有向他表露過心聲的人的形象，深刻地展示在他面前了。到那時為止，烏爾比諾醫生及其一家，一直視死亡為發生在別人身上，發生在別人的父母身上，發生在旁人而不是自己的兄弟姐妹和丈夫妻子身上的災難。他們一家是些新陳代謝緩慢的人，沒看見他們變老、生病和死去，而是慢慢地在他們的時代烟消雲散，變成回憶，變成另一個時代的雲霧，直到被忘卻。父親的遺書，比報告噩耗的電報更狠地給了他當頭一棒，使他確信人總是要死的。然而，他最早的記憶之一，可能是九歲，也可能是十一歲的時候的記憶，在某種程度上是從父親身上看到的死亡的早臨的信號。在一個雨濛濛的下午，他和父親兩人都待在家裡的辦公室裡，他用彩色粉筆在地板的瓷磚上畫雲雀和向日葵，父親對著窗戶的亮光看書，父親身上的背心沒有繫扣，襯衣袖口上紮著橡皮筋兒。突然，父親停止了閱讀，用一根一頭鑲著銀抓手的老頭樂摳背。因為搆不著，父親要兒子用小手的指甲幫他摳，他照辦了。奇怪的是，他覺得父親讓他摳的時候好像摳的不是自己的身體。摳完，父親淒然笑著看著他的肩膀。

「如果我現在就死了，」他說，「等你長到我現在這個年紀的時候都快記不得我了。」

父親說這句話，沒有任何明顯的理由，死亡天使在若明若暗的涼颼颼的辦公室裡飛了一會兒，又從窗戶飛出去了，飛過的地方留下一溜羽毛，但小孩沒有看見。從那時起，又過了二十多年了，烏爾比諾醫生很快就到他父親那天下午那個年紀了。他知道他跟父親長得一模一樣，現在，除了知道長得相像以外，他又驚恐地知道，他跟父親一樣，總是要見上帝的。

霍亂曾經是個使他頭痛的問題。除了在某個課外補習班上學到的一般常識外，他對霍亂知之不多，而且他覺得，三十年前在法國，包括巴黎，霍亂曾使十四萬人喪命是不大可信的。可是，父親死後，他對各種各樣的霍亂凡是能研究的都研究了，這幾乎成了使他的良心得到安寧的贖罪行為。他師事過阿德連．普魯斯特教授——那個時代最傑出的傳染病專家、防疫線發明者、大文豪普魯斯特④的父親。因此，當他踏上故鄉的土地，從海上聞到市場的臭氣以及看到汙水溝裡的老鼠和街上的水坑裡打滾的一絲不掛的孩子們時，不僅明白了為什麼會發生那場不幸，而且確信不幸還將隨時再次發生。

沒過多久，還不到一年，慈善醫院的學生們請求他幫助免費診斷一個渾身出現奇怪的藍顏色的病人。烏爾比諾醫生在門口望見病人，就立刻認出了他的敵人。還算好，病人是三天前從庫拉索乘船來的，而且自費到醫院的外科看過門診，可能沒有傳染給任何人。為了以防萬一，烏爾比諾醫生還是叫他的同事們別接觸病人，並說服有關當局向各港口發出警報，找到了那只帶有病毒的輕便船，對它進行隔離檢疫。他還費盡唇舌，勸阻那位想發布戒嚴令並立即施行每隔一刻鐘鳴炮一響這種治療措施的軍事長官。

「把火藥省下來，等自由黨人來的時候再用吧。」他和顏悅色的對軍事長官說，「我們已經不是處在中世紀時代了。」

第四天，病人故去，死前一直在吐白色的顆粒狀的東西，憋得透不過氣來。然而，雖然警鐘長鳴，一連幾週之內卻沒有再發現類似的病例。又過了不久，《商業日報》登載了有兩個小孩在本市兩個不同的地方死於霍亂的消息。經核實，其中那個男孩得的是一般痢疾，但另一個，那個女孩，則確實是被霍亂奪去了生命。她的父親和三個兄弟姐妹都被隔離了，進行單獨隔離檢疫，對整個那個區也進行了嚴密的醫務監視。三個小孩中有一個已經染上了霍亂，但很快就恢復了健康，危險過去之後，全家人都又返回了家園。三個月中，又發現了十一起霍亂病例，第五個月時，情況令人擔憂地加劇了，但一年後，霍亂蔓延的險情已經排除。沒有一個人懷疑，烏爾比諾醫生的嚴格的衛生防範措施創造的奇蹟，比他的充分宣傳更有效。從那以後，直到進入本世紀很長一段時期，霍亂不僅成了我們市而且也成了幾乎整個加勒比沿海地區和馬格達萊納河流域的常見病，但沒有再度氾濫成災，報警使政府更認真地採納烏爾比諾醫生的警告性建議。醫學院把霍亂和黃熱病定為必修課，人們也明白了給汙水溝加蓋和在離垃圾場較遠的地方另修一座市場的緊迫性。不過，烏爾比諾醫生並未為歡呼自己的勝利和維持自己的社會使命而分心，因為他自己當時已被征服了，心煩意亂，神魂顛倒，決心忘掉生活中其他的一切，用來換取費爾米納的閃電般的愛情。

不錯，那是一次誤診帶來的果實。他的一位同行朋友，認為在一位十八歲的女患者身上發現了霍亂預兆，要求烏爾比諾醫生去為她診斷。擔心霍亂可能闖進了老城的富人區——在此以前，所有的霍亂病例都是發生在貧民區，而且幾乎都是在黑人身上。他當天下午就去了。遇到的情況卻沒有那麼使他掃興。那座籠罩在福音廣場的扁桃樹蔭中的房子，從外表看跟殖民地時期的老區的其他房屋同樣衰微破敗，但室內卻是富麗堂皇，美輪美奐，彷彿是另一個時期的建築。穿過門房，徑直映入眼簾的是一個塞維利亞式的庭院，方方正正，剛用石灰刷得雪白，橙樹繁花滿枝，地面同牆上一樣，貼的是細瓷方磚。看不見溝渠，卻聽得到流水淙淙，飛簷上擺著石竹盆景，斗拱上掛著珍禽鳥籠。最稀罕的是，在一個碩大無朋的鳥籠裡，有三隻禿鷲，牠們一扇翅膀，整個院子就頓覺異香撲鼻。突然，幾條用鏈子鎖在家裡某個角落的狗因聞到生人味兒開始吠叫起來，一聲女人的嬌斥，使牠們的吠聲嘎然而止。一大群貓從四面八方跳了出來，懾於那個威嚴的聲音，又躲進了花叢中。頓時靜悄悄地，透過鳥兒的撲騰聲和石板底下的潺潺流水聲，隱隱傳來大海低沉的嘆息。

烏爾比諾醫生確信上帝就在眼前，不禁一陣顫慄，他想，在這種環境下，病毒是難以入侵的。他隨著普拉西迪婭走過拱形走廊，走過當年雜亂無章的庭院和阿里薩第一次覷見費爾米納的芳容的那個縫紉室的窗戶，沿著新修的大理石台階拾級而上，到了二樓，在女患者的房門外聽候引見。然而，普拉西迪婭出來傳了個口信：

「小姐說您現在不能進去，因為她爸爸不在家。」

按照女傭的吩咐，下午五點他再度前往，洛倫索．達薩親自替他開了大門，領他進入女兒的閨房。診斷時，他坐在光線暗淡的角落裡，兩手交叉抱在胸前，竭力想控制急促的呼吸而終於徒勞。很難分辨，當時到底是誰更覺拘謹，醫生羞澀地用手撫摸病人，病人則裹在絲綢睡衣裡謹守閨訓，誰也沒瞧誰的眼睛。他用一種不是自己的聲音提問，她用顫抖的聲音回答。兩個人都留神著坐在旁邊的老頭子。末了，烏爾比諾讓病人坐起來，十二分小心地把她的睡衣解開到腰部以上：未經觸摸的隆起的奶座，鮮嫩的乳頭，猶如一道閃電照亮了陰暗的閨房，她急忙把兩臂抱在胸前遮住。醫生沉著地把她的雙臂移開，沒有看她的眼睛，直接用耳朵進行聽診，先聽胸口，然後又聽了脊背。

烏爾比諾醫生總是說，他第一次看到這位終身伴侶的玉體時沒產生絲毫邪念。他記得，那件天藍色睡衣上綉有花邊，那雙眼睛噴著紅焰，長長的秀髮披散在肩頭，但他憂心如焚的是，霍亂居然闖進了老區，視線都模糊了，顧不上去注意含苞欲放的她的身上的許多妙處，一心在巡察病毒可能留下的蛛絲馬跡。她呢，表白得更加一乾二淨：那位因霍亂而婦孺皆知的年輕醫生，在她當時看來不過是個自顧自的學究而已。診斷的結論是，她得了因食物引起的腸胃感染，在家裡治療三天就可痊癒。證實了女兒沒得霍亂病，洛倫索・達薩如釋重負，把烏爾比諾醫生一直送到車子跟前，付出了一個金比索的出診費——對於專為富人看病的醫生，這樣的出診費也無疑是太高了，不過，告別的時候，老人還是露出了一副千恩萬謝的表情。醫生的姓氏使他眼花撩亂，他非但不掩飾這一點，而且還願意想方設法在不那麼正式的場合下有機會再同醫生見面。

事情本來到此告一段落。然而，第二周的禮拜二，不等邀請，也沒預先通知，烏爾比諾醫生又不適當地在下午三點鐘登門拜訪了。他身上那件白大褂，熨得平平整整，帽子也是白的，帽沿兒高高翻起。他站在窗戶跟前，打個手勢讓費爾米納過來。她當時正在縫紉室裡，和兩個女友一起上油畫課。她把畫板放在椅子上，踮著腳尖兒朝窗戶走過來，免得長及腳踝的翻荷葉邊裙子拖到地上。她頭上戴著髮箍，亮晶晶的寶石墜兒垂到臉旁，跟她的眼睛一樣閃爍著清冷的光芒，全身上下，放射出一種冷漠的光彩。醫生心裡忖度：她在家裡作畫，為什麼打扮得跟參加社交活動一樣。他站在窗戶外頭給她按了脈息，觀察她的舌苔，用鋁壓舌板檢查她的咽喉，翻開眼皮檢查，每做一個動作，都露出寬慰的表情。他不像第一次診斷時那麼拘謹了，但她則更加矜持，因為她不知道他為什麼不請自來地進行這次檢查，他親口說過如果不去請他，他就不再來了的呀。她想得還更多：她永遠也不願再見到他了。檢查結束後，醫生把壓舌板放回裝滿器械和藥瓶的手提箱，啪的一聲關上蓋子。

「您就像一朵初開的玫瑰。」他說。

「謝謝。」

「再見。」他說，接著又前言不搭後語地背誦了一段托馬斯⑤的語錄：「要記住，一切美好的東西，不管它是來自何處，都是來自聖靈，您喜歡音樂嗎？」

他發問的時候，臉上露出迷人的笑容，口氣異乎尋常，但她臉上沒有笑意。

「這是什麼意思？」她問。

「音樂對健康至關重要。」他說。

他對此是深信不疑的，但她很快就會明白，而且在她的有生之年都很明白，音樂這個話題，是他用以表示友誼的近乎神奇的方式，不過在當時，她還以為他在取笑她。另外，他們隔著窗戶談話時，那兩個假裝在畫畫的女友發出哧哧的竊笑，用畫板掩住了臉，更使費爾米納沉不住氣。她生氣了，呼的把窗戶用力關上。醫生看著鑲花邊的窗簾，手足無措，他想朝大門口走，卻搞錯了方向，心慌意亂地撞在關著香禿鷲的鳥籠上。香禿鷲發出一聲流裏流氣的怪叫，驚慌地扇著翅膀，醫生的衣服上立刻洒滿了女人的馨香。洛倫索．達薩的爆炸般的聲音，把他釘在那兒了。

「大夫，請等我一下。」

他在樓上把這一切都看在眼裡了，邊扣襯衣的扣子邊下樓梯。他臉色紫漲，午覺惡夢的情景還在他腦子裡翻騰。醫生竭力想掩飾尷尬的神色。

「我剛才對您的女兒說，她這會兒健康得就跟玫瑰似的。」

「不錯。」洛倫索・達薩說，「不過刺兒太多了。」

他走到烏爾比諾醫生跟前，沒同他握手，卻推開縫紉室的兩扇窗戶，粗暴地命令女兒：

「過來向大夫道歉！」

醫生想插話阻擋，但洛倫索・達薩不容分辯地又說了一遍：「快過來。」她帶著難言的苦衷，求助地看了兩位女友一眼，反駁父親說，她無歉可道，因為她關上窗戶是防止太陽晒進屋裡。烏爾比諾醫生想說明，她的理由是對的，但洛倫索・達薩不肯收回成命。於是，氣得臉色蒼白的費爾米納又走到窗戶跟前，右腳向前邁了一步，指尖把裙子朝上一提，朝醫生戲劇般地躬了躬身。

「我心悅誠服地向您道歉，先生。」她說。

烏爾比諾醫生笑容可掬地學著她的樣子還了一禮，摘下寬沿禮帽做了個劇場站席觀眾的滑稽動作，但沒有得到他希望的寬恕的微笑。爾後，洛倫索・達薩請他到書房去喝咖啡，算是賠個不是。他愉快地接受了，借以表明他心中確實不存在任何芥蒂。

實際上，烏爾比諾醫生除了在齋戒時喝上一杯咖啡，平常是不喝的。除了在正式場合的晚宴上來杯葡萄酒，素常他也是不喝酒的。然而，他不僅喝了洛倫索・達薩端給他的咖啡，還喝了一杯茴香酒。過了一會兒，又喝了一杯咖啡、一杯茴香酒，接著又各樣來了一杯，雖然他還有幾個出診待辦。起初，他還注意聽著洛倫索・達薩代表女兒一個勁兒地道歉——說他的女兒是個聰明而正派的姑娘，配得上當地或任何地方的王子，唯一的不足，用他的話來說，是那倔強的脾氣。可是，喝完第二杯酒以後，他似乎聽見了費爾米納在庭院深處說話的聲音。他想像自己正跟在她的後面。夜幕初降，她打開走廊裡的燈，往各個房間噴殺蟲劑，揭開灶上盛著當天晚上和她父親共享的湯鍋的蓋子，父女二人坐在桌子旁邊，眼睛瞧著地下，沒有喝湯，免得打破賭氣的樂趣，後來，老頭子只好認輸了，請求女兒原諒他下午的粗暴。

烏爾比諾醫生對女人是相當了解的。他知道，只要他不走，費爾米納是不會到書房裡來的，但他還是煞費苦心地拖延時間，他覺得，今天下午遭受的這場羞辱，傷害了他的自尊心，會使他耿耿於懷。洛倫索．達薩差不多爛醉如泥了，他沒有看出烏爾比諾醫生心不在焉，只顧自個兒嘮叨個沒完。他滔滔不絕地說話，邊說邊嚼已經抽滅了的雪茄的外邊那層菸葉，大聲咳嗽，吐痰，沉重地在轉椅上搖來晃去，使轉椅的彈簧發出牲口發情般的呻吟。客人每喝一杯，他就灌下三杯，當他發覺兩人已經對面不見，起身開燈時才把話打住了一會兒。燈光底下，烏爾比諾醫生又正視了他一眼，發現他的一只眼睛扭歪了，跟魚眼珠似的，嘴裡說的話跟口形都對不上了，他想，這大概是自己喝酒過量而產生的幻覺。他迷迷糊糊地站起來，覺得身子都不是自個兒的了，彷彿還坐在原來的位置上。費了九牛二虎之力，他才沒讓自己失去理智。

他跟在洛倫索．達薩後面走出書房的時候，已經七點多了。圓月當空。茴香酒的作用，使他覺得庭園就跟飄浮的水面似的，用布蒙起來的鳥籠，則像一個個夢寐中的鬼影。新開的枸櫞花，散發出陣陣暖烘烘的香氣。縫紉室的窗戶敞著，工作台上亮著一盞燈，幾幅沒圖完的畫，放在畫板架上，似乎在展覽。「你在那裡，你無處不在。」烏爾比諾醫生走過窗台的時候說了這麼一句，但費爾米納沒有聽見，也無法聽見，因為此時她正在閨房憤然流淚。她歪在床上，等著她父親去償還下午受的委屈。醫生還惦著向她告別，但洛倫索．達薩沒提這個茬兒。她那討人喜歡的嗔怒，那條跟小貓舌一般無二的舌頭，那鮮嫩的臉龐，宛在眼前。但一想到她永遠不願再見到他，不能再打她的主意了，心裡立即湧起一陣涼意。洛倫索・達薩走進門口前廳的時候，已驚醒過來的香禿鷲從布罩裡發出一聲哀鳴：「好心不得好報。」醫生大聲說了一句，心裡還在想著她的倩影。洛倫索・達薩回過頭來問他說什麼。

「我沒有說，」他回答，「是茴香酒在說。」

洛倫索・達薩把他送上車子，想讓他收下第二次出診的金比索，但他把它推開了。他一字不差地向車夫下了指示，讓他把車趕到他還沒出診的兩個病人的家去，他不用旁人攙扶就登上了馬車。可是石子路上的顛簸，使他覺得難受，於是他命令車夫改道而行。他對著車裡的鏡子照了一會兒，發現鏡子裡的他也仍然在思念著費爾米納。他聳了聳肩膀，後來，他打了個酸嗝兒，頭垂到胸前，沉沉睡去。睡夢中，他聽見喪鐘響了。起先，是大教堂在敲喪鐘，後來，所有的教堂都敲起來了，一陣接一陣，甚至聖胡安醫院裡也傳出了一陣敲打破盆爛罐的聲音。

「見他媽的鬼，」他在睡夢裡嘀咕，「死了人了。」

母親和兩個妹妹正在圍著寬大的餐室裡的那張請客和慶典時才用的餐桌用晚飯，吃奶酪餅，喝牛奶咖啡。她們看見他滿臉苦相地走進門來，渾身都散發著香禿鷲的刺鼻的香味兒。近在咫尺的大教堂的鐘聲，在家裡的大水池上空回響。母親慌張地問他鑽到那兒去了，人們到處找他，讓他去給拉貝拉侯爵的一脈單傳的孫子馬利亞將軍看病，可他下午因腦溢血去世了，鐘就是為他敲的。烏爾比諾醫生對母親的話聽而不聞，他先是抓著門框，後來半轉身想走到臥室去，卻傾盆大雨似的吐了一地茴香酒，一個嘴啃地，人也趴下了。

「我的天哪，」母親大聲喊道，「回家成了這副模樣，準是出了什麼怪事。」

然而，最奇怪的事情還沒出現哩。利用著名的鋼琴師羅梅羅・路西奇造訪的機會——全城剛剛結束對馬利亞將軍的哀悼，他就彈了一組莫扎特的小夜曲——烏爾比諾醫生讓人把音樂學校的鋼琴裝上騾車，到費爾米納的窗下為她彈了一支老掉牙的小夜曲。頭兒小節響起時，她就醒了，不用從陽台窗簾裡探出身子來看，她就知道誰是這種異常的獻殷勤的策劃者了。她唯一遺憾的是，自己沒有那些刁鑽潑辣的姑娘們的勇氣，沒把馬桶裡的屎尿劈頭蓋腦地潑在不受歡迎的追求者身上。她的父親洛倫索・達薩則恰恰相反，小夜曲還在彈奏，他就忙不迭地穿好衣服，曲終時便把烏爾比諾醫生和身上還穿著參加音樂會演出的那套禮服的鋼琴師請進了客廳，用上等白蘭地作為對他們演奏小夜曲的酬勞。

很快，費爾米納就發覺了，她父親想打動她的心。就在小夜曲出現的第二天，父親意味深長地對她說：「你想，要是你母親知道你被一個烏爾比諾・德・拉卡列家族的人愛上了，她該多高興啊。」她當即反唇相譏說：「她會在棺材裡再死一遍。」跟她一起畫畫的女友們告訴她，洛倫索・達薩被烏爾比諾醫生請到社會俱樂部去吃了一次午飯，而這又因違反規定受到了嚴厲警告。那時她才知道，她父親曾經幾次中請加入社會俱樂部，每次都因數不清的流言蜚語遭到拒絕，而且已根本不可能再作嘗試了。可是，洛倫索・達薩像受氣似的咽下了受到的侮辱，依然費盡心機地想同烏爾比諾醫生不期而遇，沒料到烏爾比諾也在處心積慮地謀求同他會面。有時候，他們在書房裡一談就是幾個鐘頭，而這時，家裡的一切活動就不管時間的流逝而停止了，因為只要他不走，費爾米納就不讓任何事情照樣進行。教區咖啡館成了理想的避風港。在那裡，洛倫索・達薩給烏爾比諾上了象棋的啟蒙課，後者呢，是個十分勤奮的學生，直到他臨終之日，象棋都是他的不能自拔的嗜好。

一天晚上，就是鋼琴獨奏小夜曲不久後的一天晚上，洛倫索・達薩在家裡的接待室發現一封用火漆封口寫給女兒的信，火漆上，印著胡・烏・卡⑥三個字的花押。他從女兒的閨房走過的時候，把信輕輕從門縫底下塞了進去。她百思不得其解，信是怎麼到了那裡的，因為她想像不到，她的父親竟會變得和過去判若兩人，居然代追求者傳遞信件。她把信放在床頭櫃上好幾天沒打開，不知道到底該怎麼處理。一天下午，雨聲陣陣，費爾米納夢見烏爾比諾又到家裡來了，要把用來給她檢查過喉嚨的那塊鋁壓舌板送給她。夢裡的壓舌板不是鋁的，是另一種她在別的夢裡曾津津有味地嚐過的一種可口的金屬的，於是，她把壓舌板掰成了一大一小兩段，把最小的那段分給了他。

夢醒之後，她打開了信。信簡短而字迹工整。烏爾比諾的唯一要求是請她允許他向她父親提出拜訪她的要求。他的樸素和嚴肅，使她為之動心，深切的愛把那些在漫長的日子裡培育出來的恨，一剎那間平息了。她把信放進箱底的一只舊首飾盒裡，但又想起阿里薩那些香氣四溢的信也曾放在那兒，突如其來的羞愧使她渾身一震。她把這封信又取了出來，準備換個地方收藏。她又覺得最正派的做法是若無其事地把信在燈上燒掉，瞅著火漆化成的泡泡變成縷縷藍色煙霧在火苗上翻騰。她嘆了口氣：「可憐的人。」驀的，她意識到這是她在一年多一點的時間裡第二次說這句話了，一時又想起了阿里薩，她自己也很吃驚，他被她早就忘在九霄雲外了：這個可憐的人。

十月，隨著最後那幾場雨，又來了三封信，第一封信是跟一小盒弗拉維尼教堂紫羅蘭香皂一起送來的。另兩封是烏爾比諾醫生的車夫送交到她家的大門口的，車夫從車子的窗戶裡就遠遠向普拉西迪婭打了個招呼，首先是不容懷疑，信是給她的，其次是讓誰也沒法說信沒收到。此外，兩封信都是用畫著花押的火漆封著的，字體是龍飛鳳舞的隱體字，費爾米納早已認出這是醫生的手筆。兩封信的內容跟第一封信都大同小異，字裡行間流露著同樣的謙恭，但在岸然道貌的背後，已隱隱現出阿里薩那些欲言又止的信裡所從來沒有過的急不可耐。費爾米納一收到信就拆開來看，兩信前後相差一周，在行將把信封付之一炬的時刻，她又不假思索地改變了主意。不過，她從來沒想過要答覆。

十月裡的第三封信是從大門底下塞進來的，跟以前的信截然不同。字體歪七扭八，顯然是用左手寫的，但費爾米納在看完那封無恥的匿名信之前還沒發現這一點。寫這封信的人一口咬定說，費爾米納用迷魂湯使烏爾比諾醫生著了魔，從這個推測裡，得出了不懷好意的結論。信的末尾威脅說：「如果她費爾米納不放棄依靠那位全市身價最高的男人出人頭地的企圖，她將會當眾出醜。」

她覺得她受到了極不公正的傷害，但她的反應不是要進行報復，而是完全相反，她想找到來匿名信的人，用千條萬條理由說服他，告訴他，他錯了，因為她確信，不管什麼時候，不管面對什麼威脅利誘，她都不會為烏爾比諾的甜言蜜語所動。在那以後的幾天中，她又收到了幾封沒落款的信，這些信跟前一封一樣信口雌黃，但三封中沒有一封看來是寫前一封信的同一個人寫的。也許是她中了計，也許是她那暗中有過的初戀的幻影超出了她能想像的範圍。一想到那一切都可能是烏爾比諾的純屬草率魯莽的行為造成的後果，她就感到坐臥不寧。她想，也許他的為人同他俊逸體面的外貌相去甚遠，也許他在看病的時候說的那些話是信口開河，然後又去自作多情地吹噓，就跟他那個階層的許許多多紈褲子弟一樣。她想過要給他寫封信，對自己的名譽受到的汙衊進行報復，但隨即又打消了這個念頭，因為那樣做說不定正是他所希望的。她試圖通過那些到縫紉室來跟她一起畫畫的女友了解情況，但她們唯一聽到的，是關於那隻鋼琴獨奏小夜曲的輕描淡寫的議論。她覺得怒不可遏，又無能為力，滿腹委屈。跟最初時的想法相反，她不再想去找到那個不露首尾的敵人，同他爭論，她只想用整隻剪刀把他剪個稀巴爛。她徹夜不眠，分析那些匿名信的細節和含義，幻想從中找到一絲一毫的安慰。那是空勞神思的幻想：費爾米納從本質上說，同烏爾比諾·德·拉卡列一家的內心世界是格格不入的，她只能防禦明槍，無法抵擋暗箭。

這個信念，經過黑洋娃娃那場驚嚇之後變得更加慘痛了。黑洋娃娃也是在那些日子裡給她送去的，沒附帶任何信件，但她不費吹灰之力就想到了它的來源：只有烏爾比諾醫生才會給她送這個玩意兒。從商標上看，那是在馬蒂尼卡島⑦買的，洋娃娃的衣服精美絕倫，捲曲的頭髮是用金絲做的，放倒的時候它的眼睛會閉上。費爾米納覺得好玩極了，放鬆了戒備，白天讓它躺在枕頭上，晚上摟著它睡覺，習以為常。然而，過了一段時間之後，有一次當她從一個令人筋疲力盡的夢裡醒過來時，發現洋娃娃越長越大了：原來穿的那件華美的衣服已經遮不住它的屁股，腳把鞋子也撐破了。費爾米納曾經聽說過非洲妖術的故事，但都沒有像這樣令人毛骨悚然。另外，她不敢相信，像烏爾比諾這麼個有頭面的人，居然也會幹出這種事情來。對的，洋娃娃不是那個車夫，而是一個偶然上門兜售對蝦的人送來的，他的來歷誰也說不清楚。為了解開這個謎，費爾米納一度想到了阿里薩，他的憂鬱的氣質曾使她不寒而慄，但後來她才明白，她想錯了。這個謎始終是個謎，直到她結婚很久之後，生兒育女，並終於相信命運的選擇是最幸福的選擇以後，只要一念及此，她還是嚇得渾身發抖。

烏爾比諾醫生的最後一次努力是敦請拉魯絲嬷嬷說項。她是聖母獻膽節學校的校長，對來自一個從這個學校在美洲建立以來就惠予照顧的家庭的請求，她無法拒絕。她由一個新入教的修女陪同，在上午九點鐘光臨。費爾米納還沒洗完澡，她們不得不逗鳥籠裡的鳥兒玩了半個鐘頭。她是個具有男子氣質的德國女人，聲如洪鐘，目光犀利，跟她對孩子的愛憐似乎風馬牛不相及。世界上費爾米納最痛恨的，莫過於她和一切同她有關的事了，只要一回想起她的偽善，她就覺得像吃了蝎子那麼惡心。從浴室門口一認出她來，費爾米納一下就想起了在學校裡挨過的體罰，每天彌撒時難熬的瞌睡，令人心驚肉跳的考試，新入教的嬷嬷的奴顏婢膝，和那因精神空虛而形成的死水一潭的生活。然而，拉魯絲嬷嬷卻帶著彷彿是發自內心的喜悅向她打招呼。嬷嬷驚奇地發現，費爾米納長大而且成熟多了，她稱讚說，家裡布置得井井有條，庭院景色怡人，枸櫞花紅得跟火似的。她命令新嬷嬷在那裡等她，別太靠近禿鷲，說一不小心牠們就會把她的眼珠啄出來，然後說想找個僻靜的地方坐下來同費爾米納單獨談談。後者請她到客廳去。

訪問是短暫而不愉快的。拉魯絲嬷嬷沒有浪費時間去寒暄就對費爾米納說，她可以體面地復學。被開除的原因，不但可以從檔案中而且可以從大家的記憶裡一筆勾銷。這樣一來，她就可以學完課程並獲得文學學士的文憑。費爾米納如墜五里霧中，詢問這是從何談起。

「這是某位有求必應的人的要求，他的唯一希望是讓你幸福。」修女說，「你知道他是誰嗎？」她明白了。她想，這個因一封無辜的信而毀了她的生活的女人有什麼權利來充當媒人呢？但她沒敢說出口。她只是說，是的，她認識這個人，因此也知道他沒有任何權利來干涉她的生活。

「他唯一的請求，是讓你同意跟他談五分鐘。」修女說，「我確信，你父親是會同意的。」

想到父親可能是安排這次訪問的同謀，她更加生氣了。

「我生病的時候跟他見過兩次面。」她說，「現在沒有任何必要。」

「不管是多麼挑剔的姑娘，都會認為這是聖母的賜福。」修女說。修女繼續列舉他的美德，他的虔誠，他的救死扶傷的獻身精神，邊說邊從袖子裡掏出一串中間掛著用象牙雕刻的基督的金念珠，在費爾米納眼前晃了晃。那是家傳聖物，有一百多年歷史，是由西也納⑧一位金銀匠雕成而且受過克萊門蒂四世⑨祝福的。

「這是給你的。」修女說。

費爾米納覺得血往上湧，忍無可忍了：

「我不明白您幹麼會幹這種事，」她說，「您不是認為愛情是罪惡嗎？」

拉魯絲嬤嬤假裝對這種侮辱毫不在意，但她的眼睛裡迸出了火星。她繼續在費爾米納眼前晃著那串念珠。

「你最好還是同我好說好商量，」她說，「因為我如果說不通，主教大人就會來，跟他談，情形就不一樣了。」

「請他來吧。」費爾米納說。

拉魯絲嬤嬤把金念珠藏進了袖口，然後從另一只袖口裡掏出一塊很舊的揉成一團的手絹，緊緊地握在手裡，帶著一副悲天憫人的笑容從遠處看著費爾米納。

「可憐的孩子，」她嘆了口氣說，「你還在想著那個人。」

費爾米納目不轉睛地看著修女，咽下了一句不該是姑娘家說的話。看見修女那兩隻男人眼睛裡噙著淚水，她覺得無比痛快。拉魯絲嬤嬤用手絹團擦乾淚水，站了起來。

「你父親說你是頭倔驢，真是一點不錯。」她說。

主教並沒有去。如果不是因為伊爾德布蘭達來跟表妹一起過聖誕節，兩人的生活都發生了變化，對她的糾纏到那天為止就算結束了。清晨五點，他們到發自里約阿查那條船上去接她，一大群亂糟糟的旅客，因暈船而顯得困倦委頓，但她卻春風滿面地下了船，帶著鮮明的女性的嫵媚。一夜風浪，使她還是顯得有些緊張。她帶來了裝著她家富饒的農場裡出產的火雞和各種水果的大筐小兜，以便在她做客期間誰也短不了吃的。她父親利西馬科．桑切斯要她帶個口信，復活節時候如果缺少樂師，他可以把最高明的樂師請來，還答應過些日子運一批焰火給他們。此外，他還說，在三月以前他不可能把女兒接回去，她盡可待在那兒玩個夠。

表姐妹倆一見面就過開了聖誕節。從第一個下午起，她們就在一起入浴，裸體相對，用浴池裡的水作為聖水互行洗禮。她們互相擦肥皂，捉虱子，比臀部，比結實的乳峰，把對方當作鏡子，檢查自從上一次大家脫去衣服互相觀摩以來，時光毫不留情地在各自身上留下了這什麼痕跡。伊爾德布蘭達富態豐腴，橘黃色的皮膚，全身長著混血姑娘型的毛髮，短而鬈曲，跟金屬細絲絨似的。費爾米納則相反，苗條頎長，皮膚鮮潤，毛髮平垂。普拉西迪婭吩咐在臥室裡擺上了兩張同樣的床，但有時她們躲在同一張床上，滅燈後一直談到天明。她們還抽上幾支攔路強盜抽的那種細枝雪茄，那是伊爾德布蘭達藏在箱子的襯裡中帶來的，然後燒幾張阿爾梅尼亞紙，以消除臥室裡雪茄菸留下的霉味兒。費爾米納第一次抽烟是在瓦列杜帕爾鎮，後來在豐塞卡，在里約阿查也繼續抽。在里約阿查的時候，十來個表姐妹反鎖在一間房子裡，談論男人，偷偷抽菸。她學會倒著吸菸，把點火的那一頭擱在嘴裡，就跟戰場上男子漢們為了防止香菸的閃光暴露自己一樣。但她孤身獨處時從不抽菸。跟伊爾德布蘭達一起住在自己家裡的那些日子裡，她每天晚上睡覺前都抽菸，打那時起，她就學會抽菸了，但始終是背著人抽，連丈夫和兒女們也背著，這不僅因為女人在別人面前抽菸不太雅觀，而且也因為她以偷偷抽菸為樂。

伊爾德布蘭達這次旅行，從她父母來說，本是為了讓她淡忘那椿門不當戶不對的愛情，但他們卻對她說，是要她去幫助費爾米納拿個大主意，她也信以為真了。伊爾德布蘭達是帶著嘲弄忘卻的幻想——同她表妹過去的做法一樣——聽從父母之命的，她跟豐塞卡那個電報員商量妥了，讓他祕密地把消息傳遞給她。因此，當她知道費爾米納已經和阿里薩吹了的時候，她痛心極了。另外，伊爾德布蘭達認為愛情是人同此心、心同此理的，覺得發生在一個人身上的任何事情，都會影響普天之下所有的愛情。不過，她並未放棄原來的計畫。她以使費爾米納瞠目結舌的大無畏勇氣，獨自一人到電報局去了，她要讓阿里薩幫她的忙。

她沒認出阿里薩，因為他長得和費爾米納說的完全不同。乍見之下，她覺得表妹曾經為這個貌不驚人的小職員而神魂顛倒簡直令人難以置信，他的氣質就跟挨了打的狗似的，那身落難猶太教士的打扮和一本正經的模樣，任何人也不會動心的。但是她很快又推翻了最初的印象，因為阿里薩雖不知道她是何許人，卻願意無條件地為她效勞，他到底也沒弄清她是誰。誰也比不上他那麼通情達理，既沒讓她報上尊姓大名，也沒向她要地址。他的辦法很簡單：她每個禮拜三下午到電報局去，他把回信交到她手裡，如此而已。他看完伊爾德布蘭達帶去的那張寫好的電報紙後，問她能不能接受他的建議作點修改，她同意了。阿里薩又塗又寫，最後乾脆把那張紙撕了，重新寫了一封信，她覺得他動人極了。走出電報局時，伊爾德布蘭達的眼淚差點兒奪眶而出。

「他其貌不揚而又可憐巴巴的，」她對費爾米納說，「但可愛極了。」

最引起伊爾德布蘭達注意的，是表妹的寂寞。她對表妹說，你就跟二十歲的老處女似的。她在一個人數眾多而分散的家庭裡生活慣了，在這種家庭裡，誰也搞不準到底有多少人，每頓飯又有誰去吃。伊爾德布蘭達無法想像，一個處在表妹這樣年華的姑娘，被關在私生活的小天地裡不越雷池半步，該是多麼難受。從早上六點鐘起床開始，到晚上熄燈就寢為止，都在消磨時光，天天如此。生活，從外部強加給她。首先，雞叫最後一遍的時候，送牛奶的男人就拍響大門的門環把她叫醒。然後，就該是那個賣魚的女人了，她肩扛一個用海藻墊底、裝著奄奄待斃的棘鬣魚的箱子，手提幾只盛著馬利亞·拉巴哈產的蔬菜和聖·哈辛托產的水果的精美的籃子。再以後，整日價有人敲門，什麼樣的人都有：叫化子、招攬摸彩賭博的姑娘、募捐的修女、吹著蘆笛的磨刀匠、收購瓶子的、收購碎金子的、收購報紙的、假扮成吉卜賽女人用紙牌算命的、或看手相的、或看咖啡剩渣和小盆裡的水算命的。普拉西迪婭整週就是打開大門又關上，嘴裡說著「不要」，「改天再來吧」，要不就在陽台上氣急敗壞地吼叫：「別再煩了，他媽的，該買的我們都已經買過了。」她以極大的熱忱樂顛顛地取代了埃斯科拉斯蒂卡姑媽，費爾米納都把她當姑媽甚至喜歡她了。她當奴隸簡直成了癖好。只要一有點兒空，她就到工作間去熨燙白罩單，把它疊得整整齊齊，放進裝有薰衣草花的櫃櫥裡，她不僅熨燙和折疊剛剛洗過的，還把那些因久放不用而褪了色的也又燙又疊。她還同樣小心翼翼地經管著費爾米納·桑切斯——費爾米納的母親，死去已經十四年——的衣服。不過，拿主意的是費爾米納。她吩咐該吃什麼，該買什麼，每件事情該這麼辦，該那麼辦，她就這樣主宰著實際上沒什麼可主宰的全家的生活。每當她洗刷完鳥籠並給鳥兒餵過食，伺弄過花草之後，她就不知道該幹什麼了。她被學校開除以後，有好多回，午覺一直睡到第二天。圖畫課，只不過是消磨時間的一種方式而已。

自從埃斯科拉斯蒂卡姑媽出走以後，她同父親的關係就冷淡了下來，雖然雙方都已經找到了相安無事地生活的辦法。她起床的時候，他已經出去幹他的事去了。他很少不回家履行吃午飯的禮節，雖然幾乎從來不吃，因為教區咖啡館裡的開味酒和點心就把他填飽了。他也不吃晚飯，他們把他那一分留在飯桌上，盛在一個盤子裡，用另一個盤子扣起來，儘管誰都知道他不會去吃，放到第二天早飯時熱好再端出來也還是不吃。他每週交一次錢給女兒，用作開支，這筆錢他計算得很精確，她也摳得很緊，不過，她向他提出任何不時之需時他都樂意照給。他從來不說少給她一個子兒，也從來不查賬，但她卻搞得一清二楚，就跟要向宗教裁判所的法庭報賬似的，他從來不向她談他的生意的性質和狀況，也從來沒帶她到港口的辦公室去過，辦公室設在正派姑娘不宜露面的地區，就是由父母陪著也不行。洛倫索．達薩晚上十點以前是不會回家的。十點，是戰爭不那麼激烈時期的宵禁時間。他在教區咖啡館裡一直待到那個時間，見到什麼玩什麼，他對各種室內遊戲都在行，而且精通。他回家時總是輕手輕腳的，不吵醒女兒。每天他一醒就喝下第一杯茴香酒，嘴裡整天嚼著熄滅了的捲菸屁股，不時再來上一杯。一天晚上，費爾米納覺得父親回來了，她聽見樓梯上響起了他那哥薩克腳步聲，二樓的過道上傳來了沉重的喘息聲，臥室的門上響起了他用手掌拍門的聲音。接著，她給他開了門，第一次驚恐地發現，父親的眼睛扭歪了，說話也磕磕巴巴的。

「我們完了。」他說，「全完了，你就會知道的。」

總共就說了那麼句話，以後再也沒提起過，也沒發生任何證明他說了實話的跡象。但那天晚上以後，費爾米納就明白了，她在世界上舉目無親。她生活在社會真空裡。學校裡的老同學生活在對她來說是禁地的天堂裡，她蒙受被開除的羞辱之後就更加如此了，鄰居們也不正眼瞧她，因為他們對她的事知道得一清二楚，而且是看著她穿着聖母獻瞻節學校的校服長大的。同父親打交道的都是商人和碼頭工人，教區咖啡館這個庇護所裡面的逃兵，獨身的男人。在最後這一年裡，圖畫課多少減輕了一點她的囚居生活的寂寞，那位女教師喜歡上集體課，常常把其他女學生帶到她的縫紉室來。但那些女學生的社會條件千差萬別，教養欠佳，對費爾米納來說，她們只不過是些萍水相逢的朋友，每堂課一結束，感情也就結束了。伊爾德布蘭達想敞開那個家的大門，給它透透氣，把父親的樂師、鞭炮和焰火架弄來，搞一次狂歡舞會，讓大風把表妹的死氣沉沉的精神狀態一掃而光，然而，她很快就發現，這些想法是徒勞的，原因很簡單，找不到人。

不管怎麼說，把表妹推向生活的，畢竟是她。下午，上完圖畫課以後，她讓表妹帶她上街，遊覽市容。費爾米納指給表姐看，這是她過去每天和埃斯科拉斯蒂卡姑媽散步的路線；這是阿里薩假裝看書等她時坐過的小公園裡的那條長凳子；這是他尾隨她走過的幾條胡同；這是他們密藏書信的旮旯兒；這是原先作過宗教法庭的監獄的那座陰森森的宮殿，宮殿後來改成了聖母獻瞻節學校，她打心眼兒裡憎恨它。她們登上了窮人公墓那道山梁，阿里薩原先就是在這裡拉小提琴，利用風向使她躺在床上都能聽到。站在山上，古城盡收眼底。支離破碎的屋頂和百孔千瘡的牆壁；荊棘叢中的要塞廢墟；海灣裡連綿不斷的小島；湖邊破破爛爛的木板窩棚；還有那浩瀚的加勒比海。

聖誕之夜，她們到大教堂去望子時彌撒。費爾米納站在當初可以最清晰地聽到阿里薩的秘密樂曲的地方，分毫不爽地指給表姐那個望彌撒之夜她第一次就近看見阿里薩那兩隻驚慌的眼睛的地方。爾後，她倆大著膽子到了「代筆先生門洞」，買了些甜食，在變色紙商店裡玩了一陣。費爾米納指給表姐，她就是在那個地方突然發現，她的愛情只不過是個海市蜃樓的。她自己也沒察覺，從她家到學校的每一步路，城裡的每個地方，她那歷歷在目的過去的每個時刻，無一不是因為阿里薩而存在的。伊爾德布蘭達向她指出了這一點。但她沒有承認，因為她從來就沒有承認過，不管是福是禍，唯一闖進她生活中的是阿里薩這個現實。

就在那些天，來了一個比利時照相師。他在「代筆先生門洞」上面搭起了照相館，付得起錢的人都利用這個機會給自己留了個影。費爾米納和伊爾德布蘭達第一批搶先拍照。她們把費爾米納·桑切斯的衣櫃翻了個底兒朝天，把最豔麗的衣服、遮陽傘、做客時穿的鞋子、帽子都瓜分了，打扮成一副中世紀貴婦的樣子。普拉西迪婭幫她們紮束胸衣，教她們如何在裙撐的鐵絲架子裡扭動，如何戴手套，如何繫高跟靴的扣子。伊爾德布蘭達挑了一頂闊邊帽子，上面的鴕鳥羽毛一直拖到背上。費爾米納戴了一頂不那麼古色古香的帽子，上面綴著五顏六色的石膏水果和土布花結。在鏡子裡瞧著自己酷似銀板照片上的祖母們時，她們互相取笑了一番，然後哈哈大笑，興高采烈地去照她們有生以來的第一張照片去了。普拉西迪婭站在陽台上，目送她們打著遮陽傘穿過公園，東倒西歪地勉強穩住支在高跟鞋上的身子，全身使勁兒推著跟學步車似的裙撐。她祝福她們，讓上帝保佑她們照個好相。

比利時人的照相館前面擠得水泄不通。他正在給森特諾拍照——森特諾剛剛在巴拿馬拿到了拳擊冠軍，他穿着比賽時的短褲，戴著拳擊手套，頭上頂著冠軍的桂冠。給他照相殊非易事，因為他必須保持進攻姿勢一分鐘，盡量減少呼吸。維持秩序的人剛站起來，他的崇拜者們便爆發出一陣陣歡呼聲，為了討好那些崇拜者，他一遍又一遍地表演他的技藝。輪到表姐妹倆的時候，天空彤雲密布，山雨欲來，她們聽任別人在臉上塗抹淀粉，大大方方地靠在一根雪花石膏柱子上，保持一動不動的姿勢還超出了所需要的時間。那是一張永垂不朽的玉照。當伊爾德布蘭達以差不多百歲高齡在她那座位於弗洛雷斯·德馬利亞的莊園裡離開人世的時候，人們在她臥室裡的衣櫃裡發現了這張加印的照片，照片跟一封被年代擦去了字跡、情思變成了化石的信放在一起，夾在香氣四溢的床單的疊縫裡，鎖在抽屜中。多年來，費爾米納一直把她這張照片貼在全家影集的扉頁，後來不知道怎樣，也弄不清在什麼時候不翼而飛了，經過一系列說來也沒人相信的巧遇，這張照片竟落到了阿里薩手裡，那時兩人都已年逾古稀。

費爾米納和伊爾德布蘭達從比利時人的照相館出來的時候，「代筆先生門洞」對面的廣場上人山人海，連陽台都擠滿了。她們忘了自己臉上塗着白色的淀粉，嘴唇上抹著巧克力色的口紅，身上穿著古代的衣裳。街上的人們向她們起鬨，她們躲進一個角落，竭力逃避眾人的哄笑，這時，一輛駕著棗騮馬的四輪馬車分開眾人駛了過來。哄笑停息了，不懷好意的人群作鳥獸散。伊爾德布蘭達一輩子也忘不了她第一眼看見的從車裡站出來站在車門踏板上的那個男人的模樣，忘不了他的緞子禮帽，忘不了他的錦緞背心，忘不了他那睿智的風度，忘不了他眼中的柔情，忘不了他出場時的威嚴。

雖然她從來沒見過他，但一眼就把他認出來了。費爾米納對她談起過他，幾乎是漫不經心地偶然提起的。那是在上個月的一天下午，費爾米納不願意從卡薩爾杜埃羅侯爵家門口走過，因為那輛駕著棗騮馬的四輪馬車正停在大門口。她告訴表姐誰是馬車的主人，並試圖解釋她為什麼對他反感，但對他的追求則隻字未提。伊爾德布蘭達把他早忘了，看見他從天而降似的出現在車門口，一隻腳踏在地面，一隻腳踩在踏板上，她就把他認出來了，她不明白表妹為什麼對他反感。

「請上車吧。」烏爾比諾醫生對她們說：「我送你們回去。」

費爾米納還在猶豫，伊爾德布蘭達卻已欣然接受了邀請。烏爾比諾醫生站在地上，用指尖扶著她上車，幾乎沒沾到她身上。費爾米納沒法，只好跟著表姐上車，滿臉漲得通紅。

那兒離家不過三個街口。表姐妹倆不知道烏爾比諾醫生是不是跟車大夫串通好了，但看來準是這樣，馬車走了足足半個小時。她倆坐在主座上，他坐在她們對面，背對著馬車前進的方向。費爾米納扭臉對著窗戶，心裡一片茫然。伊爾德布蘭達倒很開心，而烏爾比諾醫生呢？則因為她的開心而更開心。車子剛一啟動，伊爾德布蘭達就覺出了真皮坐墊散發的暖烘烘的氣息，車內的家什布置得嚴嚴實實，便開口說，她覺得住在裡面怪舒服的。很快，她和醫生便笑開了，相互像老朋友那樣開玩笑，說著說著就玩開了一種淺顯的隱語遊戲。這種遊戲就是在每個音節之間加上一個常見的音節。他們假裝以為費爾米納聽不懂他們的話，但實際上他們不僅知道她懂而且知道她正在全神貫注地聽著他們說，正因為如此他們才玩哩。過了一會兒，說笑一陣之後，伊爾德布蘭達坦白說，她的腳被靴子夾得實在受不了了。

「這再容易不過了。」烏爾比諾醫生說：「看我們誰先脫完。」

說完他就開始解靴子帶，伊爾德布蘭達接受了挑戰。由於裙撐的扇骨妨礙她彎腰，她脫得很費勁，烏爾比諾醫生有意耽擱，等到她勝利地哈哈大笑著從裙子底下拖出兩隻靴子，彷彿剛從魚塘裡釣起兩條魚似的，他才把自己的靴子脫掉。這時，兩人都瞧了費爾米納一眼，在火紅的晚霞映照下，費爾米納的黃鸝般的線條，比任何時候都更加纖巧。費爾米納正在生氣，一是因為她的狼狽處境；二是因為伊爾德布蘭達的放肆行為；三是因為她確信車子正在毫無意義地繞彎兒，以便俄延到家的時間。而伊爾德布蘭達卻已經毫無戒備了。

「現在我才明白，」她說，「原來折磨我的不是鞋，而是這個鐵絲籠子。」

烏爾比諾醫生明白她指的是裙撐，便閃電般地抓住了機會。

「這再容易不過了，」他說，「脫掉它吧。」說完，以魔術師的快速動作從口袋裡掏出一方手帕，把眼睛蒙了起來。

「我不看。」他說。

蒙著眼睛的手帕，更加烘托出了又圓又黑的鬍髭和尖尖的山羊鬚之間的那兩片嘴唇的鮮潤，她突然覺得一陣慌亂的顫慄。伊爾德布蘭達看了看費爾米納臉色，後者的怒氣沖沖已化成了滿臉驚慌，生怕表姐真的把裙子脫下來。伊爾德布蘭達神情變得嚴肅起來，用手勢問表妹：「我們怎麼辦？」費爾米納用同樣的方式回答她說，如果再不回家去，她就從滾動著的馬車上跳下去。

「我等著哪。」醫生說。

「已經可以看了。」伊爾德布蘭達說。

取開蒙著眼睛的手帕後，烏爾比諾醫生發現她換了一副面孔，於是他明白遊戲已經結束了，而且是糟糕地結束了。做了個示意的動作，車夫調轉馬車，進入了福音公園。這時，燈標看守人正在點亮路燈。所有的教堂都敲響了晚祈禱的鐘聲。伊爾德布蘭達慌裡慌張地下了車，感到自己惹表妹生了氣，顯得有些不安。她非正式地同醫生拉手道別。費爾米納學著她的樣子如法炮製，當她想把戴著素色手套的手抽回來的時候，烏爾比諾醫生卻用中指把她的手用力攥住了。

「我在等著您的答覆。」他對她說。

費爾米納更用力地抽了一下，空手套留在醫生手裡了，但她沒有去取，轉身而去。費爾米納沒吃晚飯就躺下了。伊爾德布蘭達跟沒事人似的，和普拉西迪婭一起在廚房裡吃過晚飯才回到臥室，然後以其天生的脾氣對下午的事件品評了一番。她沒有掩飾對烏爾比諾醫生、對他瀟灑的風度和同情心的濃厚興趣。費爾米納對她的話未置一詞，但內心的反感終於消失了。又過了一會兒，伊爾德布蘭達說了實話：當烏爾比諾醫生蒙住眼睛，她看見那紅潤的嘴唇裡的兩排雪白而整齊的牙齒的時候，產生了想去狂吻他的不可遏止的願望。費爾米納翻身朝著牆壁，不帶惡意地打斷了她的話，可能還掛著會心的微笑。

「你真不怕羞！」她說。

她入睡後不斷地驚醒，到處都看見烏爾比諾醫生，看見他在笑，在唱，在蒙著眼睛噴硫磺火花，在另一輛去窮人公墓時坐的馬車裡用一種不規則的隱語嘲笑她。天亮前很久她就醒了，渾身無力，閉著眼睛，清醒地想像著她還將生活的無數個年頭。後來，在伊爾德布蘭達起身洗澡時，她飛快地寫了封信，飛快地疊好，飛快地裝進信封，在伊爾德布蘭達從浴室裡出來之前就讓普拉西迪婭把信送給烏爾比諾醫生。那是一封費爾米納式的信，一個字不多，一個字不少，信中只是說，可以，大夫，你去跟我父親談吧。」

阿里薩得知費爾米納即將嫁給一位在歐洲受過教育的醫生，享有在他同齡人中罕見的威望，家財巨萬的貴族苗裔時，悲痛欲絕。發現兒子不說也不吃，而且一夜一夜的徹夜不眠，傷心痛哭，特蘭西托千方百計地勸慰他，給他列出一個又一個可求之女。整整過了一周，他才吃了一次飯。過後，她去同萊昂十二·洛阿伊薩——三兄弟中唯一的倖存者——談了談，沒告訴他為什麼，只是求他給侄兒在航運公司裡找分差事，幹什麼都行，唯一的條件是：必須在馬格達萊納河流域的叢林中的一個港口裡，那裡既無郵局又無電報局，聽不到這個墮落之城的任何消息。叔叔並不看重這位亡兄遺孀的面子，因為先是這個私生子的存在就使他受不了，但終於還是在維亞·雷伊瓦給他找了個電報員的位置。維亞·雷伊瓦是座美麗的城市，離這裡有二十多天路程，而且海拔比文塔納斯街高了差不多三千公尺。

阿里薩一直沒有意識到那是一次治療性旅行。就像對那個時期發生的所有事情一樣，他總是帶著自己的不幸這副有色眼鏡來回憶這次旅行的。當他接到委任電報時，想都沒想接受這個委任，但特烏古特以官運亨通這個德國式的理由說服了他。特烏古特對他說：「電報員是前途無量的職業。」他送給他一副襯著兔皮的棉手套，一頂草原皮帽和一件經受過巴伐利亞⑩冰天雪地的一月考驗的長毛絨領大衣。叔叔萊昂十二送了他兩件呢子衣服和幾雙防水靴子——那是老大留下來的，還給了他一張下一班船的臥舖票。特蘭西托按照兒子的身材把衣裳改了——兒子不像父親那麼魁梧，比德國人也矮多了，並給他買了些毛襪子和連褲的套衣，讓他在寒冷高原的惡劣氣候裡不會覺得缺少什麼。阿里薩被鑽心透骨的痛苦弄得麻木不仁，就像是忘記了自己的存在一般幫著母親收拾自己的行裝。他沒有把行期告訴任何人，沒向任何人告別，如同把愛情埋在心底那樣嚴守著秘密。但在動身的前夕，他卻幹了最後一件發自內心的糊塗事，幾乎為此丟了小命兒。半夜裡，他穿上禮拜日的衣服，獨自跑到費爾米納的陽台下面拉起那支為她譜寫的愛情圓舞曲，這支曲子只有他們倆才是知音，也是三年來和他朝夕相伴而又折磨著他的心曲。他邊拉邊低吟著歌詞，淚水溼透了小提琴，那一片癡情，連頑石也會點頭嘆息。從頭幾段開始，街上的狗就開始唱和，接著全城的狗都叫開了，但隨著如泣如訴的音樂，狗叫聲逐漸停息了，圓舞曲在一片可怕的寂靜中結束了。陽台上的窗戶沒有開，一個人也沒到街上來，就連那個差不多總是提著油燈趕來，從唱小夜曲的遺老遺少身上發點洋財的守夜人也沒出現。這一幕，使阿里薩如釋重負。當他把提琴放進盒子，頭也不回地沿著死一般寂靜的街道回去的時候，已經覺得他不是次日清晨要出走，而是覺得彷彿在許多年前他就帶著絕不回頭的決心出走了。

那條船，是加勒比內河航運公司一模一樣的三條船之中的一條，為了紀念公司的創始人，被重新取了名字：皮奧·金托·洛阿伊薩。那是條在鐵殼上架著兩層木頭房子的船，寬敞而平坦，最深吃水五英呎，在變化無常的河床裡可以應付裕如。最古舊的船是本世紀中葉在美國西西納蒂建造的，用的是跑俄亥俄和密西西比河的那種老掉牙的船的模型，船的每側有一個渦輪，渦輪是靠木柴鍋爐推動的。跟這些船一樣，加勒比內河船在底層甲板，在幾乎貼著水面的地方安裝著蒸汽機，廚房和那些龐大的雞舍也安排在這個位置，船員們把吊床橫七豎八，重重疊疊地掛在雞舍上，駕駛室、船長和高級船員的艙房在船的頂層，頂層上面還有一間娛樂室和一個餐廳，有身分的乘客至少會被請去吃頓晚飯和玩紙牌。船的中間一層，在當作集體餐廳用的過道兩側有六個頭等艙。

船頭上，有一間露天休息室，欄杆是鐵的，上面配著用雕花木頭做的扶手。入夜，統艙的乘客便把吊床掛在那裡。不過，這些船和最古舊的船也有一點區別；渦輪機葉板不是裝在船的兩側，巨大的平行葉板渦輪機裝在船尾，正好在乘客甲板那臭氣熏人的便坑底下。阿里薩不像頭次出門的旅客那樣，幾乎是下意識地一上船就四處東看西看。他是在七月間的一個禮拜日早上七點上船的，直到傍晚，船經過卡拉瑪爾村的時候，他到船尾去小便，從便坑裡看到那個巨大的寬葉渦輪機正在自己的腳下噴著泡沫和熱氣騰騰的蒸氣，在火山爆發般的巨響中轉動著，直到這時，他才意識到他正在乘船旅行。

他從來沒出過門。隨身攜帶的，是一只鐵皮箱子，箱子裡放著高寒地帶穿的衣服、他自己裝訂並用紙板做成書皮的插圖小說，以及那些他已倒背如流的、幾乎都被讀爛了的愛情詩集。他把小提琴留在家裡，那把小提琴和他的傷心事聯繫得太緊了，他不願意讓它勾起痛苦的往事。母親卻逼著他帶上了那個行李包，那是個十分流行而實用的鋪蓋捲兒：一個枕頭，一塊床單，一個白鑞小便盆和一頂針織蚊帳，所有這些東西都包在一張席子裡，用兩根龍舌蘭繩子捆起來，繩子在急需時可以用來掛吊床。弗洛倫蒂諾·阿里薩起初不肯帶，他覺得這些東西在一個有現成床鋪的艙房裡派不上用場，然而，打第一天晚上開始，他就不能不再次感謝母親的先見之明。最後一刻，上來了一位衣著華麗的旅客，他是那天清晨乘一艘從歐洲來的船到達的，省長親自陪著他登船。他想帶著妻子，女兒，一個男佣和七只鑲著金邊的箱子立即轉船接著趕路，箱子勉勉強強堆在梯子上。船長是位身材高大的庫拉索人，他終於喚起了土生白人們的愛國熱情，把這幾位不速之客安頓好。使用夾雜著庫拉索方言的西班牙語向阿里薩解釋說，那位服飾華貴的客人是英國的全權公使，他正在趕赴共和國首都。他提醒阿里薩，英國為我們從西班牙統治下獨立出來提供了決定性的幫助，為了讓一個門第如此高貴的家庭能在我們國家裡有賓至如歸的感覺，任何犧牲都算不了什麼。當然啦，阿里薩因此放棄了自己的艙房。

起初，他並沒有後悔。每年的那個時期，河裡的水位都很高，輪船在頭兩天夜裡通行無阻。晚飯以後，也就是下午五點鐘時分，船員們就把行軍床分發給旅客，每個人自找地方把床支起來，鋪上隨身帶的行李，掛上針織蚊帳。帶有吊床的旅客，在大廳裡掛吊床，什麼也沒帶的人，就睡在餐廳的桌子上，把在整個航程中至多換洗兩回的台布扯來蓋在身上。入夜以後，阿里薩幾乎是整夜地輾轉反側，不能入睡，他從河面上吹來的涼爽的微風裡，聽見了費爾米納的聲音，對她的回憶安慰著他的寂寞。輪船邁著巨獸的步伐在濃霧中前進，在輪船的喘息聲中，他聽見她在唱歌，直到地平線上升起第一抹玫瑰色的霞光，那歌聲還在回蕩。新的一天不知不覺地降臨在渺無人煙雜草叢生的原野和濃霧緊鎖的湖泊上。他認為這次旅行再次證明了母親的聰明，於是他又覺得有勇氣忘掉過去，並且繼續生存了。

在深水裡走了三天之後，橫梗的沙灘，或明或暗的激流，使航行變得更加困難。河水渾濁，而且越來越窄，兩岸是參天大樹縱橫交錯的原始森林，隔好一陣子才能在供輪船燒鍋爐用的柴堆旁邊看見一間茅屋。吱哇亂叫的鸚鵡和上躥下跳的看不見影子的小猴，使炎炎午時顯得越發悶熱，晚上必須把船栓在岸邊睡覺，這樣一來，僅僅因為還活著，就讓人無從忍受。除了悶熱和蚊子外，還有那股晾曬在欄杆上的腌肉散發出來的腐臭味兒，同樣令人難耐。大部分乘客，尤其是歐洲人，都離開了臭氣熏人的艙房，在甲板上踱來踱去熬過長夜，用拭擦湧流不斷的汗水的那塊毛巾轟趕應有盡有的蚊蟲小咬。天亮的時候，每個人都已經筋疲力盡，被蚊蟲咬得鼻青臉腫。

那一年，自由黨和保守黨之間的時斷時續的內戰又爆發了新的事端，為了維持船上的秩序和保障乘客的安全，船長採取了異常嚴厲的預防措施。他取締了當時旅途中最喜聞樂見的消遣——朝在沙灘上晒太陽的鱷魚開槍——以避免發生誤會。後來，在一次爭論中，某些乘客分成了勢不兩立的兩派，他下令收繳了所有人的武器，答應在旅途終點歸還各人。即使對那位英國公使，船長也毫不通融，這一位從啟程的第二天一早就換上了獵裝，挎上一支高精度卡賓槍和一支獵虎用的雙筒獵槍。駛入特內里菲港上游以後，限制措施更加嚴厲了。在特內里菲港，和一艘掛著表示瘟疫的黃旗的船交錯而過，船長沒能得到關於那個報警信號的任何情報，因為那艘船對他的信號未予回答。就在當天，他們碰見了另一艘運牲口去牙買加的船，這艘船告訴他們，那只掛著瘟疫標誌的船上載有兩個霍亂病人，並且告訴他們說，霍亂正在席捲他們即將駛過的那一段流域。於是，不但禁止乘客在下幾站的港口下船，而且也不准在那些裝添燃料的荒蕪人煙的地方下船。就這樣，在到達終點站前的那一段旅途上——整整六天——乘客們都養成了坐牢般的習慣。在這些日子裡，人們鬼鬼祟祟地你我相傳，欣賞一套色情的荷蘭明信片，誰也不知道那是從哪兒傳出來的。但任何一個河上的「老江湖」心裡都有數，那只不過是船長多年來收藏的色情明信片中的一小部分樣品而已。就是這種望梅止渴的消遣，也仍然以徒增膩味而告終。

阿里薩以他那種使母親擔憂、令朋友們惱火的礦石般的耐心，忍受著旅途的煎熬。他沒同任何人發生過接觸。時光輕易流逝，他倚欄而坐，時而看著一動不動地在沙灘上晒太陽的鱷魚張開密排利齒的大嘴捕獲蝴蝶；時而看著草鷺從沼澤地裡驚飛而起；時而看著海牛用牠那碩大無朋的奶頭喂自己的孩子，同時發出女人哭泣般的聲音，讓船上的乘客大吃一驚。在同一天裡，他看見三具屍體漂過，屍體脹得鼓鼓的，顏色發綠，上面站著好幾隻禿鷲。先漂過的是兩具男屍，其中一具沒有腦袋，後來漂過的是個年紀很小的女孩子的屍體，那蛇髮女怪似的頭髮，在輪船蕩起的水波中一浮一浮的。他始終沒弄明白，也根本沒有人知道，那些屍體到底是霍亂還是戰爭的犧牲品。但那催人嘔吐的惡臭，卻和他思念中的費爾米納摻和在一起。

歷經多時，在他的幻覺裡，任何事件，不管是好事還是壞事，都同她有著某種牽連。夜裡，當船靠岸之後，大部分乘客都在無可奈何地走來走去的時候，他就著餐廳裡的那盞油燈——唯一亮到天明的燈——差不多跟背誦似地再次閱讀那些圖文並茂的小冊子。他反覆看過無數遍的情節，經他把臆造出來的主人翁換成現實生活中的他的熟人之後，又產生了絕無僅有的魅力。他總是把未成眷屬的有情人的角色留給自己和費爾米納。另外幾個夜裡，他給她寫了一封又一封肝腸寸斷的信，過後這些撕成碎片的信又在奔流不息的河水中東飄西散。就這樣，捱度著那難熬的時刻。有時，他把自己想像成愛情故事中的羞羞答答的王子或者雄心勃勃的追求者，有時又把自己想像成跟真實命運一樣的被遺忘的情人，直到吹來第一陣晨風的時候，他才坐到船欄杆旁邊的靠背椅上去打盹兒。

有一天夜裡，他比往常更早地停止了看書，心不在焉地朝廁所的方向走去。空蕩蕩的餐廳裡，一道門突然在他走過的時候打開了，一隻手以游隼般的敏捷抓住了他的袖子，把他拉進一間艙房鎖了起來。昏暗中，他依稀感覺到有個年輕女人的一絲不掛的身體，她渾身熱汗，喘著粗氣，把他仰面推倒在席子上，解開他的腰帶和扣子，然後張開四肢騎在他身上，以過來人的輕鬆愉快佔有了他。兩人掙扎著掉進了味同野蝦繁衍的沼澤地似的無底的深淵。事畢，她喘息著在他身上躺了一會兒，然後消失在黑暗裡。

「您走吧，忘了它。」她說，「這事兒壓根兒就沒發生過。」

這一突襲的閃電般的迅速和成功，不可能解釋為令人惡心的突發性的瘋狂舉動，而是從從容容制訂的計畫的結果，而且連細節都考慮得很周到。這個叫人心裡甜滋滋的信念，使阿里薩難捨難棄，在登峰造極的快感中，他覺得心裡開了一個竅兒。這使他自己也無法相信，甚至還拒絕承認，那就是：費爾米納的虛幻的愛情，可以用世俗的性愛來取代。於是，他千方百計地去辨認那個久經沙場的強姦他的女人。她那豹子般的本能，或許能彌補他失戀的不幸。他未能如願以償。相反，他越是尋根問底，就覺得離現實越遠。

襲擊發生在最末一間艙房，這間艙房和倒數第二間是通著的，中間只隔了一道內門，兩間艙房實際上變成了四個鋪位的家庭臥房。住在那裡的是兩個年輕女人，還有一個年紀已相當大仍然風姿綽約的女人，和一個只有幾個月的嬰兒。她們是在巴蘭科·德洛瓦⑪上船的，自從蒙波克斯市因河水變化無常而被從定期航線上排除出去，城裡的客貨都改成了從這個港口上船。阿里薩留心地看了她們一眼，僅僅是因為她們把睡著了的小孩放在一只巨大的鳥籠裡帶著走。

她們的衣著跟在時髦的遠洋船上旅行似的，絲綢裙子底下襯著裙撐，褶皺領上鑲著花邊兒，帽子的闊沿兒上綴著細布花。年輕的兩個女人，身上的穿戴每天要從頭到腳換幾次，其他乘客都熱得喘不過氣來，她們卻似獨處於春光之中。三個女人撐傘搖羽毛扇的動作都很俐落，似乎都懷有當時社交中神秘莫測的目的。

她們無疑是一家人，但阿里薩卻連她們之間是什麼關係也沒能搞清楚。起先，他以為年長的那個是另外兩個的母親，很快就發現她的年紀還不足以為她們之母，而且她還穿著半喪服，另外兩個則沒同她一樣戴孝。他想不通，她們之中的一個怎麼竟敢在另外兩個近在咫尺的舖位上睡覺時幹那種事兒。唯一合理的假設是，她利用了一個偶然的機會，或者是一個看準了的機會，當時只有她一個人在艙房裡。他證實了，有時候，兩個人去乘涼，直到很晚才回來，第三個則留下來照看孩子。但在更熱的一天夜裡，三個人一塊兒出去了，睡熟了的小孩放在藤鳥籠裡，外面罩著細紗篷。

雖然霍亂的蛛絲馬迹露出了端倪，阿里薩還是急急忙忙地排除了那個年長者施行襲擊的可能性。接著又把最年輕的那個也排除了，她最漂亮，也最大膽。他這麼做並沒有充足的理由，僅僅因為三個女人那種聚精會神的警覺性誘發他從內心深處形成了一種願望，他希望鳥籠裡的孩子的媽媽是他的露水情人。這種假設深深地誘惑著他，他開始比思念費爾米納更強烈地思念著她了，使他忽視了那位剛剛做母親的人顯然只把孩子放在心上這一顯而易見的事實。她不會超過二十五歲，身段苗條，頭髮金黃，葡萄牙人似的眼皮，有著拒人於千里之外的氣質。她對孩子那分柔情的零頭，就足以使任何一個男人傾倒。從吃早飯到上床就寢，在另外兩個女人玩中國棋的時候，她一直在餐廳裡照管孩子，把孩子哄睡以後，她就把藤鳥籠掛在最涼爽的一側欄杆頂上。然後又輕輕地搖著籠子，牙縫兒裡哼著情歌，思緒則離開了枯燥的旅行，飛翔著。阿里薩深信，只要哪怕是遞過去一道眼波，她或遲或早都將抿嘴兒一樂。他目不轉睛地盯著她，從她掛在細亞麻布內衣外面的珍品的一起一伏的頻率中，對她的呼吸是變快還是變慢了都一一看在眼裡。他從假裝在看著的那本書的上面望過去，毫不掩飾地盯著她。他還處心積慮地、惹人注目地更換了在餐廳就餐的位子，坐在了她的對面。然而，他連說明她確實是那個保藏著他的另一半秘密的最微小的跡象都看不到。她留給他的唯一的東西，就是那個不帶姓氏的名字：羅薩爾瓦——因為她那位年輕的同伴這麼叫過她。

第八天，輪船吃力地在懸崖峭壁之間的水流湍急的狹窄河道裡航行，吃過午飯，便停靠在納雷港了。繼續前往安蒂奧基亞省——受新的內戰為害最甚的省分之一——內地的乘客們得在那裡下船。港口就是五六間用棕櫚葉蓋的茅屋和一個鋅頂木頭倉庫。幾支由赤腳無鞋、武器簡陋的士兵組成的巡邏隊在保衛著它，有消息說，暴動的人們正計畫搶掠輪船。茅屋後面，是直插雲天的荒草叢生的群山。陡峭的河岸邊，山被削成一個馬蹄形飛簷斗拱。船上的人沒有一個能安然入夢，但整整一夜，安然無恙，並沒遭到襲擊。天亮之後，港口變成了禮拜日集市，印第安人擠在整裝待發奔向中科迪雷拉斯山去作六天登山旅行的馬幫中，兜售木寄生護身符和愛情瓊漿。

阿里薩饒有興致地看著黑人們肩挑背扛地卸船，他看見搬下去的用竹筐裝著的中國瓷器，給恩比加多獨身姑娘們送去的大鋼琴。當他發現下船的乘客中有羅薩爾瓦一行時，已經為時太晚了。他看見她們半側身趴在黑人的背上，穿著亞馬遜靴子，撐著帶赤道地區顏色的遮陽傘，這時，他邁出了前些日子沒敢邁出的一步：揮手向羅薩爾瓦作了個告別的動作，三個女人答之以同樣的動作，那股親切勁兒，使他為自己的遲暮的大膽而心疼不已。他目送著她們在倉庫後面拐了個彎，幾條騾子馱著衣箱、盛帽的盒子和裝小孩的那只鳥籠跟在她們後面，她們像一串搬東西的小螞蟻似的，在河岸邊的懸崖峭壁上左彎右拐地爬行。接著，她們從他的生活裡消失了。這時，他覺得自己在世界上形單影隻，埋在心靈深處的對費爾米納的懷念，突然給了他致命的一擊。

他知道她將於這個禮拜六結婚，婚禮將會十分的熱鬧，他這個最愛她而且將永遠愛她的人，甚至連為她而死的權利都得不到。被壓抑在哭泣中的醋意，此時占據了他的整個心靈。他懇求上帝，讓上天的正義閃電在費爾米納準備發誓熱愛和服從一個僅僅只想把她當作社交花瓶而娶她為妻的男人時把她擊死，而他，則在情人──他的情人或任何人的情人──的眼前幸災樂禍。她仰面朝天地倒臥在大教堂的瓷磚地上，死亡的露珠，化成雪白的檸檬花流淌在瓷磚地面上，那瀑布般的婚紗，披散在埋在主祭壇前面的十四位主教的大理石棺材上。這復仇的念頭一結束，他又為自己的壞心腸而感到後悔。這時，他又看見費爾米納安詳地呼出一口氣，從地上爬了起來，她雖然變成了另一個人，卻是活生生的，他不能想像，世界上沒有她還能成其為世界，他再沒有睡著過，有時候他坐起來隨便嚼了點什麼東西，那也是因為在他的幻覺中費爾米納和他坐在同一張桌子上，或者與此相反，那是他拒絕因為她而絕食。有時候，他以這個信念來安慰自己：在紙醉金迷的婚禮上，甚至在蜜月的如火如荼的夜晚，費爾米納會在某個時刻感到痛心，至少在一個時刻，但無論如何會有一個時刻，在她的良心裡，會浮現他這個被嘲弄了的，被侮辱了的，被唾棄了的情人的影子，而那就會使她失去幸福。

在抵達卡拉科利港──旅程的終點站──前夕，船長舉行了傳統的告別晚會，船員組成了一支吹奏樂隊，駕駛室裡放起了五顏六色的焰火。那位大不列顛公使，以堪稱楷模的克制度過了難熬的旅程，他用照相機獵獲那些不准他用獵槍宰殺的野獸，而且沒有一個晚上不是衣裝筆挺地到餐廳去。在最後的晚會上，他換上了蘇克塔維氏部族的蘇格蘭上裝，樂顛顛地彈了一回鍵弦琴，教所有願意學的人跳他的民族舞，天亮前，人們不得不把他半扶半拖地弄回艙房，折磨得委頓不堪的阿里薩，躲在甲板上最偏僻的角落，躲在聽不見歡鬧聲的地方，把特烏古特的大衣裹在身上，試圖抵禦發自骨子裡頭的寒冷。早上五點鐘他就醒了，如同一個死囚在赴刑前的早晨醒來時一樣。禮拜六整整一天，除了一分鐘一分鐘地想像著費爾米納的婚禮上的每個時刻之外，他沒做過任何事情。後來，當他回到家裡以後，他才發現他把時間搞錯了，而且一切都跟他的想像是兩碼事，他甚至開心地為自己的胡思亂想而感到好笑。

然而，無論如何那是一個痛苦的禮拜六，當他覺得到了新婚夫婦正從一道假門逃走，去享受初夜歡娛的那個時刻的時候，他以高燒結束了那個禮拜六。一個看見他燒得胡言亂語的人報告了船長，船長擔心是一起霍亂病例，就帶著隨船醫生離開了晚會，醫生預防性地把他送進堆滿溴化物的隔離船艙。可是第二天，當人們看到卡拉科利的礁石的時候，他的燒退了，而且精神煥發，因為退燒藥使他筋疲力盡之時，他已快刀斬亂麻地作出了決定：讓那個所謂電報員的輝煌前程見鬼去吧，還是乘坐這同一條船回他的卡列．德拉斯．文塔納斯去。

以他曾把艙房讓給維多利亞王國的代表為交換條件，要求把他送回原地是不費事的。船長試圖說服他，理由也是電報是大有前途的科學。船長對他說，這是千真萬確的，他本人也正在發明一種電報系統來安裝在輪船上。但他拒絕了種種理由，末了船長只好同意帶他回去，並不是因為欠了他讓出艙房的情，而是因為船長知道他同加勒比內河航運公司之間的真實關係。

下水旅程只用了不到六天時間，輪船在凌晨駛入梅塞德斯湖，看見捕魚獨木舟的一線燈火在輪船激起的回頭浪中搖曳，阿里薩意識到他又回到了自己的家園。輪船停靠在尼尼奧．佩迪多⑫港灣的時候，天還黑著，在古老的西班牙海峽疏浚並使用之前，那裡是內河輪船的終點站，離大海灣還有九西班牙里。乘客們必須等到早晨六點才能登上出租小艇，讓小艇把他們送到目的地。阿里薩心急如焚，登上郵局的小艇提前走了，郵局職員們把他視為自己人。下輪船之前，他一時衝動，作了個意味深長的舉動：把行李捲扔進水裡，目送著它在看不清面目的漁民們的火把照射下漂浮，直到它漂出海灣，在茫茫大海中消失。他堅信在有生之年不會再需要它了，永遠不會了，他永遠不會再離開費爾米納居住的這個城市了。

黎明，海灣風平浪靜。越過浮在海面上的泡沫，阿里薩看見了被第一抹朝霞染成金色的大教堂的圓頂，看見了教堂平台上的鴿子群，隨著鴿子的飛翔，他看見了卡薩爾杜埃羅侯爵府第的陽台，他想，那個使他陷入不幸的女人，大概還在那座宮殿裡睡眼惺忪地倚在她那心滿意足的丈夫的肩膀上哩。這個推測，使他感到一陣心肝俱裂的痛苦，但他沒作任何壓抑這種痛苦的嘗試，恰恰相反，他為痛苦而高興。郵局的小艇在停靠著的帆船組成的迷宮裡穿行，太陽已經熱呼呼的了，公共市場上的不勝枚舉的各種氣味兒和海底散發出來的腐臭混雜在一起，形成了一種惡臭。來自里約阿查的那艘輕便船剛剛到港，一群群碼頭工人，站在齊腰的水裡迎接下船的旅客，把他們背到岸上。阿里薩第一個從郵局的小艇跳到岸上，從那時起，他就沒再聞到海灣的熏人臭氣，而是聞到了從城裡傳出來的費爾米納的特有氣味。一切都散發着她的氣味。

他沒再到電報局去。他唯一關心的，似乎就是那些愛情故事小冊子和他母親繼續給他買的那些「大衆文庫」出的書籍，他躺在吊床上，一遍又一遍地閱讀，直到背熟。他問都沒問小提琴在什麼地方。他恢復了同最密切的朋友們的聯繫，有時也去打彈子球，或者到大教堂廣場的拱門下邊的露天咖啡館去聊天，但再沒參加過禮拜六的舞會：沒有她，他提不起跳舞的興致來。

就在他中止旅程返回家裡的當天上午，他得知費爾米納正在歐洲度蜜月，他的心告訴他，她將留在歐洲居住，如果不是住一輩子，也一定會住許多年。這個念頭，使他燃起了忘卻往事的第一線希望。他思念羅薩爾瓦，旁的思念越淡薄，對她的思念就越熾烈。就在這個時期，他開始蓄起鬍子來，修剪得尖尖的、整整齊齊的，決意這一輩子都不再剃掉它。他的行為舉止改變了模樣，取代愛情的想法使他慌不擇路。漸漸地，費爾米納的氣味不是那麼經常出現和濃郁了，最後，僅僅留在白梔子花裡了。

他整天渾渾噩噩，不知道如何繼續生活下去。在奧貝索將軍發動叛亂包圍城市期間，一個戰火紛飛的晚上，遠近聞名的納薩雷特的遺孀喪魂落魄地逃到他的家裡，她的家被一發炮彈轟塌了。特蘭西托當機立斷抓住這個機會，把寡婦領進了兒子的臥室，其藉口是她自己的臥室裡沒地兒了，實際上她是希望用另一個愛情使兒子從那個痛不欲生的愛情中擺脫出來。被羅薩爾瓦在船艙裡奪去童貞之後，阿里薩沒有再做過愛，他覺得，在出現緊急情況的夜裡，讓那位寡婦睡床，自己睡吊床是不足為怪的。但她已經決定為他奉獻了。她坐在床邊上——床上躺着的阿里薩不知所措——開始講她為三年前死去的丈夫感到無法慰藉的痛苦，邊講邊把身上的作為守喪標誌的皺紗扯下來扔掉，最後連結婚戒指也摘下來了。她脫下繡着玻璃珠花的塔夫綢內衣，扔在屋子另一頭的一個角落裡的靠背椅上。她把乳罩從肩膀上往後一扔，甩在床的另一頭。她褪下了齊腳面的長裙子，鑲邊襯裙，解開了緞子腰帶，脫下了守喪穿的長統絲襪，滿地亂扔，整個屋子都鋪上了她守喪的各種穿戴。她眉飛色舞地做着這一切，動作之間的停歇恰到好處，似乎她的每個表情都有進攻部隊的炮聲祝賀，炮聲震得整個城市的地基都在顫抖。阿里薩想幫她解開緊身腰帶的扣子，但她動作嫻熟地搶先解開了，在五年的甜蜜夫妻生活中，她學會了獨立完成做愛的各個程序，包括前奏，不需要任何人的協助。最後，她以游泳運動員的快速動作讓鑲邊內褲從大腿上滑了下去。

她已經二十八歲，並且生過三次孩子，脫掉衣服之後，她那勾魂奪魄的魅力絲毫不減作處女時的當年。阿里薩百思不得其解，幾件悔罪者的衣服，怎麼竟能掩飾住那匹山區小母馬的情慾。她在慾火的焚燒下，替他脫掉了衣服，她對她丈夫都沒有這樣做過，那是怕丈夫把她看作是個墮落的女人。她試圖一舉滿足在守喪期間絕對禁錮的情慾，還有在五年忠實的夫妻生活中的無所適從和無辜。在這天晚上之前，自從她母親把她降生人間，她從來沒有同已故丈夫以外的任何男人在同一張床上一起待過。

她沒有因良心的譴責而內疚。恰恰相反。從房頂上呼嘯而過的一個個火球使她難以入睡，她繼續敘述着丈夫的美德，直到天明，除了拋下她而死去之外，她沒責備丈夫任何一點不忠。最後，她聊以自慰地說，丈夫從來沒有像現在這樣完完全全屬於她，他已躺在一個用十二顆三英寸長的釘子釘好的棺材裡，埋在離地面兩公尺深的地方。

「我感到幸福。」她說，「因為只有現在我才千真萬確地知道，他不在家裡的時候待在什麼地方。」

那天晚上她就除了喪，乾淨俐落，用不著再經過那個穿灰色小花內衣的百無聊賴的過渡階段。情歌和色彩斑斕、撩人心弦的衣服充滿了她的生活，她開始把肉體奉獻給一切願意向她索求的人。城市被包圍七十三天之後，奧貝索將軍的隊伍被擊潰了。她修復了被炮彈掀掉房頂的家，並在礁石上修了一座漂亮的臨海陽台，在颳大風的時候，可以從陽台上領略到巨浪的威力。這裡是她的愛情之巢，她並非自嘲地這麼自許，在那裡，她只接待她所喜愛的人，在她願意的時候以她願意的方式接待，不向任何人收取分毫，因為在她看來，那是男人們在施小惠於她。有很少那麼幾次，她接受過小禮物，但這些禮物都不是黃金做的。她待人接物極有分寸，誰也無法挑剔出她行為不端的鐵定事實。只有一回，她差點兒當眾出醜，傳聞紅衣主教但丁·德·魯納不是誤吃蘑菇致死，而是有意服毒自殺，因為她曾威脅他說，如果他繼續死皮賴臉地糾纏她，她將用刀抹脖子。誰也沒追問過她，那件事是否屬實，她也一直閉口不提，她的生活也沒有絲毫改變。她捧腹大笑地說，她是全省唯一的自由女人。

就是在最忙的時候，納薩雷特的遺孀也沒對阿里薩的偶然之約爽約，而且是一向不抱著愛上他或者被他愛上的想法去的，雖然她始終希望找到某種既是愛情又不受愛情牽累的生活方式。有幾次，是他到她家裡去，在這種場合，他倆喜歡待在海邊的陽台上，渾身讓充滿硝味兒的海水泡沫淋個透溼，觀賞曙光從地平線上升起，照亮整個世界。相當長一段時間，阿里薩都蒙在鼓裡，以為他是她私通的唯一的男人，而她也樂得他這麼認為，直到有一次她不巧說了夢話為止。聽著她逐漸睡熟，他一點一滴地把她夢中的航海日誌碎片拼湊起來，進入了她的秘密生活中的許許多多島嶼。於是，他心裡明白了，她並不想委身於他，但又覺得同他的生活聯繫在一起了，因為她無限感激他，是他使她開始墮落的。有許多次，她這麼對他說過：

「我崇拜你，因為你讓我變成了娼婦。」

換個方式說，她這樣說是不無道理的。阿里薩毀掉了她的正常夫婦的貞潔，這比毀掉童貞和孀居守志更有過之而無不及。他教唆她說，如果對維持永恆的愛情有益，床上無論做什麼都算不上不道德。自從那時起，某種東西就非成為其生活的信條不可了：他讓她深信不疑，一個人降生塵世，帶來的「灰塵」是有數的，由於任何一個原因——自己的也好，他人的也好，自願的也好，被迫的也好——而不加使用，就算永遠失去了。她的功勞是，把這一切都毫髮不爽地吸收了。然而，阿里薩卻弄不明白——因為他想比任何人都更了解她，為什麼一個本領十分有限的，而且在床上會喋喋不休地談她因丈夫去世而感到痛苦的女人，竟會受到那麼多人追求。他想起來的唯一的原因是，——誰也無法否認這一點，——納薩雷特的遺孀功夫不足，但溫柔有餘。隨著她逐漸擴大控制範圍，同時也是隨著他探討自己的控制範圍，試圖在另一些人的心中尋求減輕自己往昔的痛苦，他們見面逐漸少了，最後終於沒有痛苦地相互忘卻了。

那是阿里薩的第一次枕席之歡，但他並沒有像母親夢想的那樣同那個孀婦穩定地結合，兩個人都藉此投入了生活。阿里薩發明了一些對他這麼個人來說似乎是不可思議的方法，他寡言少語，表現靦腆，打扮得像個老古董。不過，他具備兩點優勢。其一，是慧眼無誤，他一眼就能看出有那種願望的女人來，哪怕是在一大群人裡也一樣，儘管如此，他還是小心翼翼地追求她，他覺得，沒有什麼比遭到拒絕給人以更大的羞恥和侮辱了。另一點優勢是，她們能一眼看出他是個需要愛情的光棍，一個流浪街頭的窮光蛋，跟挨了揍的狗一樣謙恭，他會無條件地聽她們擺布，什麼都不要，除了心安理得地跟他做愛之外，她們對他也無所企求。這兩點優勢是他的唯一武器，憑著這兩個武器，他展開了歷史性的然而又是絕對隱蔽的戰鬥，這些戰鬥都以公證人般的一絲不苟記錄在一個暗語本裡，其標題為：她們。第一次記錄，他記的是納薩雷特的遺孀，五十年之後，當費爾米納解脫聖禮判決獲得自由的時候，他已經積攢了二十五個本子，記錄在冊的連貫性愛情達六百二十二次之多，此外，還有無數逢場作戲的風流韻事，他連發善心似的記錄都不屑一作。

肆無忌憚地和納薩雷特的遺孀恩恩愛愛六個月後，阿里薩本人也確信他已經戰勝了費爾米納對他的打擊。他不僅自己這麼認為，而且在費爾米納那差不多持續了兩年之久的結婚旅行期間，他還向母親特蘭西托談過好幾次，他一直這麼自信，直到一個倒楣的禮拜日，他心裡無任何預感地突然看見了她。她望完大彌撒出來，挎著丈夫的胳膊，新環境的圍觀和奉承使她一籌莫展。那些原先曾對他嗤之以鼻並嘲笑她是個沒有名氣的暴發戶的貴婦人，熱切地向她問長問短，她們覺得她已經是她們中的一員，而她呢，也以自己的迷人風姿和她們打成一片。她那麼自然而然地變成了俗里俗氣的婦道人家，阿里薩腦子裡轉了好幾個圈兒才認出她來。她已今非昔比了；一身成年人的打扮，高筒靴子，輕羅紗帽子上插著一支東方的鳥毛，她身上的一切都變了，而且是輕而易舉地變了，彷彿她天生就是這樣的。他發現她顯得空前的美麗和年輕，但可望而不可及，跟過去一樣。沒看見那寬綢衣下面隆起的肚子時，他還不明白是怎麼回事兒；她已經有六個月身孕了。不過，他印象最深的是，她和她的丈夫是令人讚嘆的一對，待人接物都應對如流，彷彿超然於現實中的暗礁之外。阿里薩既不覺得妒忌，也沒覺得憤怒，而是深深地自慚形穢。他覺得自己貧窮，醜陋，低人一等，不但不配得到她，而且也不配得到塵世間的任何女人。

她回來了。對生活中的巨變沒有任何後悔地回來了。不僅不後悔，而且越來越不後悔，尤其是經受了頭幾年的挫折之後。到新婚之夜她還守身如玉，這對她來說就更加難能可貴。她到表姊伊爾德布蘭達那個省去旅行的時候，就開始情竇初開，懂得男女間的事了。在瓦列杜帕爾鎮，她終於明白了公雞幹嗎圍著母雞咯咯亂叫，她看見了驢子交配的粗暴場面，看見了生小驢犢的場面，還聽見表姊妹們那些不知羞恥的議論。

她的婚禮是上世紀末葉最熱鬧的婚禮之一，她是懷著大禍臨頭的忐忑不安舉行婚禮的。對蜜月的焦慮，比她嫁給一個當時是獨一無二的貴族所引起的飛長流短給她的打擊還要厲害。自從在大教堂的大彌撒上散發結婚公告，費爾米納又開始收到匿名恐嚇信，有幾封信威脅說要殺死她。但她對這些恐嚇信只是瞟一眼而已，因為她能感受到的全部恐懼，都集中在她行將被姦汙這一點上了。雖然她不是有意加以蔑視，卻成為她對付那些藏頭露尾的人的正確方式，那個階級對歷史性的嘲諷已經習以為常，在既成事實面前低頭就是。就這樣，隨著大家得知婚禮日益不可阻擋，一切作對的人都慢慢站到了她一邊。她從那些被關節炎和傷感奪去青春的臉色蒼白的女人逐步升級的奉承話裡發現了這一點。她們終究有一天明白了，自己的陰謀詭計是無濟於事的，於是便不約而至地到福音公園造訪，彷彿出入於自己的家門，並帶給她烹調手冊和一些表示吉祥的小禮品。特蘭西托對這些情況是熟悉的，但只有這一次才感受到切膚之痛。她知道她的顧客們在有重大慶典的前夕才重新露面，求她把那些埋在地下的罐子刨出來，把典當的首飾借給她們暫用二十四小時，付給她一分附加利息。很久沒有出現過這種情況了，罐子被掏得一空，用長串字母作姓名的太太們⑬穿得珠光寶氣，一掃平素的寒酸勁兒，戴著早已抵押出去的首飾去參加婚禮。如此盛大的婚禮，在本世紀是空前絕後的。最後的高潮是，由努涅斯博士為他們主婚，根據當時從最新詞典上可以查閱得到的資料，他曾三度出任共和國總統，是哲學家、詩人和國歌歌詞的作者。費爾米納挽著父親的手臂走上大教堂的主祭壇，名貴的衣裝在一天之中賦予父親一種值得尊重的假象。三聖節那天，即禮拜五上午十一點，在一個由三位主教共同主持的彌撒儀式上，她站在主祭壇前面，義無反顧地結婚了，連憐憫一下阿里薩的念頭都沒有閃過。這時候，阿里薩正躺在那艘不該載他的被忘卻的輪船的甲板上，發高燒，說胡話，願意為她而死。在儀式上，在婚禮結束之後，她臉上始終掛著宛如用白鉛粉固定了的微笑，有些人認為這種表情是因勝利而自我解嘲的微笑，然而實際上是她用以掩飾新婚處女的恐懼的微薄的資本。

幸而，出乎意料的情況和丈夫的諒解使她頭三夜沒有經過痛苦。神靈暗佑。遠洋總公司那艘船，因加勒比海氣候不好而改變了時刻表，僅僅三天前才通知要提前二十四小時啟航，這樣一來，就不能像六個月以前確定的那樣在婚禮翌日才駛到里約阿查去，而是當夜就走。沒有一個人相信，這個變化不是婚禮上的許許多多的高雅惡作劇之一。在燈火輝煌的船上，婚禮於午夜之後結束，一個維也納樂團——它曾為約翰・斯特勞斯最新的圓舞曲舉行過首演式——為婚禮伴奏。幾位被香檳酒灌得醉醺醺的伴郎，正在詢問船上的招待員，有沒有空艙房把婚禮一直進行到巴黎時，被他們的急得像熱鍋上的螞蟻似的太太拖到了岸上。最後下船的幾位，看見洛倫索・達薩正坐在港口酒店門前的街道上，那身華貴的衣服已經扯了個稀巴爛。他大聲嚎哭，跟阿拉伯人為死去的親人嚎喪一樣的嚎啕不止。他坐在一條臭水溝上，那汪臭水，簡直可以說是眼淚匯成的水洼。

在風急浪高的第一天夜裡，在以後的風平浪靜的夜裡，以致在他們漫長的夫妻生活中的任何時候，都沒有發生過費爾米納原先擔心的粗暴。第一夜，雖然輪船是艘巨艦，艙房也富麗堂皇，但完全是里約阿查輕便船上的可怖情況的再現。她的丈夫是位殷勤細心的醫生，為了安慰她，衣不解帶，沒闔過一會兒眼，那是一位高明過分的醫生所知道的用以對付暈船的唯一招數。不過，到第三天，過了瓜依拉港口之後，風暴停息了，他們待在一起也已很久，進行過長時間的交談，彼此已是老朋友了。第四夜，兩人都恢復了正常習慣，烏爾比諾醫生吃驚地發現，他那年輕的妻子在睡覺前不作祈禱。她對他實言相告：修女們的兩面派行徑，使她對宗教禮儀產生了對抗情緒，但她的信仰沒有受到損傷，學會了默默地保持信仰。她說：「我情願直接同上帝交心。」他對她的理由表示理解，從那時起，兩人就按照各自的方式信奉同一種宗教。他們有過一段短暫的戀愛時期，但就當時而言，是相當非正式的，烏爾比諾醫生到她家去看她，沒有人在旁邊監視，每天傍晚都去。在主教祝福之前，她連指頭都不允許他碰一下，而他呢？也沒有試圖碰過。那是風平浪靜的第一夜，他們都已躺在床上，仍然穿著白天的衣服，他開始進行愛撫，做得極有分寸，當他建議應該換上睡衣時，她覺得是順理成章的。她到廁所去換衣服，在此之前，她把艙房裡的燈關了，換上睡衣出來時，她用抹布把門縫塞住，在伸手不見掌的黑暗中回到床上。她一邊這麼做，一邊開心地說：

「你想怎麼樣，大夫。這是我第一次跟陌生人睡覺。」

烏爾比諾醫生感覺到她像隻驚慌失措的小動物滑到了他身邊，竭力離他遠一點。在那張床上，兩個人躺在一起又不互相接觸是難以做到的。他抓住她的手，覺得冰涼，因害怕而瑟瑟發抖。他把自己的手指和她的手指交織在一起，幾乎是耳語般地對她講起他過去的渡海旅行。她又變得緊張起來，因為她回到床上的時候，發現他已乘她就廁之機把身上的衣服脫光了，這使她又一次產生了對下一步行動的恐怖。但下步行動俄延了好幾個小時，烏爾比諾醫生繼續十分緩慢地說著，一毫米一毫米地獲得她的身體的信任。他對她談巴黎，談巴黎的愛情，談巴黎的情人們在大街上、在公共汽車裡、在炎炎夏日迴盪著手風琴的憂鬱曲調的咖啡館裡的百花盛開的陽台上親吻，在塞納港的碼頭上做愛，誰也不去驚擾他們。黑暗中，他一邊說，一邊用手指撫摸她的脖項，撫摸她胳膊上柔軟如絲的茸毛，撫摸她躲躲閃閃的肚腹，當他覺得她已消除了緊張的時候，作了掀開她的睡袍的第一次嘗試，她以其性格的特有衝動制止了他。她說：「我自己知道怎麼做。」說到做到，她真的把睡衣脫了，然後一動不動地躺著，要不是她的胴體在黑暗中微微閃光，烏爾比諾醫生還以為她已經不在那裡了哩。

又過了一會兒，他又抓住她的手，覺得她的手暖乎乎的，放鬆了，還沁著細細的香汗，潮乎乎的。他們又一言不發、一動不動地呆了一會兒，他在窺測著進行下步行動的機會，她呢，不知從何處開始地等著，艙房裡越來越暗了，她的呼吸越來越急促。他突然放開她的手，跳了起來，用舌頭舔溼中指，輕輕地碰了一下她那毫無思想準備的乳頭，她覺得被電致命地擊了一下，彷彿他碰著了她的一根活神經。她慶幸是在黑暗中，沒讓他看見自己那滾燙的、使全身痙攣直透腦髓的羞紅。「別害怕。」他對她說，聲音十分平靜。「別忘了我是曾經見識過它們的。」他聽到她哧笑著，她的聲音在黑暗中顯得甜蜜而新鮮。

「我記得清清楚楚。」她說，「而且我的氣兒還沒消哩。」

這時，他明白他們已經使美好的希望俯首就範了，便又抓住她那又小又柔軟的手，把熱切的親吻印了上去，先是吻在粗糙的手背上、鮮潤的長長的手指頭上、透明的指甲上，後來又吻在布滿她的命運的線紋的汗涔涔的手掌上。她不知道自己的手怎麼伸到了他的胸膛上，碰到了一片她沒能捉摸出來的東西。他對她說：「這是塊避邪披肩。」她撫摸他胸口上的汗毛，然後用五根指頭抓住那整個一片，要把它連根拔出。「再大點勁兒。」他說。她試著加了加勁兒，加到她知道不致揪痛他為止，然後用自己的手去尋找他那隻消失在黑暗裡的手。但他沒讓她的手指和自己的手指交織在一起，而是一把抓住她的手腕，以一種無形的然而是恰到好處的力量把她的手扯到自己身上的各個部位。跟她的想像相反，甚至也跟她可能的想像相反，她沒有把手縮回來。

她開心地笑了，笑得極為自然，他抓住這一機會擁抱了她，並在她的嘴上印下了第一個吻。她回吻他，他繼續很輕很輕地吻她的雙頰、鼻子、眼皮。她沒有推開他的手，但自己的手卻處於戒備狀態，準備制止他再邁出下一步。她想起來的掩飾羞赧的唯一動作是吊在丈夫的脖子上，深深地、非常用力地吻他。

他心裡明白，他並不愛她。他娶她是因為他喜歡她那股傲勁兒，喜歡她的沉著，喜歡她的力量，同時也是因為他的一點虛榮心，然而，當她第一次吻他的時候，他確信，要建立深厚的愛情是毫無問題的。新婚之夜他們海闊天空地一直談到天亮，但沒有談及這一點，而且任何時候也用不著談這個。從長遠看，兩人誰也沒選錯對方。

天亮的時候，他們睡著了，她仍然是個處子，但做處子的時間不會很長了。果然，第二天夜裡，在加勒比海的湛藍的天空下，他教她跳過維也納華爾茲舞之後，等他上完廁所回到艙房一看，她已經脫了衣服在床上等他了。是她採取了主動，毫不膽怯，毫無痛苦地懷著在深海裡做愛的喜悅把自己交給了他。

他們在歐洲住了十六個月，以巴黎為基地，不時到鄰國去作短暫旅行。在這期間，他們每天都做魚水之歡，在冬季的禮拜日裡，一天還不止一次，躺在床上調笑嬉戲直到開午飯。他是個精力充沛的男人，而且訓練有素，她呢，生來就是個不甘落後的女人，於是他們不得不贊同兩人在床上的本事是半斤八兩不分輕重。經過三個月熱火朝天的夫妻生活之後，他明白了，兩個人有一個是沒有生育能力的，兩人都到他當過住院醫生的薩爾佩特列雷醫院去作過認真的檢查。那是件艱苦然而又是勞而無功的事情。可是，在他們沒想到的時候，在沒有採取任何科學措施的情況下，奇蹟發生了。第二年年底，他們回到家裡的時候，費爾米納已經懷有六個月身孕，她認為自己是普天之下最幸福的女人。兩人朝思暮想的兒子，在一個黃道吉日順利地降生了，為了紀念死於霍亂的祖父，給他取了個和祖父相同的名字。

無從知道，究竟是歐洲之行還是愛情使他們起了變化，因為兩件事情是同時發生的。正如阿里薩在那個倒楣的禮拜日，在他們回家兩週之後看見他們望完彌撒出來的時候發覺的情況一樣，兩人都變了，深刻地變了，不僅他們自己相互之間的關係變了，而且同整個外界的關係都變了。他們帶著對生活的新觀念、帶著世界上的新鮮事物回來了，而且準備向他人灌輸。他帶著文學、音樂，尤其是科學方面的新知識回來了。為了不跟現實脫節，他訂了一分《費加羅報》；為了不跟詩歌脫節，還訂了一分《兩個世界雜誌》。此外，他還同他在巴黎的書商達成了一項協議，讓書商給他寄暢銷書作家們的新作，比如阿納托爾·法朗士和皮爾·洛蒂的；給他寄他最喜愛的作家如雷美·德·古爾孟和保羅·蒲爾杰的新作，但無論如何不要愛彌爾·左拉的書，他認為左拉的書難以卒讀，雖然左拉對達孚的觀念有勇敢的突破。那個書商還答應給他郵寄里科迪樣本中最精采的新作，特別是關於室內音樂的，以便維持他父親當之無愧地取得該市首屈一指的音樂會發起人的稱號。

費爾米納始終同時髦背道而馳，她帶回了六箱過時的衣服，名牌服裝並沒有使她動心。隆冬季節，她到巴黎故宮去參加無可爭議的高級服裝之王沃斯的服裝展銷會，唯一收穫是患了氣管炎，臥床五天。她認為拉菲雷里不是那麼野心勃勃和貪婪，她的明智決策是把舊貨店裡她所喜愛的衣服搶購一空，雖然丈夫談虎色變地發誓說那些是死人的衣服。同時，她帶回了許多沒有商標的意大利鞋，她認為這比菲雷那些聞名遐邇的光怪陸離的鞋更好。她還帶回了一把杜布伊傘，傘的顏色跟地獄之火一樣紅，使我們那些驚愕不已的新聞記者們產生了許多靈感。她只買了一頂雷包克斯夫人牌帽子，但卻買了滿滿一箱假櫻桃枝、她所看到的氈毛做的各種花束、一把一把的鴕鳥羽毛、孔雀毛帽子、亞洲公雞的尾巴毛、整隻的野雞、蜂鳥，還有無數的稀奇古怪的曬乾了的鳥，有的正在展翅飛翔，有的正在張嘴高唱，有的正在垂死掙扎，這些鳥在她晚年的二十個春秋裡，使她那些舊帽子不斷推陳出新。她還帶回來一套世界各國的扇子，每一把都各有特色，無一雷同，適用於各種場合。她還帶回來一瓶她從「查里特雜貨舖」裡的許多香水中挑選出來的氣味濃烈的香水，足夠她用到春風吹走她的骨灰，但她只用了一次就不用了，因為換了香水之後使她失去了自己的感覺。另外，她還帶回來一個化妝品盒，那是誘人的市場上的最新產品，她是把化妝品盒帶到晚會上去的第一個女人，當時，僅僅當眾塗脂抹粉，就會被視為不正經。

除了以上這些，他們還帶回三個不可磨滅的記憶：《霍夫曼故事集》在巴黎盛況空前的首次發行；聖馬可廣場對面差不多焚毀了威尼斯所有平底小艇的那場令人喪膽的大火，他們是從下榻的旅館窗戶裡痛心疾首地親眼目睹的；一月下第一場雪時，匆匆瞥見奧斯卡·王爾德⑭。除了以上這些和其他許多經歷之外，烏爾比諾醫生還深深保留著一個回憶，由於當時沒能和妻子共享，他一直深以為憾。那是他還是單身漢，在巴黎負笈從師時代的事情。那是關於對維克多·雨果的回憶，且不說他的著作，雨果當時在巴黎的名聲已是如雷貫耳，據說他曾經說過——實際上誰也沒親耳聽到過，哥倫比亞的憲法不適用於人的國度，而適用於天使的國度。從那時起，人們就對他特別崇拜，我國為數眾多的到法國去旅行的同胞中，大部分人都不遺餘力地謀求和他一見。有那麼五、六個學生——烏爾比諾也是其中之一，有一陣經常守候在伊留大道的雨果寓所對面，守候在據說他準會去但始終沒有去過的咖啡館裡，最後，他們以里約內格羅的憲法天使的名義，書面請求安排一次私人約會，始終未見回音。有一天，烏爾比諾偶然經過盧森堡公園，看見雨果正從參議院出來，一個年輕的女人挽著他的胳膊。只見他老態龍鐘，步履蹣跚，鬍鬚和頭髮都沒有畫像上那麼濃密，身上那件大衣也似乎是屬於一個比他更魁梧的人物。他不願讓一次冒昧的問候毀壞對雨果的回憶，這近乎虛幻的一眼就足以使他終生難忘了。當他結婚後再到巴黎去，具備更正式地會晤他的條件時，維克多·雨果早已經不在人世了。

可以聊以自慰的是，烏爾比諾和費爾米納共同經歷了一件事情。那是在一個大雪紛飛的下午，一群人冒著暴風雪堵在聖芳濟會大道上的一個小書店門口，這引起了他們的注意，原來奧斯卡·王爾德正在那個書店裡。他終於出來了，果然氣宇不凡，但也許他過分意識到自己的身分了，那群人圍住他，要求他在他的著作上簽名。烏爾比諾醫生停下來只是想看看王爾德，他那衝動的妻子卻想橫穿大道去讓王爾德簽字，因為手頭沒有書，她認為唯一合適的是簽在她那漂亮的羚羊皮手套上，手套長長的，光滑柔軟，跟她那新娘子的皮膚色調相同。她確信，一個學問淵博的男人準會欣賞她的這個舉動。然而，丈夫堅決反對，當她不聽他的勸告硬要那麼做的時候，他覺得羞愧無地。

「如果你穿過這條街，」他對她說，「那麼你回來的時候就只能看見我的屍體了。」

那是她的某種天性。結婚前一年，她照樣大大咧咧地到處東游西走，就跟她從小就在陰沉的大沼澤地的聖・胡安省貧民區裡逛來逛去一樣，彷彿她生來就知道那樣做似的。她和陌生人自來熟的本事，使丈夫目瞪口呆，而且，她還具備用西班牙語在任何地方同任何人交流思想的神奇本領。「語言嘛，當你去賣東西的時候，那是應該懂的。」她笑著以譏諷的語調說，「如果是買東西，懂不懂倒沒關係。」很難想像，一個人怎麼會那麼快而且那麼歡天喜地就適應了巴黎的日常生活，雖然巴黎陰雨綿綿，她在心中還是愛上了它。不過，當她不勝重負地帶著各式各樣的經歷，被旅行搞得筋疲力盡，因懷孕而昏昏欲睡地回到家鄉的時候，人們在港口首先問她對迷人的歐洲印象如何時，她只用加勒比地區隱語的四個字就概括了十六個月的幸福生活：

「更熱鬧吧。」

■**註**

①法國著名化學家和生物學家。

②法國著名精神病醫生。

③但丁《神曲》裡所說的刻在地獄之門上的話。

④法國文學大師，長篇小說《追憶逝水年華》的作者。

⑤耶穌十二弟子之一。

⑥胡・烏・卡即胡維納爾・烏爾比諾・德・拉卡列的縮寫。

⑦法屬安第列斯群島中的一個小島，面積一一〇〇平方公里。

⑧意大利古都。

⑨一二六五—一二六八年時的教皇。

⑩西德的省分。

⑪地名，意為「母狼峽」。

⑫意為失足少年或迷途少年。

⑬指貴族夫人們。

⑭（一八五四—一九〇〇）英國著名作家。

阿里薩在大教堂的庭院裡看見懷孕六個月、儼然一派上流社會太太模樣的費爾米納的那一天，就下了爭取名氣和財富以便無愧於得到她的堅定不移的決心。他甚至不顧她已是有夫之婦這個障礙，因為他同時就打定了主意，彷彿這件事取決於烏爾比諾醫生總得嗚呼哀哉。他不知道他會在什麼時候和如何死去，但卻把這作為一件不可避免的事情計畫進去了，他決心既不著急也不張揚地等待，一直待到世界的末日。

他從頭做起。他不經通報就來到了叔叔萊昂十二——加勒比內河航運公司董事長兼總經理的辦公室裡，表示他願意聽從差遣。叔叔對他隨隨便便就放棄了在萊伊瓦村當電報員這分美差頗為不滿，但他相信侄子的話，人不是從一出娘胎就一成不變的，生活會迫使他再三再四地自我脫胎換骨。另外，哥哥的遺孀又在頭一年裡死去了，帶著終天之恨死去了，但沒有留下遺產。於是，他還是給了這個浪子侄兒一分差事。

萊昂十二的決定是獨特的。這個黑良心的商人軀殼裡有一種深藏不露的瘋子般的脾氣，他可以在瓜西拉的荒漠中泉水湧流般地吐檸檬酒，也可以用撕心裂肺的歌聲「在這黑暗的墳墓裡」使人們在葬禮中哭得驚天動地。他一頭鬈髮，厚嘴唇像農牧之神那樣向前突出，再添上一把七弦琴和一頂桂冠，他就跟基督教神話裡的令人毛骨悚然的暴君尼祿①一模一樣了。除了經管他那些百孔千瘡的、僅僅因為死神的疏忽而仍然浮在水面上的船隻和處理河運中日益繁重的各種問題以外，他把全部空餘時間用來豐富他的抒情歌曲。在葬禮上唱歌，是他最喜愛不過的事情。他的嗓子跟划船的苦役犯似的，沒受過任何正規訓練，但唱來很是動人。某人對他說過，恩里科．卡盧梭②的聲音可以震碎花瓶，多年來他一意模仿他，甚至想用聲音震碎玻璃窗。他的朋友們給他帶回在世界各國旅行時找到的最薄的花瓶，專門組織晚會，以便他最終實現他的最高夢想，但始終沒有如願以償。不過，就像偉大的卡盧梭震碎兩耳細頸玻璃瓶一樣，他那雷鳴般的聲音裡有一種柔情，可以震碎聽眾的心，這就是他在葬禮中備受歡迎的原因。只有一次，他異想天開地唱起了「當你升上天堂」這首美國路易斯安那州的優美的催人淚下的輓歌時，被牧師喝住了，牧師無法理解這種宗教改革。

就這樣，高唱低吟著意大利那不勒斯歌劇和小夜曲，他的創造能力和戰無不勝的事業心使他成了內河運輸最繁榮時期的彪炳顯赫的人物。跟已故的兩位兄長一樣，他是白手起家的，雖然帶著私生子的烙印，而且始終沒有人認領過他們，他們都發迹到顯赫的程度。他們是當時所謂「櫃台顯貴」的出類拔萃的人物，商業俱樂部就是「櫃台顯貴」們的庇護所。然而，即使在擁有可以過著跟他模樣相似的羅馬皇帝的生活的資本時，為了便於工作，叔叔萊昂十二仍然領著妻子和三個兒子住在老城，過著節儉的日子，擠在一座簡陋的房子裡，卻無法去掉人們不公正地加在他頭上的貪心不足的惡名。他唯一的奢侈就更簡單：一幢離辦公室二西班牙里的海濱房子，裡面除了六條手工做的凳子、一個水甕和一張掛在陽台上以便星期天躺著思考問題的吊床之外，沒有別的家具。有人說他是富翁，但誰也沒有他自我形容得確切。

「富翁倒不是，」他說，「我是個有錢的窮人，這壓根兒是兩碼事兒。」

這種古怪脾氣──某人某次曾經在一次演說中讚揚它是大智若愚──使他一眼就看出了過去和今後誰也沒有看出過的阿里薩身上的那種東西。自從面色憂鬱、虛度了二十七歲光陰的阿里薩到他辦公室去要工作那天起，他就讓他經受了可以使最硬的鐵漢子屈服的軍營式的嚴酷考驗。但他沒能使侄子知難而退。叔叔萊昂十二從來沒有懷疑過，侄子的堅忍並非源於餬口謀生的需要，也不是繼承了父親的冷峻，而是來自一種愛情方面的野心，這個世界或另一個世界的任何艱難困苦都無法摧毀這種堅忍。

最不順利的是頭幾年。他被任命為總經理室抄寫員，那顯然是因神設廟地為他安排的。是特烏古特——他是叔叔萊昂十二過去的音樂教師——勸萊昂十二給侄子找分抄抄寫寫的差事，因為他是個不知疲倦的大量閱讀文學作品的人，雖然看的壞書比好書還多。叔叔萊昂十二對於侄子看壞書這事不予理會，特烏古特也曾經說過他自己是唱歌唱得最差的學生，他還不是唱得墳墓裡的石碑都為之潸然下淚嘛。不管怎麼說，德國人最漫不經心地說出的這一點是說準了，阿里薩寫任何東西都感情奔放，把正式文件寫得跟情書似的。儘管他力圖避免，還是把裝船貨單寫得合仄押韻，日常商業函件更散發著抒情氣息，減少了權威性。有一天，叔叔親自到他的辦公室去，拿著一疊他沒有勇氣簽上自己名字的信函，給他下了最後通牒。

「要是你沒本事寫出一封商業信函，那你就到碼頭上掃垃圾去吧。」叔叔對他說。

阿里薩接受了挑戰。他盡最大努力學習商業行文的簡潔明瞭，跟過去模仿時髦詩人一樣，專心致志地模仿公證檔案裡的模式。在這段時間裡，他的空間時間都是在「代筆先生門洞」裡度過的，他幫助那些胸無點墨的戀人寫情書，發洩積蓄在心中的無法在寫海關報告時使用的堆山似海的情話。六個月過去了，他費盡了心機，還是沒能把那不可救藥的天鵝的脖子扭過來。叔叔萊昂十二第二次訓斥他的時候，他服了，但依然有些不識人間煙火。

「我唯一感興趣的是愛情。」他說。

「糟糕的是，」叔叔對他說，「沒有航運就沒有愛情。」

叔叔實踐了派他去碼頭上清掃垃圾的威脅性命令，並為他留了一條後路，告訴他，幹好了，就一步步提升他，直到使他找到合適的歸宿。果然如此。任何工作，不管是多麼艱巨還是多麼令人難堪，都沒有使他倒下，薪金的微薄也沒使他灰心喪氣，在驕橫傲慢的上級面前，他也沒有任何時刻喪失過無畏的本能。當然，他也不是沒有過錯的，所有跟他共過事的人，都吃過他那貌似軟弱實則九條牛也拉不回來的獨斷專行的苦頭。正如叔叔萊昂十二預見和希望的那樣，在三十年的犧牲和頑強奮鬥中，他熟悉了公司的每一個祕密。他擔任過所有的職務，在所有的崗位上，他都顯示了令人讚嘆的能力。他研究了那神祕的經線中的每一條線路，都和詩歌的脈絡有著許許多多的共同之處。但是，他沒能取得那夢寐以求的戰爭勛章：寫一封過得去的商業函件。的確，一封也沒寫成。他沒有設想過，甚至也沒有察覺過，通過自己的生活，他證明了父親的看法——父親直到最後一息還一再說，沒有任何人的嗅覺比詩人更靈敏，沒有任何石匠比詩人更頑強，沒有任何經理比詩人更老謀深算和危險了。這一點，至少叔叔萊昂十二對他說過，叔叔在心裡沒事兒的時候總是對他說他的父親，叔叔把他父親那種與其說是企業家不如說是夢想家的思想傳給了他。

叔叔告訴他，他父親皮奧·金托·洛阿伊薩把辦公室基本上當成了娛樂場而不是工作間，他總是把辦公室裡的事情安排成禮拜日離家上班，藉口說要接待或遣送一條船。更有甚者，他讓人在倉庫的院子裡安裝了一只廢鍋爐，上面裝了一個汽笛，假如妻子在注意他，就有人按航行信號拉響那隻汽笛。叔叔萊昂十二心裡琢磨了一下，阿里薩腦子裡已經形成了這麼一個概念：在一個悶熱的禮拜日下午，半掩半開的辦公室裡的寫字台上正在進行某種勾當，父親的妻子在家裡側耳傾聽，一艘從來沒動過窩的輪船上響著告別的汽笛。等她發現這一切，要指責丈夫的可恥行為時，已經來不及了，他已經死了。她比丈夫晚故去許多年，沒有兒子的痛苦使她身心交瘁，祈禱的時候，她一直懇求上帝永遠詛咒那個私生子。

父親的形象震動了阿里薩。母親曾經對他說過，父親是個頂天立地的男子漢，對經商不大在行，他做內河運輸買賣破了產，是因為大哥跟一個德國海軍准將密切合作，德國准將是內河航運事業的先驅。幾個兄弟都是同胞共母的私生子，母親是廚娘，兄弟幾個是她跟不同的男人所生，除叔叔萊昂十二的名字是以降生時正在執政的教皇的名字命名的外，其餘幾個的名字都是在她的姓氏後面加上一個從聖徒列傳中隨意選來的教皇的名字。名叫弗洛倫蒂諾的那個人，是所有哥兒幾個的外祖父，弗洛倫蒂諾這個名字，超越了整整一代教皇，傳給了特蘭西托·阿里薩的兒子。

弗洛倫蒂諾·阿里薩一直保存著一個他父親寫愛情詩的筆記本，其中有些詩是從特蘭西托身上獲得靈感的，每首詩的眉題都點綴著受傷的心。有兩件事使他頗感意外。其一，是父親那獨特的字體，竟跟他的一模一樣，可他卻是從一本字帖上的許多字體中挑選他最喜歡的字體學習的呀。其二，是找到了一句他以為是自己的座右銘，但他父親在他出生之前很久就把這句話寫在一個本子裡了：我對死亡感到的唯一痛苦，是沒能為愛而死。

他還看到了他父親僅有的兩張照片。一張是在聖菲照的，照片上的父親很年輕，就跟他第一次看見他時的年齡一樣，父親身穿大衣，彷彿鑽進了一隻狗熊的身體裡。他靠在一座雕像的墩座上，雕像只剩下鬆開的綁腿那部分了。站在父親旁邊的那個小孩就是叔叔萊昂十二，他頭上戴著一頂船長小帽。在另一張照片上，父親和一群戰士在一起，從父親身上，他知道那是連年戰火中的那一次戰爭，父親的獵槍最長，鬍子裡的火藥味兒從渾身上下散發出來。跟幾兄弟一樣，父親是自由黨人和共濟會會員，然而，他卻希望兒子進神學院。阿里薩沒覺得像人們所說的那樣他和父親長得很像，據叔叔萊昂十二說，父親也討厭情書般的文件。總之，照片上的父親不像他，也跟他記憶中的父親不一樣，跟母親描繪的模樣也不同，——因為愛，母親美化了父親的形象，——更跟叔叔萊昂十二以其善意的冷酷醜化了的父親的形象不同。不過，許多年之後，阿里薩對鏡梳頭時發現了這種相似之處，也只有在那個時候他才明白，一個人最初和父親相像之日，也就是他開始衰老之時。

他不記得父親住在文塔納斯街。彷彿聽說過有段時間他在那裡過夜，那是他和特蘭西托剛剛相愛之時，但自從他出生以後，父親就沒再去看過她。

洗禮登記在許多年裡一直是我們唯一有效的身分證，阿里薩的洗禮登記——在聖·托里維奧頒發的——只是說，他是一個名叫特蘭西托的未婚私生女的私生子。洗禮登記上沒出現父親的名字，但他直到生命的最後一天都在祕密地供養兒子。這種社會地位，使神學院對阿里薩關上了大門，同時也使他逃脫了在我國最殘酷的戰爭年代服兵役的義務，因為他是一個未婚母親的獨生子。

每週禮拜五，放學之後，他都坐在加勒比內河航運公司辦公室門口，翻看那本看了千百遍的一翻直掉渣兒的動物畫冊。父親身穿那件後來母親特蘭西托不得不改給他穿的呢子大衣走進辦公室去，看都不看他一眼，臉上的表情跟祭壇上的福音書作者聖約翰一模一樣。好幾個鐘頭過去了，父親出來的時候，悄悄地把下一週生活費遞給他。父子倆不說一句話，不僅因為父親不想說，而且也因為他害怕父親。一天，等了比平常長得多的時間以後，父親出來了，給錢的時候對他說：「拿著，以後別再來了。」

那是他最後一次見父親。後來他才知道，叔叔萊昂十二——他比父親小十來歲——繼續在給特蘭西托送錢。父親患腹痛病不治去世之後，是叔叔在照料母親。他沒留下片紙隻字，也沒來得及採取任何維護獨生子——這個野孩子——的措施。

阿里薩的悲劇在於，他在加勒比內河航運公司做抄寫員的時期，放不下自己的抒情之懷，他念念不忘費爾米納，也始終沒學會在起草文稿的時候放下對她的思念。後來，他調任別的職務時，依然情思潮湧，在百無聊賴中，只好把愛情送給那些目不識丁的戀人，在「代筆先生門洞」替他們無償代寫情書。一下班，他就到「代筆先生門洞」去，慢騰騰地脫下外衣，把它搭在椅子靠背上，戴上袖套免得弄髒了襯衣袖子，為了更好地思考，把背心的扣子解開了。有時候，他一直寫到深更半夜，以使人神魂顛倒的書信讓那些失戀的人重新振作起來。有些日子，他碰到跟兒子鬧翻了的貪婪女人，堅持要領取撫恤金的老兵，被人偷了東西想向政府申訴的人，磨破了嘴皮也難使他們滿意，因為他唯一能打動別人的，就是他寫的情書。對新主顧，他連問題都用不著問，只要一看他們的白眼球，就明白他們的心理狀態。他一封接著一封地寫愛情洋溢的信。萬無一失的方式就是寫信的時候始終想著費爾米納，除她之外什麼也不想。第一個月之後，他不得不建立預約制度，免得心急如焚的戀人們使他難以招架。

對那個時期最愉快的回憶，是關於一個羞答答的姑娘，她幾乎是個小女孩，顫抖著求他替她給剛收到的一封無法抗拒的信作復。阿里薩認出，那正是他頭一天下午寫出的一封信。根據女孩子的激情和年齡，他用不同的方式寫了一封信，字跡也像是她的，他能夠根據不同情況，按照個人的性格特點模仿各種筆跡。他縱情暢想，假如費爾米納對他的愛情能像那位六神無主的小姑娘對她的追求者一樣，將會給他寫出什麼樣的回信。自然，兩天之後，他得以寫第一封信時的文體、口氣和抒發愛情的方式，替小伙子再寫回信。就這樣，他自個兒對自個兒進行了火熱的書信往來。不出一個月，兩人分別去向他道謝，感謝他一手包辦的在男朋友的信中提出的、女孩子在回信中熱情地接受了的建議：結婚。

他們生了第一個兒子之後，在一次偶然的談話中，雙方才發現自己的信是由同一位代筆先生捉刀的，兩人第一次聯袂到達「代筆先生門洞」，敦請他給新生兒當教父。由於夢想成為現實，阿里薩興奮異常，他在百忙中擠出時間寫了一首詩：「戀人的祕書」。這首詩比當時以二十文的價錢在門洞裡出售的、被全市半數以上市民倒背如流的另一首詩更富有詩意，內容也更加廣泛。他把幻想中費爾米納和他相會的一幕幕情景理好順序，每一幕都根據他認為可能的種種模式，寫出了情景交融的來信和復信。最後，他寫成了上千封信，分為三集，每集都像科瓦魯維亞斯字典那麼厚，但城裡的出版商誰也不肯冒險為他出版，只好在家裡束之高閣，特蘭西托斷然拒絕把罐子從地下刨出來，免得將一生積蓄浪費在出版這些信件的瘋狂舉動上。若干年後，等到阿里薩自己有錢出版這部書時，那些情書早已過時了，他好不容易才承認了這一現實。

阿里薩在加勒比內河航運公司邁出最初幾步並在「代筆先生門洞」無償代筆寫信的時候，他年輕時代的朋友們就確信他在逐漸疏遠他們，而且一去不回頭了。果然如此。他剛從溯河而上的那次旅行歸來時，他還抱著沖淡對費爾米納的思念的希望，訪問了某些朋友，跟他們一起打彈子球，參加他一生中的最後參加的幾次舞會，無動於衷地聽任姑娘們嘲笑，幹各種他認為有助於讓他恢復本來面目的事情。後來，叔叔萊昂十二聘他為職員以後，他開始和同事們一起，在商業俱樂部玩多米諾骨牌。終於，他和同事們的話題只限於航運公司，而且提到航運公司時也不說全稱，只用其縮寫字母C·F·C，到了這個時候，同事們就把他視為自己人了。他甚至連吃飯的方式都改變了。在此以前，他在飯桌上是隨隨便便沒有規律的；從那時起直到他臨終之時，他卻天天一樣，而且大為節省：早飯是一大杯純咖啡，午飯是一塊燻魚加白米飯，睡覺前來一杯加牛奶咖啡和一小塊兒奶酪。他每時每刻，不管在什麼地方，在什麼場合都喝純咖啡，一天喝三十杯。那是跟原油一樣的飲料，他總願自個兒動手煮，把咖啡灌在暖瓶裡，暖瓶伸手就搆得著。同他自己堅定的願望和殷切地努力相反，他與遭受到愛情的致命打擊以前已判若兩人了。

實際上，他根本不可能再是從前的他了。奪回費爾米納是他一生的唯一目標，而且他堅信或遲或早總能得到她。他說服了特蘭西托繼續整修房子，以便在發生奇蹟的時候隨時可以迎接她到家裡來。跟對待出版「戀人的秘書」這一建議的反應完全不同，特蘭西托此時前進了一大步：她用現金買下了房子，並著手全面翻修。他們把原來的臥室翻修成一間會客廳，在頂層另修了一間供夫婦二人住的臥房和另一間供可能降生的兒女們住的房間，兩間房都很寬敞，光線也很好。在原先是捲菸廠的那片空地上，修了一座寬闊的花園，裡面是各式各樣的玫瑰，那是阿里薩利用清晨的閒暇時間親自動手種的。唯一原封未動的，是那間當鋪，那是不忘過去的見證。阿里薩原先住的後房，還跟過去一樣，吊床還掛著，大寫字枱上橫七豎八地堆滿了書，不過他住到頂層那間擬作夫婦臥室的房間裡去了。這間房子是全家最寬敞、最涼快的，還有一個內陽台。海風徐來，玫瑰飄香，晚上待在陽台上無比的愜意，不過，也是最符合阿里薩的苦行僧清苦標準的。牆面光禿禿的，而且粗糙不平，那是用生石灰抹的。除了一張如同苦役犯用的床，一個床頭櫃，櫃上放著一個插蠟燭的玻璃瓶，一個舊衣櫃，一只水罐，一只澡盆和一只洗臉盆外，沒有別的家具。

修整房屋的工程持續了將近三年，正好和城市的恢復期互相巧合。當時航運和轉口貿易激增，這兩個因素造就了殖民地時期的繁榮，並使那裡在兩個多世紀內成了美洲的門戶。然而，這也是特蘭西托表現出患了不治之症的前期症候的時期。她的老主顧們光臨她的當鋪時，她已顯得越來越老、越來越憔悴和精神恍惚了，她跟她們打了半輩子交道，現在卻認不出她們來了，要不就把她們的事情張冠李戴。這對她這類生意來說是十分嚴重的，因為她所從事的生意歷來不簽任何字據，信譽只憑口說，一句話就是保證，而且照例被認可。起初，她以為是耳朵聾了，但很快就發現，顯然是記憶力出了毛病，才使她丟三落四。於是，她把當鋪關了，除了利用埋在地下的罐子裡的財富，翻修房子，配置家具之外，還剩下了許多全市最貴重的古老首飾，這些首飾的主人無力把它們贖還。

阿里薩不得不同時兼顧許多事情，卻從未削弱他加緊偷偷地獵取女人的勁頭。他跟納薩雷特的遺孀做了一陣露水夫妻，打開了尋花覓柳的道路，好幾年中，他繼續幹著勾引夜間無主的小鳥的勾當，幻想借此來減輕失去費爾米納的痛苦。到了後來，已經說不清他絕望的發洩淫慾的習慣，到底是出於心理的需要，還是一種生理上的惡習了。他到小客棧去的次數越來越少了，不僅因為他的興趣有所轉移，而且還因為他不願意被熟人們認出。有三次，在慌不擇路的情況下，他採用了過去沒有幹過的簡便做法：把擔心被認出來的女友打扮成男人，裝成嘻嘻哈哈的夜貓子一起到旅館去。但至少有兩次被人發現，原來他和那位所謂男友進旅館後不是到酒吧間而是直奔房間。這就使阿里薩的相當狼藉的名聲徹底完蛋了。後來，他只去過很少幾次，但已不是為了重演故技，而是恰恰相反，是為了找個避難所，以便在縱慾過度中喘一口氣。

不進小客棧並非對那種事洗手不幹。下午五點來鐘光景，剛離開辦公室，他就像老鷹叼小雞兒似的到處捕獵。起初，他滿足於黑夜的恩賜。他在公園裡和女佣，在市場上和女黑人，在海灘上和交際花，在來自新奧爾良的輪船上同美國女人勾搭，把她們帶到礁石上去，在那裡，從太陽下山開始，半個城市的人都在幹那種事。把她們帶到一切能幹那種事的地方去，有時甚至還帶到沒法幹那種事的地方去，有不少回，他不得不急匆匆地鑽進漆黑的門廳，在大門背後不拘方式地幹那種事。

燈塔一直是個幸福的避護所，垂暮之年萬念俱灰的時候，他仍然在依戀地懷念燈塔，那是個痛快行事的好地方，尤其在晚上。他曾經想過，他那個時期的風流勾當，在信號燈的一問一答中可能讓海員們看到了一點什麼。他繼續到燈塔去，比到任何別的地方都去得更勤，他的朋友——燈塔看守人——歡天喜地地接待他，那張傻里傻氣的臉，使擔驚受怕的小鳥們如釋重負。燈塔下面有一間房子，緊靠著撞在峭壁上發出雷鳴般濤聲的海浪，在那間房子裡，愛意更加濃烈，因為有一種遇難的感覺。愛的狂潮之夜過去之後，阿里薩更喜歡到燈塔上面去，因為在那裡能俯瞰全城和海上以及遠處的湖泊裡的萬盞漁燈。

在這段時間裡，形成了他關於女人的身體狀況和戀愛的能力之間的關係的淺顯理論。他對這些不成熟的觀察作了記載，想為「戀人的祕書」寫個實用續集，阿烏森西婭·桑坦德爾以其老狗的智慧把他弄了個顛三倒四，使他的妙論徹底破產。於是，這項計畫也跟出版「戀人的祕書」的計畫一樣成了泡影。

阿烏森西婭有過二十年正常的夫妻生活，生過三個兒子，兒子們都已成家並且生兒育女。她自詡為全市最有福氣的祖母。始終沒有弄清楚，是她拋棄了丈夫還是丈夫拋棄了她，或者是兩人同時互相拋棄。丈夫和他原來的情人一塊兒過去了，她自由自在地在光天化日之下敞開大門接待內河輪船的船長拉羅薩，她過去曾經在夜晚打開後門接待過他許多次。正是船長本人，不假思索地把阿里薩帶到她的家裡。

船長把他帶去吃午飯。船長還帶去一大瓶家釀的燒酒和做一頓木薯香蕉肉湯的最上乘的調料，這種菜只能用農家母雞、帶骨嫩牛肉、吃殘渣剩飯長大的豬的肉，和沿河村子裡的蔬菜才能做出來。阿里薩一開始就對可口的佳肴和女主人的綽約風姿不大在意，只是對那個漂亮的家讚不絕口。他喜歡那座明亮、涼爽的房子，裡面有四個朝海的大窗戶，從背後可以把整個古城盡收眼底。他喜歡那些許多光華奪目的擺設，這些裝飾品使會客廳撲朔迷離而又令人望而生畏。精美的工藝品應有盡有，都是羅森多·德·拉羅薩船長出航時一件件帶回來的，屋子裡已經擺得沒有餘地了。臨海陽台，坐落在圍牆上，陽台上養著一隻馬來西亞白鸚鵡，羽毛白得令人難以置信，沉思似的一動不動，使人難以理解，那是阿里薩從未見過的最美的動物。

拉羅薩因客人的情緒高漲而興高采烈，他詳盡地向客人介紹每件東西的來歷。一邊講，一邊一小口一小口地不停地飲酒。他長得跟塊鋼筋水泥似的：身軀龐大，除腦袋光禿禿外，渾身是毛，一部山羊鬍子跟把大刷子似的，聲如洪鐘——只有這個人才能有這麼大的聲音，他舉止十分文雅，卻嗜酒成癖，就餐前，他已喝了半瓶酒，身子摔倒在放杯子和瓶子的托盤上，杯子、瓶子發出一陣清脆的破裂聲。阿烏森西婭只好請阿里薩幫忙，把他那跟擱淺的鯨魚似的失去知覺的身體拖到床上去，給這位睡著了的船長脫去衣服。然後，兩人心裡同時閃過一個感謝這個鬼使神差的安排的念頭，接著，心照不宣地到旁邊的一個房間裡去親熱。在七年多的時間裡，當船長出外航行的時候，他們一有機會就在一起。沒有被撞上的危險，因為船長具有優秀海員的習慣，到港的時候會用船上的汽笛發出通知，哪怕是在早晨也無一例外。先用三聲長笛通知妻子和九個兒女，然後用兩下短促而憂鬱的笛聲通知情婦。

阿烏森西婭年近半百，長得也不年輕，她的情欲卻不減當年。根據輪船的航程，阿里薩知道什麼時候可以去看她，而且總是不事先通知，不管是白天還是晚上，想去的時候就去，沒有一次她不是在等著他。

在他們相識兩年之後的一個禮拜日，他到她家去的時候，她做的第一件事不是脫他的衣服，而是摘下他的眼鏡，吻他。阿里薩知道，她開始愛上他了。自從第一天起，他在那座房子裡就過得很舒坦，他喜歡那座房子，把它視為己有，但每次他沒有在那裡待過兩小時以上，也從來沒有在那裡睡過覺，只吃過一回飯，那是她向他發出了正式邀請。實際上，他只是為她而去的，總是帶著唯一的禮物——一朵孤零零的玫瑰，到下一次不可預見的機會為止，他連面都不露一下。在她摘下他的眼鏡吻他的那個禮拜日，兩人在船長那張巨大的床上度過了整整一個下午。午睡醒來，阿里薩還記得聽到過白鸚鵡的叫聲，那刺耳的破鑼似的叫聲，和牠的美麗的外表格格不入。在炎熱的下午四時，萬籟俱靜，透過臥室的窗戶，可以看得見古城的側面，下午的太陽，照射著它的脊背，照射著它的建築物的金色尖頂，照射著金光閃閃的直通牙買加的大海。阿烏森西婭伸出大膽的手，阿里薩把她的手推開了。他說：「現在不行！我有個奇怪的感覺，好像有人在瞧著我們。」

她又以其幸福的笑聲使白鸚鵡尖叫起來。她說：「這種藉口，就是宙斯的老婆也不會相信。」當然啦，她也是不會相信的，但她同意了他的意見，兩人又默默地親熱了好大一會兒。五點，太陽仍然老高，她從床上跳起來，一絲不掛，頭上紮著那根綢帶，到廚房裡去找點什麼喝的，剛到臥室外面還沒邁出一步就驚慌地叫了起來。

簡直無法相信。家裡唯一剩下的，只有那些吊燈了。其餘的，包括簽著姓名的家具，印度地毯，雕塑和哥白林掛毯，難以計數的寶石和貴重金屬做的小玩意兒，一切使她家成為全市最漂亮、最富麗堂皇的家庭之一的擺設，一切的一切，甚至那隻神一般的白鸚鵡，都不翼而飛了。沒有打擾他們，從臨海陽台上運走了他們的東西。剩下的只是空空如也的幾間房子和四個打開了的窗戶，還有就是在緊貼裡面的牆壁上用粗刷子寫的一句話：因為墮落，這種事兒就會落到你的頭上。拉羅薩船長一直沒法理解，阿烏森西婭幹麼不去報案，也沒想法同收購贓物的商人聯繫，並且還不准別人提這件倒楣事兒。

阿里薩繼續到被洗劫一空的那座房子裡去看她，家具只剩下強盜們忘在廚房裡的三把皮椅子和他們當時所在的那間臥室裡的東西。不過，他不像過去那樣經常去看她了，這並非出於她所猜測的原因，家裡遭到了洗劫，而是因為本世紀初出現了騾車這個新鮮玩意兒。騾車是他別出心裁地獵取孤鳥的極樂世界。他每天乘坐四次，兩次到辦公室，兩次回家，有時候是真的在車裡看文件或書報，大部分時間則是以看東西作幌子，去為以後的幽會建立初步聯繫。後來，叔叔萊昂十二撥給他一輛兩匹跟總統拉斐爾·努涅斯的騾子一樣的披著金色馬衣的栗色騾子拉的車，他時常懷念他乘坐騾拉驛車、手到擒來地幹花花公子風流勾當的那個時代。他的想法不無道理：偷情的最大敵人，莫過於等在門口的那輛車子。他幾乎一直把騾車藏在家裡，步行去獵取女人，免得在地上留下車轍。正因為如此，他十分懷念那些駕著老氣橫秋的、掉了毛的騾子的驛車。在驛車裡，他只要斜著眼睛瞟那麼一下，就知道在哪裡能夠找到愛情。然而，在無數個令人心醉的回憶裡，他難以忘卻一個無依無靠的鳥兒，他連她的名字都不知道，而且同她在一起只度過了一個痛快的半夜，但只那麼一幕，就足以使他後半輩子對狂歡節的無辜混亂頭疼了。

她在狂歡的人群中的勇敢的舉動，引起了坐在驛車裡的他的注意。她看來不出二十歲，如果不是裝扮成殘疾人的樣子，看不出她對狂歡有多大勁頭。她的頭髮顏色很淡，長長的，平平的，自然地披散在肩膀上，穿著一件沒有任何裝飾的普普通通的長衫。對街上震耳欲聾的音樂，一把把撒向空中的大米粉，驛車走過時向坐車的人撒的紅紅綠綠的水——拉車的騾子在那瘋狂的三天裡都用澱粉塗得通身雪白，頭上戴著花冠——她都完全無動於衷。利用那個混亂場面，阿里薩提出請她吃冰淇淋，他沒想花更大的代價。她看了他一眼，並不感到意外。她說：「我很樂意接受，但是，我要警告你，我是個瘋子。」對她的回答，他付之一笑，隨即帶她到冰淇淋店的陽台上去看彩車隊伍。過後，他穿上一件租來的帶風帽的外衣，兩人到海關廣場摻進了跳舞的人群，像初戀的情人似地翩翩起舞。在喧囂的夜晚，她益發心醉神迷，跳得跟個舞蹈家似的。在跳舞的人群裡，她顯得富有創造性而無所顧忌，舞姿優美，令人心蕩神馳。

「你纏著我，還不知道是幹了件什麼蠢事哩。」她在如火如荼地狂歡著的人群裡大聲喊叫著說：「我是個瘋人院裡的瘋子。」

阿里薩覺得，那天晚上他又回到了遭受失戀痛苦之前的純潔而歡樂的境地。不過他心裡明白，這麼輕易到手的幸福是不可能持續多長時間的，他在這方面教訓多於經驗。於是，在夜晚的高潮開始減退之前——高潮總是在分發過化裝最佳獎後就開始減退，他對姑娘建議說，到燈塔上去看日出吧。她高興地接受了建議，但又說等發完獎品再去。

阿里薩確信，耽誤這一會兒，真是救了他一條命。一點不錯，當姑娘剛向他示意去燈塔的時候，「聖母」瘋人院的兩個如狼似虎的看守和一個女看守就撲到了她的身上。自從她下午三點鐘逃走之後，他們就到處找她，不僅僅是他們三個人，而且動員了政府當局的全部力量。她用從花匠手裡奪過來的砍刀砍死了一個守衛，把另外兩個砍成了重傷，因為她想出來參加狂歡節舞會。誰也沒想到她竟會在大街上跳舞，都以為她藏到什麼人家裡去了，他們搜查了成千上萬家，連地下蓄水池都搜過了。

帶她走可不容易。她拿出藏在乳罩裡的整枝剪刀自衛，六個大男人剛把拘束衣給她套上，擁擠在海關廣場上的人群就與高采烈地鼓掌和起哄，以為這血腥的逮捕也是狂歡節裡層出不窮的鬧劇之一。阿里薩當時心裡像刀絞似的，從禮拜三聖灰節那天開始，他就提著一盒英國巧克力到聖母街轉悠，想把巧克力遞給她。他站在那裡，看著那些從窗戶裡對著他辱罵或哀求的女囚，用巧克力盒子逗她們，希望能僥倖看到她也從鐵窗裡面出現。但他始終沒有再見到過她。數日之後，有一天，當他從驛車上下來的時候，一個跟父親一起走的小女孩向他要一塊他提著的盒子裡的巧克力。父親訓斥女兒，並向阿里薩道歉。他把整盒巧克力都給了那個小姑娘，心裡想他這樣做會把他從一切痛苦中拯救出來。隨後，他在小女孩的爸爸的肩膀上輕輕拍了一巴掌，讓他不要介意。

「這是送給一個見鬼去了的情人的。」他對他說。

作為命運的補償，阿里薩認識卡西亞妮也是在騾拉驛車上，她實際上是他一生中真正愛過的女人，雖然他和她都始終沒有意識到，他們也一直沒有過枕席之歡。他坐下午五點的驛車回家，看到她之前他就感覺到了她的存在：她實實在在地看了他一眼，他覺得，好像被手指戳了一下似的。他抬起頭看見了她，她坐在對面最遠的地方，在其餘乘客中有如鶴立雞群。她迎著他的目光，繼續厚顏無恥地盯著他。他只能像在第一次想像時那麼想像她：黑姑娘，年輕而漂亮，但毫無疑問，是個婊子。他把她從生活中抹掉了，他覺得最不值得的就是拿錢買愛情，他從來沒有買過。

阿里薩在停車廣場下了驛車，那是驛車的終點站。他三步併做兩步地穿過迷宮似的賣貨攤朝前走，母親在等他六點鐘回去。穿出人群之後，他聽見背後響起了一陣女人的鞋後跟落在石頭地面上的歡快的噠噠聲，他回頭看了一眼，以便確認他已經猜到了的情況：是她。她的打扮和畫中女奴一般，穿一條寬荷葉邊裙子，兩手以跳舞的姿勢牽起裙角，邁過街上的水坑，敞口領開得連肩膀都露了出來，脖子上掛著一串花花綠綠的項鏈，頭上裹著一條白頭巾。他在小客棧裡見識過她這樣的人。時常是這樣，到了下午六點，她們肚子裡還只裝著早飯時，她們就不得不把自己的肉體當作攔路賊的刀來使，扯著嗓子對在街上碰到的第一個男人調情。要麼做婊子，要麼就餓肚子。為了進行一次最後的驗證，阿里薩拐了個彎，走進空無一人的那條名叫麥仙翁的小巷子。她尾隨著他，越跟越緊。這時，他停下腳步，轉過身來雙手拄著雨傘站在人行道上，擋住了她的去路。她在他面前站住了。

「你搞錯了，美人兒。」他說：「我不會給你的。」

「當然會啦。」她說：「從你臉上瞧得出來。」

阿里薩想起了他小時候聽見那位他們家的家庭醫生——也就是他的教父——在談到他的慢性便秘時說過的一句話：「世界上的人分成兩大類：會拉屎的和不會拉屎的。」根據這一論斷，這位醫生提出了一整套關於性格的理論，他認為這比星占學還要精確。然而，隨著閱歷的增長，阿里薩以另一種方式提出了這個理論：「世界上的人分成兩大類：會嫖的和不會嫖的。」他對後一種人採取了不信任的態度。對這些人來講，越軌行為彷彿是不可思議的。他們把男女之間的那些事看得神乎其神，彷彿是他們剛剛發明的。相反，經常幹這種事的人，活著就是為了這個。他們心安理得，守口如瓶，因為他們知道，謹慎關係著他們的生命。他們不談論自己的豪舉，不委託任何人牽線搭橋，裝作對這事漠不關心到了極點，甚至落得個性無能，或者陽冷，尤其是像阿里薩這樣被人說成是假女人的名聲，他們也無所謂。不過，這種陰差陽錯正中他們的下懷，因為這種差錯也保護著他們。這是個絕密的共濟會，全世界的會員都互相認識，並不需要共同語言。正是這樣，阿里薩對那個姑娘的回答才不感到意外；她和他是一丘之貉，因此她才知道他明白她的想法。

這是他一生最大的錯誤，他的良心每日每時都這麼提醒他，直到他離開人間那一天。她想向他要求的，並非愛情，更不是賣錢的愛情，而是在加勒比內河航運公司找一分兒工作，隨便幹點什麼，掙多少錢都可以。阿里薩對自己的行為很內疚，便把她帶去見了人事處長，人事處長給她在總務處安排了一個最低下的工作，她認真、謙卑而兢兢業業地幹了三年。

從創立時起，加勒比內河航運公司的辦公室就在碼頭跟前，和在海灣對面的運洋船隻港口以及鬼魂灣市場的錨地毫不搭界。那是一座木結構樓房，房頂是用鋅皮做的人字頂，唯一的陽台很長，用支在樓正面的柱子撐著，樓房四面開著好幾個釘著鐵絲網的窗戶，從窗戶裡可以像看掛在牆上的圖表似地看到靠在碼頭上的全部船隻。創建公司的德國人修這座樓的時候，把鋅皮頂漆成了紅色，把木頭牆壁漆成了雪白色，整座樓也有點像一艘內河船隻。後來，整個樓都漆成了藍色，阿里薩到公司裡工作的那一陣，樓宇變成了一個灰塵山積的大棚子，說不清到底是什麼顏色了，銹迹斑斑的房頂，原先的鋅板上用新鋅板打了些補釘。樓房後面有個用粗鐵絲圍起來的鋪著碎石子的院子，院子裡有兩座顯得更新一些的大倉庫，倉庫後面，是一條堵死了的河溝，又髒又臭，半個世紀航運積累的垃圾在河溝裡腐爛；古老的舊船的廢墟，其中有由西蒙·博利瓦爾剪綵下水的只有一個烟筒的原始船隻，也有幾條相當新的、艙房裡已經裝有電風扇的船。舊船大部分都已經拆過了，上面的材料用在了別的船上，但不少船隻的狀況還相當不錯，似乎只要給它們塗上點漆就可以開去航行，用不著驚嚇住在船裡的鬣蜥和除去覆蓋在船上使它們顯得更加可憐巴巴的巨大的黃色野花。

樓房的頂層是管理處，房間小而舒適，裝備齊全，跟輪船的倉房似的，它是造船工程師修建的。餐廳的盡頭裡，叔叔萊昂十二跟普通職員一樣，在一間和所有的辦公室毫無區別的辦公室裡辦公，唯一的區別是，在他的寫字枱上，每天早晨都有一束插在一個玻璃瓶裡的隨便什麼樣的香花。樓房的底層是旅客集中之處，裡面有個候船室，候船室裡擺著幾條粗木凳，一個賣船票和辦理行李托運的櫃台。在所有辦公室的後面，是那個莫名其妙的總務處，單是總務處這個名字，就給人以一個職責含糊的印象，公司其它部門沒有解決的所有問題都送到總務處來不了了之。卡西亞妮就在那裡，坐在一張放在堆碼著的玉米袋子和沒法處理的文件堆裡的學生課桌後面。那天，叔叔萊昂十二親自到那裡去了，看看這個總務處到底能起點什麼作用。在那裡當眾和所有職員進行交談，在三個小時的理論上的建議和具體調查之後，他憂心忡忡地回到了自己的辦公室裡，考慮了許久，確信沒有找到堆積如山的案件的任何解決辦法，而是完全相反，又發現了些無法解決的各種各樣的新問題。

第二天，阿里薩走進自己的辦公室的時候，看到了卡西亞妮留的一張條子，要求研究一下，如果認為合適的話，看完以後呈送他的叔叔。她是頭天下午在視察時唯一未說話的人。她有意識地注意到了自己的照顧性雇員的身分，但在那張條子上她說明了，她一言不發並不是對事情漠不關心，而是為了尊重處理有身分的職員。條子寫得如此言簡意賅。叔叔萊昂十二設想進行一次深刻改組，但卡西亞妮的想法恰恰相反，理由很簡單，所謂總務處實際上不存在：它是裝那些其他處推卸下來的令人頭疼然而又無足輕重的問題的垃圾桶。因此，解決辦法就是，撤銷總務處，把問題退到原先把它推出來的各處室去解決。

叔叔萊昂十二對卡西亞妮是何許人毫無印象，也不記得在頭天下午的會議上看見過她，但他看了條子之後，就把她叫到辦公室，關起門來同她談了兩個小時。按照他了解人的方式，他們的談話各方面都有所涉及。條子是平平常常的，但是有助於問題的解決，產生了渴望已久的效果。不過，叔叔萊昂十二對此不感興趣，他感興趣的是她本人。最引起他注意的是，小學畢業之後，她只在製帽學校上過學。另外，她正在家裡採用一種速成辦法無師自通地學習英語，三個月前，她開始上夜校學習打字。打字是個大有前途的新職業，就像過去說電報員大有前途，或再過去說蒸汽機大有前途是一樣的。

她談完話出去的時候，叔叔萊昂十二已經開始像他後來一直稱呼她的那樣，管她叫同名人萊昂娜了。根據萊昂娜·卡西亞妮的建議，他當機立斷地決定撤銷總務處，把問題分別退回原來製造這些問題的人那裡去解決，並為她設置了一個既沒有名稱也沒有具體職能的職位，實際上就是他的私人助理。這天下午，果斷地撤銷了總務處之後，叔叔萊昂十二問阿里薩，是從哪兒把卡西亞妮搞來的，阿里薩如實作了回答。

「那麼請你到驛車去一下，把像她一樣的姑娘統統給我帶來。」叔叔對他說，「有兩個或三個這樣的姑娘，我們就能把你那隻大帆船打撈起來了。」

阿里薩把這句話當成了叔叔萊昂十二獨特的玩笑，但第二天他就發現，六個月以前撥給他的那輛車子不見了，取消他的車子是為了讓他繼續在驛車上尋找隱藏著的人才。卡西亞妮呢，原先的小心謹慎很快就一掃而光，頭三年裡將頗為狡猾地隱在內心深處的渾身解數都使了出來。又過了三年，她把一切情況都掌握了，在往後的四年間，她已經快提升到祕書長了，但她拒絕擔任祕書長，因為她只比阿里薩低一級。到那時為止，她依然聽命於他，她願意繼續這樣。但實際上並非如此，阿里薩本人也沒有察覺，是他在聽從她的命令。事情是這樣的，他只不過是在總經理室裡執行她提出的建議，以便幫助他戰勝自己那些不露首尾的敵人的陰謀詭計。

■ 註

①古羅馬皇帝，五四—六八年執政，曾下令殺害了自己的母親和妻子。

②意大利著名男高音歌唱家（一八七三—一九二一）。

卡西亞妮具有把祕密玩弄於掌股之上的魔鬼般的才能，她永遠知道在恰到好處的時刻出現在什麼地方。她精力過人，不聲不響，又聰明又溫柔。然而，在關鍵時刻，儘管她內心痛苦，卻表現出鋼鐵般的性格。她從來沒有為自己的事動過肝火。她的唯一目的，就是不惜任何代價掃清階梯——如果沒有別的辦法，就用血去洗——讓阿里薩爬到他不自量力的位置上去。出於不可遏制的權欲，她不擇手段地那麼幹著，但她實際的目的純粹是為了報恩。她的決心如此之大，使阿里薩本人也被她的手段攪得暈頭轉向了，在一個不幸的時刻，他曾經想去擋住她的道兒，因為他以為她在擋住他的道兒。卡西亞妮使他重新清醒過來。

「您別搞錯了。」她對他說，「您要我走，我就離開這裡，不過請您好好想一想。」

阿里薩的確還沒有想過。於是，他盡可能前前後後地思考了這個問題，終於向她繳械投降。實際上，在公司內部危機四伏的那場骯髒的戰爭中，在提心吊膽的尋花問柳的災難中，在可望而不可及的對費爾米納的幻想中，面對那個在白熱化的明爭暗鬥中弄得屎一身、愛一身的潑辣的黑姑娘，阿里薩的冷漠的內心沒有一刻平靜過。他曾多次黯然傷心，因為她實際上不是他認識她那天下午所想像的那種賤人，否則他會把自己的原則忘得一乾二淨，哪怕是火炭般的金元寶，他也要跟她睡上一覺。卡西亞妮仍然跟那天下午在驛車上的時候一樣，依然滿不在乎地穿著那身野妓式的衣服，裹著瘋子的頭巾，戴著骨雕的耳墜和手鐲，戴著那串項鍊，根根手指上都戴著假寶石戒指。總之，還是流浪街頭的那個卡西亞妮。時光在她的外貌上留下的一丁點兒痕跡，更使她平添了幾分顏色。她熟透了，女性的妙處更加使人銷魂，她那非洲女人的溫熱的身體，隨著成熟顯得更加豐滿了。阿里薩在十年中沒有向她作出任何暗示，以此來為自己在初次見面時所犯的錯誤贖罪。她呢，在各方面都幫了他的忙，唯獨在這方面沒有幫過他。

一天晚上，阿里薩工作到了深夜——母親去世後他經常如此——正要出門的時候，他看見卡西亞妮的辦公室裡還亮著燈。他沒敲門就推了進去。她果然在那裡，獨自坐在寫字台前，出神地沉思著，表情嚴肅，新配的眼鏡使她帶上了學究的氣息。阿里薩心裡激起了一陣幸福的顫慄。就他們兩人在樓裡，碼頭上空無一人，城市已進入夢鄉，漆黑的夜色籠罩著墨一樣的海，一艘輪船發出淒涼的呻吟，它還要再過一個小時才能到港。阿里薩雙手拄著雨傘，跟他在那條名叫麥仙翁的小巷子裡擋住她的去路時一模一樣，但這次是為了不讓她看出他的膝蓋在微微發抖。

「告訴我，親愛的卡西亞妮，」他說，「我們什麼時候才能改變這種狀況？」

她並不感到意外，異常鎮靜地摘下眼鏡，陽光般的笑聲使他目瞪口呆。她還從來沒有用「你」稱呼過他。

「唉，阿里薩呀，」她對他說：「十年來，我一直坐在這裡等你向我提出這個問題！太遲了：在騾馬驛車上時曾經有過這樣的機會，後來她一直坐在那張椅子上，但現在已經一去不復返了。真的，幫他幹了那麼多的鬼鬼祟祟的卑鄙勾當之後，為他忍受了那麼多的無恥行徑之後，她在生活中已經超過了他，儘管他比她年長了二十歲：她為了他而衰老了。她深深地愛著他，她情願繼續愛他而不是欺騙他，雖然不得不突如其來地讓他知道真相。

「不行。」她對他說，「我會覺得我是在跟我幻想中的兒子在一起睡覺。」

最後的否認不是出自自己之口，這一點使阿里薩覺得芒刺在背。他歷來以為，當一個女人說「不」的時候，是在等待別人再堅持，然後才作最後的決定；但跟她打交道卻是另外一回事兒，他不能冒犯第二次錯誤的風險了。他輕輕鬆鬆地走了，甚至還帶了一點頗為難得的痛快。從這天晚上以後，他們之間可能出現的任何陰影都順順當當地冰釋了，而且阿里薩也終於明白，他可以成為一個女人的朋友而不必跟她睡覺。

阿里薩只向卡西亞妮透露了他跟費爾米納的祕密。由於不可抗拒的自然規律，知道這個祕密的為數不多的幾個人已開始把這件事置之記憶之外了。其中有三個已鐵定地進了墳墓：一個是他母親，她在去世之前很久就把這個祕密從記憶中抹去了；第二個是普拉西迪婭，她長期侍候那個幾乎被她視為女兒的人，直到高壽才與世長辭；第三個是那位終身難忘的埃斯科拉斯蒂卡，她曾經把他這一生收到的第一封情書夾在祈禱書裡遞給了他，這麼多年過去了，她也不可能還活在世上。至於洛倫索・達薩，當時還不知道他是死是活，他為了女兒不被開除，也許曾經向修女德拉魯絲透露過，但修女不大可能擴散這個祕密。還有伊爾德布蘭達以及費爾米納其他一些野裡野氣的表姐妹們。

阿里薩不知道，烏爾比諾醫生也應該包括在這張知情人的名單之中。伊爾德布蘭達在頭幾年十分頻繁的來訪中，有一次曾經向醫生透露過這個祕密。不過，她是非常偶然地在一個很不適當的時候提到這件事的，而烏爾比諾醫生並非如她想像的那樣，左耳進，右耳出。伊爾德布蘭達是把阿里薩作為一個據她認為可能在猜燈謎時獨占鰲頭的隱姓埋名的詩人而提到的。烏爾比諾醫生半天沒想起阿里薩是誰來，她便對他說——其實並不是非說不可，但她說這個的時候沒懷一點兒惡意——阿里薩就是費爾米納出嫁以前唯一的情人。她對醫生說起這件事的時候，心裡確信這件事是完全無可非議而且又是曇花一現的，甚至可以令人惋惜。烏爾比諾醫生瞧都不瞧她就反唇相譏說：「我不知道這個傢伙還是一位詩人哪。」隨即把他從記憶中抹去了，跟其他事情一起抹去了，因為他的職業已經使他養成了從倫理道德的角度對事情隨見隨忘的習慣。

阿里薩發覺，掌握這個祕密的人，除他母親之外都是屬於費爾米納那一方的。而在他這一方卻只有自己一人。他獨自背著這重如大山的包袱，許多次需要有人助他一臂之力，但當時誰也不配得到這種信任。卡西亞妮是唯一可信賴的人，只差選定方式和時機了。就在他思索這個問題的那個赤日炎炎的下午，偏巧烏爾比諾醫生爬上加勒比內河航運公司的陡峭的樓梯上來了。為了戰勝下午三點鐘的悶熱，他爬一級歇一會兒，走到阿里薩的辦公室的時候，已經氣喘吁吁，汗水把褲子都濕透了。他上氣不接下氣地說：「我看一場颶風就要來了。」阿里薩在那裡見過他好多回，每回都是來找叔叔萊昂十二的，但過去哪一次也沒有這一次這麼明顯地感覺到這個不速之客跟他的生活有某種關係。

那段時間，也正是烏爾比諾醫生度過了職業難關，幾乎像個叫化子似地拿著帽子挨門挨戶地為他的藝術活動尋求資助的時候。他的最牢固而慷慨的贊助者之一自始至終是萊昂十二，後者當時正巧坐在他的辦公桌前的彈簧靠背椅上剛剛開始睡每天不可缺的十分鐘午覺。阿里薩請烏爾比諾醫生到自己的辦公室去坐一會兒，他的辦公室緊挨著叔叔萊昂十二的辦公室，從某種意義上說，也是叔叔的辦公室的前廳。他們在各種不同的場合打過照面，但從來沒有面對面地待過，阿里薩又一次惡心地感到自愧弗如。漫長的十分鐘。在這十分鐘裡，他站了三次，希望叔叔能提前醒來，並且喝下了整整一暖瓶純咖啡。烏爾比諾醫生一杯也沒接受。他說：「咖啡是毒藥。」說完又繼續和另一個人接著談論別的問題，並不擔心他的話被旁人聽著。阿里薩如坐針氈。醫生天生俊逸，談吐流暢而精確，身上隱隱散發著一股樟腦味兒，他英氣逼人，談話左右逢源而高雅，甚至最輕薄的言辭，從他口裡說出來，也變得莊重了。突然，醫生冷不丁兒把話鋒一轉：

「您喜歡音樂嗎？」

阿里薩感到措手不及。說真的，城裡演出的音樂會或歌劇，他場場必到，但他覺得自己無法像行家那樣談論音樂。對流行音樂，尤其是對傷感圓舞曲，他是心領神會的，這些音樂跟他年輕時的所作所為，跟他偷偷寫的詩比起來，可以說是異曲同工，這不能否認。他只要隨便聽那麼一遍，就連上帝的威力也無法把整夜整夜浮現在他腦子中的旋律抹掉。但這不成其為對一位內行提出的十分嚴肅的問題的嚴肅的回答。

「我喜歡加德爾①。」他說。

烏爾比諾醫生心裡有數了。「不錯，」他說，「現在正時髦。」他向阿里薩強調，現在能弄來的節目，同上個世紀那些精采的節目不可同日而語，真令人寒心。事情是這樣的：為了請蕭邦三重奏樂團到喜劇劇院來演出，他兜售長期票已經一年了，但政界諸公，誰也不知道那三位名人是何許人也。而就在那個月裡，拉蒙·卡拉爾特匪警劇團、馬諾洛·普雷薩小歌劇說唱劇團和桑塔內拉斯家庭劇團的票都賣光了，這些劇團都是些難登大雅之堂的啞劇——滑稽劇雜拌兒劇團，演員們就在舞台上利用燈光暗轉的一瞬間換衣服。連那個自稱可以和過去的女舞蹈家佛列斯·貝格雷媲美的丹伊塞·德阿爾泰劇團，乃至那令人作嘔的烏爾蘇斯劇團——演一個中了邪的巴斯克狂人赤手空拳地鬥一條呂底亞公牛的事——的票都賣光了。然而，這也沒什麼可抱怨的，歐洲人現在不是正在又一次進行野蠻戰爭嗎？我們在半個世紀內經過九次內戰以後卻開始過上太平日子了。九場內戰，說到底，只是一場，始終是那一場。這篇引人入勝的演說，最引起阿里薩注意的地方，不是別的，而是有可能恢復猜燈謎，那是烏爾比諾醫生發起的最轟動、影響最深遠的一項活動，阿里薩不得不咬住舌頭，免得忍不住開口告訴醫生說，他本人正是那一年一度的比賽的參加者，這項比賽當時已經開始吸引從國內到加勒比地區其他國家的許多大名鼎鼎的詩人。

談話方興未艾，空氣中的熱浪突然涼了下來，一場鑽來繞去的大風暴把門窗吹得乒乒乓乓，辦公室從地基開始咯吱咯吱亂響，彷彿飄在水面上的一葉扁舟。烏爾比諾醫生似乎沒有察覺這個情況，他順便提了幾句六月分瘋狂肆虐的強颱風後，就冷不丁風馬牛不相及地談起他的妻子。他不僅把她視為最熱心的合作者，而且把她視為他的動儀的靈魂。他說：「沒有她我將一事無成。」阿里薩冷漠地聽著這一切，微微頷首表示贊同，擔心自己的聲音失態，什麼也沒敢出口。不過，聽了兩三句話之後，他就全然明白了：烏爾比諾醫生儘管參加了許許多多勞神費力的活動，卻仍然有用不完的時間來崇拜他的妻子，熱烈的程度幾乎和他相同，這個事實使他迷惘了。但他沒作出反應，因為從他的心裡冒出了一股傻氣。他的心告訴他，他和他的情敵是同一種命運的犧牲品，共同遭受愛上同一個女人的不幸，他們是拴在同一個車套裡的兩頭牲口。在過去的漫長的二十七年當中，阿里薩第一次覺得心裡被刀扎了似的痛楚；為了讓自己得到幸福，那個令人崇拜的男人必須死去。

颶風刮到遠處去了，在僅僅十五分鐘以內，它已把瀕湖的幾個區夷為平地，把半邊城市吹得房倒屋塌。烏爾比諾醫生再次對叔叔萊昂十二的慷慨捐獻表示滿意，沒等風雨完全停息就告辭了。

因為心不在焉，他將阿里薩借給他的那把個人專用的雨傘也帶走了。阿里薩不但毫不介意，而且還暗自高興，他在捉摸，如果費爾米納知道雨傘的主人是誰，將會作何感想。卡西亞妮經過他的辦公室的時候，他還沉浸在同醫生會見的激情之中，他覺得這是向她吐露秘密的唯一機會了，跟捅掉使他不得安寧的燕子窩一樣，要麼現在就下決心，要麼永遠也別捅。他先問她對烏爾比諾醫生的印象。她不假思索地回答說：

「這個人攬的事很多，也許有點過分，不過我想，誰也不知道他心裡在想些什麼。」

停了一會兒，她又沉思了一下，用她又尖又大的牙齒——高個兒黑女人的牙齒——把鉛筆的橡皮頭一塊塊地啃下來，最後聳了聳肩膀，打算把這件與之無關的事情一筆勾銷。

「也許他所以幹那麼多的事兒，」她說，「就是為了免得去想。」

阿里薩試圖打斷她的話。

「可惜的是，他必須死掉。」他說。

「所有的人都是要死的。」她說。

「不錯，」他接口說，「但這個人比所有的人都更應該死。」

她壓根沒鬧明白，又聳了聳肩膀，沒有答腔，走了。這時，阿里薩明白了，在將來的某個還說不準的晚上，當他有幸和費爾米納躺在一起時，他就可以對她說，他甚至對這位唯一有權知道的人也沒透露過他的愛情的祕密。不，永遠也不能透露，連向卡西亞妮也不能透露，這倒不是他不願意向她打開珍藏這個祕密的匣子，而是直到那個時刻他才察覺，打開匣子的鑰匙被丟掉了。

然而，那天下午最使他震動的還不是這件事。回首青年時代，往事歷歷在目，每年四月十五日，喧聲震耳的燈謎賽會都在安的列斯大廳裡舉行。他始終是主角之一，但也像在幾乎所有的場合一樣，他始終是個不露面的主角。二十四年前，從開幕比賽起，他參加過好幾次，他從來沒中過獎，哪怕中個末等獎。不過，他不在乎，他參加並非出於獲獎的野心，而是因為燈謎賽對他具有額外的吸引力：第一次比賽就是由費爾米納負責打開那些火漆封口的信套，由她宣讀比賽獲獎者的名單，從那時起，他就決定要參加以後每年的競賽了。

第一次燈謎競賽的那一天夜裡，阿里薩躲在半明半暗的靠背椅子後面，焦慮的心情，使那朵插在西裝翻領扣眼兒裡的鮮豔的山茶花也在微微顫抖。他看見費爾米納正站在古老的國家劇院的舞台上，打開那三個火漆封著的信套。他在心裡捉摸，當她發現他是「金蘭花」獎的獲獎者時，將會發生什麼事情。他胸有成竹，她準能認得出他的筆迹來。到了那一瞬間，小公園杏樹下面度過的那些如花似錦的黃昏，書信裡的梔子花的芳香，微風輕拂的早晨為戴王冠的仙女演奏的只有他們兩人才聽得懂的圓舞曲，都會一齊湧上她的心頭。可惜，那樣的事並沒有發生。更糟糕的是，「金蘭花獎」——全國詩歌獎中的最高獎，被一個中國移民奪走了。促使作出那非同小可的決定的雷鳴般的歡呼聲，使人對競賽的嚴肅性產生了懷疑。但評判是公正的，評獎委員會一致認為那是一首出類拔萃的十四行詩。

沒有一個人相信，獲獎的那首十四行詩的作者竟會是個中國人。他是上個世紀末在修築兩洋運河期間為了逃避吞噬巴拿馬的那場黃熱病橫禍，和其他許多中國人一起到這裡來享其天年的。他們說的是中國話，他們在此地生存著，繁衍著，他們內部完全一模一樣，誰也分辨不出他們之間的區別。起初總數不到十人，其中有幾個帶著妻子兒女和準備食用的狗，但沒過幾年，這些悄悄地越過海關入境的中國人已擠滿了港口附近的四條小巷。他們中間的年輕人匆匆忙忙地變成了兒孫滿堂的風燭殘年的家長，誰也不明白他們怎麼會有時間衰老的。人們憑直覺把他們分成兩類：好的中國人和壞的中國人。壞的中國人躲在港口的陰暗角落裡，像國王似的吃喝，或者坐在桌子上對著一盤葵花籽燴老鼠肉猝然死去，人們懷疑他們是些拐賣女人和無所不賣的人販子。好的中國人是那些開洗衣店的，他們繼承了一種神聖的科學，把舊襯衣退還顧客時洗得比新襯衣還要乾淨，領口和袖口燙得就像剛剛攤平的聖餅。在燈謎賽上擊敗七十二名訓練有素的對手的，就是這些好中國人中的一員。

費爾米納頭昏腦漲地唸出那個名字的時候，誰也沒聽懂。不僅因為那是個聞所未聞的名字，而且說來說去誰也拿不準中國人到底叫什麼名字。好在大可不必為此煩神，那位獲獎的中國人已經從包廂後面出現了，臉上掛著中國人提早回家時那種會心的微笑。他對獲勝十拿九穩，特意穿著那件過春節時才穿的黃色絲綢襯衣去了。在不相信他是作者的人們的震耳噓聲中，他接過那朵十八K的金蘭花幸福地吻了吻。他在中央站了一會兒，像他們的聖母——顯然不如我們的聖母那麼做作——的使徒那樣鎮靜自如。當起哄聲第一次停下來的時候，他把獲獎的詩句唸了一遍。誰也沒有聽懂。但當又一陣噓聲停歇時，費爾米納用動人的失了音的嗓子冷靜地重新朗讀了一遍，第一句詩就使人驚嘆叫絕。那是一首最正統的高蹈派②十四行詩，完美無缺，通篇貫穿著一股沁人肌膚的靈感，彷彿是一位高手幫他捉刀的。唯一有點道理的解釋是，某位大詩人有意要同這個燈謎賽開個玩笑，而這位中國人則抱著至死不洩露祕密的決心去幫他開這個玩笑。商報——我們的傳統報紙，試圖挽救公民的聲譽，發表了一篇與其說是引經據典不如說是生吞活剝的關於中國人的悠久歷史，他們在加勒比地區的文化影響以及他們有資格參加燈謎賽的雜文。雜文的作者毫不懷疑十四行詩的作者就是那位自稱是作者的人，他直截了當地從題目開始引證：《中國人人皆詩人》。陰謀的策劃者們——如果有過陰謀的話——就跟這個秘密一起爛在墳墓裡了。獲獎的這位中國人活到東方人的天年後死了，至死沒有作出交待。他和那朵金蘭花一起，裝進棺材埋葬了，但也帶著沒有獲得有生之年唯一渴望的東西的痛苦，他唯一的渴念是詩人的令名。為此之故，報界又拋出了早已被忘卻的燈謎事件，並配上由手捧金杯的臃腫少女組成的插圖，再版了那首十四行詩，詩界的守護神借此機會恢復事情的本來面目：新的一代覺得那首十四行詩味同嚼蠟，由此證明那首詩的確出自這位已故的中國人的手筆。

在阿里薩的記憶中，始終把那天坐在他旁邊的一位濃裝豔抹的陌生女人和這幕鬧劇聯繫在一起。競賽開始的時候他還注意過她，後來，由於在膽戰心驚地等待，又把她忘記了。她那珠珍母般的白皙皮膚，富態女人身上飄出來的馨香，她那用一朵假洋玉蘭花遮掩著的女高音歌唱家般的巨大的胸部，引起了他的注意。她身穿一件把身體裹得很緊的黑天鵝絨長袍，黑得跟她那急顛顛、熱辣辣的眼珠似的。她的頭髮更黑，用一把吉卜賽女郎的梳子別在後頸上。耳朵上垂著耳環，脖子上掛著跟耳環風格相同的項鏈，根根手指上戴著一模一樣的戒指，所有的首飾都是用閃閃發亮的泡泡釘做的，右臉頰上有顆痣，用口紅塗抹過了。在最後那陣嘈雜的掌聲中，她帶著發自內心的抑鬱，看了看阿里薩。

「相信我吧，我心裡真不是滋味兒。」她對他說。

阿里薩渾身一震，倒不是被這種應該得到的同情所感動，而是由於有人洞悉他的秘密而吃驚。

她向他說明：

「我在開獎時發現，當時你領口上的那朵花在不住地顫動。」

她拿出手中的長毛絨山茶花向他示意，並向他敞開了心扉：

「因此我才把我那一朵摘了下來。」她說。

本來阿里薩眼看就要因受挫而掉淚了，但出於夜生活狩獵者的直覺，精神陡然一振。

「讓咱們找個地方去同聲一哭吧。」他對她說。

他陪她回家。走到劇院大門口時，差不多已是午夜，街上人迹杳無，他說動她請他去喝杯白蘭地，一起欣賞她提到過的十多年來積累起來的關於社交活動的剪報和照片集。這種花招在當時已經不新鮮了，但這一次他是被動的，因為在他們離開國家劇院的時候她就談起她的影集。他們進了她的家。阿里薩在客廳裡首先觀察到的是，臥室的門正敞開著，床很大，鋪設華麗，古銅色的床上鋪著織綿緞床罩。他愰然了。她大概覺察到他的神情，趕快搶在他前面穿過客廳，關上了臥室的門。然後，請他在一張用印花家具布做的長沙發上坐下，沙發上有隻貓在睡覺。她把那疊影集放到客廳中間的桌子上。阿里薩慢條斯理地翻著影集，一邊在看眼前的東西，一邊主要在思考著下幾步的行動。他突然抬起視線，看見她兩眼已經汪汪。他勸她愛怎麼哭就哭上一場吧，不必害臊，因為哭最能減輕痛苦，但又建議她鬆開乳罩再哭。他忙不迭地去幫她，因為乳罩是用一條長長的十字帶縫製的，緊緊地捆在背上。他還沒來得及幫她解完帶子，乳罩就由於內部的壓力而自行鬆開了，高聳如山的奶頭自由自在地呼出了一口氣。

就是在最順手的場合也從來沒有消除初次恐懼心理的阿里薩大著膽子用手指輕輕地摩挲她的脖

子，她發出一聲慣受溺愛的小姑娘的呻吟，扭了一下身子，但沒有停止哭泣。他在她的脖子上輕輕地親了一下，但不等他親第二口她就把身子轉了過來。她的身子碩大無朋，如飢似渴，熱氣烘烘，兩人摟抱著在地上打起滾來。沙發上的貓被驚醒了，一下跳在他們身上。他們像初出茅廬心慌意亂的雛兒一樣，注意力更多地集中在躲避那隻狂怒的貓上，而沒有去注意他們正在做的這件事所可能帶來的災禍上。從第二天晚上開始，他們又繼續在一起廝混，持續了好幾年。

他愛上她的時候，她已經四十周歲了，而他還不滿三十歲。她叫薩拉·諾麗埃佳，年輕時曾以一本關於窮人的愛情詩集在某次競賽中獲獎，儘管有過一刻鐘的春風得意，那本詩集卻始終沒有出版。她在公立學校裡以講授禮儀和公民課為生，住在泥沙混雜的格茨瑪尼老區「情人巷」的一幢租來的房子裡。她曾經有過好幾個逢場作戲的情人，但那些情人都沒有和她締結姻緣的幻想，因為她在那個環境和她那個時代，男人很少會想到同跟他睡過覺的女人訂親。自從她的第一個名正言順的未婚夫——她曾以一個十八歲姑娘的全部癡情去愛過他——在預定的舉行婚禮的一周之前逃避了自己的諾言，把她置於被遺棄的未婚妻——或者按照當時的術語，叫做「被用過的未婚姑娘」——的尷尬境地之後，她自己早就不抱這種幻想了。這第一次經歷雖然殘酷而短暫，但給她留下的並不是苦惱，而是一種模模糊糊的信念：不管是嫁人還是不嫁人，不管是沒有上帝還是沒有王法，要沒有個男人在床上，就不值得活下去。

雖然她和他一樣無拘無束，也許還不反對把他們的關係公開，但阿里薩從一開始就把這設計成了一種偷雞摸狗的關係。他從側門溜進去，幾乎每次都是在夜深人靜的時候，又在黎明前踮著腳尖兒溜出去。他和她都明白，在那座住戶眾多的房子裡，不管怎麼防範，鄰居們表面上似乎不大知情，實際上相當了解底細。然而，阿里薩還是要維持那種表面形式，他有生之年和所有的女人也都是這麼搞的。他從來沒有失誤，不管是和她還是和任何別的女人，都沒有留下過什麼把柄。確實只有一次，他留下過可能招致後患的痕迹，或者說，留下了書面的招供，幾乎使他因此送命。他一直把自己裝成是費爾米納的終身伴侶，一個不太忠實但鍥而不捨的丈夫，他不斷在為擺脫夫妻枷鎖奮鬥，但又沒有背叛過她。

這種偷偷摸摸不可能不出差錯，一帆風順。特蘭西托本人至死都確信這位在愛情中產生又為了愛情而被撫養大的兒子，以為他既然在年輕時遭受過第一次挫折，就不會在任何形式的愛情面前動心。然而，許多和他很接近的而又不懷好意的人，卻了解他的鬼鬼祟祟的性格和他對奇裝異服以及對各種稀奇古怪的洗滌劑的愛好，於是不約而同地懷疑，他並非對愛情不動心，而是對女人不動心。阿里薩知道他們對他有這種看法，但從來沒作任何辯解。薩拉·諾麗埃佳對此也不在意。和阿里薩愛過的無數其他女人一樣，甚至和那些並不愛他但使他心滿意足而且和他在一起自己也心滿意足的女人一樣，她知道他只不過是個露水男人而已。

後來，他愛什麼時候到她家裡去就什麼時候去，尤其喜歡在禮拜日早晨去，禮拜日早晨環境更安靜。她停下手裡的活兒，不管是要緊的還是不要緊的，全身心地在那張歷史悠久的寬大的床上使他滿意。那張床總是鋪得好好的在等著他。在那張床上，她從來不許講究禮儀形式。阿里薩怎麼也想不透，一個不是過來人的未婚女子，對男人的事情為什麼能無所不知。他們最不喜歡的許多事情之一，是不得不讓那隻狂怒的貓待在床上。薩拉·諾麗埃佳常常給貓修剪指甲，免得他們被貓爪抓個稀巴爛。

然而，幾乎跟她喜歡在床上鬧到筋疲力盡一樣，她還喜歡把疲乏奉獻給對詩歌的崇拜。她不僅對那個時代的愛情詩記得驚人的清楚——新出版的愛情詩，手工裝訂的小冊子，賣二文錢一本——而且還把她最欣賞的那些詩釘在牆壁上，隨時放聲朗讀。她把禮儀和公民課教材編成十一音節的對偶詩，就跟正字法教材一樣，可惜沒得到官方批准。她朗誦成癖，有時在倒鳳顛鸞那一刻還在繼續喊叫著朗誦。阿里薩不得不使出全身力氣在她嘴上一吮，就像制止小孩啼哭一般。

在他們水乳交融那個時期，阿里薩捫心自問過：哪種狀態可能是所謂愛情，到底是在那張巨大的床上呢，還是在禮拜日的寧靜的下午？薩拉·諾麗埃佳以一個淺顯的理由使他心安理得：不穿衣服所做的事情都是愛情。她說：「心靈的愛情在腰部以上，肉體的愛情在腰部往下。」薩拉·諾麗埃佳覺得這個定義適用於那首叫做不同的愛情的詩。那首詩是他們用四隻手譜寫的，她拿這首詩參加了第五屆燈謎競賽，滿以為別人拿不出這種別出心裁的詩參加燈謎。但她又一次榜上無名。

阿里薩送她回家的時候，她怨氣沖天，她心裡有把無名火，斷定是費爾米納搞了鬼，使她的詩不能中獎。阿里薩沒有睬她。從發獎開始，他就心情沉鬱，他很久沒有見到費爾米納了，那天晚上，他覺得她發生了深刻的變化：第一次一眼就看得出她是為人之母的人了。這對他來說並不是新聞，他知道她的兒子早就上學了。不過，從年齡上看，過去還不太明顯，而那天晚上，她的腰身粗了，走路有些氣喘吁吁，唸獲獎名單時的聲音也顯得底氣不足。

他想清理一下記憶，在薩拉·諾麗埃佳進廚房伺弄的時候又瀏覽了一遍燈謎的影集。他看了雜誌的圖片，在門洞裡作為紀念品出售的發黃的明信片，彷彿是在回顧假想的自己的一生。到那時為止，他一直想當然地覺得，世界在變，風俗、時尚在變，一切都在變，就是她沒有變。但那天晚上他第一次意識到，生活在費爾米納身上留下了深刻的烙印，而當他自己只顧守株待兔的時候，生活也在他身上留下了深刻的烙印。他從來沒同任何人談過費爾米納，因為他知道，當他提到她的名字的時候，沒法不使嘴唇失去血色。但這天晚上，他跟過去許多次一樣，在瀏覽影集的時候，薩拉・諾麗埃佳心裡突如其來地產生了一個能使熱血變得冰涼的結論。

「她是個婊子。」她說。

她走過阿里薩的身邊，看見一副費爾米納在一次面具舞會上化裝成黑豹的圖片時，說了這樣一句話。不用提任何人的名字，阿里薩就會知道她指的是誰。擔心她揭出攪亂他的生活的老底來，阿里薩急忙進行了有分寸的辯護。他提醒她說，他只是拐了幾個彎才認識費爾米納的，他們從來沒超出過點頭招呼的界限，他對她的私生活一無所知，但他肯定說，她是個受人尊敬的女人，是白手起家，通過自己的努力而登上龍門的。

「通過和一個她所不愛的男人的利害關係的婚姻和施捨，」薩拉・諾麗埃佳截斷了他的話，「這是當婊子的最下賤的做法。」

阿里薩的母親為了安慰他的失戀，也對他說過同樣的話，雖然沒有這樣粗魯，但說得同樣斬釘截鐵。阿里薩一陣慌亂，直透骨髓，一時找不到適當的語言來反駁薩拉・諾麗埃佳的尖酸刻薄的話，直想繞開話題。但薩拉・諾麗埃佳怒氣未消，不讓他打岔。因為某種說不清道不白的直覺，她認定費爾米納是阻撓她得獎的陰謀的罪魁禍首。這一點當然沒有理由成立，因為她們互不相識，從來沒見過面，而且就算費爾米納了解競賽的幕後情況，也無權作出授獎的決定。薩拉・諾麗埃佳不容置辯地說：「我們女人的感覺是很靈的。」說完就停止了爭論。

從這時起，阿里薩就對她另眼相看了，對她來說，歲月也在流逝。她的豐腴的身體不知不覺地枯萎了，她的情欲在抽泣中姍姍來遲，她的眼皮也開始出現陳年痛苦的陰影。她已經是人老珠黃了。另外，因失敗而怒火中燒，她沒有留意喝下多少杯白蘭地。她已經不是五年前那天晚上的模樣了。兩人正在吃椰油炒飯，她試圖細算那首兩人合作但後來沒有中選的詩到底誰寫了幾行，以便一旦知道獲獎，兩人該各分幾片金蘭花的花瓣。作這種無聊的遊戲對他們來說已不是第一次了，但阿里薩卻利用這個機會去舔剛裂開的傷口，他們在這場雞毛蒜皮的爭論中糾纏不休，各自愛情的五年來的積怨終於解決了。

差十分十二點的時候，薩拉・諾麗埃佳爬到椅子上去給掛鐘上弦，把鬧鈴對好了，也許她是想無聲地告訴他，他該走了。阿里薩覺得，他必須趕緊把這種沒有愛情的關係一刀兩斷，他在伺機採取主動，這是他一貫的做法。他祈求上帝・讓薩拉・諾麗埃佳請他躺到床上去，對他說別走吧，我們中間的一切誤會都已經烟消雲散了，等上完弦以後，她就會請他去坐在她身邊。可是，她卻離得遠遠的，在會客用的椅子上坐下了。阿里薩把被白蘭地浸溼了的食指伸出去，讓她吮，往常他總愛這麼做。這次她躲開了。

「現在不。」她說，「我在等一個人。」

自從被費爾米納拒絕以後，阿里薩就學乖了，他總是使自己處在作最後決定的主動地位。如果是在不那麼痛苦的情況下，他肯定會去糾纏薩拉・諾麗埃佳，確信會和她到床上去摟抱打滾，度過那個夜晚，因為他相信，一個女人和男人睡過一次覺，她就會繼續在這個男人願意的時候和他睡，只要這個男人懂得逗她就行。基於這個信念，他忍受了一切，就是在最骯髒的愛情交易中，他也一切都在所不惜。只要是能不給生下來就是女人的女人以下最後決心的機會，但那天晚上他覺得自尊心受到了忍無可忍的傷害，便把白蘭地一飲而盡，盡可能表現出怒氣沖沖的樣子，不辭而別了。他們再沒有見過面。

薩拉·諾麗埃佳雖然不是阿里薩那五年中唯一的女人，但卻是和他保持最長久最穩定關係的女人之一。他發現，跟薩拉·諾麗埃佳在一起的時候，雖然在床上的時候過得痛快，但永遠無法用她來替代費爾米納，便又開始去幹獨來獨往地在夜間獵取女人的勾當。他把時間和最大限度的精力安排在每天晚上。薩拉·諾麗埃佳一度創造了使他減輕對費爾米納的思念的奇蹟。至少，不看見費爾米納他也可以活著。這跟過去是不同的，過去他隨時會停下手裡幹著的事情，到他預感她有可能出現的那些靠不住的地方，到最意想不到的那些街頭巷尾，甚至到現實中並不存在、她也根本不可能涉足的地方去找她，為了哪怕看她一眼，他漫無目的地逛來逛去，心裡急得跟貓抓似的。同薩拉·諾麗埃佳決裂之後，對費爾米納的思念又甦醒過來了，使他坐臥不定。他又一次覺得，彷彿自己又坐在小公園裡，看著永遠看不完的書。但這一次，這種感覺因盼望烏爾比諾醫生立即一命歸陰而更加強烈了。

很久以前，他就知道，命中注定他會把幸福帶給一個寡婦，而寡婦也會把幸福帶給他，他對此深信不疑。他做好了準備。在獨來獨往地獵取女人的生涯中，阿里薩對寡婦們瞭若指掌，他知道到處都是幸福的寡婦。他見過她們表示願意裝進丈夫那口棺材裡活活埋掉，免得在沒有丈夫的情況下去對付今後的惡運，但隨著她們對新的處境的逐漸適應，她們又返老還童了。起初，她們像幻影般地住在空蕩蕩的住宅裡，向女佣們傾訴衷曲，懨懨地躺在枕頭上不想起床，在無所事事地囚禁了多年之後依然無所事事。為了消磨時間，她們在已故的丈夫的衣服上釘上過去從來沒有時間去釘的扣子，為領口和袖口上蠟，把它們熨得平平整整。她們繼續在浴室裡為丈夫擺上肥皂，鋪上帶有丈夫姓氏縮寫的床罩，在飯桌上丈夫坐的地方擺上刀叉盤子，好像他們會死而復生，沒有通知就突然返回家來，就跟他們活著的時候經常這麼做似的。然而，在不僅忘卻了丈夫的姓氏，而且也忘卻了自己的身分之後，她們在獨自去做彌撒時又慢慢覺得自己成了自我意志的主宰了，而這一切都是以一個信念——一個在處女時代就存在的幻想——作為交換條件的。只有她們才知道，她們發瘋地愛著的那個人——也許他也愛著她們——的分量，但她們得繼續撫養他，給他餵奶，給他換溼了的尿布，用母性的語言哄他們，鼓勵他們早晨出門的時候別膽怯，直到最後一息。然而，當她們看見他在自己的慫恿下真的出去闖蕩世界的時候，她們又提心吊膽起來，害怕他永遠也回不來了。這就是生活。愛情，如果真有愛情的話，那是另一回事，另一個生命。

在孤獨的寂寞中，相反，寡婦們發現，老老實實地生活全憑身體的指揮，餓了才吃，不用說假話而愛，不必因逃避被人指摘不遵婦道而裝睡，有權占有整張床席，沒有人同她爭一半床單，一半空氣，一半屬於她的夜晚，甚至睡夢也是自由自在的，該醒的時候就醒了。在外出偷情的黎明，阿里薩碰見寡婦們作完五點鐘的彌撒出來，一身黑衣，肩上披著寡婦的黑紗。晨曦中，他看見她們穿街過巷，邁著碎步從一條人行道走上另一條人行道——那是小鳥般的步伐，因為單是貼近男人身邊走過，就會玷汙她們的名譽。然而，他堅信，沒有慰藉的寡婦，更甚於任何其他女人，是很容易把幸福的種子撒到她們心中去的。

他一生中接觸過許許多多寡婦，從納薩雷特的遺孀開始，使他懂得，結過婚的女人，在丈夫亡故之後是何等幸福。到當時為止對他來說還純粹是個幻想的東西，虧了這些寡婦，把它變成可以用手捕捉的可能性了。沒有理由認為，費爾米納和其他寡婦有什麼不同，生活教育了她，她會接受他的，不管他是什麼樣子，她心中不會有對死去的丈夫犯罪的陰影，她將毅然決然地和他去發現兩度幸福的另一種幸福，一種是能把生活中的每時每刻變成奇蹟的普通的愛情，另一種是因死神的豁免，出汙泥而不染地潔身自好地保留下來的愛情。

要是他懷疑過費爾米納在他的如意算盤中離得是多麼遙遠，也許他不會那麼熱情賁張。費爾米納還只剛剛看見一個一切都已安排妥當，恰恰沒有突變的世界在她面前展現。在那個時代，做個有錢人有許多好處，當然也有許多壞處。但普天下有一半人夢寐以求的是儘可能永遠做個有錢人。因為不成熟，費爾米納拒絕了阿里薩，她馬上就追悔莫及，可她從來沒有懷疑過自己的抉擇是正確的。當時，她鬧不清是理智中的哪些隱藏的原因使她心明眼亮了，但許多年之後，也就是在行將進入暮年之前，她突然在一次偶然提及的關於阿里薩的談話中發現了。參加談話的人都知道，阿里薩是正處於鼎盛時期的加勒比內河航運公司的繼承人，所有的人都振振有詞地說自己見過他許多次，甚至跟他打過交道，但沒有一個人能想起他是副什麼模樣。這時，費爾米納發現了妨礙她愛他的沒有意識到的原因。她說：「他好像不是一個人，而是一個影子。」對的，他是某個人的影子，而這個人從來就沒有人了解過。不過，當她在抵禦烏爾比諾醫生——醫生是個和他恰恰相反的人——的追求的時候，她卻被罪過的陰影弄得心神不定：這是她無法忍受的唯一的一種感覺。當她覺得這種感覺向她襲來的時候，她被一種慌亂抓住了，只有碰見能減輕她良心的壓力的人才能控制住這種慌亂。從很小的時候開始，她在廚房裡打碎了一只盤子，或者看到有人跌跤，或者自己在門縫裡擠了一根手指頭，她總是驚慌失措地跑到離她最近的大人跟前，歸咎於他：「都是你。」雖然她對誰是肇事者並不關心，也並不確信自己是無辜的，反正能把罪過推開就夠了。這個陰影非常明顯，勢將危及家庭的和諧，烏爾比諾醫生及時地發現了。他一發現，就趕忙對妻子說：「別難過，親愛的，那是我的錯。」他最擔心的，莫過於妻子作出突然的，不可更改的決定，而且他深信，發生這種事情的根源都是因為一種罪過的感覺。然而，理清阿里薩這團亂麻，不是一句寬心話就能解決的。長達好幾個月之久，早晨，費爾米納打開陽台的窗戶，就得使勁趕走腦子裡那個坐在幽靜的小公園裡偷偷看她的人的影子，她看見了曾經屬於他的那棵樹，那條不大顯眼的長凳子，他正坐在那裡看書，思念她，為她受煎熬。她不得不把窗戶關上，長嘆一聲：「可憐的人。」甚至她還傷心地抱怨過，阿里薩怎麼沒有她想像的那樣頑固呢，當時，後悔已經太晚了。有那麼幾次，她還亡羊補牢地期待著一封永遠沒有收到的信。當她必須作出嫁給烏爾比諾醫生的決定時，她發覺，既沒有充足的理由拒絕阿里薩，也沒有充足的理由要挑上他，心裡更是七上八下。實際上，她對醫生和對阿里薩同樣不大喜歡，而且對醫生更缺乏了解，醫生的信沒有他信裡那種火熱的感情，也沒有像他那樣作過那麼多令人心醉的表白。的確，烏爾比諾醫生的追求，從來不是以愛情的語言來表達的。奇怪的是，作為一個天主教徒，他只向她奉獻塵世間的東西：保障，和諧，幸福，這些數字一旦相加，也許等於愛情，近乎是愛情吧？但是，這些又不是愛情。這些疑慮使她心亂如麻，因為她也並不堅信愛情是她生活中最需要的東西。

說來說去，她對烏爾比諾醫生反感的主要原因是，他太像而不是太不像她爸爸夢寐以求地為女兒找的那個人。不可能不把他看成是同父親狼狽為奸的小子，雖然實際上他不是，費爾米納確信，自從看見他第二次走進她的家門，不請自來地為她診斷的時候起，就已經是了。同表姊伊爾德布蘭達的談話，使她心裡更亂了。處在自己的犧牲者的地位上，表姐傾向阿里薩，甚至忘記了也許洛倫索·達薩把她請來是為了讓她擴大有利於烏爾比諾醫生的影響。只有上帝才知道，當表姐到電報局去找阿里薩的時候，費爾米納作了多大努力才沒有跟她一起去。她也想再見他一次，把疑慮澄清，同他單獨談談，深刻地了解他，以便確信她在衝動中作出的決定不會把她推向一個更嚴重的境況，即在同父母單槍匹馬地進行的戰爭中投降。但她投降了，在一生中的關鍵的一分鐘裡投降了，她一點兒也沒考慮那個追求者的英俊的外貌，他的祖傳的財富，他少年得志的聲譽，以及他實際美德中的任何一點，而是因為擔心錯過機會。她眼看就要滿二十一歲了。二十一歲是向命運屈服的祕密界限，這一點使她慌了手腳。這空前絕後的一分鐘，就足以使她作出了上帝和人的金科玉律中規定的決定，至死方休。於是，一切疑慮都煙消雲散了，她毫不內疚地做了理智向她指示的最正經的事情：用不帶淚水的海綿在對阿里薩的記憶上一抹，把它全部擦掉了，在這個記憶原先占據的地方，她讓它長上了一片茂盛的罌粟花。唯一做了的另一件事是，她比平常更深地嘆息了一聲——最後的一聲：「可憐的人！」

然而，最可怕的疑慮從旅行結婚回來就開始出現了。他們還沒打開箱子，家具包裝還沒拆開，準備供她做古老的卡薩爾杜埃羅侯爵府主婦之用的十一箱東西還沒取出來，她就差點兒昏死過去，因為她發覺，她成了這個錯誤家庭的囚徒，更糟糕的是，和一個不是囚徒的人關在一起。六年之後她才出了牢籠。這六年是她一生中最不幸的六年，她絕望地忍受著婆婆的刁難，小姑的愚昧——

—她們沒有在這個牢籠中活活爛掉，是因為關進牢籠已經成為她們心中的天經地義的事了。甘心屈服於家族禮教的烏爾比諾醫生，對她的懇求裝聾作啞。他相信，上帝的智慧和妻子的無限的適應能力將會使一切就緒。母親的衰老使他心疼，萱堂健在的喜悅，換個時代的話，會使最沒信心的人也會產生求生的渴望的。不錯，那位漂亮、聰明，在她那個環境裡少見的敏感的女性，將近四十年來一直是她的人間天堂裡的靈魂的主宰。孀居使她痛苦到了只相信自己的地步，而且使她變得刻薄尖酸，視所有的人為敵。她的退化的唯一合理的解釋是，她因丈夫睜著眼睛在一次黑人起義中丟了老命而怨恨——她自己就這麼說，而本來唯一正確的犧牲應該是為了她而生存下去。說到底，費爾米納的美滿的婚姻，就只維持到結婚旅行那段時間，而那個唯一能幫助她免遭最後的滅頂之災的人，又在母親的威嚴面前嚇得噤若寒蟬。對那個所謂母親不久人世的欺騙，費爾米納怪罪的是他，而不是那幾個呆頭呆腦的小姑子和那瘋瘋顛顛的婆婆。她到此時才發現，在學術權威和陶醉塵世樂趣的背後，她竟嫁了個不可救藥的懦夫——一個因自己姓氏的社會分量才顯得軒昂不凡的可憐蟲，但已為時太晚了。

她把希望寄託在初生的兒子身上。感覺到他從自己的身體裡出來的時候，她為擺脫某種不是自己的東西而覺得輕鬆。但是當助產婆把赤條條的、渾身是黏液和血的、骯裡骯髒的、脖子上纏著臍帶的兒子抱給她看，她自己覺得對那個從自己肚子裡生出來的小崽子一點兒也不喜歡時，竟把自己也嚇壞了。可是，在獨坐宮殿的孤寂中，她漸漸認識了他。母子相互認識了，她欣喜若狂地發現，兒女不是因為是兒女，而是因為愛憐和撫養才成為親人。在那個不幸的家庭裡，除了兒子之外，她誰的氣也不能忍受。寂寞，公墓似的花園，沒有窗戶的巨大的房間裡凝滯不動的時間，都使她感到壓抑。漫漫長夜裡，從鄰近的瘋人院裡傳來的瘋女人的叫聲，使她覺得自己也要瘋了。每天都要布置宴請用的桌子，鋪上繡花台布，擺上銀餐具和靈堂裡的蠟燭，讓五個鬼影子似的人坐下來用一杯加奶咖啡和奶酪餅當晚飯吃的習慣，使她覺得羞恥。她詛咒傍晚的念珠祈禱，詛咒飯前經，詛咒對她拿刀叉的姿勢，像街上的女人似的撩開神祕的大步走路、穿得像馬戲團演員、對待丈夫的熱情方式，乃至不用頭巾遮住胸部就給小孩餵奶等等沒完沒了的指責。當她剛剛按照英國的新派做法，邀請人們下午五點來喝茶、吃皇家餅乾和花味甜食的時候，婆婆唐娜·布蘭卡就揚言，反對在她家裡用藥來代替奶酪巧克力和木薯麵包圈兒發汗。連做夢都免不了挨罵。一天早晨，費爾米納說她夢見一個陌生男人赤身裸體地在宮殿裡走來走去，邊走邊撒灰，唐娜·布蘭卡澀聲澀氣地打斷她的話說：

「正經女人不可能做這種夢。」

除了始終覺得是寄人籬下之外，還有兩件更倒楣的事。其一是，每天吃茄子，各種做法的茄子。唐娜為了表示對已故的丈夫的尊敬，不准改變這一習慣，而費爾米納又拒不食用。她從小就討厭茄子，在嘗茄子味道之前就討厭，因為她覺得茄子的顏色跟毒藥似的。所不同的是，這一次她不得不承認，無論如何，在她的生活裡有一點變得對她有利了，在她五歲的時候，她在吃飯時也說過同樣的話，她父親強迫她吃下了整整一鍋為六個人準備的茄子。那一次，她以為她要死了，起先是沒完沒了地嘔吐嚼碎了的茄子，後來又被灌了一碗獾油，來治她吞下大量茄子可能招致的疾病。記憶中，兩種東西只是同一種瀉藥，不僅害怕它們的味道，而且害怕它們都是毒藥，使她把茄子和獾油混為一談了。在卡薩杜埃羅侯爵府的催人嘔吐的午餐上，她只好移開視線，免得想起獾油使她吐得死去活來的情景。

另一件倒楣事是豎琴。一天，善於洞察媳婦肺腑的唐娜開口說道：「我不相信正經女人不會彈鋼琴。」對這道慈諭，甚至她的兒子也想提出異議，因為他童年最貪玩的那些年頭，就是在鋼琴課堂這個牢籠裡度過的，儘管他長大成人之後曾經感謝讓他上了鋼琴課。他難以想像，年已二十五歲，又是那麼一種性格的妻子，關在鋼琴課堂上怎麼受得了。但母親恩准的僅僅是，把鋼琴換成豎琴，其不近情理的理由是，豎琴是天使的樂器。於是，從維也納運來了一架精美絕倫的豎琴，跟黃金做的一樣，能發出金子般的聲音，後來，一場火劫之後，這架豎琴成了市博物館最珍貴的文物之一，費爾米納忍受了這種無形的監禁，試圖以最後的犧牲來阻止關係的惡化。起初，她向一位專門從蒙波斯請來的教師學琴，十五天後，這位教師猝然長逝，她又跟著培訓班的樂師學了幾年，教師嘴裡噴出的墳墓裡的氣息，使豎琴學生們掩口不迭。

她對自己的逆來順受感到驚訝。雖然在內心深處，在同丈夫調情逗趣或發生齟齬中她都不承認這一點，但她還是比自己想像還要更快地適應了對新處境的既妥協又不滿的矛盾狀態。她曾經有一句標榜自己我行我素的口頭禪：「刮風的時候就讓扇子見他媽的鬼去吧。」但後來，她一方面出於對自己輕而易舉地取得的優越地位的珍惜，一方面又擔心出醜和橫遭譏諷，便決心忍受一切，包括羞辱，只希望上帝終有一天大發慈悲接唐娜歸天。而唐娜則在祈禱中不遺餘力地懇求上帝讓死神同她見面。

烏爾比諾醫生藉口處於危機時刻，為自己的懦弱自我解嘲，甚至沒有捫心自問，母親和妻子的所作所為是不是和她們所信仰的宗教背道而馳。他不承認和妻子衝突的根源是家庭中缺乏和睦氣氛，他認為那是婚姻的本質造成的：婚姻是個只有靠上帝的無限仁慈才能存在的荒唐的創造。兩個還不大了解的人，相互之間沒有任何親緣關係，性格不同，文化程度不同，甚至連性別也不同，突然就要在一塊兒過日子，在同一張牀上睡覺，共同面對兩種也許是大相逕庭的命運，這是大悖科學常理的。他說：「夫妻之間的疙瘩每天晚上消失了，但每天吃早飯之前又必須重新製造。」據他說，他們夫婦間的問題更是如此，那是在兩個有著天淵之別的階級之間產生的，而且又是在一個依然夢想回到總督時代的城市裡產生的。唯一可能抹上的一點稀泥，如果存在這種稀泥的話，也是跟愛情同樣不可靠而又脆弱的。而在他們夫婦之間，成婚的時候是沒有這種稀泥的，當他們正要創造這種稀泥的時候，命運除了把他們推向現實之外沒伸出援助之手。

這就是學彈豎琴期間他們的生活狀況。令人回味的偶然現象已經成了往事。當初，她走進浴室幫他洗澡的的時候，雖然他們之間已齟齬不斷，雖然每天要吃有毒的茄子，雖然要受呆頭呆腦的妹妹們和生下這些妹妹的母親的氣，他還是有足夠的感情來要求她給他抹肥皂。她帶著他們之間殘存的從歐洲帶回來的愛情渣兒為他抹，兩人逐漸捐棄前嫌，最後便在地板上滾在一起，渾身糊滿香氣四溢的肥皂沫，耳朵裡聽著女佣們在洗滌間裡的議論：「他們沒再弄出孩子來，是因為他們不生了。」有時候，他們從瘋狂的晚會上回來，藏在門背後的對往昔的懷念一下子就把他們擊倒了，於是，便爆發一場有滋有味的爭吵，一切又跟從前一樣，五分鐘之後，又成了蜜月時期的縱慾無度的情侶。

可是，除了這種並不多見的情況之外，睡覺的時候，總是有一個比另一個更疲乏。她在浴室裡俄延片刻，用香紙捲菸，獨自抽，又跟年輕時在家裡當姑娘，自己是自己身體的唯一主宰的那一陣一樣，自我安慰起來。她總是頭疼，也許因為太熱——永遠熱，也許因為睡多了，也許月經來潮。月經，沒完沒了的月經。月經多得不得了，以致烏爾比諾醫生竟敢在課堂上說——僅僅是為了吐一吐他的難言苦衷，結婚十年之後，女人的月經最多可達每週三次。

雪上加霜，費爾米納趕上了早晚要無可挽回地發生的最倒楣的年頭：她爸爸那些無本萬利而從來沒見過人的買賣原形畢露了。省長把烏爾比諾召到辦公室裡，把他丈人的違法行徑告訴他，省長一言以蔽之曰：「天上人間的法律，沒有一條是這傢伙沒觸犯過的。」其中幾個最嚴重的騙局，是在女婿的權勢庇護下搞的，很難想像，女婿和他的妻子會不知道。烏爾比諾醫生心裡明白，唯一需要維護的是自己的名譽，因為那是唯一還沒掃地的。於是，他便使出渾身解數，終於用他的擔保掩住了醜聞。就這樣，洛倫索·達薩搭上了第一班輪船出國，一去不復返了。他像人們有時為了欺騙思鄉病而作短期旅行那樣回到了祖國，但在這種表面現象底下，也有某種真實的東西：一段時間以來，他登上來自祖國的輪船，只是為了喝一杯水倉裡運來的故鄉的泉水。他走了，沒有戀戀不捨的擁抱，他一直在抗議說他是無辜的，而且還想讓女婿相信，他是某個政治陰謀的替罪羊。他走了，哭著小妞兒走了——他自打費爾米納一結婚就這麼叫她，哭著外孫子走了，哭著他賴以發財致富並獲得了自由的地方走了。在這裡，他憑昧心的買賣起家，把女兒變成了貴婦。他拖著年邁而有病的身子走了，但仍然活了一段很長的時間，被他坑害過的人誰也不希望他活得那麼久。費爾米納接到父親的死訊時，不由地如釋重負地吁出了一口氣，為了避免人們詢問，她沒有為父親戴孝，但一連幾個月，當她反鎖在浴室裡吸菸的時候，總是不知所以地啜泣得不可開交，其實她就是為父親而哭。

兩人關係中最荒謬的一點是，在那些不幸的年頭裡，兩人在公眾場合卻表現得和睦美滿。實際上，那幾年是他們在克服心照不宣的敵意中取得勝利的最輝煌的幾年。她不願意如實承認，那些年是非同一般和罕見的，因而也是違背常理的。然而，這對費爾米納來說，是容易應付的。社會生活，曾使費爾米納產生了種種疑慮，其實那只不過是一連串返祖還原的協議，陳陳相因的禮節，預先想好了的言詞，人們在社會上藉此你愚弄我，我愚弄你，免得自相殘殺。這個庸俗輕浮的天堂的主要標誌，是害怕不了解的人和事。她把這一點概括成了更簡單的一句話：「社會生活的癥結在於學會控制膽怯，夫妻生活的癥結在於學會控制反感。」自從她拖著新娘婚紗那長得沒有盡頭的尾巴走進萬紫千紅，香氣繚繞，圓舞曲樂聲迴蕩的社會俱樂部大廳，發現那一大群汗流浹背的男人和微微發抖的女人不知如何逃避她這個來自異己外界的光彩照人的威脅性人物時，心頭便像顯影般地發現了這個道理。她剛滿廿一歲，除了從家裡到學校以外，她幾乎沒到外面去過。但她向四周掃視一眼，便明白她的敵人們不是因仇恨而恐懼，而是因害怕而發呆。她沒有再像剛進門時那樣去嚇唬他們，而是寬宏大度地去幫助他們了解她。沒有一個人跟她想像中的不同，正如她對各個城市的看法一樣。她不覺得那些城市比原先更美或者更醜，而是跟她心裡想像的一樣，拿巴黎來說吧，雖然陰雨連綿，店鋪老闆貪吝，車夫言談粗魯，但她的記憶中，巴黎始終是世界上最美的城市，並非因為巴黎實際上真是最美或者不是最美，而是因為巴黎和她最幸福的那幾年是聯繫在一起的。至於烏爾比諾醫生呢，用別人對付他的那些同樣的武器來對付別人，只不過是操縱得更巧妙、更道貌岸然罷了。他們在一切場合露面：郊遊，燈謎，文藝演出，募捐舞會，愛國運動，第一次乘坐氣球。他們無處不在，而且幾乎永遠是發起人和主持者。誰也無法想像，在他們過得最不愉快的那些年裡，還有誰比他們更幸福，還有哪對夫婦比他們更琴瑟和鳴。

父親留下的那座房子，給費爾米納提供了一個逃避家庭宮殿的窒息氣氛的避難所。一旦躲開眾人的視線，她便偷偷溜到福音公園去，在那裡接待新結識的女友和某些學校或圖畫班的同學。在那座房子裡，她像個未婚母親似的消磨寧靜的時光。她重新買了香禿鷲，撿回野貓，把它們交給普拉西迪婭餵養。普拉西迪婭已經老了，風溼性關節炎使她行動有些不便，但依然有使那座房子復活的雄心。費爾米納又打開了那間縫紉室，那裡曾是阿里薩第一次看見她的地方，也曾是烏爾比諾醫生讓她伸出舌頭以便了解她的心的地方，她把縫紉室變成了回憶往事的神廟。

在一個暑氣蒸人的下午，暴風雨降臨之前，她去關陽台的窗戶，看見阿里薩正坐在小公園裡的扁桃樹下那條他素常坐的長凳子上，身上穿的是他母親用父親那件上衣改成的衣服，膝蓋上攤著一本書，但她看見的不是她偶爾相逢幾次的上了年紀的阿里薩，而是留在她記憶中的那個年輕的他了。她不寒而慄，認為那種幻覺是死神的通知，她為之心酸了。她竟開口對自己說，說不定她同他結合是美滿的，她單獨和他住在那座她以無限的愛為他修葺一新的房子裡，正如他以同樣的愛為她翻修的房子裡一樣。單是這個假設，就把她嚇壞了，因為這使她發覺她落到了何等不幸的地步。於是，她竭盡全力，迫使丈夫不再閃爍其詞地同她爭論，同她對抗，同她廝打，同她一起為失去了的天堂號啕大哭，直到雞叫五遍，曙光透進宮殿的窗簾，太陽變得火一樣紅。因一宿談話而面色浮腫，因徹夜不眠而筋疲力盡，因哭乾眼淚而心腸變硬了的丈夫，繫緊靴帶，收緊腰帶，束緊還殘存的作為男子漢大丈夫的一切，對她說，好吧，親愛的，讓我們去尋找丟在歐洲的愛情吧，明天就去，一去不復返。這個決定千真萬確，他同大富銀行——他的全球財產管理人——達成了立即變賣巨萬家財的協議，這些財產打一開始就分散在各式各樣的買賣、投資和債券中，只有他本人才準確地知道，財產並不像傳說的那樣無窮無盡。不管是什麼東西，都折成打有印記的黃金，一點一點地匯到國外的銀行去，直到不在這冷酷的祖國剩下巴掌大的土地來作為他和妻子的葬身之地為止。

和費爾米納的想法相反，阿里薩還存在著，還活生生地存在著。當她跟丈夫、兒子一起乘坐黃驃馬拉的馬車到港口的時候，阿里薩正站在法國遠洋船停靠的那個碼頭上。他看見他們下了船，同在公眾場合無數次看到他們的時候一樣：衣鮮鞋亮。他們領著兒子，兒子已被教育成讓人能像想出他長大成人後將是什麼樣子的模樣了，酷肖父親當年。烏爾比諾摘下帽子笑容可掬地向阿里薩打了個招呼：「我們去找回失落了的愛情。」費爾米納向他點了點頭，阿里薩摘下帽子，微微躬了躬身。她朝他看了一眼，對他早謝的禿頂沒有一點同情的表示。是他，跟她過去見到的他一樣：一個她始終沒有看透的人的影子。

阿里薩也沒處在最走運的時候。工作日益繁重，他對偷偷摸摸地拈花惹草感到厭煩，時光猶如一潭死水。母親身體惡化到了最後關頭，她的記憶力完全消失了：幾乎是一片空白。有時候，她甚至轉身看著兒子——兒子依然坐在那張沙發上看書——驚慌地問他：「你是誰的兒子？」兒子總是實言相告，但她馬上打斷他的話。

「那麼告訴我，孩子，」她問兒子，「我是誰生的？」

她胖了好幾圈兒，動都不能動了，她終日待在已經沒有任何東西可賣的店鋪裡，從頭遍雞叫起床開始，直到第二天黎明都在梳妝打扮，因為她只睡很少一會兒。她把花冠戴在頭上，抹上口紅，把臉和胳膊塗上灰塵，不管遇到誰，她都問對方，她打扮得像誰。鄰居們知道她在等待著同一個回答：「你是小蟑螂馬丁內斯呀。」這個身分，是引用兒童故事中一個人物的，只有這個身分才能使她滿意。她繼續顛頭晃腦，搖著一大把粉紅色的羽毛，然後又重來一遍：戴上紙做的花冠，把麝香抹在眼皮上，給嘴唇塗上胭脂，用一把一把的鉛粉擦在臉上，再一次問離她最近的隨便哪一個人：「我打扮得像誰？」她成了鄰里的笑料。一天夜裡，阿里薩派人把老店鋪的櫃台和貨櫃拆了，堵死了臨街的那道門，照她描述過小蟑螂馬丁內斯的臥室的樣子，把她的臥室布置起來，從此以後，她再沒有問人家她是誰了。

根據叔叔萊昂十二的建議，阿里薩找了個年歲很大的女人來照顧母親，但那個可憐的老太婆總是半睡半醒的，有時候給人的印象是她也忘了她是誰了。於是，阿里薩一出辦公室就待在家裡，直到把母親哄睡為止。他沒再到商業俱樂部去玩骨牌，也很長時間沒再去找同他常來常往的那幾個老相好，因為自從同奧林皮婭・蘇萊塔那令人毛髮悚然的相會之後，他心裡發生了某種極為深刻的變化。

那是爆炸性的一幕。在十月份那幾場使我們度過難關的暴風雨中，一天下午，阿里薩剛把叔叔萊昂十二送到家，從車裡看到一個身材嬌小、動作敏捷的姑娘。她身上穿著一件滿是細布寬荷葉邊的衣服，彷彿披著婚紗。她驚慌失措地跑來跑去，因為風吹斷了她的雨傘，把她吹得腳不點地地直向海邊飄去。他把她救上了車，拐個彎，把她送回了家。她家是利用一座小廟堂改建的，面海而立，滿院的鴿籠從街上就能看到。在路上，她對他說，她嫁給一個雜貨商還不到一年。阿里薩在公司的輪船上同他打了許多次照面，他從船上卸下各式各樣的陶器來賣，還賣裝在鳥籠裡的鴿子，那些鳥籠的尺寸跟母親們在內河船上用來放初生嬰兒的藤籠一樣。從奧林皮婭・蘇萊塔整個身軀看來，似乎是生長在養蜂人家裡的，臀部豐滿，上身扁平，銅絲似的頭髮，滿臉太陽斑，兩隻骨碌碌亂轉的圓眼睛之間的距離比常人更寬，聲音尖細——一種只有說俏皮話的時候才用的聲音。阿里薩覺得她滑稽有餘，誘人不足，送她回家後就把她忘記了。她跟丈夫、公公和家庭的其他成員住在一起。

過了幾天，阿里薩又在港口看見了她的丈夫，這回他不是卸貨，而是裝貨。輪船起錨的時候，阿里薩清晰地聽見了魔鬼般的聲音。當天下午，他送叔叔萊昂十二回家之後，佯裝偶然地經過奧林皮婭・蘇萊塔的家，越過柵欄，看見她正在給咕咕亂叫的鴿子餵食。他在車子裡對她喊：「鴿子多少錢一隻？」她認出了他，高興地回答：「不賣。」他問：「那怎麼才能弄到一隻呢？」她一邊繼續餵食，一邊說：「碰見養鴿子的女人在大雨天迷路的時候，用車子把她送回家。」當天晚上，阿里薩回家的時候，帶著一份奧林皮婭・蘇萊塔表示感謝的禮品：一隻大腿上有個金屬圈兒的信鴿。

第二天下午，該餵食的時候，美麗的女郎看見送出去的那隻鴿子跟著鴿群回來了，她以為牠是逃回來的。但當她抓住牠進行檢查的時候，發現金屬圈兒上纏著一張紙條：一封表示愛慕的信。那是阿里薩第一次留下書面痕迹，而且還不會是最後一次，雖然這一次他留了一手，沒有署名。第二天是禮拜三，下午他正要進家門的時候，一個野孩子交給他一個籠子，籠裡裝著原來那隻信鴿，並帶給他一個口信：養鴿子的太太讓他把這個給他的，還讓他告訴他，請他把籠子關好，要不鴿子還會飛掉的，這是最後一次送還給他了。他不知道該怎麼解釋這件事：也許鴿子在路上把信弄丟了，也許養鴿女人故意裝傻，也許是把鴿子送回來讓他再給放回去。不過，如果是最後一種情況，她照理該在送還鴿子時附封回信。

禮拜六上午，思來想去很久之後，阿里薩又附上一封沒有署名的信，把鴿子放了。這一次沒等到第二天。當天下午，那個小孩又給他送來了一個籠子，捎來口信說，再次把飛走的鴿子給他送回來了，前天還給他是出於禮貌，這一次還給他是因為可惜，但如果再讓牠飛走，就真的不再送回來了。特蘭西托逗鴿子玩到深夜，她把牠從籠子裡抓出來，把牠夾在胳肢窩裡，想用兒歌哄牠睡覺。突然，她發現鴿子腿上的金屬圈纏著一張紙條，上面只有一行字：我不要沒名沒姓的人。阿里薩欣喜若狂地念完紙條，彷彿這是初戀的高潮。這天晚上，他急不可耐地在床上翻騰，幾乎一夜未睡。第二天一大早，上班之前，他就把鴿子放了，附上一張規規矩矩地簽了名的求愛信，並把花園裡一朵最新鮮、最紅最香的玫瑰插在金屬圈兒裡。

好不容易，追求三個月之後，美麗的養鴿女人還是那句話：「我不是這號人。」但她從來沒有拒絕收信，也不拒絕赴阿里薩安排的看來是偶然性的約會。他變了：這個從來不拋頭露面的情人，這個一毛不拔而又想占有一切的人，這個從來不留下蛛絲馬迹的人，這個藏頭露尾的「獵人」，跳到街上去了，一封又一封署名的信，一件又一件下流的禮品，一趟又一趟大膽地轉悠到養鴿女人家去——有兩次還是在她的丈夫既沒出遠門也沒上市場的時候去的。從初探風月那時算起，這是他唯一感到被槍矛刺透的一次。

相識六個月之後，他們終於在一艘靠在碼頭上重新噴漆的輪船的倉房裡相會了。那是一個迷人的下午。奧林皮婭·蘇萊塔的愛情活潑愉快，那是嘰嘰喳喳的養鴿女人的愛情，她喜歡光著身子待幾個小時，慢慢地充滿柔情蜜意地憩息，跟真正的愛情似的。倉房是拆開的，油漆剛噴了一半，把松節油的香味兒留在一個幸福的下午的記憶裡，是使人愜意的。驀地，由於一個奇異的靈感的衝擊，阿里薩打開了一個從床鋪上伸手夠得到的紅油漆罐子，蘸溼了食指，在美麗的養鴿女的肚子上寫了一行字：「這個娘兒是我的。」當天晚上，奧林皮婭·蘇萊塔沒想起肚子上還有那行字，在丈夫面前脫下了衣服，丈夫一句話沒說，甚至連呼吸的節奏都沒有變，不動聲色，在她穿睡衣的時候，他到浴室裡去取出剃刀，把她宰了。

幾天之後，阿里薩在潛逃的丈夫被抓回來向報界透露了他犯罪的原因和方式時，才知道了這件事。此後多年，他一直膽戰心驚地想著那些署了名的信。阿里薩計算著那個殺人犯坐牢的時間——因為經營航運業務，他對阿里薩瞭若指掌，不過，阿里薩最害怕的不是脖子上挨一刀，也不是當眾出醜，而是怕費爾米納知道他的不忠。在等待的那幾年裡，一天，照料特蘭西托的那個老太婆因為一場非季節性的大雨，不得不在市場上待了比預計更長的時間，回來的時候，發現特蘭西托已經死了。她坐在搖椅上，跟往常一樣，滿身塗得花裡胡梢，頭上插著花，睜大著眼睛，臉上掛著惡作劇的微笑。當看護她的老太婆發現時，她已死了兩個小時了。斷氣前不久，她把埋在床下瓦罐裡的黃金和玉石首飾分給了四鄰的小孩，讓他們當糖果吃。其中最值錢的東西，後來怎麼也找不回來了。阿里薩把她葬在古老的「上帝之手牧場」——當時還被稱為霍亂公墓——並在她的墓上種了一株玫瑰花。

頭幾次到母親墓前憑弔，阿里薩發現養鴿女奧林皮婭·蘇萊塔就埋在附近，沒有墓碑，但在墓前的水泥板還沒凝固以前，有人用手指頭刻下死者的姓名和日期。他毛骨悚然地想道，那準是她的丈夫開的一個血淋淋的玩笑。玫瑰花開了的時候，如果眼前沒人，他就摘一朵玫瑰放在她的墓上。後來，他乾脆把母親墳上的玫瑰剪下一條栽在她的墳上。兩株玫瑰發瘋了似地猛長，阿里薩不得不帶了大剪刀和其它整枝工具為它們修剪整枝。但玫瑰使他剪不勝剪，數年之後，兩株玫瑰像雜草一般在各個墳墓之間蔓延開來。從此，遠近聞名的霍亂公墓就叫做玫瑰公墓了，直到一位對人民的智慧不願正視的市長在一天夜裡砍掉玫瑰叢，在公墓入口的拱門上掛了一塊共和國的牌子，牌上大書：萬民公墓。

母親死後，阿里薩重新沈溺於迷亂顛狂的活動：上班；同一拍即合的相好們精確地輪流幽會；到商業俱樂部打骨牌；反覆閱讀早已看得爛熟的愛情小說；每逢禮拜日則上墓地去。浮浪子弟的行為令人墮落而又令人可怕，但使他忘卻了年齡的增長。然而，在十二月裡的一個禮拜日，面對戰勝了大剪刀的玫瑰叢，他看見站在剛架設起來的電線上的燕子時，突然發覺母親去世以來已經過了許多年了，奧林皮婭·蘇萊塔被殺害以來過了更長的時間，而距費爾米納給他回信，表示同意，聲稱將永遠愛他那個遙遠的十二月裡的下午，則逝去了更長的歲月。那天下午以前，他逍遙自在，彷彿時間流逝只是對他人而言。就在剛過去的頭一周裡，他在街上碰見了由於他代寫情書而成眷屬的上千對夫婦中的一對，卻沒把他們的大兒子即他的乾兒子認出來。他用一句慣用的俏皮話來輕描淡寫地掩飾自己的尷尬：

「好傢伙，都長成大人了！」

即使在身體向他發出告急信號之後，他也還是照樣胡混，因為他一直結實得像塊石頭。特蘭西托常常說：「我兒子除了霍亂以外沒得過病。」她把相思病和霍亂混為一談，在她喪失記憶力之前很久就是這樣了。不過，不管怎麼說，她都是錯了：她兒子已經在暗地裡得過六次淋病，——據醫生說其實不是六次，而是一次，只是在治療失敗之後反覆出現而已。此外，他還得過一次淋巴腺炎，四次龜頭炎和六次陰囊炎，但不管他還是其他男人，都不會把這當成疾病，他們是把這些當作戰利品的。

剛滿四十歲，他就因為身體各部分的不可名狀的疼痛而去看醫生。進行了反覆檢查之後，醫生告訴他：「年歲不饒人哪。」他回家之後，甚至從來沒問過自己，這些痛癢是否同他的生活有某種關係。他的過去的唯一參數點，是同費爾米納的朝露般的愛情，只有同她有關的事才同他的生活有關。看見燕子蹲在電線上的那天下午，他從最早的記憶開始，回顧了自己的過去，回顧了一次次逢場作戲的愛情，回顧了為爬上發號施令的位置而必須越過的無數暗礁，回顧了使他產生不顧一切地要同費爾米納結合的萬死不辭的決心的種種往事。只有在這一刻，他才發現光陰流逝。一陣冰涼的戰慄使他眼前發黑，不由地把手裡的種花工具一扔。虧得靠在公墓的圍牆上，才沒因衰老的第一次打擊而倒下去。

「真糟糕，」他驚恐地自語道：「三十年了！」

正是這樣，當然，對費爾米納來說，同樣也過去三十年了，但這三十年對她來說是一生中最愉快、最令人回味的三十年。在卡薩爾杜埃羅侯爵府裡的那些可怕的日日夜夜，已經扔進記憶的垃圾堆了。她住在位於曼加市的新居裡，守著一個假如她要重新挑選，她會捨棄全世界的男人而再次選他的丈夫，生了一個正在醫學院繼承祖業的兒子，還有一個跟她年輕時候一模一樣、有時使她以為彷彿是自己的再版的女兒，她成了自己的命運的絕對主人。繼那次本意不再回鄉，以免再過那沒完沒了的提心吊膽的日子的倒楣的旅行之後，她又到歐洲去了三次。

也許上帝終於聽到了某個人的禱告：在巴黎住了兩年之後，正當費爾米納和烏爾比諾剛剛開始尋找廢墟裡殘存的愛情之時，半夜到達的一封電報把他們從睡夢中喚醒，唐娜·布蘭卡業已病危。報告死訊的那封電報旋即接踵而至。他們立即啟程回國。費爾米納下船時，身上的喪服已經遮不住她的大肚子了。她又懷孕了，一點不錯，婆婆的死訊產生了一首幸災樂禍的民歌，末尾的疊句在當年頗為流行：

美人去巴黎，

巴黎有點啥？

腹中空空去，

回來就生娃。

雖然歌詞粗鄙，但直到許多年之後，烏爾比諾醫生在心情痛快的時候，總是在社會俱樂部裡點唱這首歌。

關於聞名遐邇的卡薩爾杜埃羅侯爵府的存亡及其徽記，從來沒有一個確切的說法。它最初以適當的價錢賣給了市財政廳。後來，當一位荷蘭考古學家在那裡東挖西挖以便考證哥倫布的真正的墳墓——第五座墳——就在侯爵府裡的時候，它又以高價轉賣給了中央政府。烏爾比諾醫生的姐妹們進了薩萊西亞納修女院，過著死水般的囚禁生活。在曼加別墅竣工之前，費爾米納一直住在她父親的老屋裡。她一搬進別墅就當家做主，把旅行結婚時帶回來的英國家具和在重修舊好旅行後訂來的補充家具都搬了進去。從第一天起，她就把親自到來自安的列斯的帆船上買回來的各種稀奇古怪的鳥兒帶回去，擺滿了家裡各個角落。她，和重新屬於她的丈夫，和長大了不少的兒子，和在國外回來後第四個月誕生的取名為奧費利亞的女兒，一起搬了進去。烏爾比諾醫生懂得，本來面目已經不可能完全恢復了，因為他希冀的那分愛情，大部已被妻子給了兒女，但他漸漸習慣於享受剩餘愛情而自得其樂。朝思暮想的夫唱婦隨，在最沒想到的時候實現了。一天晚宴，上了一道費爾米納沒搞清楚的美味佳餚，她要了不少，覺得味勝山珍海味，便又要了同第一次相等的一分，只是為了顧全面子，才沒好意思要第三分。正當她為此遺憾不已的時候，卻聽說剛才那兩大碟美食都是茄泥。她雍容大度地服了輸。從那天起，在曼加別墅裡就跟在卡薩爾杜埃羅府裡一樣，三天兩頭桌子上出現各式各樣做法的茄子，每種做法都使她脾胃大開。烏爾比諾醫生在老年時代的閒暇中常常津津樂道，他真希望能再生一個女兒，給她起個他心愛的名字：茄子·烏爾比諾。

費爾米納想通了，私生活跟社會生活相反，是變化無常和不可預見的。找出兒童和成年人之間的差別，對她來說殊非易事，但分析來分析去，她還是更喜歡兒童，因為兒童的觀念更真實。她的思想剛剛成熟，剛剛拋棄了形形色色的幻想，便又因始終沒有成為她過去憧憬的人而開始惋惜了。年輕時代，她在福音公園裡經常想當一個甚至沒敢對自己說出的人：高級女傭。在社交場合，她成了最受寵愛，最受恭維因而也最疑神疑鬼的女人，但她沒有在任何方面對自己要求更嚴格，也沒比在治家方面更少自我原諒。她一直覺得在過一種受丈夫施捨的生活：丈夫是這座他自己建造而且也僅僅為他自己建造的幸福的帝國的絕對君主。她知道丈夫愛她勝於一切，勝於愛世界上的任何人。但他所以愛她，僅僅是為了他自己，讓她為他盡神聖的義務。

如果說有某種東西在折磨她的話，那就是一日三餐。因為不僅三頓飯必須按時開，必須做得無可挑剔，而且必須完全合乎他的口味，還不許問他愛吃什麼。如果問他，——跟家庭禮節中無數的毫無用處的客套一樣，他會繼續看報，連眼皮也不抬地回答說：

「隨便。」

他說的是真心話，說得和顏悅色，因為他覺得沒有比他更不專橫的丈夫了。但一到吃飯的時候，他就並不「隨便」，一定要合他的口味，不得有半點差池：牛肉不能是牛肉味兒，魚不能是魚味兒，豬肉不能有斑點，雞不能有一根毛。就是在不是吃蘆筍的季節，也得不計價錢地為他去搞，好讓他聞自己的帶香味兒的尿的水汽而陶然自得。她不怨他，只怨生活。但他是生活的寸步不讓的主角。只要有一絲懷疑，他就會把桌上的盤子一推，說：「這頓飯做得沒有感情。」在這方面，他靈感潮湧。有幾次，他剛剛嘗了嘗甘菊藥茶，就把茶推了開去，只說一句話：「這玩意兒有股窗戶味兒。」她和女傭們都驚訝不已，因為誰也沒聽說過有人喝過燒開了的窗戶水，但當她們想弄明白，嘗了嘗藥茶的時候，心裡明白了，是有股窗戶味兒。

他是個完美無缺的丈夫，從來不撿任何掉在地上的東西，也從來不關燈，不關門。早晨，天還沒有亮，他的衣服上如果掉了一顆扣子，她便聽見他這麼說：「一個人需要兩個妻子，一個用來愛，另一個用來釘扣子。」

每天，喝第一口咖啡，喝第一勺熱湯的時候，他都要可怕地嗥叫一聲——後來誰也不害怕了，

——緊接著便是一聲長嘆：「到我離開你們的那一天，你們就會明白，是因為這種唇焦舌燥的日子讓我過膩了。」他斷言，偏偏在他服了瀉藥而不能吃飯的時候，她們才在飯菜上格外下功夫。他一口咬定這是妻子在搗鬼，後來，妻子不陪他一塊兒服瀉藥，他便拒絕服藥。

他的不通情理使她煩透了，她在過生日那天，向他要了一件奇怪的禮物：由他負責管一天家務。他欣然接受了，而且真的從天一亮便上任了。他做了一頓豐盛的早餐，但忘了她不喜歡吃煎雞蛋，也不喝加奶的咖啡。接著，他下令做招待八位客人的生日午餐，吩咐收拾屋子，費盡心機，想管得比她更出色，但沒到中午，就不得不面無愧色地投降了。他發現自己對什麼東西放在什麼地方一無所知，尤其是廚房裡的東西。女傭們也串通一氣，作弄他，鬧得他把一切都翻了個底朝天。十點了，還沒決定該做什麼午飯，因為家裡的衛生還沒有搞完，臥室也還沒收拾，廁所沒刷，衛生紙忘了放，床單忘了換，忘了派車去接孩子，而且把女傭們的職責也張冠李戴了：他命令廚娘去整理床鋪，讓收拾房間的女傭去做飯。十一點，客人眼看就要到了，家裡還是一團糟。費爾米納只好重新執政。她笑得半死，但沒有露出她曾想過的得意之色，而是對丈夫在管家方面毫無本事表示同情。他以老生常談的理由為自己解圍：「我管家總比你治病強。」然而，教訓是有益的，不僅僅對他而言，隨著星移斗換，兩人從不同的途徑得出了明智的結論，不可能換個方式共同生活下去，也不可能換個方式相愛：世界上沒有比愛更艱難的事情了。

在新生活錦上添花的那段時間，費爾米納在好幾個公眾場合見過阿里薩，越經常見到他，他的職位就升得越高。但她看見他時已經很自然了，不止一次還因心不在焉而忘了同他打招呼。她經常聽見別人談論他，因為在商界，他在加勒比內河航運公司小心而又勢不可擋的升遷，是個開口必談的話題。她看到，他的儀態更瀟灑了，矯柔做作的拘謹變成了對人敬而遠之的清高，稍稍發胖使他的身材顯得更為適中，模樣年輕對他有利，他對自己空空如也的禿頭也大大方方地採取了措施。唯一和時代潮流背道而馳的，是不修邊幅：外套很不合身，帽子始終是那一頂，領帶是他母親店裡那些專門賣給詩人的條形領帶，雨傘破舊不堪。費爾米納逐漸習慣了用另一種方式去看他，後來，就不把他同那個坐在福音公園窗下為她傷感的面色憂鬱的青年聯繫在一起了。但無論如何，她看見他時從來不是無動於衷的，聽到關於他的好消息時她總是感到高興，因為這也多少減輕了她的罪責。

然而，當她自認為已經把他完全從記憶中抹去時，他又從最意想不到的地方冒了出來，成了她懷舊的幽靈。那是暮年的前兆，每當聽到雨前的雷聲，她就覺得生活中發生了一件不可彌補的事。十月間，每天下午三點鐘從維亞努埃瓦山傳來的那聲孤零零的、震耳欲聾而分秒不差的雷聲，成了她不可癒合的傷痕，年復一年，雷聲喚起的記憶越來越鮮明。新的記憶幾天後就在腦中模糊了，但多年前在伊爾德布蘭達表姐家鄉的旅行卻活龍活現，恍如發生在昨日，一幕幕往事宛然在目。她還記得那個名叫馬納烏雷的小鎮，坐落在山上，唯一的街道筆直而翠綠。她記得那裡的吉祥鳥，記得那座嚇人的房子，每天，她都穿著那件浸透了皮特拉．莫拉萊斯的永遠也流不乾的淚水的睡衣醒來，皮特拉．莫拉萊斯就是在她睡的那張床上殉情身亡的。她還記得當時的番石榴的味道，後來就再沒有那種味道的番石榴了。她記得，在聖胡安．塞薩爾鎮，她在金光閃閃的下午和那群嘰嘰喳喳吵鬧不休的表姐妹們一起去散步，走近電報局的時候，她的心咚咚地跳個不住，分不清哪是雨聲，哪是心跳的聲音，她咬緊牙關，免得心從嘴裡跳出來。她想方設法賣掉了父親的房子，因為她無法忍受回憶少年時代的痛苦，無法忍受在陽台上看見滿目淒涼的小公園，無法忍受梔子花在炎熱的夜晚散發的潮溼的香氣，無法忍受在那個決定命運的二月的下午照的那張古裝夫人照片使她感到的恐怖，無法忍受不管她把臉轉向何處都會喚起她對那個時代的回憶，而這些回憶又是和對阿里薩的回憶糾纏在一起的。不過，她始終保持了足夠的鎮靜，記住那些回憶不是愛，也不是後悔，而是曾使她傷心落淚的煩惱。她不知道，她正在受到阿里薩的難以數計的受害者失身的同情心的同樣的威脅。

她和丈夫相依為命。當時，也正是丈夫最需要她的那個時期，因為他比她年長十歲，獨自在衰老的深淵中掙扎，而且更糟糕的是他是男人，是他們二人中較弱的一個。後來，他們完完全全心心相印了，在成親不到三十年的時候，就成了分成兩半的一個人似的，經常為對方猜到了自己的心事，或發生一個搶先把另一個想說的話公之於眾的滑稽的事故而不快。他們共同克服了日常生活中的誤解，說來就來的抱怨，互相取笑打諢，並不時過上一刻其樂無窮的夫妻生活。那是他們相親相愛最為得體的時期，沒有匆忙，沒有過度，雙方都更明白並更感謝他們對夫妻生活中的急流險灘取得的勝利。當然，生活還將給他們帶來性命攸關的考驗，但這已經無關緊要了，他們已經到了彼岸。

為了慶祝新世紀的到來，組織了一次全新的公眾活動節目。其中最值得紀念的是汽球首航。這是烏爾比諾醫生無窮無盡的首創精神的成果。全市二分之一的人口聚集在阿爾塞納爾海濱，觀賞這個掛著彩旗的網球上天，它將把第一批郵件運往東北一百六十七公里處的沼澤地聖·胡安市去。烏爾比諾醫生伉儷同飛行師以及其他六位貴賓一起登上柳條編的懸艙。他們帶了一封省長致聖·

胡安市政府的賀信，信中稱此次通航為史無前例的首次空郵。《商業日報》記者向烏爾比諾醫生採訪，問他如不幸遇難，將留下什麼遺言。醫生不加思索地作了肯定將遭萬人唾罵的回答。「我認為，」他說，「十九世紀使所有的人都有所改變，唯獨我們置身事外。」

汽球冉冉上升。人們情緒激昂，高唱國歌。在吵吵嚷嚷的人群中，阿里薩發現自己的觀點正與某君相同，此君認為這種冒險對婦女太不適合，更不用說對費爾米納這樣年歲的太太了。但無論如何，乘坐汽球並不那麼危險，至少就感覺而言，既不危險，也不沉悶。汽球在藍空中平靜地飛行，憑著柔和的順風，飛得很穩，很低，先是沿著雪山的峰頂，然後進入大沼澤的上空，最後順利地到達了目的地。

他們像上帝那樣從天上俯瞰古老的英雄的卡塔赫納城的廢墟。這是世界上最美麗的城市。三百年來，它的居民抗禦了英國的包圍和海盜的騷擾，如今卻由於對霍亂的恐懼而被遺棄。他們看到了完好無缺的城牆，看到了雜草叢生的街道，看到了被三色堇吞沒的古堡、石殿、金祭壇，也看到了祭壇上由於瘟疫、無人照料而被腐蝕的歷任總督雕像。

他們飛越特洛哈·德·卡塔卡上空時，看到了塗著紅紅綠綠顏色的水上人家，飼養鬣蜥的小棚，湖心花園裡連緜不斷的鳳仙花，以及令人賞心悅目的棟科植物。聽到大聲呼喊以後，數百名赤條條的孩子從窗口，從屋頂，從他們以驚人的本領駕駛的獨木舟上，紛紛躍入水中。他們像鯡魚般地潛入水中，打撈汽球上那位戴羽毛帽的「仙女」投給他們的衣物包、食品袋，以及裝在用蠟封口的木瓶裡的咳嗽藥水。

飛過鬱鬱葱葱的香蕉種植園時，費爾米納想起了自己三、四歲時攜著母親的手在林間散步的情景。當時的母親，在同她一樣穿麥斯林紗衣的其他婦女中，也彷彿是個孩子。大家都打著白色的傘，戴著紗帽。飛行師一直在通過望遠鏡觀察世界，他說：「這裡好像沒有生物。」他把望遠鏡遞給烏爾比諾醫生。醫生目光所及之處，除了種植園裡的牛車、鐵軌、地界和乾涸的水渠，便是狼藉的屍體。有人說，霍亂正在大沼澤地的村鎮中肆虐。醫生一邊議論，一邊繼續朝鏡筒裡張望。

「看來是一種非常特殊的霍亂，」他說，「因為每個死者的後腦勺上都中了致命的一槍。」

飛過浪花飛濺的海灘以後，他們安全地降落在一片灼熱的沙灘上。開裂的硝石地面燙得像烈火一般，市政府當局的人士正在那裡恭候，除了普通的遮陽傘，別無其他足以蔽蔭。小學生們隨著歌聲揮舞小旗，前來迎接的還有戴金紙后冠的美女，他們手中的鮮花已被太陽烤焦。蓋拉鎮的舞蹈女郎們也來了，這個鎮子是加勒比海沿岸最繁華的所在。費爾米納真想回去看看自己的故鄉，以便印下自己最初而遙遠的回憶，但在瘟疫的威懾下只得作罷。烏爾比諾醫生遞交了那封歷史性的賀信，可惜此信被放錯了地方，它的下落從此無從查考。全體隨行人員幾乎被催眠似的演說所窒息。飛行師想使汽球再度起飛，沒有成功。大家只好騎上騾子轉赴老鎮渡口，那兒是沼澤與大海的會合處。費爾米納斷言，她幼年曾隨母親乘牛車路過這個地方，她長大後曾多次向父親提到這件事，但父親生前一直固執地認為沒有這種可能。

「我也記得那次旅行，清清楚楚，決不會錯，」父親告訴她，「但那至遲是你出生之前五年的事」。

三天以後，這支探險隊回到了出發點。天色已晚，一陣風暴弄得他們狼狽不堪，但像英雄一般受到了隆重的歡迎。自然，阿里薩也出現在歡迎的人群之中。他從費爾米納臉上辨出了恐懼的印記。但當天下午他在由她丈夫贊助的自行車表演會上看到她時，她已毫無倦容了。費爾米納騎的是一輛不同尋常的兩輪腳踏車，說得確切一點，更像是一種馬戲團的道具，她坐在高大的前輪上，但後輪很小，幾乎難以支撐。對她所穿的紅花邊燈籠褲，太太們議論紛紛，紳士們困惑不解；但對她嫻熟的車技，個個贊不絕口。

這一次，同過去一樣，對阿里薩來說，費爾米納都是一個突如其來旋即轉瞬即逝的形象。每當他企圖去試探自己的命運時，她總是迅速隱沒了，只是在她心上留下渴望的痛苦。這些形象，記錄著他生命的節奏，使他體會到光陰的殘酷。時光在無情地流逝，他不信在自己身上察覺到了，也從費爾米納身上那些細微的變化中感受到了。

一天晚上，阿里薩走進堂·桑喬飯店——這是一家殖民時期的高級餐廳，找了個旮旯坐下。他單獨到這裡來吃點心的時候總是這樣。突然，在餐廳盡頭的大鏡中看到了費爾米納。她和丈夫以及其他兩對夫婦坐在一張餐桌上，角度正好使他得以通過鏡子欣賞她的綽約風姿。她非常灑脫，像焰火爆炸般談笑風生，噙在眼裡的激動的熱淚，更使她顯得神采奕奕：愛麗思③又從鏡中現身了。

阿里薩屏息凝神地盡情觀察，看她進食，看她拒飲，也看她同堂·桑喬四世打趣。他在自己冷清清的桌上，同度了生活的片刻。在一個多小時之內，他心旌搖曳，始終沒有被她察覺。他喝了四杯咖啡消磨時光，直到目送她雜在那群人中姍姍離去。他們幾乎在他身邊擦過去，以致儘管她的同伴身上也散發出香氣，他還是辨出了她身上特殊的氣息。

從這天晚上起，幾乎有一年的時間，他死氣白賴地纏住那家飯店的主人，他願意出錢，願意辦事，願意獻出他生活中最寶貴的東西，只求飯店的主人把那面鏡子賣給他。這可談何容易！因為堂・桑喬老頭相信一種傳說：這個鏡框是維也納的細工木匠一手雕刻的，和瑪麗婭・安托涅塔收藏的鏡框同屬一對，是絕無僅有的稀世之珍，而且後者早已無影無踪了。他堅持再三，飯店的主人終於同意轉讓，阿里薩就把這面大鏡子放在他家的客廳裡，倒不是看上鏡框的做工精緻，而是因為他情人的形象曾經占領這面鏡子的內部空間達兩小時之久。

阿里薩每次見到費爾米納時，她幾乎總是挽著丈夫的手臂，他們十分和諧地在自己特有的環境中活動，頗有一種暹羅人特有的令人驚異的溫順勁兒。只有在向他打招呼的時候，夫妻倆的表現才有所不同。真的，烏爾比諾醫生同他握手時，顯得既熱烈又親切，有時還拍拍他的肩膀。費爾米納則相反，一舉一動都彬彬有禮，循規蹈矩，嚴肅得不容他看出她還在顧念舊情的任何痕跡。他們生活在兩個背道而馳的世界裡。每當他竭盡全力要縮小相互間的距離時，她總是在朝著相反的方向邁步。過了好久他才敢於設想，那種冷漠其實只是抗拒恐懼心理的保護層而已。他是在本地船廠所造的第一艘內河輪船的命名禮儀式上，也就是阿里薩第一次作為加勒比內河航運公司第一副董事長，代表叔叔萊昂十二同本市全體顯貴一起，出席這一禮儀時突然悟到這一點的。這一巧合，使這次活動具有一種特別莊嚴的氣氛。

阿里薩在船廳裡忙著接待客人，那裡還散發著一股新刷的油漆和瀝青的氣味。這時，碼頭上突然響起了一陣雷鳴般的掌聲，樂隊也奏起了凱旋曲。他看見這位夢寐以求的美人挽著丈夫的手臂，透著皇后般的成熟的風采，在身穿制服的儀仗隊中穿過時，他不得不控制住幾乎與生俱來的激動和戰慄。人們從窗戶裡暴風雨般地向烏爾比諾夫婦拋灑彩帶和花瓣，他們則招手回報人們的歡呼。

費爾米納容光煥發，使人不敢逼視，她的高跟小鞋，狐尾圍脖，鐘形帽子，一身金黃色的王室裝束，在來賓中顯得無與倫比。

阿里薩和省府要員在震耳欲聾的音樂和鞭炮聲中站在艦橋上迎候他們。汽笛三聲長鳴，使碼頭籠罩在蒸汽之中。烏爾比諾醫生以其特有的瀟灑自如的神態，同列隊接待的人一一致意，使他們每一個人都覺得他對自己有一種特殊的感情：首先是身著華麗制服的船長，接著是大主教，爾後是省長夫婦，市長夫婦，以及剛到任的一位來自安第斯的軍事長官。緊接在政府要員之後，就是穿黑色呢服的阿里薩，側身於如此眾多的知名人士之中，人們幾乎注意不到他的存在。費爾米納向軍事長官打過招呼以後，對向她伸過手來的阿里薩彷彿遲疑了一下。長官很願意為他們介紹，就問她是否同這位紳士相識。她不置可否，只是帶著沙龍式的微笑將手伸向阿里薩。這種情景過去已出現過兩次，今後也一定還會繼續出現，阿里薩一向將它領會為費爾米納個性的特有表現。然而，那天下午，他發揮了自己的想像力，向自己提出了一個問題：這種殘酷的冷漠是不是在掩蓋著一場愛情的風暴。

這種設想激起了他對舊情的眷念，使他無法平靜。他又回到費爾米納別墅的周圍徘徊，感到和多年前在福音公園裡的漫步同樣親切。現在，他的意圖不是讓她看到自己，而是要使自己能夠看到她，知道她還繼續活在這個世界上。可是，在新的條件下，他要使自己的行動不被人察覺是困難的。

拉·曼加區坐落在一個半荒涼的島上，一條藍色的運河把它同古老的城市隔開。島上灌木叢生，是殖民地時期戀人們周末的藏身之所。西班牙人建的石橋已在幾年前被拆除，新建了一座空心水泥橋，以便騾車能夠通過。當時，拉·曼加區的居民們不得不忍受一種設計不周的折磨：本市的第一座電站同他們相距咫尺，隆隆的響聲彷彿是連續不斷的地震，使他們難以成眠。連烏爾比諾醫生也無法使人把電站遷到更遠的地方去，儘管他付出了最大的努力，看來在那裡蓋電廠是出於上帝的旨意，非人力所能挽回。一天晚上，電廠鍋爐爆炸，聲響令人毛骨悚然。鍋爐騰空而起，飛過新建的房屋，越過半座城市，摧毀了古老而又好客的聖胡利安修道院的大迴廊。那座已變成廢墟的建築年初已被遺棄，但是鍋爐還是造成了四名犯人的死亡，他們是那天晚上從地方監獄逃出來的，當時，正躲在修道院的小教堂裡棲身。

那一片幽靜的郊區，本來有著美妙的談情說愛的傳統，然而一經成為高級住宅區，對無枝可依的戀人們就不那麼適宜了。大街上，夏天塵土飛揚，冬天泥濘難行，整年冷冷清清。稀稀落落的住宅掩映在樹木成蔭的花園之中，彩磁圖案的平台取代了往昔的飛檐陽台，彷彿是故意同偷情的戀人過不去似的。還好，當時流行一種專供下午遊覽乘坐的單馬四輪帶篷車，終點是一塊高地；從那兒眺望十月絢麗的晚霞，比從燈塔上還清楚，還可以看到悄悄游來窺視海灘的鯊魚。每星期四，白色遠洋巨輪從海港運河通過時，幾乎伸手可及。阿里薩在辦公室緊張地工作一天之後，經常租上一輛四輪馬車。在炎熱的月份，人們通常都把車篷折起，他卻總是獨自一個人藏在座位深處，不願惹人注意。他隨時向車伕發出命令，要他拉到意料不到的地方，為的是不讓車伕察覺他有什麼歹心。實際上，他在出遊時唯一感興趣的，只是那幢半掩映在枝葉繁茂的芭蕉和芒果樹中的粉紅色大理石結構的房子，有點像美國路易斯安娜州棉區的田園別墅的走了樣的複製品。

費爾米納的子女們差不多在下午五點以前回家，阿里薩看著他們坐自備馬車回來，然後又看見烏爾比諾醫生的例行出診。儘管在那兒幾乎轉悠了一年，他卻沒能見到他所渴望的跡象出現。六月的一個下午，大雨傾盆而下，他仍然堅持這一獨自出行的計劃。馬在泥濘中滑倒了。阿里薩恐懼地意識到自己正好處在費爾米納別墅的對面，他慌了，不願這種驚慌可能被車伕發現，緊張地向他懇求道：

「這兒不能停！別的地方都行，千萬別停在這兒！」

車伕被他弄得莫名其妙，試圖不卸車轅把馬扶起來，結果車軸斷了。阿里薩急忙從車上下來，羞愧地站在那裡，聽任大雨澆淋，直到來了別的同樣的車，應諾他上車，才回了家。他在車外等候時，烏爾比諾家的一名女佣見到他在齊膝的泥中挨淋，女佣遞給他一把傘，請他到平台上去躲一躲。阿里薩做夢也沒想到會遇上那麼好的運氣，不過，那個下午，他死也不願讓費爾米納看見他那樣的狼狽相。

烏爾比諾一家住在老城時，每個星期天他們都從家裡步行到大教堂聽八點鐘的彌撒。對他們來說，聽彌撒與其說是宗教禮節，倒不如說是世俗社交。搬家後的最初幾年，禮拜天他們仍乘車到大教堂去聽彌撒，有時也在公園的棕櫚樹下，在友人的聚談會上耽一陣子。但是，當拉·曼加區建立了教士會神學院的禮拜堂以後，便只在非常隆重的場合才到大教堂去。神學院的教堂建得不壞，而且有自己的海灘和公墓。阿里薩對這些變化毫無所知，在教區咖啡館平台上白等了幾個星期天，直到第三次彌撒結束，人們一批批地出來。後來他發現自己搞錯了，就轉上新教堂。八月的四個星期天，他都在那兒見到了烏爾比諾大夫帶著子女準時出席八點鐘的彌撒。唯獨沒見費爾米納露面。一個星期天，他去參觀教堂附近的公墓，拉·曼加的這兩位居民們也在那裡為自己建造豪華的墓地。在冬天的木棉樹下一見那座講究的墳墓，阿里薩的心就不禁怦然跳動。墓已經建成，靈堂上鑲有哥特色的彩色玻璃窗，陳列著大理石天使像，全家的集體墓碑上寫著金字，自然也有唐娜・費爾米納・達薩・德烏爾比諾・德拉卡耶這個名字，接著是丈夫的名字，墓誌銘是「同享安謐」。

那一年的其他時間，費爾米納沒有參加任何民眾的和社交的活動，連聖誕節活動也沒有參加，而在聖誕節活動中，她和丈夫通常總是最有氣派的貴賓和主角。最引人注意的是她在歌劇表演季節開幕式上依然缺席。幕間休息時，阿里薩發現有人在不指名地議論她。他們說，有人在六月裡的一天夜裡看到她乘古納德公司的遠洋輪到巴拿馬去了，上船時臉上蒙著黑紗，以免被人看出那種說不出口的病正在慢慢地吞噬著她的生命。有人問，到底是什麼病如此可怕，竟使這位顯赫的夫人也一籌莫展，得到的回答是淒楚的：

「像她這樣高貴的夫人，不可能害別的病，只能是肺結核。」

阿里薩知道，他們家鄉的有錢人不病則已，一病就是大病；也可能突然死去，而且幾乎總是在盛大節日前後，結果由於哀悼活動，把節日也沖掉了；要麼在令人討厭的慢性病中折磨得奄奄一息，其病患的內情到頭來還是人人皆知。到巴拿馬去幽居，幾乎是富人生活中迫不得已的悔罪活動。

他們在基督再臨派的醫院中一切聽從上帝擺布。那所醫院是個巨大的白色大棚，坐落在沖積平原上，環境十分幽靜。在那兒，病人們失去了對自己殘生的概念，生活在孤獨的病室中，誰也說不清那石炭酸氣味是健康的味還是死亡的氣味。康復的人帶著五顏六色的禮物回到家鄉，慷慨地廣為饋贈，自己則不無煩惱地爭取繼續活下去。有的人回來時，肚子上落下了手術疤痕，傷口彷彿是用修鞋匠的麻繩縫合的，使人覺得那種手術實在太野蠻。他們在家人面前撩起襯衣，將它與別的死於過分幸福的人們的傷疤互相比較。餘下的日子，他們就來回講述在三氯甲烷的驅使下如何看見天使出現的幻覺。相反，從來沒有人了解那些沒有生還的人的想法，在這些人中，最悲慘的莫過於那些死於肺結核的人了。他們的死亡，更多的是由於淒風苦雨，而不是由於疾病本身的折磨。

到底是死是生，二者必居其一，阿里薩真不知道該為費爾米納選擇何種結局。但是，他首先想了解的是實情，那怕是令人無法忍受的實情。可是，儘管他千方百計地打聽，最後還是沒有得到她的下落。他感到不可思議的是，居然沒有一個人哪怕能告訴他一點迹象，以便讓他判斷傳言的真實程度。內河航船是他主管的天地，那裡對他沒有任何隱情、任何祕密。可是，誰也沒聽說過什麼戴黑面紗的女人。在這座城市裡，一切都保不了密，甚至有許多事，尤其是富人的事，在發生之前就滿城風雨了，唯獨這件事竟無人知曉。然而，也沒有人對費爾米納的失踪作過什麼解釋。阿里薩繼續在拉·曼加區徘徊，心不在焉地到神學院教堂聽彌撒，參加一些本來不感興趣的公眾活動。可是，隨著時間的過去，上述傳說似乎越來越可信了。烏爾比諾家裡看上去一切正常，唯獨主婦不在。

在東奔西跑的打聽中，他又得到了一些以前並不了解，或者說他並不想去打聽的消息，其中之一就是洛倫索·達薩在他的誕生地——西班牙坎塔布連的鄉間逝世。多年前他曾在教區咖啡館熱鬧異常的象棋賽中見過他，由於說話過多，他的嗓音日漸沙啞，而且隨著沉入令人不悅的老年的流沙之中，他日益發胖，皮膚變得皺皺巴巴，活像老松樹皮。從上世紀那次不愉快的茴芹酒早餐起，他們再也沒說過話。

阿里薩斷定，洛倫索·達薩對他仍舊懷恨在心，儘管他已經給女兒找到了一個有錢的丈夫，從而也使自己活了下來。阿里薩執著地要得到關於費爾米納健康狀況的確定無誤的消息，因此，他又回到教區咖啡館去，想找到她的父親。咖啡館裡正在舉行歷史性的比賽：赫雷米阿·德薩因特·阿莫烏爾一人同四十二名棋手對局。就這樣，他才聽到了洛倫索·達薩故去的消息的。儘管他仍然沒有得到有關費爾米納的消息，由於幸災樂禍，他還是由衷的高興。最後，他把費爾米納得了不治之症的說法當真接受下來，並用一句人所共知的諺語來安慰自己：女人得病，精神永生。

在他完全洩氣的日子裡，他只好這麼想：如果費爾米納真的死了，無論如何消息總會傳到他耳朵裡來的。

他永遠不可能得到費爾米納的死訊，因為她還活著，而且是健康地活著，就在她表姐伊爾德布蘭達的莊園裡過著世外桃源的生活。她是在和丈夫達成協議後悄然離去的。他們結婚二十五年，夫妻關係一直是很穩定的，可在這次不和時，兩個人都像未成年孩子似的亂了方寸，糾纏不休。真是想不到，他們年紀已經大了，日子過得很平靜，不僅孩子已經出世，而且都在長大成人，很有教養，前程似錦，他們都滿以為在夫妻關係上不會再隱藏著什麼危機，可以和和睦睦地進入晚年了，可就在這個時候，危機卻突然發生了。那件事對兩個人都是如此的意外，以致他們不願照加勒比地區傳統的方式，用吵吵嚷嚷的哭鬧和請人調解，而想採用歐洲國家的聰明辦法。可是，由於他們的想法不切實際，爭來爭去，末了，既不是什麼歐洲的辦法，也不同於美洲的辦法。費爾米納決定出走，她不明白是什麼理由，也不明白是什麼目的，只是純粹想賭氣。烏爾比諾醫生說服不了她，因為他受著良心的譴責。

費爾米納確實是在半夜上船的，她走得十分隱祕，面戴守孝的黑紗，但登上的不是古納德公司開往巴拿馬的遠洋輪，而是開往沼澤地聖・胡安市的普通船。聖・胡安是她的出生地，她在那裡度過了青年時代。隨著歲月的流逝，她的還鄉之情越來越濃。她不顧丈夫的意見和當時的風俗習慣，除了一位十五歲的由她家的女僕照料長大的養女之外，沒有帶任何人。但是，她把自己的行程預先通知了各船船長及各個港口當局。當她作出那一輕率的決定時，她對兒女們說，要到伊爾德布蘭達姨媽那兒調理三個月，但內心已決定長期留在那兒。烏爾比諾大夫十分了解她倔強的脾氣，他感到萬分難過，但還是低聲下氣地答應下來，將它視為上帝對自己沉重罪過的懲罰。可是，當輪船的燈光還沒有在他們眼前消失時，他們已在感到懊悔了。

他們雖然保持著形式上的通信，談談兒女們的情況及家中的其他事情，但是，幾乎兩年過去了，誰也沒有找到一條回頭之路，每一條解決矛盾的道路都被他們的自尊心封死了。孩子們第二年學校放假時到弗洛雷斯・德馬利亞鎮去，費爾米納盡力表現自己對新的生活很能適應，至少烏爾比諾醫生從孩子們的信中得出了這樣的結論。在那些日子裡，里約阿查的主教正騎著他那頭著名的披金繡邊馬衣的白騾子在那一帶熱情地巡行。來自遠方的朝聖者、手風琴手、食品小販和賣護身符的人紛紛跟在主教後面。有三天的時間，莊園裡雲集著殘疾人和各種患不治之症的人。這些人實際上並不是來聽主教博學的講道和請求赦罪的，而是來向騾子乞求賜福的，據說這匹騾子能背著主人做出種種奇蹟。主教過去是個普普通通的牧師，當年就是烏爾比諾家的熟人。一天中午，他從講道的地方逃到伊爾德布蘭達莊園來吃午飯。午飯中間，他們只談了些塵世的事。吃過午飯，他把費爾米納叫到一邊，想聽她的懺悔。但是她既客氣又堅定地拒絕了。理由很明確，她沒有什麼好反悔的。儘管那不是她的目的，但她起碼也意識到了，她的這一回答將會傳到應該傳到的地方去。

烏爾比諾大夫多少有點恬不知恥地說，那兩年的痛苦生活，不是他的過錯，而是由於妻子的一種壞習慣，她喜歡嗅聞家人和自己脫下的衣服，以便憑氣味決定該不該送去洗，儘管粗看上去還很乾淨。這是她從小養成的習慣，直到丈夫在新婚之夜發現她這一行為之前，她從來沒有意識到這種動作會招人非議。丈夫還察覺她每天至少三次把自己關在盥洗室裡吸菸，他對這一點倒並不在意，因為她這樣出身的女人，常常三三兩兩地關起門來談男人，吸菸，喝廉價燒酒，甚至喝得像泥瓦匠那樣醉醺醺地倒在地上。但是對她碰到什麼衣服就嗅的習慣，他不僅認為不合適，而且認為有害健康。她把丈夫的意見當作玩笑。對丈夫的意見，當她不屑爭論時，她都是這麼對待的。她說，上帝把勤快的黃鸝鳥的鼻子安到她臉上，不單是為了擺設。一天早上，她上街買東西時，佣人們在家中嚷叫起來，鬧得四鄰不安，因為她三歲的兒子失踪了，他們找遍了旮旮旯旯，那裡也找不到。她回家時，全家都在惶惶不安。她像鷹犬似的轉了兩三圈，在誰也想不到的一個衣櫃裡找到了他。丈夫驚得目瞪口呆，問她怎麼會到那兒去找，她回答說：

「衣櫃裡有股屎味。」

事實上，她不僅能用嗅覺來判斷衣服該不該洗，孩子到那兒去了，而且還用嗅覺來判斷她一切生活領域中特別是社會生活領域中的方向。婚後，尤其在婚後初期，烏爾比諾一直在觀察她這一點，當時她處在一種業已存在了三百年但使她極端厭惡的環境中，她對一切都是門外漢，然而她在劍戟縱橫的珊瑚叢中卻能游刃有餘，不同任何人發生衝突，這表明她深諳世情，有一種超然的本能。這種令人可怕的本領可能出自宿慧，也可能出自一副鐵石心腸。不管其來源如何，有時它也會帶來禍患。一個倒楣的星期天，在去望彌撒前，費爾米納又純粹出於習慣，嗅了嗅丈夫頭一天下午穿過的衣服，她立刻惶惶不安起來，覺得同床共枕的丈夫彷彿變成了另一個人。

她先嗅了外套和坎肩，一邊嗅一邊從扣眼上摘下短鏈懷表，從兜裡取出自動鉛筆、錢包和為數不多的零錢。她把這些東西逐一放在梳妝台上，然後嗅了沒卷邊的襯衣。嗅襯衣時，她取下了領帶夾、袖口上的黃色的晶扣和假領上的金扣，接著，她又嗅了褲子，同時取出了帶著十一把鑰匙的鑰匙圈、帶珍珠母外殼的折刀。最後，她嗅了內褲、襪子和綉著字的手絹。毫無疑問，每件衣物上都帶有一種他們那麼多年共同生活中從來沒有過的氣味，一股說不出的氣味。既不是花香，也不是人造香水味，而是人體本身的味道。當時她什麼也沒有說。此後，雖然不是每天都能嗅到這種味道。她所以嗅丈夫的衣服，已不是出於想知道衣服是不是已經髒得該送出去洗了，而是出於一種無法忍耐的五內俱裂的焦慮。

費爾米納無法從丈夫的習慣來推斷他衣服上的氣味來自何方。問題不可能出在上午下課以後到午飯之間的那段時間裡。因為，她想，任何一個頭腦健全的女人都不會在這種時刻匆匆忙忙地談情說愛，更不會接待客人，她們得清掃屋子，整理床鋪，上街買東西和做午飯。何況，在那種時候，她們的某個孩子說不定會被磚頭打破了腦袋提前從學校回家，如果讓孩子看到母親上午十一點鐘赤身裸體地躺在被褥狼籍的房間裡，而且更糟糕的是，還和醫生在一起，那就不可收拾了。所以，衣服上的氣味只能是在出診時，或者是晚上下棋、看電影的時候染上的。這種情形就很難弄清了，因為費爾米納同她的許多女友相反，她過份自負，不願自己去監視丈夫的行踪，也不會求別人替她這麼做。看來，出診是最適合幹這種對妻子不忠的事情的時刻，但最易被人發現。烏爾比諾醫生對自己全部病人都有詳細的出診記錄，連酬金都有一本細帳，從初診一直到送他們離開這個世界，畫十字，寫上一句為他們靈魂祝福的話，一切都記得清清楚楚，絕無疏漏。

過了三個星期，費爾米納有幾天沒有從丈夫衣服上嗅到那種氣味。可是後來又突然出現了，而且一連幾天，那種氣味特別濃烈。其中有一天是星期日，他們舉行家庭舞會，他和她一刻也沒有分開，可那氣味依然從丈夫的衣服上刺鼻地散發出來。一天下午，她違反她的習慣與願望，進了丈夫的書房，幹了一件她從來不會幹的事情。她用一個精緻的孟加拉放大鏡，查看他近幾個月出診的錯綜複雜的記錄。這是她第一次單獨走進那間充滿雜酚油香露的書房。裡邊放滿了各式各樣的皮封面書（不知是什麼動物的皮），還有學校裡各班級的模糊不清的畫片、榮譽證書以及多年收集的奇形怪狀的等高儀和匕首。那間書房在她眼裡一向是丈夫私生活的祕密聖殿，她難得進去，因為它與愛情無關。以前她也去過幾次，但都是跟丈夫在一起，那是為了處理幾件急事。她感到她無權單獨進去，更不用說是去進行自己都認為是不體面的搜查了。但她畢竟走了進去。她在搜查時，她的恐懼幾乎並不亞於她的焦急。她迫不及待地想發現真情，但又怕傷害她的尊嚴，傷害她天生的自尊心。天哪，那簡直是鬼使神差的自我折磨。

她什麼也沒查清楚。丈夫的病人除去他們兩人共同的朋友外，也是他個人秘密的一部分。病人沒有注明身分，認識他們不是憑著面孔，而是憑著病症，憑著眼睛的顏色或心臟診斷書，憑著肝的大小，舌苔的厚薄，尿液中的凝塊和夜間高燒時的幻覺。病人們信任她的丈夫，認為有了他，他們才能活著；而實際上，他們是為他而活著。這些人到頭來只不過在他開的醫生證明書的末尾得到他親筆寫的這麼一句話：請你放心，上帝正在門口等你。在徒勞無益地翻了兩小時之後，費爾米納怏怏地離開了書房，她感到自己受了不正派行為的誘惑。

在幻覺的驅使下，她開始發現丈夫的變化。她發現他說話躲躲閃閃，在桌上食欲不振，在床上無精打采，動輒發火，時不時地以譏諷的口吻訓人。他在家中已不像過去那樣平靜安詳，倒像一頭關在籠子裡的獅子。結婚以來，她從來不注意他晚上什麼時候回家，現在卻連幾分幾秒都算得清清楚楚。為了套出真情，她不惜跟他耍花招，可事後又出於心理上的矛盾覺得自尊心受到了致命傷害。一天晚上，她在幻覺中驚醒過來，似乎丈夫正在黑暗中用憎惡的目光注視著她。她感到不寒而慄，正像年輕時發現阿里薩來到她的床邊時不寒而慄一樣，只不過阿里薩的出現與仇恨毫無關係，純粹出於愛情。再說，這一次，實際上並不是什麼幻覺：丈夫確實從凌晨兩點就醒來了，一直坐在床上看她睡覺。但當她問他為什麼時，他卻矢口否認，重新把頭放在枕頭上說：

「該是你在做夢吧。」

經過這天晚上的事和那段時間裡發生的其他一些類似的莫名其妙的事以後，費爾米納感到神思恍惚，簡直要發瘋了。她不太清楚事情要到什麼時候了結，也不知道夢幻從何處開始。最後，她發現丈夫沒有出席星期四的聖體節去領聖餐，而且最近幾個星期中每個禮拜日都沒領過聖餐，更沒有騰出時間來進行精神淨修。她問他在這些精神修煉方面的不同尋常的變化原因何在時，得到的回答是含混不清的。這是問題的關鍵所在。因為他從八歲第一次領聖餐起，從來沒有在一個如此重要的節期不去領聖餐。這樣，她意識到丈夫不僅已犯下了嚴重的罪過，而且他還決心繼續犯下去，毫無悔改之意，正因為如此，所以他不願去找懺悔牧師。她從沒想過自己會為失去愛情而受到煎熬。可是這畢竟是事實。為了不致在痛苦中死去，她決意往正在毒害著她的五臟六腑的毒蛇窩裡放一把火。她真的這麼幹了。一天下午，她在平台上補襪子，丈夫午睡剛醒，正在讀書。在他快讀完的時候，她突然放下手中的活兒，將眼鏡推到額頭上，神態自若地對丈夫說：

「醫生。」

他正聚精會神地在讀《企鵝島》，這是當時非常流行的一部小說。聽到妻子在叫，他漫不經心地「噢」了一聲作為回答。她繼續說：

「你對著我的臉看。」

他照辦了。他正戴著老花眼鏡，看不清妻子的臉，但他無須摘下眼鏡就感覺到她的火焰般的目光在灼烤著他。

「怎麼啦？」他問。

「怎麼啦！你自己清楚！」她說。

她沒有再說什麼，重新放下眼鏡，繼續織補她的襪子。烏爾比諾醫生明白，長期以來的困惑已經到了結束的時候了。同當時他預想的形式相反，他感受到的不是劇烈的地震，而是一次平靜的打擊。他感到如釋重負，既然事情遲早要發生，早發生比晚發生更好，反正芭芭拉·林奇小姐的幽靈已經進入了他的家庭，這是事實。

烏爾比諾醫生是四月前同她結識的，當時她正在「廣慈醫院」的門診部候診。一見到她，他就意識到一件無可補救的事在自己的命運中終於發生了。她是個黑白混血姑娘，高高的身材，修長的四肢，優雅文靜，細嫩的皮膚，溫柔的性格，甜得跟蜜糖似的。那天早上，她穿一件紅底白點的衣衫，戴一頂同樣布料的帽子，帽沿很寬，帽影一直遮到眼睛，異常性感。烏爾比諾大夫通常是不看門診的，只是在有暇路過那裡時進去提醒那些高年級的學生一下，讓他們記住準確的診斷勝過一切藥物。這次，他千方百計拖延時間，使自己能在那位不期而遇的混血女郎進行病情檢查時正好在場，並且小心地讓他的學生們從他的一舉一動中意識到他同她過去素不相識。他幾乎沒望她一眼，卻把她的一切資料牢牢記在腦子裡。當天下午，看完最後一個病人以後，他就按照她在門診時留下的地址，吩咐車夫驅車而往。她果然住在那兒，當時正值陽春三月，她正好在平台上乘涼。

這是一座典型的安第列斯式的房屋，整座房子直到鋅皮屋頂都刷成黃色，窗帘是粗麻布的，廊檐下掛著石竹和蕨類植物的花盆。這兒是濱海的馬拉·克里安薩沼澤區，房子都架在粗大的木柱上。圖爾皮亞爾鳥在房檐下的籠子裡啁啾不已。對面人行道邊有所小學校，蜂湧而出的學生們迫使車夫拉緊了韁繩，以免使馬受驚。真是走運，芭芭拉·林奇小姐認出了醫生。她以老相識的姿態同他打招呼，請他去喝咖啡，等亂紛紛的人群過去以後再走。他一反常態，高高興興地接受了她的邀請，並且聽她談了她的身世。這正是他從那天早上以來唯一使他感到興趣的事，也是在未來幾個月中攪得他坐立不安，影響到他全身心的事。剛結婚時，有一次，一個朋友當著他妻子的面對他說，他遲早會遇到一場發狂的熱戀，使他們夫妻的穩固關係受到威脅。烏爾比諾醫生自以為了解自己，了解自己堅實的道德基礎，對這種預言只是付之一笑。然而，如今看來，這位朋友倒是言中了。

芭芭拉・林奇是一位神學博士。她是令人尊敬的新教牧師約納坦・比・林奇的獨生女。這位新教牧師是個瘦小的黑人，經常騎著一匹騾子到沼澤地的貧窮村落去宣揚上帝，但她所信奉的上帝與烏爾比諾大夫的上帝不同，大夫為了蔑視這位上帝，不願用大寫字體來加以表達。林奇小姐講得一口流利的西班牙語，句法有時不大通順，這反而增加了她的媚力。到十二月，她就二十八歲了。不久前她剛同另一位牧師——他父親的學生——離了婚。他們兩年的婚後生活過得很不痛快，因此，她沒有再婚的慾望。

她說：「我只愛我豢養的那隻圖爾皮亞爾鳥，別的什麼都不愛。」

可是，烏爾比諾醫生是個非常嚴肅的人，沒想到這話是故意對他說的。相反，他糊塗地自問，這麼多便利條件湊在一起，會不會是上帝為了以後加倍索取而佈下的圈套。然而，他立刻又把這種想法作為神學上的蠢話從腦袋中驅逐出去，因為他當時正處在惶惑之中。

快告別的時候，他偶然提起了上午的診斷。他知道，要博得病人的歡心，便必須談病人的病。果然，這個話題引起了她的興趣，他也答應第二天下午四點親自來為她作一次更詳細的檢查。她慌了。可是，他讓她放心，說：「幹我們這一行的，從來都是只向財主收費不向平民伸手的。」然後，他在他的袖珍記事本上寫道：「芭芭拉・林奇小姐，馬拉・克里安薩沼澤地，星期六，下午四時。」幾個月後，費爾米納必將讀到那張載有詳細的診斷紀錄、處方及病情發展的卡片。這個名字引起了她的注意。她突然想起，這是新奧爾良水果船上迷入歧途的那些女藝術家之一，然而，地址卻使她想到住在那裡的很可能是個牙買加人，而且顯然是個黑女人，於是，她很容易地排除了她是丈夫喜歡的女人。

烏爾比諾醫生星期六提前十分鐘赴約，林奇小姐尚未穿好衣服就跑出來接待他。從在巴黎的時候起，即使要參加一場口試，他也未曾如此緊張過。她躺在麻布床上，穿一件柔軟的絲織混紡衣服，美極了。她身上表現出的一切都是絕倫的：美人魚般的大腿，令人神魂顛倒的皮膚，迷人的乳房，潔白整齊的牙齒。她整個身軀都散發出一股健康體魄的氣息，這就是費爾米納在丈夫衣服上發現的那種人體的味兒。

林奇小姐看外科門診是因為患有一點小病，她非常詼諧地稱它為「倒楣的絞痛」。可是，烏爾比諾醫生認為那是一種非同小可的症候，因而他觸摸了她的全部內臟器官，與其說是認真細緻，不如說他別有用心。在檢查過程中，醫生逐漸地忘記了自己的才智，他出乎意料地發現，這位令人讚嘆的女人，她的內臟和她的外表一樣美麗。那時，他完全陷於歡愉之中，不再是加勒比海岸最優秀的醫生，卻成了上帝創造的一個被本能攪得六神無主的可憐的人。在他嚴格的醫療生涯中，只發生過一次類似的事情，當時他受到了奇恥大辱，因為憤怒的病人一下子把他的手推開，在床上坐了起來，說：「您可以幹您願意幹的事，但這樣可不行。」林奇小姐則相反，完全聽任他的擺布。當她確信醫生已不再在為病理而思考時，她說：

「我原以為這是倫理道德所不允許的。」

他渾身是汗，衣服都濕透了，像是剛從池塘裡爬出來似的。他用毛巾擦了擦手和臉。

「倫理道德！」他說：「您以為醫生都是無動於衷的人嗎？」

她感激地向他伸出了一隻手。

「我原先以為不允許的事，並不意味著不能幹。」她說。

「您想，一個聲譽卓著的男子，居然看上了我這樣一個可憐的女人，這是多麼了不起的事呀！」

「我一刻也忘不了您。」他說。

他這話是以顫抖的聲音說出來的，委實有點令人憐憫。可是她報以一陣狂笑，笑聲幾乎震撼了整個臥室，使他從窘態中猛醒過來。

「我在醫院裡一見到您就看出了這一點，大夫。」她說。「我是黑人，但不是笨人。」

烏爾比諾醫生要達到目的又談何容易！林奇小姐要求得到真正的愛，並且既要不損害名譽，又要做到不為人知。她認為，她的這些要求一點也不過分。

她給了烏爾比諾大夫以引誘她的機會，然而即使她一個人在家時，她也未能讓他登堂入室。她唯一過頭的事，就是允許他重複那任意違反倫理道德的觸摸和聽診，但條件是不能走得太遠。而他呢，由於不能發洩折磨著他的情慾，便幾乎每天都去糾纏她。實際上，他要維持和林奇小姐的關係幾乎是不可能的，可是他太軟弱了，沒有勇氣及時中斷，以致完全不能自拔，不得不繼續往前走下去。他已經走到了危險的邊緣。

尊敬的林奇先生生活沒有規律，隨時騎上騾子就出門去。騾背上一邊馱著聖經和福音宣傳品，另一邊馱著食物。可又說不定什麼時候他回來。另外，對面學校學生們讀課文時，眼睛總是透過窗戶往街上張望，他們看得最清楚的就是街對面的那所房子。那所房子從早上六點起全部門窗都打開了。他們看見林奇小姐往房檐上掛籠子，教圖爾皮亞爾鳥讀他們的課文。看見她包著一塊花頭巾，一邊做家務，一邊用她那美妙的加勒比嗓子也在學著朗讀課文。然後，他們看見她下午坐在門廳裡獨自用英語讀聖詩。

他們必須選個孩子們不在的時間。只有兩個時間有可能：十二點到兩點午餐時——這也是大夫午餐的時刻——；傍晚孩子們回家時。這後一個時間一向是最好的時間，可那時，大夫的出診已結束，離回家吃飯只剩下幾分鐘了。對他來說，最嚴重的問題，就是他本身的地位。他不能不驅車前往，然而他的車子人人熟知，並且時刻都應停在門口。他滿可以像他社會俱樂部的所有朋友那樣買通車夫，把他變成同謀，可這又違反他的習慣。因此，當他拜訪林奇小姐的目的已變得十分明顯時，穿僕人制服的車夫竟敢對他說，是不是過一陣子再到門口來找他，這樣車子就不需停那麼長時間了。烏爾比諾醫生的反應是出人意料的，他斬釘截鐵地打斷他說：

「從我認識你以來，這是我第一次聽到你說了你不應該說的話。」他說。「好吧，權當你沒說吧。」

沒有辦法。在這樣一個城市裡，只要醫生的車子停在門口，就休想隱瞞病情了。有時，如果距離近，醫生自己走路去，或者另租一輛馬車，以避免來自不懷好意或輕率的猜測。然而，這種欺騙於事無補，因為給藥店開的處方可以使真相大白。到了這等地步，烏爾比諾醫生開的處方也只能真假交錯，以維護病人神聖的權利，讓他們永遠帶著自己病症的祕密平靜地死去。他本來可以為自己的車停在林奇小姐的家門口作出各種冠冕堂皇的解釋，但是那種欺騙不會持續很久，更不會像他希望的那樣，永遠這樣下去。

世界對他簡直變成了一座地獄，因為一旦首次的瘋狂舉動得以滿足，兩個人都意識到了危機的存在。烏爾比諾醫生永遠也不會下決心去冒出醜的風險。在狂熱的胡言亂語中，他什麼都可以允諾，可是事後，一切又得留待以後再說了。相反，越是想和她在一起，害怕失去她的心理也越發加深了。他們的會面一次比一次倉促，一次比一次困難。他不再想別的事情，只是天天著急地等待下午這個時刻的到來。他取消了其他所有的約會。他把一切置諸腦後，唯獨沒有忘記她。但是，隨著車子越來越接近馬拉·克里安薩沼澤地時，他就越是懇求上帝讓他在最後一刻出個什麼問題，好迫使他過門而不入。他常常以這種矛盾而痛苦的心情走向林奇小姐的家。

有時他從街角看到坐在平台上讀書的尊敬的林奇先生的棉花似的頭髮，或者看到他坐在大廳裡，向本區讀過福音書的孩子們講解教義，他便感到高興。那時，他輕鬆愉快地往家裡走，為自己不再偷情而感到慶幸，但過後他馬上又渴望所有的時間都能變成下午的五點鐘。

當車子過分顯眼地停在門口時，他們每次要在一起長時間地廝混就不可能了。到了三個月之後，他們的做法就達到了荒唐可笑的地步。林奇小姐一看見他驚慌失措地進來，二話沒說，就趕快進入自己的臥室。每逢他來的時候，她早已採取了小心翼翼的措施，穿件肥大的裙子，一條漂亮的帶荷葉邊的牙買加襯裙，不著內衣，也不著短褲。她認為，這樣可以幫他克服恐懼心理。可是，她為使他成功所做的一切都被他破壞了。他氣喘吁吁地跟她走進臥室，汗珠像黃豆粒似地從臉上滾下來。進屋時，他把手杖、藥箱、巴拿馬草帽等一股腦兒地扔在地上，弄得叮噹作響，然後忙不迭地談情說愛。

做完這一切之後，剛好到了他去做一次靜脈注射的時間。然後他便回家去。在路上，他為自己的軟弱感到羞愧，恨不得死去，他詛咒自己缺乏勇氣。

他沒有進晚餐，下意識地在做著祈禱。當妻子睡前在屋裡把一切整理好時，他在床上佯裝讀午睡時翻閱的書籍，他一面捧著書打瞌睡，一面慢慢地沉溺在林奇小姐的不可避免的叢莽中，沉溺在她躺臥著的樹林的蒸汽中，以致完全不能自拔。那時，不管他願意不願意，他想到的就只有明天下午五點差五分這個時間，想到她在等他。除此之外，他腦子裡什麼也沒有。

早在幾年前，他就意識到了自己身體大不如過去。他承認那只是些症候。這些症候，他在書上讀到過，在現實生活中已經得到了證實。有些上了年紀的患者，原來並沒有什麼嚴重疾病，可突然一下子他們開始說自己患起了各種疾病，就跟醫書上描述的綜合症一模一樣，實際上那些症候都只不過是精神幻覺罷了。他的拉薩爾博特列雷兒科臨床課的老師曾勸他把兒科作為他最重要的專業。因為小孩子是最老實的，只有確實病了時才說有病，他們向醫生陳述病症時不會用通常的詞語，只講具體症狀，沒有半點虛假。成人則相反，到一定年齡之後，有時只有症狀而無實病，或者是，病很嚴重，可症狀卻不怎麼明顯。他用緩衝劑來為這些病人治療，以延長他們的生命。隨著時間的流逝，到了暮年，他們對自己的疾病已經習以為常，對慢性病或常犯的小病也就根本不放在心上了。烏爾比諾醫生不能理解的是，像他這樣的醫生，自以為什麼都見過，居然征服不了無病怕病這種憂慮不安的心情。更糟的是，他完全從職業的偏見出發，本來可能已經病了，卻不相信。還在四十歲時，他就曾半認真半開玩笑地在課堂上說：「我在生活中唯一需要的是有個人理解我。」可是，到了陷入林奇小姐的迷宮時，他已經不能把這句話當做玩笑了。

他的成年病人的所有實的或虛的病症，現在都集中到他身上來了。他清楚地感覺到心臟的形狀，無須壓摸就可以說出它的大小。他感到自己的腎臟已經出了毛病，發出了睡貓般的哼叫。他感到胆囊在閃閃發光，感到血液在動脈裡嗡嗡鳴響。有時，他早上醒來感到自己就像一條透不過氣來的魚兒。有時感到心臟裡充滿了水；有時感到雙腳不聽使喚；有時又感到像在學校軍事操練時那樣，忽而出現一次心跳間歇。這些症狀一次又一次地反覆著，最後他終於感到恢復了健康，因為上帝是偉大的。可是，他不是像對待他的病人那樣，讓自己服用緩衝劑，而是讓自己經受恐懼和惶惑。真的，他在生活中唯一需求的，是有人理解他，即使到了五十八歲也是一樣。

他求助費爾米納，在這個世界上她是他最愛的人，也是最愛他的人。在她面前，他剛剛使自己的良心平靜下來。

這件事發生在她打斷他下午的閱讀，要他對著她的眼睛凝視之後，當時他第一次發現他的事情已經敗露。然而，他不明白她是怎樣發現的，因為要說費爾米納僅僅用嗅覺發現了這件事，那是難以想像的。不管怎麼說，許久以來，這個地方就不是一座有利於保密的城市了。第一批家用電話剛安上不久，幾對看上去關係很穩定的夫妻就由於匿名電話離了婚。許多家庭由於害怕關係破裂而不再使用電話，或者在若干年中拒絕安裝電話。烏爾比諾大夫知道他的妻子自尊心很強，對於通過匿名電話控告她丈夫不忠的人是不會理睬的，而且他也很難想像有哪個人竟如此大胆，在向她控告這件事時通報自己的真實姓名。相對，他害怕的是那種傳統辦法：一個無名氏從門縫裡塞進一張紙條來，這可能要遭殃，不僅可以保證發信人、收信人都不露真名，而且還可以由於他高貴的血統而把這件事神秘地與神聖的上帝聯繫在一起。妒嫉從不光顧他的家，這是三十多年平靜的夫妻生活中，烏爾比諾醫生曾多次在公眾面前自我誇耀的話。就是在現在，這話也一點不假，他就像瑞典火柴，只在自己的盒子上磨擦點燃。然而，他不知道，一個如此自負、自尊而又倔強的女人，面對丈夫的被證實了的不忠行為，會做出怎樣的反應呢？他在按照她的要求注視她的眼睛之後，除了重新低下頭去以掩飾自己的惶恐外，沒有別的舉動。他一面想著對策，一面仍然裝著誤入小說裡阿爾卡島上秀麗的河川之中。費爾米納也沒有再說什麼。織補完襪跟，她將東西亂糟糟地扔進針線盒，去廚房吩咐做晚飯，然後上臥室去。

那時，烏爾比諾醫生下定決心，下午五時不再到林奇小姐的家中去。永遠愛她的許諾，單獨為她找一所僻靜的住所使他能泰然地與她偷情的幻想，恩愛的、至死不渝的誓言等等，所有在愛情的烈火中他對她的允諾，都將永遠結束了。林奇小姐從他那兒得到的最後的東西就是一個綠寶石頭飾。那是車夫交給她的，他既沒有給她留話，也沒有給她紙條。那頭飾放在一個用藥箋包著的小盒子裡，使車夫以為那是急救藥品。他這一生再也沒有去看過她，連偶爾一次也沒有。只有上帝清楚，他勇敢地作出這一決定是多麼的痛苦。他一個人在盥洗室裡不知灑下多少辛酸的淚水，才擺脫了內心的磨難而勉強活著。五點鐘時，他沒有去找她，而是在他的懺悔牧師前做了深深的懺悔。第二個星期日，他懷著一顆破碎的心去領了聖餐，但是他的靈魂終於復趨平靜。

在同林奇小姐作出了斷的當天晚上，他一面脫衣就寢，一面對費爾米納重述了他一連串痛苦的失眠，一陣陣內心針扎似的疼痛，使他欲哭無淚，以及其他一些難以使人理解的眷念的感情的流露……。

當時，每逢他跟她講起這些情況時，總是把它歸咎為年老體衰。他必須把這些話找一個人發洩出來，要不然他會憋死，——這也是為了避免道出外遇的真情。不管怎麼說，把心裡的話講出來，這是夫妻之間的習慣。

費爾米納一邊接過他脫下的衣服，一邊專注地聽他講述，既不看他，也不說話，她嗅聞著每一件衣服，臉上沒有流露出絲毫不快。她把衣服隨意一團，然後扔進裝衣服的柳條筐裡。她沒有發現異樣的味道，但這說明不了什麼，也許明天又有了。在寢室對面的小聖壇面前跪下來祈禱之前，他以一聲悲愴而誠實的嘆息結束了對病症的敘述，說：我「覺得我要死了」。

費爾米納連眼皮都沒有眨一下回答說：

「也許這樣最好，果真如此，我們兩人也就安定了。」

幾年前，在一次得重病時，他也曾講過類似死的問題，她給了他一個同樣粗暴的回答。烏爾比諾醫生把它歸因於女人的殘酷無情，一切都是必然的，正因為如此，地球才依然圍著太陽轉，因為當時他不知道她總是築起一道憤怒的屏障，免得讓他看出她的恐懼來。在這樣的情況下，她最怕的就是失去他。

那天晚上卻正好相反，她真希望他死去，這確實發自內心的衝動。烏爾比諾想到這一點，真是驚恐萬分。後來，他聽得她在黑暗中嚶嚶而泣，並且咬著枕頭不讓他聽見。這使他陷入茫然之中，因為他知道，她不會由於疾病或內心痛苦哭泣。她只有在十分激怒時才會這樣做。如果這種激怒又是由於他的過錯引起，那更會哭得沒完沒了。她越哭越氣，她不能原諒她自己這種傷心落淚的軟弱。他不敢去安慰她，他知道那等於去安慰一頭被長矛刺中的母老虎，他也沒有勇氣告訴她，引起她傷心哭泣的根源已經消失了，而且也從他的腦海裡永遠抹掉了。

疲勞把他征服了幾分鐘。他醒來時，她已點著了蠟燭，燭光十分暗淡，她沒有入睡，但已不再哭泣。在他入睡的時候，她心裡作出了一個決定。多年來在她心靈深處積下的沉渣，被妒嫉重新攪動起來了，而且浮出了表面。她一下子變老了。看著她剎那間出現的皺紋和乾癟的雙唇，灰白的頭髮，他不禁怦然心動。他鼓起勇氣對她說，已經兩點多了，她應該入睡了。她背過身去，但聲音裡已聽不出一絲怒氣。

「我有權知道她是誰。」

他向她講出了一切，心裡著實輕鬆了不少，他認為事情已為她所知，她只是想核對一下細節而已。當然，事情並不是像他想像的那樣，在他講述時，她又重新哭泣起來，而且不是像起初那樣輕輕哭泣，而是哭得淚流滿面。那帶苦鹹味的眼淚在她寬大的睡衣裡燃燒著，烤灼著她的生命。她希望他斷然否定一切，但他沒有這樣做，她因受侮辱而勃然大怒，以最惡毒的語言大喊大叫地咒罵這個社會有那麼多婊子養的無所顧忌地踐踏別人的名譽，即使面對他不忠的鐵的證據，他也面不改色，儼然像一個男子漢。當他告訴她那天下午他曾去找了他的懺悔牧師時，她更是怒上加怒。從中學時代起，她就認為教堂裡的人缺乏任何上帝啟示的美德。這是他們和睦家庭中的一項根本的分歧。在過去的共同生活中他們都迴避了這一點，可是眼下她丈夫居然允許懺悔牧師介入到他們的隱私中來，這實在走得太遠了，因為那不僅僅是他自己的事，還把她也扯了進去。

「這等於把事情通報給城門樓下一個賣狗皮膏藥的人。」她說。

對她來說，這可算到了頭了。她敢肯定，不等她丈夫懺悔完，她的名聲就會到處傳開。她受到了莫大的侮辱，這侮辱比起羞愧、憤怒和丈夫無情無義的偷情，更加令她難以忍受。最糟糕不過的是，他竟然去跟一個黑女人去偷情。他糾正說，是個黑白混血的女人。但是，那時他用詞再精確也無用，她已經作出結論了。

「反正是一路貨！」她說，「現在我才明白了，原來是黑女人的氣味。」

這事發生在某個星期一。星期五晚上七時，烏爾米納登上了開往大沼澤地聖・胡安市的一艘普普通通的小輪船。她隨身帶了一只箱子，由養女作伴，蒙著面紗，以避免和相識的人們見面，特別是避免他們問起她的丈夫。兩人事先商定，烏爾比諾不去港口送行。他們不厭其煩地整整談了三天，最後決定她去費洛雷斯・德馬利亞鎮——表姐伊爾德布蘭達的莊園坐落在那裡——使她在那兒有充分的時間深思熟慮，然後做出最後的選擇。兒女們知道母親前往弗洛雷斯・德馬利亞鎮，但不了解內因，許久以來，他們自己也一直渴望有機會到那裡去，但未能成行。烏爾比諾醫生絞盡腦汁安排好一切，以便在那個邪惡的社會沒有人做出居心不良的猜測。他把事情處理得天衣無縫，如果說阿里薩對費爾米納的出走沒有發現任何迹象的話，那是因為實際上並沒有這種迹象，而並不是由於他缺乏通風報信的渠道。丈夫絲毫也不懷疑，妻子一旦怒氣平息，就會回到家中來。可是，她走時斷言說，她的怒氣永遠不會消除。

然而，她很快就會明白，這一過火的決定，與其說是氣惱的結果，還不如說是思鄉造成的。蜜月旅行之後，她曾數次回歐洲去，雖然每次都要在海上漂流十天，但卻有充分的時間去體驗幸福。她見過世面，也學會了以另一種方式生活和思維，可自從那次乘氣球旅行失敗之後，就再也沒有回到過大沼澤地聖・胡安市。回伊爾德布蘭達表姐所居住的省分，對她來說即使晚了一些，也還是帶有點彌補的性質。她並非由於夫妻關係上的災難才作出這個決定，而是考慮已久。所以，單單想到回憶一下少年時代的愛戀，也能使她從不幸中得到安慰。

她和養女在大沼澤地聖・胡安市下船之後，憑著她剛強的性格，她不顧別人的種種警告，還是重遊了那座城市。她想從聖·胡安市到聖佩德羅·阿列杭德里諾去，目的是想親眼目睹一下人們傳說的美洲解放者西蒙·玻利瓦爾臨終時睡的床。據說那張床跟孩子的睡床一般大。在乘火車登程之前，由於她有證件，市府民政兼軍事長官邀請她乘坐了官方帶篷馬車。

下午兩點，疲憊不堪的費爾米納又重新看到了她親愛的故鄉。故鄉的街道，看上去更像那長滿青苔的坑坑窪窪的河灘。她看到了葡萄牙人豪華的住宅，門上雕刻著帶有花紋的國徽，百葉窗是銅製的，陰暗的大廳裡傳出陣陣響亮而單調的鋼琴聲，充滿著憂鬱和悲傷。費爾米納的母親新婚時曾在有錢人家教女孩子們彈過鋼琴，聲音彷彿與此相似。她看到了空空蕩蕩的廣場，那兒沒有一棵樹，有的只是烤人的碎石子。有著深色車篷的馬車整齊地排列著，馬兒站在那兒打盹。這時，開往聖佩德羅·阿列杭德里諾的火車也投入了她的眼簾。在大教堂的拐角處，她看到了最大、最漂亮的房子，它有著青石連拱廊，修道院式的大門，以及許多年後，當她已經失去對事物的記憶力時，阿爾瓦洛將在那兒出世的寢室的窗戶。她想起了她到處尋找不著的挨斯科拉斯蒂卡姑媽。想到姑媽，便想起了阿里薩，想起了他那一身文人的打扮，想起了他在小公園的扁桃樹下拿著的詩集。她偶爾回憶起中學時代不愉快的歲月時，也總是想到他。她躑躅很久，怎麼也認不出她故居的房子了，她認為，在那兒過去留下的唯一的東西便是一個豬圈。從街角過來就是妓女街，來自於世界各地的妓女此刻正在門廊下午睡，等待著郵車經過時給她們帶點什麼。這裡已不是她的故鄉了！

從下船逛市區開始，費爾米納就用面紗遮住半個臉，這並非因為擔心有人認出她，因為這兒誰都不認識她，而是由於從火車站到公墓，一路上到處可見在陽光曝晒下的腫脹的陳屍。市府民政兼軍事長官對她說：

「這是霍亂。」

她清楚，她早已注意到了太陽烤灼下的一具具屍體嘴裡冒出的白沫。但是她發現，沒有一具屍體像乘汽球飛行時看到的那樣，腦後有致命槍擊。

「是的，」長官說。「上帝也在改進自己的方法。」

從大沼澤地聖・胡安市到聖佩德羅・阿列杭德里諾的古老榨糖廠，只有五十公里，可是那列黃色火車卻爬行了一整天。原因是，火車司機跟老乘客們是朋友，這些人時不時地央求他停車，以便去舒展一下軀體，在香蕉公司高爾夫球場的草坪上走走，男人們則脫光衣服，在清澈見底的冰涼的河水中洗個澡。河水是從山上傾瀉下來的。肚子餓了，他們就到牧場上去擠牛奶喝。到達目的地時，費爾米納已經被沿途慘景嚇得魂不附體，幾乎沒有興致去欣賞解放者臨死前掛吊床的那幾棵巨大的羅望子樹，也沒有心情去證實臨終時他的睡床是否像人們跟她說的那樣。後來，她還是勉強去看了一眼。解放者臨終前的睡床實在太窄小了，連七個月的嬰兒也難以容身，更不用說這位榮耀滿身的傳人了。不過，有一個看上去十分了解內情的參觀者說，那是一件假文物，事實上，人們是讓國父躺在地上死去的。費爾米納對離家以來聽到和看到的一切都感到如此壓抑，以致在以後的旅途中她再也沒有心思去回憶過去的旅行。她過去對沿途的村鎮是何等懷念啊，可現在她竭力想避開它們。說真的，為了使自己不再失望，她應當避開那些村鎮。

當她避開那些令人觸目驚心的景象抄捷徑走著的時候，她聽到了手風琴聲，聽到了鬥雞場的喊叫聲，聽到了像是打仗又像是遊樂所射出的鉛丸聲。當她迫不得已要穿過某個村鎮時，她就用面紗遮住臉，以便依舊回想著它過去的風貌。

一天晚上，在擺脫了對往事的許多回憶之後，她來到了伊爾德布蘭達表姐的莊園。看到表姐在門口等她時，她幾乎昏厥過去，因為那就像在一面真實的鏡子中看到了自己。表姐胖了，一副老態龍鍾的樣子，身邊有好幾個不服管教的兒女。她的這些兒女，不是與她仍然無望地愛著的那個男人生的，而是與一位富有的退役軍人生的。在萬般無奈之餘，她同他結了婚，而他卻瘋狂地愛著她。可是，在她被摧毀了的身體內部，仍然保留著原來的精神世界。

費爾米納在農村待了幾天，沉浸在美好的回憶中，情緒逐漸穩定下來。除了星期日去望彌撒外，她從不出莊園。星期日去望彌撒時，和她作伴的，只有她昔日女友們的孫兒輩，還有騎著高頭大馬的商人和打扮得花枝招展的漂亮的姑娘們。這些姑娘跟她們的母親年輕時同樣迷人。她們站在牛車上，唱著歌兒，直奔位於山谷深處的傳經布道的教堂。費爾米納只是這一次經過了弗洛雷斯·德馬利亞鎮，上一次由於她不感興趣沒有去，然而，當她看到這個鎮子時，她完全被它迷住了。問題是，過後每當她回憶起這個鎮子時，眼前浮現的不是那誘人的實景而是她到這個小鎮子前的想像。

烏爾比諾大夫在接到里約阿查主教的通知後，決定親自去接她。他得出的結論是，妻子之所以遲遲不回家，並非由於她不想回家，而是想找個藉口下台階。於是，他給伊爾德布蘭達寫了封信，後者回信告訴他，他妻子非常想家，幾乎想到茶飯不思的地步。因而，他沒有通知費爾米納就趕到她表姐的莊園去。上午十一點，費爾米納正在廚房做茄子餡餅，忽然聽到短工們的喊聲、馬的嘶鳴聲和對空開槍聲，接著，門廳裡傳來了堅定的腳步聲和男子的說話聲。

「來得早不如來得巧。」

她樂不可支，來不及多想，胡亂地洗了洗手，喃喃自語道：「謝謝，我的上帝，謝謝，你真慈悲！」

伊爾德布蘭達表姐叫她準備飯菜，但並沒有告訴她到底誰來吃飯。她想到那使人倒胃口的茄子餡餅，想到自己還未洗澡，想到自己又老又醜，臉上被陽光晒得脫去了一層皮，想到他看到她這副模樣一定會為趕來接她而後悔，她一時六神無主了。儘管如此，她還是倉促地在圍裙上擦乾了手，整了整頭髮和衣衫，借助母親生下她時給予她的全部矜持，穩住了那紛亂的心緒去迎接那前來的男子。她邁著母鹿般輕盈的步伐，昂著頭，目光炯炯，仰起好鬥的鼻子，走出了廚房。她為終於能回到自己的家而感到由衷的喜悅。當然也並非像他想像得那樣容易，因為在她決定同他高高興興地回家的同時，也決心平靜地向他討還債務——他這一生給她帶來的全部痛苦和煎熬。

大約在費爾米納離家後兩年光景，發生了一件令人難以置信的奇事。在特蘭西托看來，那就是對上帝的不恭。阿里薩對電影的發明並不特別看重，但是卡西亞妮拉他去出席《卡比利亞》隆重的首映式，他還是順從地去了。

影片是在詩人卡布列萊·德安農希奧寫的腳本基礎上拍攝的。堂·加利萊奧·達孔特的大院子裡總是坐滿了佳賓貴客，有些晚上，他們更多的是欣賞滿天燦爛的星斗，而不是銀幕上無聲的戀人。這天晚上院子裡依舊坐得滿滿的。卡西亞妮激動地注視著故事情節的起伏和發展，然而，阿里薩卻因為劇情的沉悶而睏得打盹，在他背後，有一個女人，像是猜出了他的心思，說道：

「我的上帝，這比得場病的時間還長哪！」

這是她說的唯一的一句話。在黑暗中她說話的聲音顯得太響，因為當地尚未時興用鋼琴給無聲電影伴奏，坐在黑暗中的觀眾只聽到放映機轉動時發出的似下雨般的沙沙聲。阿里薩只有在最困難的情況下才記起上帝，可是，這次他卻對上帝表示了真誠的感謝。因為，對那個深沉的金屬般的聲音，對那個自從那個下午在一個鋪滿枯葉的小道上的幽靜的公園裡她發出的聲音，他記憶猶新，「您走吧，沒有得到我的通知請您不要再來。」這句話一直留在他的心間，這聲音，即使在三十多米深的地下，他也會即刻辨認出來。

他知道她肯定是由丈夫陪著，坐在他後面的座位上。他感覺到她那溫熱而均勻的呼氣，他帶著深厚的愛拚命吸著在她健康的肌體內經過淨化呼出的空氣。他覺得她並不像他在最近幾個月裡無限惆悵地想像的那樣，已被死亡的蛀蟲所毀壞。他想著她的絢麗的青春時代，想著她穿著智慧女神式的長衫、腹部微隆起懷著第一個兒子的時代。儘管他沒有回過頭去看她，但她的形象已清晰地出現在他的腦海裡，觸及著他的靈魂。他急切地想知道，她看到電影中的對對情侶時該作何感想：她是否認為那一雙雙情侶應該愛，而且他們的愛應該比現實生活中的愛更少經歷一些痛苦。電影快放映完時，他忽然無比興奮地意識到，他從未同他的心上人離得那麼近，也從未跟她在一起待過那麼長的時間。

燈亮之後，他等待其他人先站起來，然後自己才不慌不忙地離開座位。當他漫不經心地回轉身去扣著坎肩扣子時——電影放映時他一直敞著懷——，四個人離得那樣近，不管願意不願意，也只好互相問候了。

烏爾比諾向卡西亞妮打了招呼——他跟她很熟悉——，然後以慣常的謙恭握了握阿里薩的手。

費爾米納向他們莞爾一笑，那完全是出於禮貌，但無論如何，她見過他們多次，認識他們，因而無須介紹。卡西亞妮向費爾米納也報以她那混血女人的嫵媚的微笑。相反，阿里薩卻不知所措，因為一看到她，他就神魂顛倒了。

她變得像另一個人了。她的臉上沒有一絲當時可怕的流行病留下的跡象，更沒有其他疾病的徵兆，她還保持著年輕時的體形和美麗的線條。顯然，最近兩年的遭遇使她像在嚴酷的生活中度過了十年。她兩邊彎曲著的短髮披在臉上，使人看了恰到好處，但原來的古銅色已代之以銀白色。那雙美麗的披針形眼睛在老奶奶用的深度老花鏡後面，已失去了半生的光芒。阿里薩看見她離開座位，在人群中挽著丈夫的手臂離去。他感到十分驚詫，她為什麼在公共場所蒙著塊窮人的頭巾和穿著在家中使用的拖鞋呢？然而，使他更為驚詫的是，她的丈夫不得不緊緊抓住她的手臂，告訴她朝哪裡走，即是如此，由於估計錯誤，她還是險些兒在大門的高台階上跌倒。

阿里薩對年齡給行動帶來的那些困難十分敏感。他還在年輕的時候，在公園裡就常常放下手中正在閱讀的詩集，觀看相互挽扶著過街的一對對老人。這是生活課程，對他預測自己衰老的規律很有參考價值。看電影的那天晚上，像烏爾比諾醫生這般年紀的男人，彷彿又煥發了第二次青春。他們出現第一批白髮後，像是顯得更加威嚴，更加聰明和更加具有魅力，尤其在青年女子的眼中是如此。與此同時，他們的妻子卻變得萎頓憔悴，需要抓住他們的手臂行走。然而，幾年之後，丈夫的身體便突然一落千丈，身心一齊陷入無可挽回的衰老之中。那時他們的妻子卻又煥發了第二次青春，像引導求乞的盲人似地拉著他們丈夫的胳膊，為他們引路。為了不傷害他們男子漢的自尊心，有什麼事情，就在他們耳邊悄悄地提醒，讓他們注意，大門的台階是三級而不是兩級，街中央有個窪坑，橫在人行道上黑乎乎的東西是一具乞丐的屍體，等等。她們艱難地幫助他們穿過街道，就像是他們生命最後航程中的唯一航標。阿里薩在這面生活的鏡子裡多次照過自己。他對死亡的恐懼莫過於到了需要女人攙扶著的倒楣年齡了。他知道，那一天，只有那一天，他才不得不放棄對費爾米納的希望。

同費爾米納的見面驅走了阿里薩的睏意。他沒有用車送卡西亞妮回家，而是陪她徒步穿過老城。他們的腳步踏在石子路上，發出馬掌一樣的響聲。陽台上時而傳出斷續的話語聲，臥室的喁喁私語以及被虛幻的音響神奇化了的愛的抽泣。沉睡著的大街小巷中則散發出一種溫暖的茉莉花香。阿里薩不得不又一次竭盡全力克制住自己，不把自己壓抑在心中的對費爾米納的愛吐露給卡西亞妮。他們邁著慢條斯理的步子，像一對老年情人一樣，不慌不忙地相互表示著愛情，她想著卡比利亞的嫵媚的英姿，而他卻想著自己的不幸。有個男人在海關廣場邊的陽台上唱歌，歌聲在整個空間回盪：當我穿過茫茫大海的時候……。走上桑托斯·德·彼得拉大街的時候，阿里薩本來應該在卡西亞妮家門口跟她告別，可他要她請他到家裡去喝一杯白蘭地。這是他第二次在類似的情況下提出這樣的要求。頭一次是在十年前，當時她這樣回答：「假如你現在要上我家，你就得永遠留下來。」結果，他沒有去。要是現在，無論如何他是會去的，不管他事後是否會食言。此時，卡西亞妮很痛快地邀請了他。

就這樣，一個偶然的機會使他找到了一個尚未誕生就已經完結的愛情的庇護所。卡西亞妮的父母已經故世，她唯一的兄弟在庫拉索發了財，也在那裡成家立業。她孤身一人住在自家的老房子裡。多年前，當阿里薩還在熱戀著她，希望她成為自己的情人的時候，在得到她雙親同意後，經常在星期天去看她，有時在那裡直到深夜。他對修繕這所房子作出了很大貢獻，以致最後把它當成了自己的家。

然而，在看電影的這天晚上，他感到客廳裡像是清除了對他的一切記憶。家具全部變換了位置，牆上掛上了另外的石印彩畫。他想，這麼大的變動，其意圖無非是想把他從記憶中永遠抹掉，想說明他從來沒有在那兒存在過。客廳裡的貓也沒有把他認出來。他由於被遺忘而感到忿忿不平，不由得脫口而出：「您已經完全把我忘掉了。」但是，她一面背著身斟酒，一面說，他大可不必因此不快，因為公貓是不認人的。

兩人緊緊地靠著倚在沙發上，談起他們自己，談起某個下午發生了一件事——騾拉有軌車——，當時他們還互不相識。他們一直是在相鄰的辦公室裡工作的，但直到那時為止，除了日常工作之外，他們沒有談過別的事情。

在交談時，阿里薩把手放到了她的大腿上，開始輕輕地撫摸起來，有如情場老手。她順從了他，可連一下出於禮貌的顫動都沒有。只是當他試圖走得更遠時，她才不得不拉起他試圖探索的手，在他手心上吻了一下。

「規矩點，」她說，「我早就發現你並不是我要找的男人了。」

還在她很年輕的時候，一個機靈、健壯、陌生的男子，在防波堤上突然將她推倒，三抓兩扯地剝光了她的衣服，跟她做了一次短暫而瘋狂的愛。她仰面躺在石頭上，渾身都是傷痕，可是，她真希望那個男子永遠留下來，直到有一天在她的懷裡為愛情死去為止。她沒有看到他的臉，也沒有聽見他的聲音，可是她確信，根據他的體型和身高，她完全能夠在千千萬萬的人中間將他認出來。從那時起，她對一切願意聽她講的人說：「假如您湊巧遇上一個魁梧的男子，而他又是在某年十月十五日夜裡十一點半在防波堤上強姦了一個可憐的過路女人的話，就請您告訴他在什麼地方可以找到我。」

這話簡直成了她的口頭禪。她把事情告訴了那麼多的人，可是沒有得到任何反應，最後她絕望了。阿里薩本人也聽她絮叨過多次，就像聽到一艘夜間啟航的輪船告別聲一般。鐘敲凌晨兩點，他們每人都喝了三杯白蘭地。他似乎真的明白了自己不是她所等待的男子。對此，他並不感到難過。

「好哇，母獅！」他臨走時對她說：「我們總算克制住了，算我這隻老虎跟你無緣。」

那天晚上還發生了另外一件事情。在這之前，關於費爾米納患肺結核病的可怕傳言使他夜不成眠，他莫名其妙地認為，費爾米納已經無藥可救，肯定會走在丈夫的前頭。可是，當他看見她從電影場出口處磕磕絆絆地走出時，他很自然地把事情的理解加深了一步，突然領悟到，先走的可能是他，而不是她。這是個預兆，是最可怕的預兆，因為這種預兆是以事實為依據的。後面給他留下的是耐心等待的歲月，幸運的、希望的歲月。可是，在地平線上依稀可辨的，唯有充滿想像中的病災的茫茫大海，失眠後清早一滴一滴地排尿和每日黃昏時的死亡。他想，過去曾經與他海誓山盟的情人，如今開始圖謀與他作對了。曾幾何時，他因怕遇不測，戰戰兢兢地去赴一次冒險的幽會，可是，他沒有想到，那兒門沒有上栓，絞鍊剛剛上過油，顯然，這是給他提供方便，使他悄沒聲地進去。但是，在最後一刻他又後悔了，擔心給一個素昧生平的殷勤女子造成死在床上的無可彌補的損害，因而，他思念那個他從上個世紀等起，一直不發一聲失望的嘆息地等到本世紀的那個女人，便是合情合理的了。她是他在這個世界上最愛的女人，可是，說不定那個女人在來不及伸出胳膊扶著他穿過一個個圓形的墳包和長滿在風中搖曳的虞美人花的草地，並幫他平安地到達另一個世界之前，她自己就已經溘然長逝了。

事實上，按照當時的觀點，阿里薩已步入了老年行列。他已滿五十六周歲。他認為，這五十六年是他的黃金時代，因為那是個充滿愛情詩篇的時代。可是，沒有一個男人像他那樣滑稽可笑，到了他那樣的年齡又變得像個年輕人，不管事實如此，還是他自認為那樣。不是所有男人都能不怕難為情地承認，他們還在為上一個世紀的一件難堪事而偷偷哭泣。對年輕人來說，那是一個不好的時代。不同年齡的人都有不同的穿著方式，可是老年人的穿著方式從少年時即開始，一直持續到進墳墓為止。這與其說是年齡的標誌，倒不如說是社會尊嚴的象徵。青年人的衣著如果跟他們的祖父母一樣，並且早早戴上眼鏡，那就更會受人尊敬。三十歲用手杖，那是司空見慣的事。對女人來說，只有兩個年齡：一是結婚的年齡——不超過二十二歲；二是作老處女，永遠獨身的年齡。另外的女人，結婚的，作母親的，孀居的，當祖母的，是另一類型的女人，她們不按已逝的年月來計算自己的年齡，而是按離死還有多久來計算自己的年齡。

相反，阿里薩儘管明明知道自己從小就像個老頭兒——這的確是個奇特現象——，但他對種種衰老的跡象卻採取了滿不在乎的態度。開始，那是出於一種需要。特蘭西托將她丈夫扔到垃圾堆裡去的長禮服拆洗後重新縫製好，讓他穿著到學校去，一坐下就拖到了地上。頭上給他戴的是父親的官員禮帽，儘管在裡邊塞了一圈棉花，仍舊一直扣到了耳根。另外，他從五歲起就戴上了近視眼鏡，和母親一樣，頭髮是銀白色的，又直又粗，和豬鬃差不多，他的面目沒有一點個人特徵。

值得慶幸的是，由於連年內戰，政府多次發生內訌和進行更迭，學校的要求逐漸地不像從前那般嚴格了。公立學校甚至已完全不講究學生的出身和社會地位。尚未長大成人的孩子們走進課堂時身上還散發著街壘戰的火藥味，穿著不知在哪次戰鬥中機智勇敢得到的叛亂軍官的制服，戴著他們的徽章，腰帶上掛著明顯與身分相符的武器。在游戰時，他們動不動就拔槍打架。要是老師在考卷上不給好分，他們就以槍威脅。拉薩耶學校的一個三年級學生、預備役軍官上校，一槍就打死了宗教社團教長胡安·埃爾米塔修士，因為修士在教義問答課上說上帝是保守黨正式黨員。

同時，遭遇不幸的大戶人家子女的穿著跟古時親王一樣，而一些十分貧窮的孩子則打著赤腳。在這些來自四面八方的穿得千奇百怪的人們之中，阿里薩無疑算是最突出的人之一，可他並未引起人們的特別注意。最使他難過的是，他在街上聽到有人對他喊：「窮鬼，醜八怪，你什麼都甭想得到。」不管怎麼說，為了需要穿在身上的衣服，從那時起，對他的餘生也好，對他神祕莫測和鬱鬱寡歡的性格脾氣也好，都是適宜的。加勒比內河航運公司第一次給了他重要職位時，他讓別人按自己的身材給自己做了幾件與父親當年的衣服一個式樣的服裝。他像懷念一位老人一樣，深切地懷念父親，其實，他父親像基督一樣，在風華正茂的三十三歲時就死去了。就這樣，由於穿著，阿里薩一直顯得比他的實際年齡大得多。因此，那位對一切都毫無顧忌、像匆匆過客一般作了他的情人的布里希達·蘇列塔，從結識他的第一天起就直言不諱地對他說，她更喜歡他把衣服脫光，因為光著身子他就像年輕了三十歲。然而，他永遠也不知道怎樣彌補這一點。首先，他個人的喜好不允許他穿別的款式的衣服。其次，當時二十歲的人誰也不知道怎樣才能把自己打扮得更年輕些，除非再次從衣櫃裡取出他們的短褲和見習水手的帽子來。第三，他也不可能擺脫當時人們對老年人所持的觀念。這樣，當他看見費爾米納在電影院趔趔趄趄地走向出口處時，幾乎自然地想到了可惡的死神將無可挽回地在那場激烈的愛情戰爭中戰勝他。這個念頭閃電般地出現在他的腦海裡，他不禁打了個寒顫。

直到那時，他一直跟他的禿頂作頑強的鬥爭，這場鬥爭是偉大的，但完全是徒勞的。他從看見纏在梳子上的頭幾根頭髮起，他就意識到自己注定要終身吃苦。這種苦頭是生就一頭濃髮的人所不能想像的。他頑強地抵抗了幾年。凡是防止禿頂的方法他都用過，不管是用藥物，還是求神弄鬼。為了保住頭髮，他甘願作出任何犧牲。他把農曆書上的條文背得滾瓜爛熟，因為他聽人家說過，頭髮的生長與莊稼的收成周期有直接關係。他的頭髮都禿光時，他就不再去找他的老理髮師了，而是換了一個剛從外地來的人。此人只在滿月時理髮。可是，新理髮師剛剛表現出一些高明手藝，就被從安第列斯群島前來追捕的幾個警察戴上鐐銬抓走了，人們發現他是個強姦幼女犯。

那個時期，阿里薩把在加勒比地區報紙上看到的全部有關治療禿頭的廣告都剪了下來。其中一個廣告上登了同一個人的兩張照片，兩張照片放在一起作了明顯的比較。第一張，頭髮禿得一根不剩，跟香瓜似的。第二張，濃密的頭髮賽過獅子。第一張是在使用良藥之前，第二張是在使用良藥之後。六年中，他一共試用了一六二種藥，這還沒有把在藥瓶商標上看到的輔助方法計算在內然而，他唯一的收穫是，其中一種藥使他患了頭部溼疹，又癢又臭，馬蒂尼卡的假聖人們將其稱為北方蠟螟，因為它在黑暗中發出一種磷光。最後，他使用了在公共市場上叫賣的所有印第安的草藥和在「代筆先生門洞」出售的全部神奇的特效藥以及東方湯劑，但是，當他發現上當受騙時，他已經變得像個東方和尚了。一九〇〇年，「千日內戰」把國家置於血泊中時，城裡來了一個按尺寸大小用頭髮做假髮的意大利人。假髮價格昂貴，但意大利人的保險期只有三個月。即使如此，絕大多數有錢的禿頂者還是願意前去一試。阿里薩是第一批願意試驗的人之一。他試戴了一個假髮套，上面的假髮跟他原來的頭髮十分相似，以致他擔心心情的變化會使它豎起來。但他最不能容忍的是把死人的頭髮安在活人頭上。他只是希望他的頭髮很快禿光，以便使他沒有時間嘗到頭髮變白的痛苦。

有一天，內河航運公司的碼頭上一個喝得醉醺醺的忘乎所以的小伙子，看到他從辦公室出來，熱烈地擁抱了他，在碼頭工人的一片起哄聲中，他摘掉了阿里薩的帽子，對著他的腦袋狠狠地來了一個響吻。

「禿得妙極了！」他喊道。

這天晚上，他請別人把他長在兩鬢和後腦勺上的茸毛也都全部剃掉。這樣，他在四十八歲時便徹底接受了絕對禿頭的命運。他甚至在每天早上洗澡以前，把下巴和頭上長出毛茬的地方都塗滿肥皂，將它們用剃刀刮了又刮，直到刮得跟小孩屁股一樣光滑。那時，他即使在辦公室裡也戴著帽子，因為禿頭給他以裸體的感覺，這在他看來是有失體面的。當他對禿頭完全不再理會之後，他倒也把禿頭看成是男性美德之一了。他早就聽人們這麼說過，可他總是把這當著禿頭者們的純粹幻想而加以蔑視。後來，他又適應了新的習慣，將右側僅有的幾根長髮攏在頭頂上，許久以來他一直保持著這樣的習慣。不過，儘管如此，他還是戴著帽子，而且總是戴著讓人看了難受的老頭帽。即使在當地稱為窄邊帽的韃靼帽時興起來之後他也仍然如此。

相反，阿里薩失去牙齒卻不是由於自然災害，而是由於某個江湖牙科醫生決定根治一次普通炎症的魯莽行動。由於害怕腳踏牙鑽，阿里薩儘管經常牙痛，也一直沒有去看牙科大夫。實在忍不住的時候，他才不得不找大夫。他母親聽到他在隔壁房間痛得整夜呻吟，非常擔心，她覺得那聲音跟從前那些已經在她記憶中消失了的哼哼聲完全相同。但是，當她讓他張開嘴看看什麼地方疼時，她發現他的牙床已經發炎，並且化了膿。

叔父萊昂十二讓他去找弗朗希斯・阿多奈醫生，他是個打著綁腿和穿著馬褲的高個黑種人，他帶著一個工頭用的內裝一整套牙科器械的褡褳，活動在內河輪船上。他是個牙科大夫，但更像沿岸村鎮的可怕的旅行代辦人，他只向阿里薩口腔內瞧了一眼，就判定阿里薩連剩下的幾顆好牙齒都要全部拔光，以免今後引起新的麻煩。跟禿頂相反，這種野蠻的治療方法並沒有給他帶來任何憂慮，他只是擔心沒有麻醉拔牙會大量出血，這種擔心是可以理解的。裝假牙的建議他也愉快地接受了。因為，第一，在回憶少年時代的事情時，他記起了一個集市上的魔術師，此人將兩頜取下放到桌子上，讓它們自己說話。第二，這可以使從小就折磨著他的病牙不再疼痛，那種痛苦的滋味跟愛情的痛苦沒什麼兩樣。他沒有把拔掉牙齒看成同禿頂一樣是對老年人形象的傷害。他相信，呼出的硫化膠的氣味雖然又酸又辣，刺激鼻子，但露出矯形後的牙齒微微一笑，倒也給他的外貌增添不少光彩。因此，他順從地接受了阿多奈大夫火紅的牙鉗給他帶來的災難，而且以吃苦耐勞的堅強意志經受了拔牙恢復期的考驗。

叔父萊昂十二親自過問了手術細節，就像是要給他自己做手術似的。他對假牙有著異乎尋常的興趣，這是他在沿馬格達萊納河的一次航行中培養起來的，同時，也來自於他對歌劇的酷愛。一個皓月當空之夜，船抵達加馬拉港，他跟一個德國土地測量員打賭說，他在船長的指揮台欄杆那兒唱「那不勒斯浪漫曲」，能把原始森林中的動物喚醒。他差點兒賭贏。船沿著河流航行，在蒼茫的夜色中，可以感覺到沼澤地裡鷺鷥拍出翅膀聲，鱷魚甩動尾巴聲，鯡魚跳到陸地上的怪聲，但是當他唱到最高的音符時，他擔心歌聲的高亢會使他這位歌唱家血管崩裂，於是，最後呼了一口氣，結果，假牙從嘴裡飛了出來，沉沒於水中。

為了給他裝一副應急的假牙，輪船不得不在特涅里費港滯留三天。新假牙做得完美無缺。可是，返航時，叔父萊昂十二試圖給船長解釋前一副假牙是怎麼丟失的，他深深地吸了一口原始森林中悶熱的空氣，扯起嗓子高歌一曲，並把高音盡力拖長，想把連眼都不眨一下的、晒著太陽在那兒看著輪船通過的鱷魚嚇跑，然而，那副新假牙也隨之沉入流水之中。從此，他在家中各個地方，寫字台抽屜裡，公司的三條船上，都放著他的假牙。另外，他在外面吃飯時，在衣兜裡放一個盛咳嗽藥片的小瓶，裡面也放了一副假牙。這也可以理解，有一次在中午野餐時他吃烤肉把牙鬧壞了。

擔心侄子也會被弄得措手不及，叔父萊昂十二請阿多奈醫生一次給他做兩副假牙：一副是價格便宜的，平時在辦公室用。另一副是星期天或節假日備用的，點上一點兒真金，一笑金閃閃的，好不神氣。在人們手持鮮花走向街頭的一個星期天，在節日鐘聲的喧囂中，阿里薩終於笑容可掬地以新姿態出現在人群中間，和從前完全判若兩人了。

這事發生在母親去世之後，阿里薩孤身一人住在家中，這樣的環境為他沾花惹草提供了莫大的方便。家中那麼多窗戶，不免令人想到在薄薄的窗帘後面有許多眼睛在盯著他。臨窗的那條街道卻並不引人矚目，行人寥寥無幾。阿里薩所作的一切都是為了使費爾米納幸福，而且，也只有他才可能使她得到幸福。所以，阿里薩在他精力最旺盛的歲月，為了不玷汙自家的聲譽，寧願失去許多良機，也拒絕同別的女人交往。

幸運的是，阿里薩在加勒比內河航運公司每爬上一級，就意味著得到某些新的特權，尤其是那些祕密的特權。對他來說，最有用的特權之一是，在門房的配合下，晚上，星期日或者是節假日，他可以充分利用辦公室。當時他已登上公司第一副董事長的寶座。有一次，他正與一個星期日值班的姑娘在談情說愛，這時，門突然開了，叔父萊昂十二伸進頭來，像是走錯了辦公室。他透過眼鏡看著驚慌失措的侄兒。「他媽的，」叔叔不緊不慢地說：「你跟你爸爸都是一路貨！」在重新關上門前，他目光茫然地說：

「那麼，您，小姐，請繼續吧。不用難過，我以我的名義向您發誓，我沒有看見您的臉。」

後來，沒有人再提起這件事，可是辦公室裡的情況發生了變化，使得阿里薩再也無法工作下去。星期一，電工們蜂擁而至，他們要在天花板上裝一個葉形吊扇。鎖匠們沒有預先通知他就趕來了，他們像打仗似地乒乒乓乓幹了一陣，在門上安了一個鎖，可以在裡邊把門鎖上。木匠們量了尺寸，但不說要幹什麼。裝飾工拿走了印花窗帘式樣，以便檢查一下是否與牆的顏色相配。接下去一個星期，他們又從窗戶裡塞進一個狄俄尼索斯印花布的大雙人沙發，因為從門裡進不去。工人們突然襲擊前來幹活，看來那些不恭不敬的行為似乎是偶然的，可是誰要是提出抗議，他們總是理直氣壯地回答：「這是公司董事會的命令。」阿里薩不大明白，這些突然襲擊，是出於叔父的好意，還在在干涉他越軌的戀愛，抑或是為了讓他反省自己的惡行而採取的一種獨特方式？他沒有理解叔父的真正含意。

實際上叔父萊昂十二是鼓勵他做個正派人，因為他聽到了別人的閒言閒語，說他侄兒的習慣與眾不同，有點古怪。這使他很痛心，因為這是他想把侄兒培養成自己的繼承人的一個障礙。與哥哥不同，萊昂十二曾過了持續六十年的穩定的夫妻生活，他星期日總是守在家裡，並以此為榮。他膝下有四兒一女。可他的一生中卻出現罕見的波折。這種波折在他同時代的小說裡是司空見慣的，在現實生活中卻令人難以置信。四個兒子隨著職位的提升，一個接一個地故去。女兒對內河航運事業毫無興趣，她寧願眼睜睜地從五十公尺高的窗戶上望著休德森一艘艘輪船毀掉。萊昂十二叔父倒楣到了這等地步，因為有人相信這種傳說，認為，阿里薩其貌不揚，心意不善，又有那麼多巧合的事湊在一起，他肯定幹了許多不可告人的勾當。

當叔父遵照醫囑違心地引退之後，阿里薩開始心甘情願地放棄了星期日同某些姑娘的約會。他乘著在城裡剛剛出現的公共汽車——這種汽車起動時曲柄的後坐力很大，居然把第一個司機的胳臂整個打掉了——，到莊園去探望叔叔。他和叔叔一談就是好幾個鐘頭，老頭子躺在用絲線繡著自己名字的吊床上，遠離一切，背後就是茫茫大海。那是一個古老的奴隸莊園，下午站到平台上可以看見白雪皚皚的山峰。阿里薩跟他叔父的談話內容向來都是有關內河航運的事宜。在那漫長的下午仍然如此。此時，死神總是像一個看不見的客人似地站在他的身旁。叔父萊昂十二最擔心的事情，就是內河航運公司落到與歐洲財團有聯繫的國內企業主手中。

「這從來就是一種互相保密、互相爭奪的生意。」他說。

「如果航運公司被吃喝玩樂的公子少爺們掌握，他們轉手就會把它送給德國人的。」

他的擔心是與他經常掛在嘴上的政治信條相一致的，雖然他說得並不對路。

「我就要滿一百歲了，我看到了一切變化，包括茫茫宇宙中星體位置的變化。但是，唯獨沒有看到這個國家有什麼變化。」他說。「在這個國家裡，一次一次地制定新憲法，一次一次地制定新法律。每三個月發生一次新戰爭，可我們仍然處在殖民時期。」

他的幾個兄弟都是共濟會會員，他們將一切禍福都歸罪於聯邦制的失敗。對於這種見解，萊昂向來嗤之以鼻，說：

「『千日之戰』在二十年前，即一八七六年的戰爭中就失敗了。」

阿里薩從不過問政治，叔父這些絮絮叨叨的老生常談，在他聽起來跟聽大海的浪濤聲一樣，壓根兒不放在心上。然而，在航運事業的政策上他卻毫不含糊。跟叔叔的看法相反，他認為瀕於破產邊緣的內河航運事業的落後，只有用主動放棄蒸汽輪船的壟斷特權的辦法，才能解決。這種壟斷特權，是國會授予加勒比內河航運公司的，為期九十九年零一天。

叔父不以為然地說：「這種胡說八道是跟我要好的那位萊昂娜老太婆從無政府主義者小說裡搬到你腦瓜裡來的。」

叔父萊昂十二的話只說對了一半。其實，阿里薩的觀點是德國海軍准將胡安・布羅埃爾伯爾斯的經驗之談。此人用他無止境的個人野心糟蹋了自己出類拔萃的智慧。可叔父認為埃爾伯爾斯的失敗並非由於他的特權，而是由於他同時作出了過多的許諾，簽定了過多的不切實際的協議，幾乎像是把全國各地的責任都背在了自己的身上，河流通航、港口設施、地面聯運道和運輸工具等，他都包了下來。

「另外，」他說，「西蒙・玻利瓦爾總統的激烈反對也是舉足輕重的。」

大部分股東認為，那種爭執是夫妻官司——各有各的道理。他們認為，老頭的固執是順理成章的，這並非因為像人們平常隨意說的那樣，是由於老頭上了年紀，不再像往昔那樣深謀遠慮，而是因為放棄壟斷對他來說，就像把一次具有歷史意義的戰役中取得的勝利品統統扔進垃圾堆一樣。那次戰役是他和他的兄弟們在英雄時代跟全世界的強大對手進行的。因此，當他緊緊地把權利抓在手中時，股東們誰都不敢試圖攫取。在他合法地引退之前，誰也不敢對他說個「不」字。可是，沒想到，阿里薩經過多次思索之後，一天下午在莊園裡終於放棄了自己的主張，叔父萊昂十二卻突然同意放棄百年的特權，唯一的條件就是要求給他留個面子，不要在他死前做這件事。

在事業方面這是他最後一次行動。從此以後，他再也不提生意上的事了，連向他討教都不行。他威風不減當年，頭髮依然油光鋥亮，思維依然敏捷無比，但對那些可能對他表示同情的人，他千方百計避而不見。他坐在平台上的一把維也納搖椅上，慢條斯理地搖晃著，每天遙望著山頂長年不融的積雪打發著日子。搖椅旁邊的一張小桌上，女僕時時為他備好煮熱的黑咖啡和一杯盛著兩副假牙的碳酸鹽水。他平時不用假牙，只是在接待客人時才戴上。他很少會見朋友。即使有人來訪，他也只談內河航運開始以前很久的往事。然而，他還有一個新的話題就是希望阿里薩成親。他幾次向他表示了這個願望，而且用的是同樣的話。

「我要是年輕五十歲的話，」他對他說，「我就和我的相好萊昂娜結婚。我覺得世上沒有比她更好的妻子了。」

阿里薩一想到他多年慘澹經營的事業，由於這個意外的條件，有可能在最後毀於一旦，就不免膽戰心驚起來。他寧願辭職，寧願放棄一切，寧願去死，也不願做負心人，把費爾米納忘掉，好在叔父萊昂十二沒有堅持。滿九十二周歲時，他指定了侄兒為他的唯一繼承人，最後退出了航運公司。

六個月以後，股東們一致同意任命阿里薩為航運公司董事會董事長兼總經理。在他就職那天，引退的老萊昂先生喝了一杯香檳酒，然後請求大家原諒他坐在搖椅上講話，他即席發表了一個像輓歌一樣的簡短演說。他說，依託上帝的旨意，他的生活是以兩個意外的事件開始和結束的。第一件事是，當美洲解放者西蒙·玻利瓦爾在不幸的旅途中奄奄一息時，在圖巴科鎮曾將他抱在懷裡。另一件事是，他掃除了命運給他設置的全部障礙，終於找到了一個與他企業相稱的繼承人。最後，他力圖使這場戰富有真實性，結束說：

「我這一生唯一遺憾的是，為那麼多人的葬禮唱過歌，但是，從來沒有為自己的葬禮唱過歌。」

當然，儀式結束時，他唱了《托斯卡》④選段《永別了，生活》。他最喜歡清唱。沒有伴奏，聲音依然顯得圓渾有力。阿里薩非常感動，他表示感謝時幾乎沒有讓人感覺到他的顫抖的聲音。在過去的生活中，他要做的都做了，要想的都想了，如今他已經到達了生活的頂峰，他要一如既往，靠著費爾米納這一堅強的精神支柱，肩負起自己的使命，不僅決心活下去，而且要有健康的體魄。

話雖這麼說，可那天晚上，當卡西亞妮為他舉行家庭歡慶會時，他想著的卻不僅僅是費爾米納，而是所有的情人。她們中間，有的已長眠在公墓，只是通過阿里薩栽在她們墳墓上面的玫瑰懷念著他，有的仍和丈夫同枕。她們的丈夫望著窗外的月光，心中也在思念別的女人。在身邊沒有一個女人的時候，他想同時和所有女人在一起。他一向不習慣一個人生活，沒有女人使他感到孤單。

所以，即使在他最艱難的年代，最倒楣的時刻，他都與多年的無數情人保持了某種哪怕是最疏遠的關係，永遠追逐著她們生活的足跡。

就這樣，那天晚上他想起了羅薩爾瓦，這是他所有情人中最早的情人，也就是趾高氣揚地奪走了他的童貞的那個女人。想起她，至今仍像第一天那樣使他痛苦。只要一闔上眼睛，就看見她穿著麥斯林薄紗衣服，戴著飾有飄帶的帽子，在船舷上搖晃著盛孩子的籠子。在多年生活中，他曾幾次準備去找她，雖然他不知道她住在哪兒，也不了解她姓什麼，更不知道她是不是自己想追求的女人。但是，他確信能在某個地方的蘭花叢中找到她。每次，都是由於在最後一刻有這樣或那樣的不便，或者由於不適時宜地改變初衷，在輪船即將啟航的頭幾分鐘，旅行又推遲了，原因都是與費爾米納有點關聯。

他想起了納薩雷特的遺孀。這是唯一褻瀆彭塔納斯大街上他母親的家的女人，儘管不是他，而是特蘭西托讓她進去的。這個女人雖然不是情場老手，但她充滿了溫情，簡直可以和費爾米納相比，所以，阿里薩對她比對所有其他女人都給予了更多的諒解。她那較之她的溫情的力量更難駕馭的水性楊花的稟性，使他們兩人注定都要成為不忠誠的人。由於他們堅持不懈的努力，幾乎在三十年中他們始終沒有忘情對方。他們雙方不忠誠，但不背信棄義。另外，她還是阿里薩唯一為之出頭露面的女人。當得知她已經去世並將由慈善機構掩埋的消息時，他主動出錢替她安葬，並單獨出席了葬禮。

他想起了他愛過的寡婦。首先是普魯登希婭・皮特雷，她是他至今還活在世上的最早的情人，因為她兩次守寡，人稱「雙料寡婦」。之後，他又想起了另一個普魯登希婭，這是阿雷利亞諾的遺孀。這個多情的女人，常把他的衣服扣子扯下來，使他不得不在她家多耽一會兒，等她重新縫上。他也想起了何塞法，她是蘇尼加的遺孀。她愛他愛得發狂，為了占有他，她差一點在他睡夢中用修剪樹枝的大剪刀將他的睪丸剪掉。

他想起了安赫雷斯·阿爾法洛。他們的愛情雖說是曇花一現，但很深沉。她是應邀前來音樂學校講授半年弦樂課的。在夜光溶溶的夜晚，她便來到阿里薩的家中，在平台上用大提琴演奏最優美的組曲，跟他在一起過夜。

從第一個月夜起，他們就像初戀那樣相愛，但是，安赫雷斯·阿爾法洛的愛情像柳絮一樣，不久，她帶著大提琴，以女性的溫柔和輕狂，登上一艘不明國籍的遠洋輪，一去不復返。在平台上她唯一留下的是揮著白手絹告別的手勢，那白手絹宛如地平線上的一隻孤獨、悲淒的鴿子，像賽詩會上詩句裡描繪的那樣。

阿里薩跟他學會了他無意中多次經歷過的事情，這就是說，可以同時愛上幾個人，而且是以同樣痛苦的心情愛著她們所有的人，不背棄任何一個。當他孤單地置身於碼頭熙來攘往的人群中時，他在內心怒不可遏地說：「心房比婊子旅店裡的房間更多。」道別的痛苦使他熱淚盈眶，但是，輪船剛在天邊消失，對費爾米納的思念又占據了他全部的空間。

他想起了安德雷婭·瓦龍。上個星期他還從她家門前經過，但是她浴室窗戶上透出的桔黃色燈光，提醒他不能進去，因為裡面有人。是男的還是女的，這不知道。安德雷婭·瓦龍是個輕狂的女人，對這類事毫不在意。

在阿里薩的所有女人的名單中，她是唯一靠出賣肉體過日子的人，但她人身自由，沒有老鴇管她。她在黃金時代賓客盈門，紅極一時。人們給她送了個代號，稱她為「大眾的聖母」。她曾使省長和海軍上將拜倒裙下，也曾目睹一些高級將領和文化名人伏在她肩上哭泣。在這些人中間，有的確實值得別人尊敬，有的則不盡然。有一件事倒是千真萬確的，雷耶斯總統在對該城進行兩次訪問之間的匆匆半小時中，就指定給她一分終身養老金，以表彰她對財政部所做出的傑出貢獻。其實，她未曾在財政部受雇過一天。雖然她的不名譽行為眾所周知，但誰也不敢拿出真憑實據將它公諸於世，因為她那些地位顯赫的情人們像保護自己生命一樣保護著她。他們知道，醜聞一旦披露，損失更大的是他們，而不是她。阿里薩為她而改變了自己一向不付錢的原則，而她也為阿里薩破了例，原來她即使跟丈夫睡覺也絕不會免費的。他們達成了一項協議，只象徵性地收費，每次一個比索，但她不親手接錢，他也不把錢交到她手上，而是把錢放在一個小豬形狀的儲蓄罐裡，攢夠了就到「代筆先生門洞」那兒去買一些海外運來的小玩意兒。

在如此眾多的冒險經歷和奇遇之中，唯一使他嘗到點苦澀滋味的是那位生性怪異的薩拉．諾麗埃佳。此人最後在「耶穌」精神病院結束了自己的一生。在那兒，她不停地朗誦極度淫穢的暮年詩，以致不得不把她隔離，以免她把別的瘋女人弄得瘋上加瘋。

阿里薩把同這個女人的緣分視作一種幸運。然而，當他全部負起加勒比內河航運公司的重任後，他就沒有更多的時間和精力去尋花問柳了。而且，他也知道，費爾米納是不可代替的。漸漸地他也就只限於去看那些已經結交的女人。盡可能和她們交往，能得到多少歡樂算多少歡樂。在她們離開這個世界之前，他打算一直這樣做下去。

聖靈降臨節那個星期天，當烏爾比諾死去時，他就只剩下一個情婦了。這位情婦剛滿十四歲，她所具備的一切是直到那時為止其他任何女人所未曾有過的，這使阿里薩重新陷入狂熱之中。

她叫阿美利卡・維庫尼亞，兩年前由故鄉帕德雷海港來到這兒。來時她帶著家信，請阿里薩做她的校外監護人。他們確有親緣關係。她來此是享受政府獎學金，接受高等師範教育。

她帶著行李和一隻小鐵皮衣箱，穿著白色短靴，紮著金黃色的辮子從船上走了下來，從這時起，阿里薩就強烈地預感到，今後的星期日，他們都將在一起。她還是個孩子，尖尖的牙齒，小腿像小學生那樣還沒有長毛，他立刻意識到，她將很快成為怎樣的女人。

於是，在這整整的一年中，他經常和她廝混在一起。星期六，帶她去看馬戲，星期天，帶她去逛公園、吃冰糕。黃昏時讓她像兒童一般玩得歡天喜地。他從此贏得了她的信任和愛戴。在她的不知不覺中，逐漸地，他用善良的老祖父般的手，狡詐地牽著她走進自己祕密的屠宰場。對她來說，天堂的大門為她打開了，那是她求之不得的。含苞的花蕾瞬時綻開，她在幸福的邊緣漂游。這對她的求學是一種切實的鼓勵，為了不失去周末離校的機會，她一直保持著班上第一名的位置。對他來說，這是老年港灣中最隱蔽的角落。在經歷這麼多年成熟的愛情之後，跟一個天真無邪的女孩子調情雖說有點牽強，但也不無變態的情趣。

他們一致商定：她表現得跟自己實際身分一樣，一個願意在對什麼都不感到驚奇的令人尊敬的男子的引導下開創生活的女孩；而他呢，認真地表現得像他在生活中最怕的人物：年邁新郎。雖然一眼就能夠看得出來，這女孩不僅在年齡、制服、髮辮和母鹿似的步態，甚至連高傲任性的脾氣，都跟費爾米納一模一樣，但他從未把她與費爾米納等量齊觀。還有，他那刻意追求的用另外的愛來代替費爾米納的想法，也徹底從他的腦海中掃除了。他喜歡她的模樣。就因為她的模樣，他終於以老年人的一切癡心地、狂熱地愛著她。他加倍小心，使她不致受孕。在來往六、七次之後，對兩個人來說，除了星期日下午在一起，就再也沒有別的歡樂了。

他是唯一可以把她從寄宿學校接出來的人，他常常乘加勒比內河航運公司哈得遜牌小轎車去找她。在陰天，他有時取下車篷帶著她沿海岸兜風。他戴著令人不快的帽子，她用兩隻手拉著校服上的海員帽不讓風吹跑，笑得前仰後合。有人跟她說過，沒有必要時，不要跟她的校外監護人在一起，不要吃任何他嘗過的東西，也不要靠他呼氣太近，因為老年病是會傳染的。可她不在乎。別人怎麼想他們，他們完全不放在心上，因為他們是親戚，這是盡人皆知的。再說，他們的年齡相差甚遠，這可以使他們避免任何猜疑。

聖靈降臨節那個星期日下午四時，喪鐘敲響的時候，他們剛剛在一起。阿里薩不得不竭力壓住內心的驚恐。在他年輕的時候，敲喪鐘的儀式是包括在葬禮的價格之中的，只有一貧如洗的人得不到這種禮節。可是，在最近一次戰爭之後，處於兩個世紀銜接階段的保守黨政府加強了它的殖民時期的習俗，講排場的葬禮是如此昂貴，只有最富有的人才出得起這筆錢。塔爾科勒．德．魯納大主教死的時候，全省的鐘不停地整整敲了九天九夜，公眾們是如此驚懼，結果他的繼承人就從葬禮中將敲喪鐘這一條取消，只有在死了顯赫人物時才這樣做。因而，當阿里薩在聖靈降臨節那個星期日下午四點聽見教堂敲起喪鐘時，他感到像是他那已逝的青年時期的一個幽靈又來到了他的身邊。但他根本沒有想到，這竟是這麼多年他一直焦急等待的喪鐘——從看到費爾米納懷著六個月的身孕聽完大彌撒出來的那個星期天起。

「他媽的！」他在昏暗中咕噥道。「大教堂敲喪鐘，該是哪個了不起的大人物死了。」

阿美利卡．維庫尼亞終於醒來了。

「可能是為聖靈降臨節敲鐘吧。」她說。

阿里薩對敲鐘的事兒不是內行，對教堂裡的事務更是門外漢。自從跟一個教了他電報學的德國人一塊在唱詩班拉小提琴以來，他再沒去聽過彌撒。關於這個德國人的去向，他一直沒得到任何確切的消息。這事他知道，的確，市裡死了人，要舉行葬禮。一個加勒比難民使團那天上午到過他家，告訴他，赫雷米阿．德薩因特．阿莫烏爾那天清早在他的照相室去世。阿里薩不是他的摯友，但是其他許多加勒比難民的好友，這一些人一直請他去參加他們的公眾活動，尤其是葬禮。但他敢斷定，喪鐘不是為赫雷米阿．德薩因特．阿莫烏爾敲的，因為他是一個非教徒，頑固的無政府主義分子，何況又是自殺的。

「不！」他說，「這樣的喪鐘只能是為省長以上的人物敲的。」

陽光從沒有關嚴的百葉窗裡射進來，在阿美利卡．維庫尼亞嫩白的身軀上映成一道道虎皮的斑紋。她年輕輕的，想不到死亡的事。他們吃過午飯後，在葉式吊扇下面躺著迷迷糊糊地睡午覺。吊扇的嗡嗡聲掩蓋不住在曬得滾燙的鋅板屋頂上行走的兀鷹噼啪作響的腳步聲。阿里薩愛她像在他漫長的生命中所有邂逅相遇的女人一樣。但對這個姑娘的愛卻帶有更多的焦慮，因為他相信，待她在高等學校畢業時，他已經長眠於地下了。

這間房子像一個船艙，木板條牆壁跟輪船一樣，一次又一次地塗過油漆。但是，下午四點鐘時，它比船艙更加悶熱烤人，熱氣透過金屬屋頂反照進來，床上的吊扇也無濟於事。那不是正式的寢室，而是專為阿里薩在加勒比內河航運公司辦公室後面蓋的一個陸地船艙，唯一的目的就是給年事已高的阿里薩提供一個理想的愛巢。平日，碼頭工人吵吵嚷嚷，河流港口的吊車吱吱嘎嘎作響，港內輪船的汽笛聲震耳欲聾，那兒很難睡覺。然而，對這個女孩來說，在這裡過星期天可真是像上天堂了。

聖靈降臨節那天，他們倆本來想一起待到晚禱前五分鐘，因為那時她就得去寄宿學校了，但喪鐘忽然使阿里薩想起他已答應前去參加的赫雷米阿·德薩因特·阿莫烏爾的葬禮，於是他比慣常更快地穿好衣服。像往常一樣，在自己穿衣服之前，他給女孩編獨辮，然後把她抱上桌子，給她繫她自己總是繫不好的鞋帶。他恭恭敬敬地幫她，她也允許他幫她，就像是一種義務。從最初幾天接觸起，他們便都忘記了他們年齡的差異，互相充滿信賴，彷彿是一對夫妻。這對夫妻一生中互相隱瞞了那麼多事情，以致現在已沒有什麼好互相訴說的了。

那天是個假日，辦公室關著，門裡邊也黑洞洞的。沉寂的碼頭上只停著一艘船，鍋爐還熄了火。天氣悶熱，預示著要下雨，這是今年的頭幾場雨。但是天空是清澈的，港口上洋溢著星期日的寧靜，似乎置身在風和日麗的月分裡。從這裡到周圍比在船艙的蔭涼處更加使人感到悶熱，喪鐘的鳴響更令人悲辛，雖然至今尚不知為誰而鳴。阿里薩和女孩來到了滿處堆放硝石的院子裡，那裡昔日曾經是西班牙人販賣黑奴的港口，至今還留著磅秤及奴隸交易所用的銹蝕了的鐵器。汽車在倉庫的蔭涼處等著他們，他們落座之後，才把伏在方向盤上睡著了的司機叫醒。汽車在密密的鐵絲網圈著的倉庫後調了個頭，穿過了幽靈灣老市場的空地。空地上，幾個幾乎赤裸著身子的人在玩球。隨後，汽車在一片飛揚的熱塵中駛離了內河港口。阿里薩認為喪鐘不可能是為赫雷米阿·德薩因特·阿莫烏爾而敲，但它又不停地鳴響使他產生了疑問。他把手搭在司機肩上，湊近他的耳朵，喊著問他是在為誰敲鐘。

「那個醫生，就是留山羊鬍子的那傢伙！」司機說。「他叫什麼名字來著？」

阿里薩不用想就明白了司機說的是誰。但是，當司機跟他講了醫生是怎麼死去的，他的幻想立刻消失了，因為那不像是真的，因為沒有什麼比一個人的死更像他的為人，而沒有一種死比這樣的死與他心目中的那個人更不相稱了。儘管看來似乎荒唐，但死者確實是他：本城年紀最大、醫術最高明的醫生。他不僅是優秀的醫生，而且由於許多其他功績還是本城名人之一。他今年八十一歲，為了去捉鸚鵡從芒果樹幹上摔下來，折斷脊樑骨而身亡。

自從費爾米納結婚時起，阿里薩所作的一切都是為了有一天能聽到這一消息。但是，這個時刻真的來到時，他卻並沒有感到喜悅和激動——那種千百次在不眠之夜所預見的勝利的喜悅和激動——而是內心被一種恐怖撕裂著：他異常清醒地想到，如果他自己死了，喪鐘也會這樣敲的。汽車在石頭街道上顛簸著前進，坐在阿里薩旁邊的阿美利卡·維庫尼亞被他蒼白的臉色嚇呆了，她問他出了什麼事。阿里薩用冰涼的手拉住了她的手。

「唉，我的孩子！」他嘆了口氣。「為了跟你講這些事情，我真願意再活五十歲。」

他忘記了赫雷米阿·德薩因特·阿莫烏爾的葬禮。車子停在寄宿學校大門口，他匆忙將女孩放下，答應下禮拜六再來接她，然後便命令司機開往烏爾比諾醫生家中去。他看到臨近的街道上停著許許多多的汽車和出租車，房子對面站著一大群看熱鬧的人。拉西德斯·奧利貝利亞醫生的客人們在歡慶會進行到高潮時得到這一不幸消息，如今紛紛趕到。整個家中都擠滿了人，要動一動實在不容易。但是阿里薩終於打開一條通道，來到了一層樓的寢室。他踮起腳尖，從堵在門口的人頭上望過去。看見烏爾比諾躺在床上，臉上的神情就像他第一次聽人講起就迫不及待地希望看到他時那樣，他像是在死亡的羞辱之中掙扎過來的。木匠剛剛量過棺材的尺寸。費爾米納坐在他旁邊，穿著為參加午宴而穿的老新娘的服裝，精神茫然，默無一言。阿里薩從完全獻身於這一無畏的愛情事業的青年時代起，就連那一時刻的最微小的細節都預計到了。為了她，他有了名，得了利，並不過多地去注意是用什麼方式得的。

為了她，他細心周密保護著自己的身體及外貌，這在同時代的其他男子漢看來真是太沒有男子氣了。在這個世界上，沒有人會像他一刻也不氣餒地等待那一天的到來。烏爾比諾醫生的死，終於使事情變得對他有利，使他得到了足夠的勇氣，在費爾米納孀居的第一天晚上就向她重申他忠貞不渝永遠愛她的誓言。

他明白，那是一個輕率的行動，缺乏起碼的方式與時間觀念。他認為機不可失，時不再來，一定要馬上行動。他曾設想過，甚至多次設想過。用一種不那麼莽撞的方式作這件事，但命運之神卻不容他有另外的選擇。他從那個籌辦喪事的家中走出來時，心情是痛苦的，因為他使她處於跟自己同樣激動的狀態。但是沒有力量能阻止他這樣做，他覺得那個殘酷之夜，早就記錄在兩個人的命運之中了。

在此後的兩個星期中，他沒有睡過一個整夜的覺。他反覆地、絕望地問自己，失去了丈夫，費爾米納此刻會在哪兒，她在想什麼，丈夫把可怕的負擔放在她的肩上，她將怎樣打發今後的日子。

他患了一次嚴重的便祕，肚皮脹得跟鼓似的，他不得不使用緩解劑，當然，這不會比灌腸劑舒服。老病和新病比起來，阿里薩更能忍受老病，因為從年輕時代起他就了解它們，可現在老病一齊向他襲來了。星期三那天，在一周沒上班之後，他重新在辦公室露面。卡西亞妮看到他如此蒼白和邋遢，不禁吃了一驚。但是他勸她不必擔心，說那是因為他又像往常那樣失眠了。為了不吐露真情，他不得不又一次咬緊牙關，他心中淤積著多年的痛楚。

大雨沒有給他提供一絲陽光的空隙讓他思考。在恍惚中又過了一個星期，思緒茫然，集中不到任何事上面，吃飯不香，睡得更糟，一心希望尋覓能向他指明得救之路的標記。但是，從星期五開始，他無緣無故地心情豁然開朗起來，這似乎是一個徵兆，表明不會再發生什麼事了，他一生所作的努力都是無用的，無須再繼續下去，事情已經到頭了。然而，星期一，他回到彭塔納斯大街家中，看到有封信漂在門廳前的水窪裡。他立即認出了溼信封上那剛勁有力的字體。生活中如此多的變化也未能改變那種筆迹。他甚至以為嗅到了夜間凋謝的梔子花的香味，因為心靈從最初的一刻起就告訴他了一切，那就是半個世紀來他一直不安地在期待著的信。

■註

①Carlos Gardel（一九〇三—一九三五），阿根廷著名探戈演唱家。

②一八五〇年出現的一派哥倫比亞詩人，其特點是反對浪漫主義抒情詩，講究詩體形式的完美。

③愛麗思·童話《愛麗思漫遊奇境》和《愛麗思鏡中遊記》的女主角。

④法國劇作家薩爾都（一八三一—一九〇八）的作品。

費爾米納不能想像，她那封在氣得發昏的情況下寫出來的信，居然被阿里薩認作一封情書。她在那封信裡發洩了全部的激怒，內容激烈，語帶譏諷，令人難以忍受，何況還是不公正的。然而，在她看來，跟她受的傷害和侮辱相比，這一切都是微不足道的。這是她兩個星期忍辱負重的最後一個行動，以便使自己安寧下來，適應新的環境。她想再次成為原來的費爾米納，收回半個世紀奴僕般的生活中自己不得不讓出的一切。這種奴僕般的生活無疑使她幸福，但是丈夫一死，連一點印跡都沒給她留下。她像是在別人家裡游蕩的幽靈，那房子瞬間變得寬大而淒涼，她在裡邊百無聊賴地到處徘徊，不斷痛苦地自問，誰是真正的亡魂：是死了的丈夫還是她這個未亡人。

丈夫把她一個人孤單地留在昏暗的茫茫大海裡，她無法抑制內心裡對他的怨恨。他的一切都使她傷心落淚：枕頭下的睡衣，像病人穿的平底拖鞋，對他站在鏡子前脫衣服的形象——常常在她準備上床時——的回憶，以及他的皮膚的氣味——這味道在他死後很長時間還頑固地留在她身上。不管做什麼事，她都會邊做邊停，拍拍額頭，因為突然想起了有什麼事沒有告訴他。時刻都有許多只有他才能回答的問題鑽進她的腦子裡。有一次他告訴了她一件她困惑不解的事：截了肢的人，能感覺到他們失去的腿上的疼痛和痙攣。如今她也有這類感覺了，她已失去了丈夫，但她感到他仍在身邊。

孀居的第一個早晨，她在床上還沒睜眼就翻了個身，想找個更舒服的姿勢繼續再睡，正是這時，她才覺得他死了。只有此時她才意識到他第一次沒有在家過夜。在餐桌上，她倒不是因為少了一個人感到孤單，而是由於她莫名其妙地相信，她在和一個已不存在的人一塊用餐。她等女兒奧費利亞夫婦以及他們的孩子們從新奧爾良回家後再重新坐在桌子前吃飯，但不是通常的那張桌子，而是一張她讓人臨時擺在廊裡的較小的桌子。她一直沒有正正經經地做頓飯。饑餓時，隨便走進廚房，把勺子伸進鍋裡，隨便吃一點什麼，也不使用盤子，而是一邊吃，一邊站在小爐子跟前和女僕們說話。她們是她唯一喜歡和更合得來的人。

然而，無論她如何努力，已故丈夫的形象總縈繞在她的腦海裡，不管她在哪兒，也不管她做什麼事情，都會使她回憶起他來。雖然在她看來，痛苦是理所當然的，但她也想盡量不沉溺於痛苦之中。她下了狠心將一切觸發她回憶起已故丈夫的東西，都從家中清除乾淨，在失去丈夫的情況下，這是她想出的唯一能使自己依舊在這家裡住下去的方法。

這是一次徹底的大清除。兒子同意將書房的書籍全部拿走，好讓她把書房改為縫紉室——她從結婚以後一直沒有這樣的房間。女兒則同意拿走一些家具和許多她認為很適於在新奧爾良古董行拍賣的東西，這一切使費爾米納感到寬慰。但她後來知道旅行結婚時所買的東西已成為古董商的文物，又覺得很不是滋味。她不顧佣人們沉默的驚訝，也不管左鄰右舍或在那幾天中來陪她的膩友們的困惑不解，讓人在房後的空地上點起一堆火，把能使她回憶起丈夫的東西一古腦兒燒掉：其中有從上一個世紀以來本城最昂貴考究的衣服，最精緻的皮鞋，比相片更酷肖他本人的帽子，死前最後一次從上面起身的搖椅，以及無數與他的生活緊緊相連並已成為他本人組成部分的物件。她毫不猶豫地做了這件事，這不僅僅為了衛生，並且也堅信丈夫如果在天有靈也會同意她這麼做，因為他曾好幾次向她表示，死後願意火化，而不願被裝進釘得嚴密合縫的黑洞洞的雪松木棺材。當然，他所信的宗教不允許這麼做。他曾大着膽子試探過大主教的意思，探索一下可能性，但是，大主教給了他一個斷然否定的答案：這是徹頭徹尾的幻想，教會不允許在公墓中設置焚屍爐，哪怕專供異教徒使用也不行。除了烏爾比諾醫生想得出來建造這樣的焚屍爐外，別人誰也想不到。費爾米納沒有忘記丈夫的那種恐懼，即使在最初幾個鐘頭的懵懵懂懂中，她也沒有忘記吩咐木匠在棺材上留一道縫透亮，以此作為對丈夫的安慰。

無論如何，那都只是些徒勞無益的行動。費爾米納很快就發現，對亡夫的記憶是如此牢固，沒有隨著日子的流逝而有所削弱。更糟糕的是，衣服焚毀後，她不但仍舊十分懷念她所愛的丈夫的許多東西，尤為煩心的是她彷彿時刻都聽到丈夫起身時發出的那種響聲。這些回憶使她擺脫了憂傷。她超脫一切，下決心在回憶已故丈夫中繼續生活下去，就當他沒有死一樣。她知道，每天早上醒來時仍然不是味兒，但是會逐漸好起來的。

果然，過了三周，她開始看見最初的幾道光線了。可是，隨著光線的增加和越來越明亮，她漸漸意識到在自己的生活中有一個邪惡的幽靈，使她一刻也不得安寧。那個幽靈，已經不是那個當年在「福音」公園偷偷窺視她的令人憐憫的幽靈——使她在步入老年後還經常溫情地回憶著的幽靈——，而是那個穿著折磨人的長禮服，把帽子壓在胸前的令人深惡痛絕的幽靈，他的愚蠢的冒失行為弄得她為此惶惶不安，以致她實在無法不想他。自從她十八歲拒婚以後，她始終相信，播在他身上的仇恨的種子會隨著時間的推移而生根發芽。她時刻都感覺到這種仇恨，當那幽靈在附近的時候，她感到仇恨隨之在空中飄蕩。只要一看見他，她就心慌意亂，六神無主。那天晚上，她丈夫的遺體旁的鮮花還散發著幽香，她認為他那粗鄙的言行只不過是第一步，天曉得，這後面隱藏著多少陰險的復仇企圖呀。

他頑固地出現在她的腦海裡，她越想越恨自己。葬禮的第二天一覺醒來她想起他時，使勁皺了皺眉頭，作了個堅定的動作，終於把他從腦海裡驅趕了出去。可是，趕走的憤怒旋即恢復，她很快就明白了，越想忘掉他，就越會記起他。於是，她終於為舊情所戰勝，鼓起勇氣，開始回憶那個未能實現的愛情的夢幻般的時光。她盡力回想當時的小公園、折斷的扁桃樹和他坐在上面向她求愛的長靠背椅是什麼樣子，似乎這一切都失去了本來面貌。一切都變了，樹被砍走，黃葉鋪成的地毯也已不見。在被斬首的英雄塑像處，人們重新豎起了另一個人的塑像，他身著華麗制服，無名無姓，沒有日期，也沒有對塑像的說明。塑像下有一個很有氣派的墩座，裡邊安裝著本地段的電力控制裝置。——多年以前她家的房子就已經被賣掉，在省政府手裡毀壞得七零八落。想像出當時阿里薩的樣子，對她並非易事，但要認出雨中那個無依無靠、沉默寡言的小伙子跟站在她面前的這個陳腐的虛弱多病的老頭兒是一個人就更不容易。這個人完全不顧她的處境，對她的痛苦沒有起碼的尊重，而是用一種烈火般的侮辱來煎熬她的靈魂，這就逼得她說不出話，透不過氣來。

她在弗洛雷斯·德馬利亞莊園待了一段時間，忘卻了林奇小姐給她帶來的倒楣時刻後回家不久，伊爾德布蘭達表姐來看她了。表姐眼下又老又胖，但顯得幸福快活，由大兒子陪著，這兒子跟他父親一樣，曾當過陸軍上校，可是由於他屠殺大沼澤地聖·胡安香蕉園工人的不體面舉動，受到父親的斥責。表姐妹兩人相見過多次，每次時光都在回想他們相識的日子中慢慢過去。在最後一次來訪時，伊爾德布蘭達比任何時候都更懷念昔日，流年似水，自己也已上了年紀，不禁百感交集。

為了回憶往事，她帶了一張她們裝扮古代貴夫人的照片，那是比利時攝影師在年輕的烏爾比諾看中任性的費爾米納的那個下午給他們拍攝的。費爾米納自己的那張已經丟失，伊爾德布蘭達這張也已消褪得幾乎看不清楚，但是透過那張模模糊糊的照片，尚能辨認出她們當年年輕、漂亮的風姿，可惜這一切都已經過去，永遠不會再來了。

要想使伊爾德布蘭達不談起阿里薩是不可能的，因為她一直將他的命運與自己的命運聯繫在一起。她回想起自從她拍出第一封電報後，再也無法從心中把他那個注定被戀人遺忘的憂傷而瘦小的形象忘掉。費爾米納曾和他見過許多面，但沒跟他說過話，她不能想像他就是自己第一次愛過的那一個人。關於他的消息統統都傳到了她的耳朵裡，就像本城所有那些多少有點名氣的人物的消息遲早都會傳到她耳朵裡一樣。人們說他從未結婚，因為他跟別人的習慣不一樣。可這也沒有引起她的注意。原因是對傳言她向來不理會，還因為許多男子的這類事常常被傳得失去了原有的面貌。相反，她感到奇怪的是阿里薩仍堅持穿他那古怪的服裝，用他的奇特的洗滌劑。此外，在他以如此引人注目和體面的方式開闢了一條生活之路之後，仍舊使人感到神祕和費解，她不能相信他就是原來的那位阿里薩。當伊爾德布蘭達嘆息：「可憐的人兒，他受了多少苦喲」時，總是感到驚訝。因為好久以來她看到他時，已經沒有痛楚的感情，他的影子已從她心中消失了。

然而，她從弗洛雷斯・德馬利亞鎮回來後有一天晚上看電影碰到了他，她的心中油然產生了一種怪異的感情。他跟一個黑種女人在一起，她毫不在意。可她驚訝的是，他居然保養有方，舉止瀟灑。她沒想到，由於林奇小姐突然闖進了她的私生活，發生變化的居然是自己，而不是他。從此時起，二十多年中，她用更同情的眼光繼續觀察著他。為丈夫守靈的那天晚上，她不僅認為他去那兒可以理解，而且甚至認為那表明他對她的怨恨已經煙消雲散：那是一個原諒與忘卻往事的行動。所以，當他戲劇性地向她重申在她看來從來沒有存在過的愛情時，她大為驚奇。她認為到了她和阿里薩這種年紀，除了湊合著活下去之外，已不能有其他渴望了。

在象徵性地為丈夫舉行了火葬儀式後，第一次衝擊給她帶來的巨大憤怒不但絲毫沒有消除，而且還在繼續增加，甚至當她感到無力控制的時候，這怒氣還朝各個方向擴散開來。更有甚者，她努力減弱對亡夫的回憶，但騰出的記憶空間卻逐步以一種無情的方式被隱藏著對阿里薩的記憶的虞美人草坪所占據。就這樣，她總是被迫地想著他，越想他就越氣，越氣就越想他，她覺得實在無法忍受，簡直要發瘋了。於是，她坐到了亡夫的寫字枱前，給阿里薩激動地寫了一封長達三頁的信，她在信中把他大罵了一通，並且無情地向他挑戰，有意識地做了這件她漫長的一生中最不名譽的事情之後，她才感到了寬慰。

對阿里薩來說，那三個星期也是極度痛苦的。在向費爾米納重申愛情的那天晚上，他沿著當天下午被洪水沖壞的街道，漫無目標地游蕩，不時驚恐地自問，他剛剛把那隻抵擋了他半個多世紀的圍困的老虎殺死，現在該拿這張老虎皮怎麼辦？由於洪水的凶猛衝擊，城市處於緊張狀態。在一些房子裡，半裸著身子的男男女女想從洪水中隨便撈出點什麼東西來。阿里薩覺得大眾的那場災難與自己息息相關。但是，空氣是平靜的，加勒比天空的星星在自己的位置上一動不動。突然，在無比的沉寂中，阿里薩聽出了許多年以前他和卡西亞妮在同一時間、同一街角聽到的那個男聲唱：

「我從橋頭回來，滿臉沾滿淚水。」

從某種意義上講，這隻歌那天晚上與死亡有點關係，但只是對阿里薩來說是如此。

他從來沒有像當年那樣如此思念特蘭西托，他想起了她的聰明的話語和用紙花打扮起來的愚弄人的美女的髮式。每當他處於災難的邊緣時，他都需要一個女人的庇護，這對他是無法避免的。因而，他去了師範學校，去尋求可以得到的女人。

他看見在阿美利卡・維庫尼亞寢室的一長溜窗戶上有燈光。他費了好大的勁，才控制住自己，沒有像老祖父一樣瘋狂地在凌晨兩點鐘，把那個睡得正香的像他孫女般的女孩，從散發著她的鼻息的搖籃裡帶走。

在城市的另一端，卡西亞妮獨身一人，自由自在，不管在凌晨兩點、三點，還是在任何時候，她都願意給予他所需要的同情。在她失眠的折磨中去敲她的門，這對他來說並不是第一次。但是他懂得，她太聰明，他們又愛得太深，只要他在她懷中哭泣就只好向她道出悲傷的真實原因。在荒涼的城市中，他像夜遊神似地走著，考慮了許久，最後還是覺得去找「雙料寡婦」普魯登西婭・皮特雷比找任何別的女人更合適。兩人相差十歲。他們在上一個世紀就已相識。他們一度沒有來往，只是因為她不願讓他看見她現時那副樣子：半失眠，老態龍鍾。

一想起她，阿里薩立刻往回走到彭塔納斯大街，在一個賣東西的拎包裡裝了兩瓶歐波爾圖葡萄酒、一瓶泡菜，然後再去看她，實際上他連她是不是在原來的家裡，是不是一個人獨處，或者是不是還活著都不知道。

普魯登西婭・皮特雷還沒有忘記他們的暗號，聽到他用指甲抓門她就明白是他來了。開始用這個暗號時他們自以為還年輕，但實際並非如此。她問都沒問就給他開了門。街上漆黑，他穿著黑呢料衣服，戴著硬帽，蝙蝠式雨傘掛在臂上，幾乎讓人看不到。她眼神不好，光線又陰暗，自然看不清楚他是誰。但是，她藉著金屬眼鏡架閃出的燈籠般的光亮，立刻認出了他。看上去他像個雙手還沾滿鮮血的殺人兇手。

「請收留一下我這個可憐的孤兒吧！」他說。

為了找個話題，這是他說的唯一的話。他很吃驚，從上一次見面以來，她竟老了這麼多，同時他意識到，她也會同樣這麼看他。但是，他隨即又想，過上一會兒，當兩個人都從久別重逢的最初驚愕中恢復過來以後，又會慢慢發覺對方身上少了些生活的傷痕，重新覺得都還是像四十年前剛認識時那般年輕，這麼一想，他也就得到了安慰。

「你好像參加了葬禮。」她說。

確實如此。她也像全市的人那樣，從十一點鐘起就待在窗前，觀看著自德魯納大主教死後所見到的最大、最豪華的送葬隊伍浩浩蕩蕩地通過。那震撼大地的炮聲，亂哄哄的軍樂聲，以及蓋過從頭一天起就敲個不停的所有大教堂混雜在一起的鐘聲的葬歌聲，將她從午睡中吵醒。她從陽台上看見了穿著儀仗隊制服並騎著馬的軍人，宗教社團、學校隊伍，當局人士乘坐的長長的拉下窗幔的黑色旅遊車，戴著帽沿插著羽毛的頭盔、披著金馬披的馬拖著的馬車，用一尊歷史性的炮架拖著的蓋著旗幟的黃色棺材和排列在最後的一溜老式敞篷馬車，它們載著花圈，顯得十分活躍。午後不久，這支送葬隊伍剛從普魯登西婭・皮特雷的陽台前過去，大雨便傾盆而下，人們驚逃四散。

「真是沒有比這更荒唐的死法了！」她說。

「死可沒有荒唐的含義。」他說，然後又傷感地補充道，「在我們這種年紀更是如此。」

他們坐在平台上面對廣闊的大海，看著月亮，月亮四周的光環幾乎占據了半個天空，看著遠處航船上五顏六色的燈火閃爍不止。他們一邊享受著暴風雨後吹來的暖和而帶香氣的輕風，一邊喝著歐波爾圖葡萄酒，吃著泡菜和普魯登西婭・皮特雷從一個大麵包上切下來的麵包片。她無兒無女，三十五歲守寡，他們在一起度過了許多類似的夜晚。阿里薩見到她的時候，正是她可以接待任何願意陪她的男人的時候，那怕是按小時把男人租來。但他們兩人建立起了一種看上去比實際更嚴肅、更持久的關係。

雖然她從來沒有暗示過，但是如果他願意的話，她早就會和他舉行第二次婚禮了，那怕是等於把靈魂出賣給魔鬼。她知道要順從他的吝嗇，適應他未老先衰的萎頓，他的古怪的秉性，他的想得到一切而一毛不拔的慾望，是不容易的。可是，話也說回來，沒有比他更樂意讓女人陪伴的男子了，因為世界上沒有第二個男人如此需要愛。可是，世界上也沒有比他更油滑的男人了。因此，她對他的愛每次都適可而止，以不干預他自由地去愛費爾米納的決心為界線。儘管如此，他們的關係，即使在他收拾了一切，使普魯登西婭・皮特雷重新與一個來此做三個月生意和旅行的商業代理人結婚後，仍舊保持了許多年。她跟這個商人生有一女四子，可據她發誓說，其中一個是阿里薩的。

他們只顧交談，不管時間，因為兩人年輕時就習慣了共同分擔他們的失眠。如今上了年紀，失眠對他們就更無所謂。雖然阿里薩幾乎從不超過兩杯，可今夜他已喝過三杯還沒有緩過氣來。他大汗淋漓，「雙料寡婦」勸他脫掉外衣、坎肩和長褲，如果他願意的話，可以全部脫去，怕什麼，歸根結底，他們赤身裸體比穿著衣服更能相互了解。他說，要是她脫他也脫，可她不願意。許久以前，她照過一次大衣櫃鏡子，突然明白，她已沒有勇氣讓他或任何人看到自己的裸體了。

阿里薩很興奮，喝了四杯歐波爾圖葡萄酒還沒平靜下來。他繼續談著過去，談著對過去的美好回憶，許多年以來這是他唯一的話題。他渴望從過去的歷史中找到一條途徑，來發洩自己鬱積在心頭的煩悶，使自己輕鬆下來。這是他們需要的，他要把一切都講出來。當他看到天邊最初的幾道亮光時，便試圖以平靜的方式跟「雙料寡婦」親近。他似乎偶然地問她：「妳現在成了寡婦，又上了年紀，如果有人提出跟妳結婚，妳將怎麼辦？」她笑得臉上縱起了皺紋，反過來問他道：

「你指的是烏爾比諾的寡婦吧？」

阿里薩總是忘記，他最不應該不知道女人們對問題的隱秘比對問題本身想得更多，普魯登西婭·皮特雷尤甚。他被她一針見血的叫人膽寒的話弄得慌了手腳，趕快否認道：「我說的是你。」她又笑了：「騙你的婊子娘去吧！願她在地下安息。」她逼他把一吐為快的事說出來。因為她知道，不管是他，還是別的任何一個男人，都不會在多年久別之後，僅僅為了喝歐波爾圖葡萄酒和吃泡菜加麵包而在淩晨三點鐘叫醒她的。她說：「這事只有一個人極端痛苦時才做得出。」阿里薩敗下陣來。

「這次你可錯了，」他說。「今晚我來的目的更確切地說是為了唱歌。」

「那我們就唱吧！」她說。

於是，他開始以動聽的聲音唱起當時的流行歌曲：「拉蒙娜，沒有你，我可怎麼活。」這一夜就到此結束了。這女人向他表明了她是多麼神機妙算，他沒敢跟她玩那種禁止的遊戲。他走了出去，彷彿到了另一座城市。那裡開著六月裡最後一株變種大麗花，顯得十分稀奇。新修的街道還籠罩在夜幕裡，去趕五點早彌撒的寡婦們一個接一個地趕過去。那時，為了避開相遇，是他，而不是她們，不得不走到另一條人行道上去，以免她們看到他止不住的眼淚。這些眼淚不是像他認為的那樣，自半夜一直忍著的眼淚，而是從五十一年九個月零四天起就強咽著的眼淚。

他已經不知道到了什麼時候，醒來也不知是在什麼地方，只看到對面有個耀眼的大窗戶。阿美利卡·維庫尼亞和女佣們在花園裡玩球的聲音使他回到現實中來。原來他是在母親的床上，母親的臥室原封未動地保存著，他常常在那兒睡覺，在孤獨折磨得他坐立不安的時候，這樣可以減少一點寂寞，當然這樣的時候並不多。床對面是堂·桑喬客店的那面大鏡子，只要一看見它，也就等於看見了映在裡面的費爾米納。他知道今天是星期六，因為只有這一天，司機才從寄宿學校把阿美利卡·維庫尼亞接回家的。他明白了，他不知不覺地睡了一覺，並且做了一個夢，夢到自己睡不著，費爾米納在滿面怒容地注視著他。他一面洗澡，一面想下一步該怎麼做。他不慌不忙地穿上自己最漂亮的衣服，洒了香水，粘好尖尖的白鬍子。一走出臥室，他就從二層樓的走廊上看到了那個穿制服的漂亮姑娘，她正在跳起來接球，那迷人的神態有多少個星期六曾使他激動得發抖，可這天早上卻沒使他在感情上有絲毫波動，他讓她跟他一塊走。他帶她到了美洲冷飲店，那兒擠滿了帶著孩子在天花板的大吊扇下吃冰淇淋的父母們。阿美利卡·維庫尼亞要了一個幾層不同顏色的冰淇淋，放在一只大玻璃杯中。這是她最喜歡的冰淇淋，也是店裡最暢銷的，因為它能散發一種神奇的烟霧。阿里薩一邊喝黑咖啡一邊看著她。她在用一把很長的小勺吃冰淇淋，吃得很乾淨，連底都沒有剩下。他目不轉睛地看著她，突然對她說：

「我要結婚了。」

她捏著勺子，帶著疑惑的神情，看著他的眼睛，馬上鎮靜下來，笑了笑。

「騙人，」她說：「老頭子不會結婚的。」

那天下午，他們在公園一塊看了木偶戲，在防波堤的炸魚攤上吃了午飯，看了剛到本城的一個馬戲團的籠子裡的猛獸。在城門那兒買了帶到學校去的各種各樣的甜食。在城裡他們乘敞篷汽車轉了幾圈，這是為了讓她逐漸習慣這樣的概念：他現在是她的監護人，而不是她的情夫。爾後，在一陣不停的傾盆大雨中，在敲晚禱鐘時把她準時送到了寄宿學校。星期天，他沒有露面，但給她派了汽車，以便她和女友一起出遊。從前一個星期開始，他清清楚楚地看到了兩人年齡的差距。那天晚上他決心給費爾米納寫封請求諒解的信，那怕口氣硬一些也可以。實際上這封信他第二天才寫。星期一，正好在他受了三周的煎熬之後，他被大雨澆得像個落湯雞似地走進家門，一眼就看到了她的來信。

那是晚上八點。兩個女佣都已躺下，她們點著走廊裡唯一的一盞「長明燈」，以便讓阿里薩照著亮走進寢室。他知道，他的簡單乏味的晚餐已經擺在飯廳的桌子上。但是，多少天以來，他一直沒什麼胃口，常常胡亂吃點東西作罷。由於看到信，僅有的一點餓意也因為心情激動而消失了。他的手哆嗦著，費了好大勁才點著了寢室的燈。他把泡濕了的信放在床上，點著了床頭櫃上的小燈。然後，像慣常那樣，竭力裝得沒事似的，使自己平靜下來，脫下濕透了的外套，掛到椅背上，又脫下坎肩疊好放在外套上。接著，他解下黑絲帶和當今已不流行的賽璐珞衣領，把襯衣鈕也解到齊腰處，鬆開了腰帶，使呼吸暢通。最後，他摘下帽子放到窗戶旁去吹乾。他突然一驚，身體顫抖了一下，他想不起把信放在何處了。他緊張萬分，找到時反而吃了一驚，因為他已不記得將信放到床上去了。打開信以前，他先用手絹把信封擦乾，注意不讓他的名字被黑水暈開。在拆信的同時，他意識到，已經有第三者知情了，因為烏爾比諾的遺孀在丈夫剛剛死了三個星期就匆忙地寫信給她的社交範圍以外的人，沒有通過郵寄，也沒有讓別人親自交到收信人手上，而是神秘地像寫匿名便條一樣從門縫裡塞進去。不管送信的人是誰，對這樣的事兒都會注意的。信封上的漿糊已被水浸濕，不用拆就開了，但裡面還是乾的，密密麻麻地寫了三頁，沒有抬頭，簽名是她婚後所用名字的頭幾個字母。

他倚在床上，飛速地把信看了一遍，使他驚奇的與其說是信的內容，毋寧說是信的語氣，還沒看到第二頁，他已知道那正是他等著的挨罵的信。他將信展開，放在床頭櫃的枱燈下，然後脫下濕漉漉的鞋子和襪子，關上大燈，最後戴上岩羚羊皮護鬚罩，未解衣就躺下來，枕在用來當靠背的兩個大枕頭上，他繼續讀著信。他把信重新看了一遍，一個字一個字地看，不漏過任何一個字，接著他又看了四遍，直至看得麻木不仁，不知道信上說了什麼為止。最後他將信放在床頭櫃的抽屜裡，仰面躺下來，雙手交叉枕在腦後。四個小時以內，他的眼睛一動不動地盯著她曾照過的鏡子，大氣不出，像死人一樣。午夜十二點整，他到廚房去煮了一壺滾得跟石油原油似的咖啡，拿到寢室，將假牙放進硼酸水裡，這硼酸水時刻都放在床頭櫃上。他又像一塊大理石一般躺下來，隔一會兒變換一下姿勢，喝一口咖啡，直到第二天早上六點鐘女佣送來滿滿一壺咖啡為止。

這時候，阿里薩已心中有數，知道該怎樣一步一步地走下去了。事實上，他讀了那些譴責他的話並不感到難過，也無意去把那些不公道的非難辯個水落石出。他了解費爾米納的性格和問題的關鍵，要避免把事情弄得更加糟糕。他唯一感興趣的是這封信本身給了他機會，並且承認他有權作答覆。說得更明確些，是她要他答覆。這樣，生活現在就處於他想把她帶去的地方，其餘的一切就取決於他了，而他確信，他那半個多世紀的地獄生活還會給他以極其嚴重的考驗，他準備著更大的熱情、更大的痛苦、更深沉的愛情去面對這些考驗，因為這將是最後的考驗。

接到費爾米納的回信後五天，他來到辦公室時心裡感到空蕩蕩的，周圍出現了一種不常見的現象，沒有打字機的響聲，而寂靜比噼噼啪啪雨點般的打字聲更引起人們的注意。不過那是暫時的停頓，當那爆豆般的聲音重新開始響起來時，阿里薩不由自主地推開卡西亞妮的辦公室的門。他看見她坐在自己的打字機前，那打字機像個活人似地聽從她指尖的使喚，她發覺有人在窺視她，以她那奇特而可怕的微笑向門口瞥了一眼，但她沒有停下來，而是繼續把那段文字打完。

「請告訴我一件事，我親愛的母獅，」阿里薩問，「要是你收到一封極不禮貌的情書，你將作何感想？」

她平日對什麼都不在乎，可聽了這話，臉上卻露出了詫異的神情。

「天哪！」她驚呼道，「你看，我從來沒有遇到過這種事！」

既然如此，她也就難以作出回答，其實，在這之前，阿里薩沒有考慮過這件事，於是他決定一不做，二不休，乾脆冒險到底。在職員善意的嘲笑中他將辦公室的一架打字機搬到了家裡。「老鸚鵡學不會說話。」職員說。卡西亞妮對任何新鮮事兒都愛湊熱鬧，自告奮勇教他打字。

但是，從洛塔里奧．特烏古特想按樂譜教他拉小提琴時起，他就反對全面系統的學習方法。當時洛塔里奧曾嚇唬他說，至少要學一年。能進職業樂隊演奏至少得五年。要出人頭地，每天起碼練六小時。然而，他讓母親給他買了一把盲人小提琴，依照洛塔里奧給他指出的五項基本規則，練了不到一年，竟然敢在教堂合唱隊表演，也能在窮人公墓那裡給費爾米納演奏小夜曲，讓清風傳授給她。如果在二十歲能學會拉小提琴，那還有什麼事能難倒他呢。他不懂為什麼到了七十六歲就不能學會只用一個指頭即可操縱的打字機呢！

他想得果然有理。他花了三天的時間來記熟鍵盤上字母的位置，又花了六天時間學會一面想一面打字，又用三天的時間在撕壞了半令紙後打出了第一封準確無誤的信。在信的開頭他放了莊嚴的稱呼：夫人，而自己的簽名則用自己名字的第一個字母，像在年輕時灑了香水的信一樣。他將信郵寄出去，信封上有哀悼的花飾，這是給新寡的女人寫信必須遵守的規矩。信封上沒有寫寄信人的姓名。

這封信寫了六頁，它和過去的任何一封信都不一樣，無論是語調、文風還是修辭，都和初戀時的情書迥然不同。他的論述是如此合情合理，如此有分寸。在某種程度上說，這是他寫得最恰如其分的商業函件。如果在數年之後，用打字機打私人信件幾乎被認為是一種侮辱，然而在當時，打字機還是辦公室裡一種沒有自己倫理道德的「動物」，在家庭裡廣泛使用它尚未載入都市的史冊。用打字機書寫更像是一種大膽的改革行動，費爾米納大概就是這麼理解的，因為在她收到阿里薩四十多封信後給他寫的第二封信中，一開頭就首先請求他原諒她的字體難以辨認，因為她沒有比鋼筆更先進的書寫工具。

阿里薩在信中根本沒有提起她寄給他的那封問罪的信，而是從一開始就想採取一種截然不同的方式開導她，對過去的戀情絲毫不涉及。總之，過去的事隻字不提，一切從頭開始。更確切地說，那是根據自己對男女之間關係的觀點和經驗以及關於人生的廣泛思索得出的結論。他曾經想把這些內容寫出來作為《情書大全》一書的補充。只是此時，他把這種思考遮掩在一種長者的風度之後，有如老人的回憶錄，以便不叫人明顯地看出那份愛情文獻的實質。他先按舊模式起草了許多底稿，為了不費時費力加以修改，他把它們乾脆付諸一炬。他知道，任何常規的疏忽，些微的懷念之情，都可能攪起她心中對往事的痛苦回憶。雖然他預料她在鼓起勇氣撕開第一封信之前會把一百封信退給他，可他還是希望退信的事情一次也不要發生。因此，他像籌畫一次決戰那樣，反覆斟酌信中的每一個措辭。一切都需與從前的信不同，以便在一個經歷了大半生的女人身上激起新的好奇、新的希望和新的興趣。這封信應該是一種喪失理智的幻想，能給予她渴望得到的勇氣，把一個階級的偏見扔進垃圾堆裡。這個階級不是她出身的階級，但最後變得比任何其他階級更像她出身的階級。這封信應該教會她把愛情想成美好的事情，而不是達到某種目的的手段，而且愛情本身就應該有始有終。

他清楚地意識到不能指望立即得到答覆，只要信不被退回他也就心滿意足了。這封信沒有退回來，以後的信也沒有退回來。隨著日子一天天過去，他越來越焦急。時間越長，越是不見退信，他就越希望得到回信。他寫信的多少開始取決於他打字的熟練程度。最初每周一封，後來每周二封，最後是每日一封了。他對郵電事業從開創時代至今所取得的進步感到高興，由於這種進步，他可以天天去郵局給同一個人發信，不必擔心被人發現，也不必為找人送信冒風險。派一個職員去買夠一個月用的郵票，然後將信塞進老城的任何一個信箱中，這是件很容易的事。很快他就把那一習慣納入他的生活常規了。他利用夜間失眠的時間寫信，第二天去辦公室時在街角的信箱前讓司機停車一分鐘，親自下車去投寄。他從不讓司機代他做這件事，一個雨天的早晨，司機想代他投寄被他婉拒。有時他加倍小心地不是帶一封信，而是同時帶上數封信出門，以便顯得自然些。司機不知情，其實其他的信都是阿里薩寄給自己的一張張白紙。只有作為監護人，每月末給阿美利卡・維庫尼亞的父母寄上一封信，談談對女孩的精神狀態、健康狀況以及學習成績的印象。除此之外，他從未與任何人有私人通信關係。

從第一個月起，他就開始編號，每封信開頭都像報紙上的連載文章那樣，對前一封做個小結，生怕費爾米納不懂信件的連貫性。此外，每日寫一封信時，他還將帶哀悼標記的信封換成了白色長信封，從而賦予這些信件以一般商業信函的格式。從一開始他就耐心地準備接受一次更大的考驗，至少在沒有確鑿的證據使他能意識到自己只不過是用一種不同的方式白白浪費時間之前，他是絕不會罷休的。他死心蹋地地等待著，不像年輕時候那樣怨恨和消沉，而是以一個混凝土般的老人的固執在等待著。他在內河航行公司沒有別的事可想，也沒有別的事可幹，等待費爾米納的信就是一切。他確信自己能活下去，而且能活得很好，不管是明天、後天或者更晚，費爾米納最終會相信，她那孤苦伶仃的寡婦的生活，只有他才能解救，那時他依然會很好地保持著自己的男子氣概。

與此同時，阿里薩仍舊過著正常的生活。他預料會得到一個滿意的回答，因此又第二次著手修繕房子，以便房子真的能和未來的女主人相稱。他按照自己的許諾，又去看了幾次普魯登西婭・皮特雷，以向她表明，儘管年齡不饒人，他還是愛她。這幾次，有的是在夜間百無聊賴的時候去的，有的是在大白天她的大門開著的時候去的。他照常從安德雷亞・瓦龍的門前走過，有一夜他發現她浴室的燈關著，他又走了進去。

唯一的妨礙是他與阿美利卡・維庫尼亞的關係。他再次向司機重申了他的命令，讓他每星期六上午十時到寄宿學校去接她，但他不知道該拿她怎麼辦。他頭一次沒有去，她對這一變化感到十分不悅。他將她委託給女佣，讓她們帶她去看下午的電影，聽兒童公園的露天音樂會，參加慈善摸彩，或者安排她和女同學去玩，以避開把她帶到辦公室的那座隱蔽的天堂去。從第一次帶她去那兒之後，她就老想再去。他從未發現，女人可以在三天之內成熟。從他去帕德雷港灣的帆船上迎接她的時候起，至今已過了整整三年。不管他怎麼想使這一變化進展得緩和一些，對她來說仍是殘忍的，而且她不懂得這個變化的原因。那天在冷飲店他告訴她，他要結婚，道出了真情，她當時惶惶不安，但過後她又覺得此話實在荒唐，不可能，於是一會兒她就忘得一乾二淨了。然而，她很快就發現，他的表現像是真的，而且對她支吾搪塞，不加解釋，好像他不是比她大六十歲，而是比她小六十歲。

一個星期六的下午，阿里薩看見她在他的寢室裡試著打字。她打得不錯，她在學校裡有這門課。她已經打了多半頁紙，在某個段落有幾句話顯然反映了她的精神狀態。阿里薩躬下身去趴到她肩膀上看看她到底在打什麼。他那男子的熱氣，斷斷續續的呼吸以及衣服上的香氣，頓時使她惶惑起來。她已經不是那個剛到的小孩子了。那時，他給她脫衣服，要像哄嬰兒似地哄著：喂，小鞋脫下來給小熊穿！真乖，把小襯衣脫下來給小狗穿！聽話，把小花襯褲脫下來給小白兔穿！好了，在爸爸臉上輕輕吻一下。可是現在不是了。不！現在她已是個地地道道喜歡採取主動的女人了。

他仍在思念費爾米納。六個月過去了，什麼音信也沒有。他在床上翻來覆去，直到天亮，他墜落到另一種失眠的荒野。他想，費爾米納看到那淡雅的信封肯定會把信打開，也一定會看到和當年其他信上一樣的她所熟悉的名字的第一個字母。實際上，她原封不動地把它們扔進了燒垃圾的火堆裡。以後的信，她一看信封就做了同樣處理，連拆都不拆。總之，不管他絞盡腦汁寫出多少信，在她手裡都會遇到同樣的命運。他不相信會有這樣的女人，能抗住一切好奇心，半年中間，每天收到一封信，居然連用什麼顏色的墨水寫的都不想知道。要說有這樣一個女人的話，那只能是她。

阿里薩感到，老年的光陰不是水平的激流，而是無底的地下蓄水池，記憶力就從那裡排走了。他的智慧將慢慢地耗盡。在拉．曼加別墅轉悠了幾天之後，他才明白，年輕時的那一套，難以敲開被喪事封死了的大門。一天早上，他在電話簿上找一個電話號碼，偶然看到了她的電話，他撥了電話，電話鈴響了許多次，最後他聽出了她的聲音，嚴肅而微弱：「喂！哪一位？」他沒說話，把電話掛了，但是那無限遙遠的抓不住的聲音卻刺疼了他的心。

那幾天，卡西亞妮慶祝自己的生日，把為數不多的幾個朋友請到了家裡。阿里薩心不在焉，把雞湯撒在身上，她將餐巾在水杯中沾濕，給他擦乾淨衣領，然後給他戴上一個圍嘴，免得他再鬧出什麼事來。他真像個老娃娃。在用餐時，她發現他好幾次摘下眼鏡用手帕擦拭淚水。喝咖啡時，他端著杯子就睡著了，她想輕輕地把杯子接過來，可是他羞愧地驚醒說：「我只是閉上眼睛休息一會兒。」卡西亞妮夜裡躺下時吃驚地想，他怎麼老成這個樣子了！

烏爾比諾醫生逝世一周年時，家屬發出請柬，邀請親朋好友出席紀念彌撒，地點在大教堂。迄今阿里薩已經寄出了一百三十二封信，然而沒有收到她的隻字片語。這促使他決定去參加紀念彌撒，即使自己並不在邀請之列。這是一次奢華而不那麼感人的社會活動。頭幾排是空的，那是一些永久保留的、世代相傳的座位，靠背上的銅牌刻著主人的名字。阿里薩是最初到達的客人之一，目的是想在費爾米納必經之路上占個位子。他想，最佳位置應是中殿，就是在那些永久保留位子的後面。可是，那裡的人很多，找不到空位子，他不得不坐到窮親戚們的大廳裡去。從那兒他看見費爾米納由兒子攙扶著走進來，沒戴首飾，身穿一件黑天鵝絨的長衫，一大排鈕釦從脖子一直到腳尖，像主教的長袍。她肩上搭一塊卡斯蒂亞飾邊窄披肩，不像其他寡婦那樣戴著掛面紗的帽子，就連許多巴望守寡的女人也是戴那種掛面紗的帽子的。未被遮掩的臉上閃著白白的光彩，披針形的眼睛在中殿巨大的枝形吊燈下顯示出特有的活力。她挺直腰板走著，如此高傲，如此自信，看上去年紀和她兒子一般大。阿里薩站立著，指尖扶在長椅靠背上，一直到昏厥的感覺過去，因為他覺得，他與她不是僅僅隔開七步之遠的距離，而是在兩個不同的世界裡。

費爾米納幾乎一直站在大祭壇前面的家屬位置上，像看歌劇一樣風度不凡地出席彌撒儀式。最後，她卻打破了歷來的禮拜儀式規矩，沒有按當時習慣站在那兒接受人們的再次哀悼，而是自己走過去向每個來賓表示謝意，這是與她的為人十分一致的革新舉動。她向大家逐一問候，最後輪到了窮親戚們。她環視周圍，看看有沒有需要她打招呼的熟人。阿里薩此時感到有一股神奇的力量將他從中心推了出來，果然，她看見了他。費爾米納以其社交老手的瀟灑風度，絲毫沒有猶豫地離開了她的陪伴者，向他伸過手去，露出溫柔的微笑對他說：

「您來了，謝謝！」

原來，她不僅收到了那些信，而且懷著極大的興趣讀過了。她從中發現了許多發人深省的道理，從而考慮要繼續好好活下去。收到第一封信時，她正和女兒在桌子上吃早餐。她看見是用打字機打的，便好奇地打開了信，一看到簽名的第一個字母，她臉上馬上泛起紅暈，感到熱辣辣的。她馬上隨機應變，將信放到圍裙的口袋裡，說：「是政府的悼唁信。」女兒感到奇怪：「可是悼唁信全都到了呀！」她泰然自若地說：「這是另一封。」她想事後燒掉，省得女兒再問，可是她抵不住看上一眼的誘惑。她等待的是對自己那封辱罵信的應有的反駁。其實，在那封信寄出的同時，她自己已感到忐忑不安。可是，從信中莊重的稱呼和第一段的意思，她就清楚了在這個世界上發生了點什麼變化。結果，她的好奇心變得如此強烈，以致將自己關進寢室，在燒掉之前安安靜靜地讀一下。她一連看了三遍。

那是對人生、愛情、老年和死亡的思考。這些思想曾經多次像夜間的小鳥似地在她頭上撲搧著翅膀掠過，但是當她想抓住牠們時，牠們卻四散飛走，只留下一片羽毛。這些創見就擺在面前，如此清晰，如此簡單明瞭，就像她自己也曾樂意說出來的那樣。她又一次感到難過，自己的丈夫已經死了，不能和他一塊探討，就像每天睡覺以前評說當天的某些事情那樣。就這樣，站在她面前的是一個陌生的阿里薩，他有著一種敏銳的洞察力和遠見卓識，這與其年輕時狂熱的信件和整個一生的可憐遭遇是不相符的。他的話別出心裁，如跟埃斯科拉斯蒂卡姑媽眼中那種受聖靈啟示的男子一樣。這麼一想，她又像第一次收到他的信時那樣害怕起來。但不管怎麼說，最使她安心的是，她確信那封信並非重複守靈的那天晚上的粗魯話語，而是一種打算勾銷過去的十分高尚的行為。

以後的信終於使她平靜下來。但她在懷著越來越濃厚的興趣閱讀之後，還是把它付之一炬，儘管在燒掉後她逐漸感到一種無法消除的內疚。就這樣，當她開始收到編號的信時，她找到了自己所希望的不將信毀掉的道德上的證據。不管怎麼說，她最初的意圖並非是把信留給自己，而是等待機會將信還給阿里薩。她認為，對人類那麼有用的東西不該丟失。糟糕的是，隨著時日的流逝，她還是一封接一封地收到他的信件，平均三四天就收到一封。她不願使自己難堪，也不願寫一封信解釋——她的矜持不允許她這樣做，可是她不知道除此之外還有什麼辦法把信還給他。

第一年守寡對她來說就足夠了。對丈夫的純潔回憶不再妨礙她的日常活動，不再妨礙她考慮隱私，也不再妨礙她有某些實實在在的想法，而是變成了一種指導和照料她的思想指南。有時，在她確實需要他的地方，她會看到他，不像是一個幽靈，而像是一個有血有肉的軀體。她相信他就在那裡，還活著，但沒有了男子的怪癖，沒有家長式的指手畫腳的苛求，也沒有總是要求她以他愛她的方式愛他：不分場合的親吻，日日夜夜的敘情。確信這一點，使她受到鼓舞。因為這樣她就比他活著的時候對他理解得更深，理解他渴望她的愛的心情，理解他迫不及待地要在她身上找到他社交生活支柱的願望。實際上，他的願望從來沒有實現過。一天，她大失所望，曾這樣對他喊道：「你沒有看到我是多麼不幸嗎？」他以他特有的動作摘下眼鏡，既不惱怒，也不恐慌，只是用那孩子般天真明亮的大眼睛注視著她，只用一句話就讓她知道了他那驚人的智慧的全部分量：「你要永遠記住，一對恩愛夫妻最重要的不是幸福，而是穩定的關係。」從守寡最初感到寂寞時開始，她理解了，那句話並不像她當時所想的那樣隱藏著卑劣的威脅，而是給他們兩人提供了充滿幸福的時刻的基礎。

在多次環球旅行中，費爾米納看中什麼就買什麼。她買東西常常出於一時衝動，可丈夫也樂得找出恰當的理由來滿足她。這些東西不論在羅馬、巴黎、倫敦的玻璃櫥窗裡，還是在那摩天大樓已開始日益增多，查爾斯頓舞曲震天響的紐約市的玻璃櫥窗裡，都是美麗有用的。因而，每次到家她都帶回五、六個大立櫃，立櫃上掛著耀眼的金屬鎖，四角包著銅皮，就像神話故事中的棺材一樣。她成了世界上最新奇蹟的主人，然而，這些東西平時鎖著並不值錢，只有被她社交範圍內的某人看中的一瞬間，才顯示出它們的珍貴。這些東西本來就是為炫耀而置，哪怕讓別人看到一次。她在自己開始衰老前很久，就意識到自己在公共場所裡的高傲和虛榮心，人們常常聽到她在家中這麼說：「這麼多破爛，真得好好處理一下，否則連住的地方都沒有了。」烏爾比諾大夫嘲笑她這種想法是徒勞無益的，因為他知道，如果騰出空來，很快又會被新添置的東西占據。但是她仍堅持，因為的確沒有立錐之地了，何況沒有任何一件東西是實用的，如掛著的襯衣、揉成一堆壓在廚房櫃子裡的歐式冬大衣，都是長期沒用過的。於是，有一天早晨起床時，她感到精神很好，就開始翻箱倒櫃，掏空了衣箱，最後拆除了閣樓，對那一堆堆過時的衣服來了一次大掃蕩，還有那些根本沒有機會戴的時髦的帽子，歐洲藝術家按女皇加冕時穿的式樣來設計的鞋子，也都一一作了處理。其實這種鞋子，在這兒是受到高貴小姐們鄙視的，因為它跟黑種女人在市場上買來的在家中穿的便鞋是一樣的。整個上午，家裡平台都處於緊急狀態，一陣陣刺鼻的樟腦球味簡直令人難以呼吸。最後她看到那麼多扔在地上的絲綢、織錦和金銀絲帶，以及黃狐狸尾巴，都要扔進火堆，也不免感到可惜。

「世上還有許多人沒飯吃，」她說，「把這些東西燒掉真是罪過啊！」

於是焚燒推遲了，而且是無限期的推遲了，東西只不過換了個地方，從特許的位置換到用老馬廐改成的剩餘物資倉庫。同時，騰出來的地方，正如烏爾比諾醫生所說，開始又滿滿地放上了新的東西。這些東西只要放在衣櫃裡一小會兒後便永遠放在裡面了，最後則被投入火堆。她說：「應該想出個辦法處理那些沒有一點用處但又棄之可惜的東西。」正是這樣，各種東西，以使她自己都懼怕的貪婪，搶占著家裡的空間，而人則被擠到角落中去，直到費爾米納將它們放到看不見的地方為止。她並不像自己認為的那樣有條有理，而是用一種特殊的絕招，將亂七八糟的東西堆在一起。烏爾比諾逝世那天，人們不得不騰出半間書房，把東西堆在宿舍裡，以便有個地方守靈。死神從這個家中經過，使問題得到了最後解決。燒掉丈夫的衣服，費爾米納發現自己並沒有什麼不安，而且她以同樣的勇氣繼續每隔一段時間就點起一堆大火，把一切都扔進去，不管新的還是舊的，也不考慮富人的妒忌和將要餓死的窮人的報復。最後，她讓人把芒果樹連根刨出，半點兒不幸的痕跡也不留下，並將活著的鸚鵡贈給新建的市博物館。只有那時，她才感到能舒暢地呼吸。她現在住在一個她一直夢想的家裡，寬敞、舒適，一切都符合自己的心意。

女兒奧費利亞陪了她三個月後回到新奧爾良去了。兒子帶著孩子們星期天來家裡吃午餐，其他時間有空才來。費爾米納親近的女友們，在她最憂傷的時刻過去後，開始來她家串門，在光禿禿的院子對面玩牌，烹調和品嘗新菜，讓她適應沒有他也照樣存在的貪婪世界的隱祕生活。來得最經常的女友之一是魯克雷希婭，這是一個守舊的貴族，費爾米納一直跟她很好。自烏爾比諾死後，她對費爾米納更加親近。被關節炎弄得身體僵硬和對自己放蕩生活感到懊喪的魯克雷希婭不僅是她當時最好的伴侶，而且還時常向她詢問有關本城正在醞釀的城建規劃的有關問題，這使她感到自己還是有用的，而不是憑藉丈夫的影子自己才受人敬重。然而，人們從來沒有像此時那樣把她與她丈夫緊緊聯繫在一起，因為他們不再像往常那樣稱呼她婚前的名字費爾米納·達薩，而開始叫她烏爾比諾的遺孀了。

她覺得不可思議。但是隨著丈夫逝世一周年的臨近，她覺得自己漸漸地進入一種舒服、清新、安靜的環境之中——無可非議的風景優美的地方。當時她還不十分清楚，後來幾年中也沒有很好地意識到，阿里薩寫在信中的見解，對她恢復精神的平靜幫了多大的忙。正是這些與她的經歷相符的見解，使得她理解了自己的一生，去平靜地迎接老年面臨的一切。紀念彌撒上的相遇是一次意外機會，阿里薩從此知道，由於他那些鼓勵性的信，她也準備忘卻過去。

兩天以後，她收到了他一封與過去大不相同的信，是手書的，寫在亞麻布紙上，信封背面寄信人的全名赫然可見。還是和最初幾封信一樣，是花體字。和從前一樣熱情奔放，但是，只寫了簡單的一段，為她在教堂跟他打招呼表示謝意，尤其那招呼是不同於別人的。讀過這封信，費爾米納連續幾天非常激動。下一個禮拜四，她便胸懷坦然地去問那個魯克雷希婭，是否由於偶然的機會認識內河輪船的老闆弗洛倫蒂諾·阿里薩。魯克雷希婭做了肯定的回答，說：「是個放蕩的魔鬼。」她還重複了通常的說法，說他人很好，從來不找女人。他有一個秘密住處，將夜間在碼頭上追到的男孩子帶到那兒去。費爾米納從記事起就聽到這樣的傳說，她不相信，也從不放在心上。可是，當聽到魯克雷希婭如此確信無疑地重複這種說法的時候，她就急切地要把事情說清楚了。有一個時期，人們傳說魯克雷希婭也是個興趣與眾不同的人。費爾米納告訴魯克雷希婭，她從小就認識阿里薩，並說，她記得，他的母親在彭塔納斯大街開一個小百貨店，在內戰期間還收購舊襯衣和床單拆了作為急救棉出售。最後，她滿有把握地下結論說：「這是個正經人，處世十分謹慎。」她如此衝動，以致魯克雷希婭收回了自己的說法：「歸根結柢，人家也這麼說我。」費爾米納沒有興趣去問自己，為什麼對一個僅僅是自己生活中的影子的男人，如此熱情地保護他。她繼續想念著他，尤其是當郵差來過而沒有把信帶來的時候。

已經整整兩個星期沒有消息了，有一天，一個女佣驚恐地輕輕把她在午睡中叫醒：

「夫人，」女佣說，「弗洛倫蒂諾先生來了。」

真的來了。費爾米納的第一個反映是惶恐。她想，這不行，讓他改日找個合適的時間來吧，她現在無法接待他，也沒什麼好談的。但是她馬上鎮定下來，吩咐女僕把他帶到客廳去，先送上咖啡，她收拾一下之後再去見他。阿里薩在下午三時烈火般的陽光下站在門口等著，努力控制著自己的感情。他已準備好費爾米納的婉言拒絕，這一信念倒也使他復歸平靜。可是傳出來的口信使他大為震驚，走進大廳涼爽的陰影之中時，他幾乎沒時間想一想正在經歷的奇蹟，腹部立刻充滿了疼痛難忍的氣泡。他摒住呼吸坐了下來，腦海裡又頑固地出現了第一封情書落上鳥糞的該死的回憶。他一動不動地坐在昏暗之中，第一陣寒顫過去後，他決心接受此時的任何不幸，只要鳥糞別再落到他身上就行。

人人知道，雖然他患有先天性的便秘，多年來肚子還是有三四次公開背叛了他，使他不得不屈服。只有在這些情況下，以及在其他萬分緊迫的時候，他才發現自己喜歡在開玩笑時說的一句話是真的：「我不信上帝，但我怕上帝。」他來不及懷疑：他想著隨便祈禱一句想得起來的話，但怎麼也找不出來。小時候，有個小孩曾教會他用石頭打鳥時嘴裡念叨的非常靈驗的幾句話：「打中，打中，要不打中，就砍你的腦殼，要你的命。」第一次帶著一個新彈弓上山時他試了試，鳥真的一下子被打中了。他模模糊糊地想，一件事應該與另一件事有些關係的，於是就以祈禱的熱情重複這幾句話，可沒有取得同樣的效果。腸子像一根螺旋軸似的絞動，迫使他從椅子上立起來，肚子的氣泡越來越多，越來越疼，最後發出了抱怨聲，弄得他出了一身冷汗。送咖啡的女僕被他那蒼白得像死人一樣的臉色嚇壞了。他吸了一口氣說道：「太熱了。」她打開窗子，以為這樣會合他的意，可下午太陽正巧射到他的臉上，他們不得不把窗戶又關上。他心中清楚，連一分鐘都忍不住啦。正在此時，費爾米納在陰影中突然出現了，看到他這樣，她也嚇了一跳。

「您可以把外衣脫掉。」她說。

肚子絞得疼痛難忍，但他更感到痛苦的是她會聽到他肚子裡的嘰哩咕嚕聲。他強忍住了，說了個「不」字，並且走過去問她何時再能見他。她站在那兒，迷惑不解地說：「您不已經在這兒了嗎？」她請他跟她到院子裡的花壇上去，那兒稍微涼快些。他以在她看來更似一種遺憾的嘆息般的聲調說：

「求求您，明天我來吧。」

她想起明天是星期四，是魯克雷希婭定期串門的日子，然後她做出了不容他申辯的決定：「後天下午五時。」阿里薩對她表示了感謝，舉著帽子作了一個匆忙道別的姿勢，未喝一口咖啡就走了。她呆立在大廳中央，不明白剛才發生了什麼事，汽車的響聲開始在大廳的盡頭消失。阿里薩坐在汽車後排的座位上，找了個可以減輕疼痛的姿勢，閉上雙眼，放鬆肌肉，痛痛快快地拉起肚子來。那正像重新起死回生一樣。司機為他開車多年，對此毫不驚訝，但是到了家門口，司機在為他打開車門時卻對他說：

「您得小心，弗洛倫蒂諾先生，這像是霍亂呀！」

然而，那是普普通通的事情。當星期五下午女僕領著阿里薩通過陰暗的大廳進入院內的花壇時，他感謝上帝的恩賜。他看見費爾米納坐在一張兩人小桌旁。她問他要什麼茶，巧克力還是咖啡。阿里薩要了杯又燙又濃的咖啡。她吩咐女僕說：「我跟平常一樣。」所謂跟平常一樣，就是喝混雜起來的各種東方濃飲料，那是專為午睡後提神用的。她喝完茶時，他也喝完了咖啡。他們談起了幾件事，又幾次把話題打斷，這並非因為他們真的對這些新的話題感興趣，而是因為他們想避開另外一些不管他還是她都不敢觸及的話題。兩人都有點害怕，他們都不知道在那個還瀰漫著公墓花香的宅院的棋盤格式的花壇上，在離開年輕時代已如此遙遠之後，對面臨的事情該怎麼辦。這是半個世紀後，兩人首次那麼面對面地坐在一起，長時間平靜地互相觀望著。他們都看出了其中奧妙：他們已成了兩位半截身子入土的老人，除了對一個短暫的過去的回憶外，沒有任何共同之處。過去已不屬於他們，而是屬於已經消失的兩個年輕人，這兩個年輕人有可能已經成了他們的孩子。她想，他最終會相信他的夢想是不可能實現的，這將會把他從他不合時宜的言行中解救出來。

為了避免不快的沉默或不願涉及的話題，她問了一些很容易回答的有關內河航行的事務。說來令人難以置信，他作為船主，只在多年以前乘船在內河航行過一次，而且那時他與公司尚無任何關係。她不知緣由，以為他會把事情一五一十全告訴她。她也不了解內河航運的情況。她丈夫對安第斯山地的空氣很反感，找出各種理由，說什麼高山對心臟有害呀，有得肺炎的危險呀，人們的狡詐呀，集權的不公正呀，等等。因此，他們跑遍了半個世界，但卻不了解自己的國家。目前，有一架容克式水上飛機，兩名駕駛員，載著六名旅客和郵袋，像鋁作的螞蚱一樣，在馬格達萊納河流域，從這個村鎮飛到另一個村鎮。阿里薩評論說：「就像個空中棺材。」她參加過首次氣球旅行，一點都未受驚，但她幾乎不敢相信，敢於冒那分險的居然是她。她說：「變得不一樣了。」她是想說，是她發生了變化，而不是旅行的方式發生了什麼變化。

飛機的響聲常常讓她吃驚。她曾在解放者逝世百年時看見飛機低飛進行複雜表演。其中一架，黑得跟一隻巨大的禿鷲似的，擦著拉·曼加地區的房頂飛過去，在鄰近一棵樹上碰下了一塊翼翅，掛到了電線上。這樣，費爾米納還是沒有感覺到飛機的存在。最近幾年，她連去領略曼薩尼略港灣美景的興趣都沒有。在那兒，警衛艇把越來越多的漁船和遊船趕走，讓水上飛機停泊。因而，她這麼老了，人家選她帶一束玫瑰花去迎接高高興興飛來的夏爾·林德貝格時，她不理解，一個如此魁梧和英俊、頭髮如此金黃的男子，在這麼個像皺白鐵皮的、由兩名機械師推著尾巴幫助起飛的器械裡，怎麼能升起來呢！這麼幾架小小的飛機竟能容得下八個人，她反來復去地琢磨，怎麼也想不明白。相反，她倒聽人說過，乘內河船旅行是件很愜意的事，因為它們不像海輪那麼晃動，可有另外一些更嚴重的危險，像遇到沙灘輪船擱淺和強盜搶劫之類。

阿里薩告訴她，那都是過去的傳奇故事。現在的輪船上，有舞廳、有像旅館房間一般寬敞豪華的寢艙，寢艙裡有衛生間和電風扇。最後一次內戰以後，武裝搶劫的事就再沒有發生過。他還躊躇滿志地對她說，這些進步，可以說全都歸功於他主張的航行自由，鼓勵競爭。因為競爭打破了從前的獨家經營，出現了三家航運公司。它們都很活躍，很繁榮，然而，航空事業的飛速發展構成了對整個內河航運事業的真正威脅。她試圖安慰他，說，輪船永遠會存在下去，因為飛機似乎是違背自然的，願意鑽進那玩意兒去的瘋子畢竟不多。最後，阿里薩談到了郵政的發展，不管是在運輸，還是在分發方面，他想引她談起他的信，但是沒有達到目的。

可是，不一會，機會來到了。他們談話已離題很遠。這時，女僕打斷了他們的談話，交給費爾米納一封剛剛由郵差送來的急信。這類快遞郵政開創不久，跟電報使用同一個分類系統。她像往常那樣，一時找不到看信的眼鏡，阿里薩很平靜。

「不必了吧，」他說，「信是我寫的。」

這話不假。那封信是他頭天寫的，當時他為第一次見面的失敗感到一種難以消除的羞愧，心情十分壓抑。在信中，他要求她原諒他沒有事先得到允許就去拜訪的莽撞行為，並且表示不再去了。未經周詳考慮他就把信扔進了郵筒。當他清醒過來時，要取回信件為時已晚。然而，他覺得沒有必要作那麼多解釋，只是請求費爾米納別看信了。

「當然，」她說。「信歸根到底是屬於發信人的。不是嗎？」

他邁出了堅定的一步。

「是的，」他說。「因而，當關係破裂時，首先退還的就是信。」

她沒有留神他的用意，將信還給他說：「有信不讀是件憾事。因為從前的信使我受益匪淺。」他深深地吸了一口氣，她說得那麼自然使他大為驚訝。他對她說：「您想像不到我現在是多麼幸福！」但是她又換了個話題，整個下午他沒能再提起那封信。

過了六點，家裡的燈都亮起來了，他告辭回家。他感到很有信心，但不敢存非分之想，因為他沒有忘記費爾米納二十歲時的多變的性格和無法預料的反抗，他沒有理由認為她已經改變了。因而，他壯起膽子，真誠而謙恭地問她，改日能否再來，得到的回答又出乎他的預料。

「什麼時候想來就來。」她說。「我幾乎總是一個人。」

四天以後，星期二，他沒有通知就到了費爾米納家裡。她沒等僕人送上茶來，就跟他談起了他那些信對她何等有用。他說，嚴格地說起來那不是信，而是他很想寫的一部書裡的一章章情節。她也那麼理解。因此，假設他不認為是一種輕蔑的話，她想把信還給他，以便把它們派更好的用場。她繼續講著那些信在她艱難的日子裡給予她的巨大力量。她說得那麼熱忱，那麼感激，也許還懷著深情，以致阿里薩敢於在邁出堅定的一步的基礎上，又往前躍進了一大步。

「我們從前是以『你』相稱的。」他說。

「從前」是個忌諱的詞兒。她覺得過去那個虛幻的天使又來到了身邊，她想避開他，但他更加單刀直入地說：「我是說在我們從前的信裡是這麼稱呼的。」她對此話感到不悅，不得不做出很大的努力使他不致察覺。但他察覺到了，他知道應該更加小心謹慎地試探著前進。雖然碰到的軟釘子告訴他，她仍如年輕時一樣難以接近，但她已學會用溫和的表情來掩飾她暴烈的性格。

「我的意思是，」他說，「過去的信是完全不同的另一碼事。」

「世上的一切都變了。」她說。

「可我沒變，」他說。「您呢？」

她的第二杯茶沒有喝，同過去一樣的毫不掩飾的眼神在責備他。

「我別無他求，」她說。「我都滿七十二歲了。」

阿里薩受到沉重一擊。他真想找一句話馬上駁斥她。但是他年齡過大，心有餘而力不足。他從未因為這樣短暫的交談而感到如此疲勞。他覺得心臟一陣陣地疼痛，而且每跳一下，動脈都發出金屬般的響聲。他感到老朽、悲傷和無用。他著急得想哭，以致無法說出話來。他們在充滿預兆的沉默中喝完了第二杯茶。當她又開始講話時，已經是要求女僕去拿信來了。他差點兒沒求她把那些信留下，因為他有複寫的一份，但回頭一想，留複寫件會讓人覺得不那麼高尚。他們已沒什麼好說的了。告辭前，他建議，下一個星期二同一個時間再見面。費爾米納心想是否應該答應他。

「我不知道老見面有什麼意思。」

「我也沒想過有什麼意思。」他說。

於是，星期二下午五時他又去了，以後所有星期二都是如此，而且照例不通知，因為到了第二個月末，每個星期的見面已變成兩個人的習慣了。去時，阿里薩總帶上喝茶的英國點心、糖漬栗子、希臘橄欖以及在遠洋輪上的美味鹹肉、鹹魚。有一個星期二，他給她帶去了她和伊爾德布蘭達的照片。那是半個世紀以前比利時攝影師拍的照片，他是在「代筆先生門洞」一家明信片拍賣攤上以一角五分錢買下的。費爾米納不明白照片怎樣會落到那裡去的。他也不能理解，只能說是一樁愛情的奇蹟吧。一天早上，阿里薩在剪花園裡的玫瑰時，禁不住想到下次去時要給費爾米納帶上一朵。由於給一個新寡女人送花，以花表意就成了難題。一朵紅玫瑰花象徵火熱的激情，有可能對她的守喪是一種觸犯。黃玫瑰花有時象徵好運氣，但通常情況下是表示妒嫉。有人跟他談到過土耳其黑玫瑰，也許那是最合適的，可是他院子裡沒有。他想來想去，最後決定冒險帶一朵白玫瑰，他本人不像喜歡其他玫瑰花那樣喜歡它，因為它平淡無奇，沒有什麼意思。最後一刻，為了避免費爾米納多心說玫瑰刺有什麼含意，他把刺全部掰掉了。

費爾米納覺得白玫瑰花不是別有用心的禮物，就高興地接受了。這從此豐富了他們星期二會面的內容。每當阿里薩手持白玫瑰花到來時，她已在茶几的中央準備好了盛上水的花瓶。有一個禮拜二，往花瓶裡插玫瑰花時，他像是出於偶然地問道：

「在我們年輕時不是送玫瑰，而是送山茶花。」

「是的，」她說，「可用意不一樣，這您知道。」

事情總是這樣：他想前進，而她則封死道路。但這一次雖然她回答得恰如其分，阿里薩發現，他已擊中目標，因為她不得不背過臉去，以便不讓他看到她臉上的紅暈，那是一片火辣辣的紅暈，富有生命力的青年時代的紅暈。他牽動了她的心，使她對自己不悅起來。阿里薩十分小心地把話題轉向不那麼有刺激性的問題，但他如此有禮貌，如此謙恭，使她知道自己已被識破，這更增加了她的憤怒。這個星期二，他們過得很不愉快。她幾乎要求他別再來了，可一轉念，到了他們這般年紀，還像未婚夫妻似的吵架未免荒唐可笑。因而，她自己也忍不住笑了。下一個星期二，當阿里薩往花瓶裡插玫瑰花時，她捫心自問，高興地發現上星期的事情沒給她留下那怕是微小的怨恚。

見面很快擴大到一種使人不舒服的地步，費爾米納的兒女也參加進來了。她的兒子烏爾比諾・達薩大夫和妻子常常突然出現，而且留下來打牌。阿里薩本來不會玩牌，但是費爾米納只用一個星期二就教會了他，於是兩個人給烏爾比諾・達薩夫婦寫了挑戰式的邀請書，讓他們下個星期二來玩牌。大家都感到玩得很愉快，很快就變得每次見面都在一塊打牌，而且約定好了玩牌時每個人要出的東西。烏爾比諾・達薩及其妻子——她是一位傑出的點心師，每次都帶來與上次不同的奇特的大蛋糕。阿里薩還是帶在歐洲船隻上弄到的新鮮食品。費爾米納也絞盡腦汁，每個星期都拿出點兒出人意料的新玩意兒。

每個月的第三個星期二進行一次打牌比賽，不賭錢，但是輸者在下一次打牌時要做出點特別貢獻。

大家對烏爾比諾·達薩大夫的印象是：舉止拘謹，不管是高興還是生氣，都像是突然受驚，不適時的臉紅使人擔心他的腦子是否健全。但是毫無疑問，並且一眼就能看得清清楚楚，阿里薩最關心的別人的議論是對的：他是一個正派人。他的妻子卻相反，活躍，有一種平民百姓的機智，一切都做得適時而恰到好處，這使她的高雅更富有人情味。不能找到比這更好的玩牌對手了。跟他們在一起彷彿跟家人在一起一樣，阿里薩對愛的無止境的需要得到了滿足。

一個晚上，他們一塊兒走出家門時，烏爾比諾·達薩大夫請他與他共進午餐：「明天中午十二點半整，在社會俱樂部。」社會俱樂部像美味的佳肴，但卻配著有毒的酒。就是說，它是令人嚮往的地方，可它憑著種種理由可以決定一個人能否進去：私生子不能進入即是最重要的規定之一。叔父萊昂十二在這方面有過十分令人惱火的經歷，阿里薩本人也曾受過侮辱。有一次，他應俱樂部一位創始股東的邀請去吃飯，坐下後又被趕了出來。阿里薩在這位股東的內河航行生意中曾幫過大忙，這位股東也不得不帶他到另一個地方去吃飯。

「我們制定規章的人更該履行這些規章。」他對他說。

雖然如此，阿里薩還是決定跟烏爾比諾·達薩大夫去冒冒險。不料竟受到了特殊的對待，儘管沒要求他在貴賓留言簿上簽名，也十分光彩。就只有他們二人共進午餐，而且時間很短，規格也較低。阿里薩從頭天下午起就對這次會面憂心忡忡，如今隨著一杯開胃的歐波爾圖葡萄酒下肚，一切都消失了。烏爾比諾·達薩大夫想跟他談談他的母親。他滔滔不絕地講了一陣之後，阿里薩發現，她跟兒子講到過他。更讓人吃驚的是：費爾米納為了他，還跟兒子撒了謊。她對兒子說他們從小就是朋友，自打她從大沼澤地聖·胡安市來了以後就一塊兒玩耍，是他最早教給她讀書識字，因而她多年來對他懷有感激之情。她還告訴兒子，每當她從學校出來，常常跟他的母親特蘭西托一待好幾個小時，在百貨店裡幹刺繡活兒，特蘭西托是位著名的綉花能手。她此後沒有繼續跟阿里薩交往，並非出於她的意願，而是由於他們走上了不同的生活道路。

烏爾比諾·達薩大夫在未深談自己的意圖以前，先就老年問題信口開河地說了一通。他認為，要是沒有老人的妨礙，這世界會發展得更快。他說：「人類如同野戰軍一樣，以走得最慢的人的速度前進。」他預言會有一個更人道，因而也就更文明的未來社會，到那時，人都被隔離在邊遠城市，不能依靠自己來避免老年的羞愧、痛苦和可怖的孤獨，而要依靠社會。依照醫生的觀點，他認為到達這個社會至多需要六十年。但是，在這個美好社會到來之前，唯一的出路是建立養老院，在那裡，老年人可以互相安慰，按照自己的興趣、好惡、怪癖及痛苦結合在一起，避開與後幾代人的自然的不和。他說：「老人在老人中間會顯得年輕些。」那就是說，烏爾比諾·達薩大夫感謝阿里薩在他母親守寡的孤獨中所給予她的良好幫助，並懇求阿里薩，為了他們兩位老人的利益，也為了大家生活得安逸，繼續這樣做下去，還請他耐心對待老母親的怪脾氣。這次會見的結果使阿里薩感到輕鬆異常。「請您放心，」他說。「我比她大四歲，不只現在，而是從很久以前，在您出世之前許久就是如此。」然後，他只想痛快地說出來，便以譏諷的口吻提示他。

「在未來的社會中，」他最後說，「大概您這會兒必須去公墓了，您還得為她和我的午餐送去一束鮮花。」

那時，烏爾比諾・達薩大夫才注意到他的預言是不恰當的。於是他趕快作解釋，結果越解釋越說不清楚。但阿里薩幫助他解脫出來了。他滿面春風，因為他表示，跟烏爾比諾・達薩遲早還要有一次與這次相同的會面。那是為了履行一項不能避免的社會手續：正式向他的母親求愛。午餐很鼓舞人心，不僅由於原因本身，還因為午餐向他表明那不容更改的請求將會多麼容易地被樂意接受。要是得到了費爾米納的允許，真是沒有比此刻更合適的機會了。還有，在那次具有歷史意義的午餐談話之後，墨守成規的要求已顯得多餘了。

阿里薩即使在年輕的時候，上下樓梯都特別小心，因為他一向以為，老年是從第一次不太要緊的跌跤開始的，而死亡則隨著第二次跌跤而來。他覺得他辦公室的樓梯比所有樓梯更危險，因為它又陡又窄。很久以來，爬那道樓梯他都要使出好大勁兒，不僅要看清楚每道台階，雙手還要扶著欄杆，以免失足墜地。人們曾多次建議他換一個不太危險的樓梯，但每次他都推說到下個月再做決定，在他看來，換樓梯好像是向老年投降。隨著歲月的流逝，他上樓梯需要很長時間，這並非像他匆忙解釋的那樣是因為越來越費勁，而是因為他越來越小心。然而，那天下午跟烏爾比諾・達薩大夫一起吃飯，喝了杯開胃的歐波爾圖葡萄酒，吃飯時又喝了半杯紅葡萄酒，尤其是談話是如此令人鼓舞，回來後他真是高興極了，竟然試圖以年輕人的舞步一步躍上第三道台階，結果扭傷了左腳，仰面摔倒，沒摔死可真是奇蹟！在摔倒的那一瞬間，他頭腦仍十分清醒，他想他不會是跌一跤就死的男人，因為在生活的邏輯中，兩個在那麼多年中如此熱烈地愛著同一個女人的男人，不可能先後僅差一年以同樣的方式死去。他想得有道理。他的腳部和小腿打上了石膏，被迫臥床。但是他比摔跤以前還精神。當醫生叫他六十天不能動彈時，他真不相信會如此的不幸。「別對我這樣，大夫，」他懇求道。「我的兩個月就像您的十年一樣呀！」好幾次他試圖雙手抱著那條塑像般的腿立起來，每次都向現實屈服了。但是，當他終於又用那隻仍感疼痛的腳重新開始走路、脊背還露著鮮肉時，他有充分的理由相信，命運以一次意外的跌跤獎勵了他的堅貞和恆心。

最惱火的日子是第一個星期一。疼痛已減輕了，大夫的預言也很鼓舞人，第二天下午，四個月中第一次因不能去看費爾米納而耿耿於懷。然而，在無可奈何地睡過午覺之後，他還是向現實屈服了，於是便給她寫了封請求原諒的信。這是一封手寫的信，寫在香紙上，用的是發光墨水，以便她在暗處也能看得清楚。在信中他厚著臉皮，添油加醋，以戲劇的方式誇大事實，企圖激起她的同情心。她兩天後給他回了信，寫得很有感情，十分親切，但一字不多一字不少，有如烈戀中一般。他立即抓住機會又給她寫了一封信。當她第二次給他回信時，他決定要永遠超越每星期吞吞吐吐交談的極限，並且借口要掌握公司每天的工作進程，在床前裝了部電話。他請總機接線員接通那個從他第一次打電話後就牢記在心頭的三位數字的號碼。由於距離遙遠，那銀鈴般的聲音顯得有些低沉，神秘而且緊張，但他聽出來了，那是他的情人的聲音，只是三兩句通常的問候之後就跟他「再見」了。阿里薩為她的冷漠感到傷心：他們又如開頭時一樣了。

然而，兩天後，收到了費爾米納的一封信，信中懇求他別再給她打電話了。她的理由是足以成立的。此城電話屈指可數，都是通過一位接線員接通，這接線員熟悉所有用戶，他們的生活以及他們的奇聞軼事，而且不管用戶在家與否，在哪兒她都找得到。工作效率太高也有不好的一面，她掌握用戶的全部談話，了解他們私生活的秘密，掩飾得最好的戲劇性談話也瞞不過她的耳朵，她有時甚至介入用戶的對話，發表自己的觀點，或安撫他們的情緒，都不是什麼稀罕事。另一方面，那一年中創辦了一分晚報叫《正義報》，唯一的宗旨是抨擊那些名門望族，而且指名道姓，毫無顧忌。那是報紙主人的報復，因為他的兒子們未被獲准加入社會俱樂部。雖然自己的生活光明磊落，但費爾米納比任何時候都更加注意自己的一言一行，即使對最親密的朋友也是如此。因而她仍通過信件這一不合時代潮流的方式與阿里薩保持聯繫，他們的信件來往是如此頻繁和緊張，以致阿里薩忘記了自己的腳和床鋪對自己的懲罰，忘記了一切，專心一意地伏在醫院裡專供病人吃飯用的那種輕便小桌上寫信。

他們之間又以「你」相稱了，又重新像在從前的信中那樣交換對他們生活的看法。但是阿里薩又一次試圖超速前進，他用大頭針尖在山茶花瓣上刺出她的名字，放在一封信裡寄給了她。兩天後信被退了回來，沒有半個字的評論。費爾米納不能不這樣做，她認為那都是小孩子們的事。尤其阿里薩還堅持要回憶他們在福音小公園中朗誦傷感詩句的那些黃昏、上學路上藏信，以及在扁桃樹下刺繡諸如此類的事情的時候，她就更感到那是孩子們做的事了。她懷著內心的痛苦，將他放到應有的地位，向他提出了一個在人所共知的評論中像是偶然的問題：「你為什麼堅持要談不存在的事情呢？」後來她又責怪他那無視自然規律、徒勞無益地不服老的頑固性。據她看，這就是他魯莽行事和過去經常遭到失敗和不幸的原因，她不理解一個如此善於思考的男子，他的思考曾在她孤苦伶仃的守寡生活中給了她莫大的支持，可當他把這些思考應用於自己的生活中時，卻像一個孩子似地幼稚得作繭自縛起來。於是兩個人倒了個個兒。是她努力給他以新的勇氣使他看到未來。她用了一句他在匆忙和茫然中難以理解的話：讓時光流逝，當會看到時光給我們帶來的東西。但是，他從不會像她那樣是個好學生。被迫臥床不動，越來越明顯地感到光陰在飛速消失，想同她見面的狂熱的願望，這一切都向他表明，他害怕跌跤的心情比他所預料的更合乎情理，更悲慘不幸。他第一次開始理智地想到死的現實。

卡西亞妮每兩天來幫他洗一次澡，換換睡衣。她給他灌腸，給他拿尿壺，給他在脊背的潰爛處敷山金車花藥，還遵照醫囑給他按摩以免不活動給他帶來別的更嚴重的疾病。星期六和星期天，阿美利卡·維庫尼亞來替換她，那年十二月她將獲得教師稱號，阿里薩答應由內河航運公司出錢讓她到阿拉巴烏去上高等學校。這部分是為了使自己的良心得到安慰，尤其是為了不遭到她的責怪，也為了免去應該向她作出的解釋。他永遠想像不到她在寄宿學校的失眠之夜，在沒有他的周末，在沒有他的生活中所經受的痛苦。因為他從來想不到她多麼愛他！他從學校的一封正式來信中得知，她以名列前茅跌到了最後一名，而且期末考試幾乎不及格。但是，他逃避了校外監護人的責任：為了逃避由於自己的過錯而受到譴責，他未向阿美利卡·維庫尼亞的父母報告任何情況，也沒有跟姑娘本人提及這件事，他清楚地知道，如果他埋怨她的話，她會爭辨說她的失敗也有他一分責任。於是，他乾脆一切聽其自然。他沒有意識到，他已開始把種種事情推遲，盼望著死亡來解決他的一切問題。

不僅這兩位前來照料他的女人，而且連阿里薩本人也對他的巨大變化感到吃驚。十年以前，他在家裡的樓梯後面採取突然的方式襲擊了一個女佣，當時她穿著衣服站立在那兒，他以比菲律賓公雞還靈敏的動作，以迅雷不及掩耳之勢，使她達到了心搖神蕩的境界。他不得不送她一幢帶家具的房子，才使她發誓不露真情，而說使她失節者是一個連吻都未吻過她的平平常常的未婚夫。她的父親和叔叔都是砍甘蔗的能手，強迫她與這個未婚夫結了婚。實在令人難以置信，對這同一個人，幾個月前還使他愛得發顫的兩個女人，這會兒把他翻來覆去，給他上上下下抹肥皂，又用埃及棉毛巾把他擦乾，給他全身按摩，他卻沒有任何動情的反應，也沒舒暢的呼吸。對於他的這種無能，兩個女人各有各的解釋。卡西亞妮認為這是死亡的前奏。阿美利卡·維庫尼亞則歸結為一種她難以捕捉到跡象的內因。只有他知道真情，而且這真情有其特有的名稱。無論如何，這是不公正的，她們無微不至地侍奉他卻忍受痛苦，而他得到如此細心的照料卻對一切無動於衷。

僅僅三個星期二阿里薩沒有來訪，費爾米納便發覺自己需要他了。她與經常來信的朋友們相處甚佳，隨著時間的推移，她早已忘卻了丈夫的習慣，她們在一起過得更愉快了。魯克雷希婭因耳疾去巴拿馬治療，一個月後回來時疼痛減輕了許多，可在耳朵上放了個小助聽器，反而使她聽力不如以前了。費爾米納是對她所答非所問、說話亂打岔最有耐心的朋友，使魯克雷希婭十分高興，每天說不定哪會兒就到費爾米納家中來了。但是，費爾米納盼望同阿里薩一起度過的那些平靜的下午，是任何人不能代替的。

正如阿里薩堅持認為的那樣，對過去的記憶拯救不了未來。相反，它更加使費爾米納堅信，二十歲時那種年輕人的狂熱行為是十分高尚而美好的，但不是愛情。儘管她生性坦率，她還是無意向他表明這一點，無論是通過信件還是當面。她也沒有勇氣告訴他，在了解了他寫在紙上的對老年的種種思考，並從其中得到莫大安慰後，她認為他信中的纏綿悱惻是多麼虛偽，他那抒情詩般的謊言是如何地貶低了他，他那固執地要把過去失去的東西收回來的想法對於他的事業是多麼的有害。不，他昔日的信中沒有一行字，他自己令人厭惡的年輕時代中沒有一刻鐘曾使她感到一個星期二的下午由於沒有他在身旁而顯得如此漫長，如此孤獨，如此難以忍受。

有一次，她一時心血來潮，把丈夫在某一個結婚周年紀念日送給她的落地式電唱收音兩用機搬到了馬廄裡去。這台兩用機他們曾打算送給博物館，因為是本城的第一架。在服喪期間，她曾決心不再用它，因為像她這種門第的寡婦，出於對死者的尊重，是不能聽任何音樂的，即使私下也不行。但是，過了第三個無聊的星期二之後，她又讓人將兩用機搬回了大廳，她不願像從前那樣欣賞里奧班巴廣播電台的情意纏綿的歌曲，而是為了以古巴聖地亞哥催人淚下的小說來消磨她無事可幹的空閑時間。她這樣做是對的，自從女兒出生以後，她就開始丟掉丈夫從新婚旅行時就努力在她身上培養的讀書習慣，而隨著眼力的逐漸衰退，這一習慣她也完全丟棄了。她甚至到了這樣的地步，好幾個月都不知眼鏡放在何處。

她對古巴聖地亞哥廣播小說喜歡得著了迷，天天焦急地等待這一聯播節目。有時她也聽聽新聞，了解一下天下大事。偶爾她一個人在家時，她便將音量放到最低，遙遠而清晰地聽聽聖多明各的梅倫蓋舞曲或波多黎各的普列納舞曲。一天晚上，她突然聽到了一個陌生電台的聲音，聲音又大又清楚，就跟在鄰居家裡似的。這家電台廣播了一條令人心碎的消息：兩個從四十年前開始就在同一個地方重溫他們的蜜月的老人，被帶他們去遊玩的船夫用槳打死了，為的是搶走他們身上所帶的十四個美元。當魯克雷希婭給她講述了發表在當地報上的事情的全部過程時，她的感觸就更為深刻了。警察發現兩個老人是被活活打死的，女的七十八歲，男的八十四歲，他們是一對情人，四十年來，一直偷偷地在一塊度假，但是，他們都有自己的配偶，夫妻關係穩定而幸福，且有眾多的子女。

在聽廣播小說時，費爾米納從來沒哭過，此時她卻不得不強忍住淚水。在接著而來的信中，阿里薩將這條消息的剪報寄給了她，但沒做任何評論。

這不是費爾米納的最後淚水。未等阿里薩六十天傷癒出門，《正義報》就用整個第一版的篇幅登出了所謂烏爾比諾醫生與魯克雷希婭私通的事，並且登了他們的照片。費爾米納推測著他們私通的細節、次數、方式以及丈夫與他們蔗糖廠的黑人幹這種見不得人的勾當時的細節。用血紅的大字體登出來的這篇報導，像一聲災難性轟雷，震動了本地散居的貴族階層。報導中沒有一行字是真實的：烏爾比諾醫生與魯克雷希婭結婚前就是十分要好的朋友，結婚後仍是如此，但從來不是情人。不管怎麼說，發表這篇文章不像是為了玷汙烏爾比諾醫生的名聲，因為想起他，人人都會肅然起敬，而是為了損害魯克雷希婭的丈夫，上個星期他被選為社會俱樂部主任。醜聞不幾個小時就被壓下去了。魯克雷希婭再也未去拜訪費爾米納。費爾米納認為這等於默認了這一過錯。

然而事情很快就清楚了，費爾米納也未能免遭她那個階級對她的攻擊。《正義報》對她的薄弱之點肆意進行了攻擊，這就是她父親的生意。當父親被迫出走時，她僅了解他的可疑生意的一段插曲，那是普拉西迪婭告訴她的。後來，當烏爾比諾醫生會見省長證實了那件事時，她才相信父親幹了見不得人的事。事情是這樣的，兩名政府的警察帶著搜查令，到了她在福音公園的家，從上到下嚴格搜了一遍，然而沒找到他們要找的東西。最後他們命令打開費爾米納原來住的房間裡的那個帶鏡子的衣櫃。當時只有普拉西迪婭一人在家，又無法告知任何人，她便以沒有鑰匙為由拒絕打開。那時，一個警察用左輪手槍柄砸碎了門上的玻璃，發現鏡子與木板之間塞滿了一百美元一張的假鈔票。這是一連串跟踪行動的終點，證明了洛倫索·達薩是一筆巨大的國際交易的最後一個環節。這是一次巧妙的詐騙行為，紙幣上還帶有原鈔票的水印：將原值一美元的紙幣經過魔術般的化學處理抹去舊版面，印成了一百美元面值的紙幣。洛倫索·達薩辯解說，衣櫃是女兒結婚後很久才買來的，買來時紙幣就應該已藏在裡邊。但是，警察證實那衣櫃從費爾米納上中學時就在那兒。除了他之外，不可能有任何人把那些假錢藏入鏡子裡。這就是烏爾比諾醫生與省長說定將岳丈送回故土以掩蓋醜行後告訴妻子的唯一情況。但報紙上講的比這要多得多。

報紙說，上一世紀如此頻繁的內戰中的一次，洛倫索·達薩曾經是自由黨人總統阿吉列奧·帕拉政府與一個名叫約瑟夫·克·科澤尼奧夫斯基的波蘭人之間的牽線人。後者乘掛法國國旗的聖安東尼號商船在此逗留數月，試圖做成一筆不明不白的武器生意。這位後來以約瑟夫·康拉德①的名字聞名於世的科澤尼奧夫斯基不知怎麼與洛倫索·達薩接上了頭。洛倫索·達薩用政府的錢買下了這批武器，他持有政府的委任狀和正式收據，而且是用純金支付的。根據報紙的說法，洛倫索·達薩硬說那批武器在一次偷襲中丟失了，其實那次偷襲根本是不可能的，實際上他是以雙倍的價錢把武器賣給了保守黨人，供他們跟政府作戰。

《正義報》還說，洛倫索·達薩以很低的價錢買下了英國軍隊多餘的一批皮靴，那時正值拉斐爾·雷耶斯將軍建立了海軍。單單此一項交易他在六個月中就把財富增加了一倍。報紙說，當貨物到達港口時，洛倫索·達薩拒收，因為運來的全是右腳的靴子。當海關按現行法律將這批貨物拍賣時，又是只有他一個人去購買，所以只以一百比索的象徵性價格成交。與此同時，他的一個同伙以相同的條件買下了另一批左腳穿的靴子，那是在里約阿查到港的。兩批靴子配在一起後，洛倫索·達薩便利用與烏爾比諾·德·拉卡列家族的親戚關係，以百分之兩千的利潤賣給了新建的海軍。

《正義報》的報導最後說，洛倫索·達薩上世紀末離開大沼澤地聖·胡安市並非像他喜歡說的那樣，是為了給女兒的未來尋找更好的環境，而是由於被發現在他興隆的菸草生意中摻假，他在進口菸中摻進剁碎的紙屑，幹得如此巧妙，連最精明的吸菸者都未曾察覺受騙。報紙還披露了他與一家地下國際企業的聯繫。這家企業在上世紀末最後賺錢的業務就是從巴拿馬非法引進中國移民。相反，那項如此損他名譽的、人們議論紛紛的販賣騾子的生意，倒像是他所作過的唯一誠實的生意。

當阿里薩傷勢未癒，生平第一次用手杖代替雨傘出門時，他首先去看的就是費爾米納。他幾乎認不出她來了，年齡使她的皮膚皺皺巴巴，悲憤的心情使她痛不欲生。烏爾比諾·達薩大夫在阿里薩養傷期間曾兩次去看望他，告訴了他《正義報》的兩篇文章使他母親多麼的痛苦和沮喪。看了第一篇文章，她對丈夫的不忠和女友的背叛憤懣已極。幾乎失去了理智，以致放棄了每月在星期天去家墓祭奠的習慣，因為他在棺材裡聽不到她的高聲辱罵，她感到肺都氣炸了，她要和死人進行決鬥。至於魯克雷希婭，她讓願意帶口信的人告訴她，在那麼多睡過她的床的人中間，起碼有一個男子漢，她應該為此心滿意足了。有關洛倫索·達薩的文章，不知道哪方面對她影響更大，是文章本身，還是發現她父親的真正身分為時過晚。但是，不管是兩者之一，或者兩者兼備，反正足以使她垂頭喪氣了。那為她的容顏大增光彩的灰白色頭髮，此時變得像黃玉米纓子，那雙美麗的母豹眼睛，即使在她暴怒時也不再像昔日那般晶瑩發亮。一舉一動都表現出不想活下去的決心：本來，吸菸的習慣她早就放棄了，不管是把自己關在衛生間裡或採取其他什麼方式，可現在她居然第一次在公共場所吸起菸來，而且吸得很凶，開始是吸她自己捲的菸，這是她一直喜歡抽的菸，後來就吸市上最普通常見的菸，因為她已沒有時間和耐心去捲了。一個男人，假若不是阿里薩，肯定會問自己，像他這樣一位如驢一般生著褥瘡的跛腿老人，像費爾米納這樣一位除了死亡之外不再渴望別的幸福的女人，未來能給予他們什麼呢？可阿里薩不這麼想，他從瓦礫中奪回一線希望之光，他認為費爾米納的災難使她顯得氣度不凡，暴怒使她更為美麗動人，對人世的怨恨必將使她恢復二十歲時的倔強性格。

她感激阿里薩又增加了一個新的理由，那兩篇汙蔑性的文章發表後，阿里薩給《正義報》去了一封抗議信，提出報紙應對發表的文章負道德責任，對別人的名譽應該尊重。此信未能在該報發表，但他將信抄了一分寄給加勒比海岸歷史最久、態度最嚴肅的報紙《商報》。這家報紙在頭版以顯著位置把它登了出來。信上的筆名是朱庇特，信中的道理說得那麼透徹，那麼尖銳，寫得那麼感人，以致被讀者認為是出自省內最有名的作家之手。那是大洋中一個孤獨的聲音，但傳得很遠，聽起來很深沉。費爾米納無須打聽就知道作者是誰，她看出了阿里薩的一些觀點，甚至看出他有關道德見解的原話。因此，儘管她心灰意懶，她還是懷著一種重新復甦的親切感接待了他。就在這段時間，一個星期六下午，阿美利卡·維庫尼亞單獨一人在彭塔納斯大街的寢室中，無意中在一個沒上鎖的櫃子裡發現了阿里薩打字信的副本及費爾米納手寫的信。

阿里薩的重新登門，大大振奮費爾米納的精神，烏爾比諾·達薩醫生甚感高興。他的妹妹奧費利亞卻相反，當她得知費爾米納與一個品德不好的男人保持一種奇怪的友誼，立刻乘新奧爾良第一艘運輸水果的輪船返回來。回家的第一週她就看出了阿里薩在這個家裡的作用，並且發現他跟母親喊喊喳喳一直到深夜，有時還像兩個情人似的發生短暫的爭執。對這一切，她真是怕極了。在烏爾比諾·達薩大夫看來，兩位孤獨老人情投意合是件好事，她卻認為那是一種秘密同居的放蕩行為。奧費利亞總是這樣，她更像祖母布蘭卡夫人，彷彿是布蘭卡夫人的女兒，而不是她的孫女。她跟她一樣出類拔萃，跟她一樣自負，跟她一樣為偏見所左右。在她看來，一個男人和一個女人之間存在白璧無瑕的友誼是不可思議的，即使年僅五歲的女孩都不可能，更不用說八十歲的女人了。有一次她和哥哥激烈爭論時說，阿里薩就差沒有最後到她母親的寡婦床上去安慰她了。烏爾比諾·達薩大夫沒有勇氣與她對待，在她面前，他從沒有過這種勇氣，但是他的妻子插了進來，以平靜的語調解釋說，任何年齡的愛情都是合情合理的。奧費利亞聽了這話之後氣得暴跳如雷。

「我們這種年紀談愛情已屬可笑，」她衝著她喊道：「到他們這種年紀還談愛情，簡直是卑鄙。」

她吵吵嚷嚷，十分激動，堅持要把阿里薩從家中趕出去。她的話終於傳到了費爾米納的耳朵裡。像平常一樣，費爾米納不願佣人們聽到她們的談話，她把女兒叫到寢室去，讓她把那指責性的話重說一遍。奧費利亞的話依然是那麼嚴厲，她說，她敢肯定，阿里薩是個浪子，這已是人所共知，他到這個家來是懷有什麼不可告人的目的，這對家庭名聲的損害要比洛倫索·達薩的種種卑劣行為和烏爾比諾的天真冒險更為嚴重。費爾米納一聲不吭，甚至連眼皮都不眨一眨地聽她講述。但是，待她講完時，她可就完全變成了另一個人。

「我難過的是沒有力氣抽你一頓鞭子，你如此大膽放肆，心術不正，實在該這樣收拾你。」她說：「但是，你必須現在馬上就從這個家裡滾出去。我在面對我母親的屍骨發誓，只要我還活著，你就別再踏進這個家門。」

沒有什麼力量能說服她。這樣，奧費利亞就只好搬到她哥哥家中去住，從那兒她通過有身分的人向母親帶信，百般央求，希望得到她的原諒。然而，一切都是枉然。就連兒子的調停和好友的介入都未能使她心軟。最後，她對一向與之保持某種庸俗同謀關係的兒媳婦吐露出真情：「當年就因為我同這個可憐的男人的關係，人們糟踐了我的生活，破壞了我的幸福，因為我們太年輕了，而現在，人們又想把這幕劇重演，因為我們太老了。」想到自己青春年華已被葬送，她真是感慨不已。她用一支菸蒂點著了另一支菸，終於將折磨她五臟六腑的毒汁清除乾淨了。

「去它的吧！」她說。「如果說我們這些寡婦有什麼優越性的話，那就是再也沒有人對我們發號施令了。」

沒有什麼辦法。當奧費利亞最後確信她的一切請求都無濟於事的時候，就回到新奧爾良去了。她從母親那兒唯一得到的是跟她道別，在她多次懇求後，費爾米納答應了這件事，但不允許她進家。那是她向死去的母親發了誓的，對她來說，在那些天昏地暗的日子裡，母親的屍骨是唯一乾淨的東西。

在最初幾次造訪中，他們常常談到船隻，有一次，阿里薩向費爾米納發出正式邀請，請她乘船沿河作一次休息性旅行。再乘一天火車，即可到達共和國首都。他們像同時代的大部分加勒比人一樣，把首都仍稱作聖菲，其實這個名字只是上個世紀才用的。費爾米納還保留著丈夫的壞毛病，不想去遊覽那座冰冷陰鬱的城市。有人告訴她，在那座城市裡，女人們除去聽五點鐘的彌撒外，都足不出戶，即使在公共事務場所也不能進冷飲店。而且，街上時時刻刻都擠滿送葬隊伍，從馱騾釘鐵掌的年代起地面上就留下了一個個的小坑，簡直比巴黎還糟糕。相反，河流卻強烈地吸引著她，她想看看在沙灘上晒太陽的鱷魚，想在夜間被海牛的女人般的哭聲驚醒。但是，一想到自己上了年紀，又是個孤身一人的寡婦，去做如此艱難的旅行總有點不大現實。

後來，當她決心沒有丈夫也要活下去時，阿里薩又重申了他的邀請，那時，她覺得可能性大了些。後來，由於報上文章的事，她痛罵她的父親，怨恨她的丈夫，多年來她把魯克雷希婭一直當成自己最好的朋友，此時發現了她的虛偽的阿諛奉承，自然更是怒火衝天。這一切本已弄得她十分痛苦，不想又跟女兒發生了爭吵，結果，她自己都覺得在這個家裡成了多餘的人了。一個下午，她一面喝著那各種茶葉泡的飲料，一面看了一眼院子裡的泥塘，在那兒，她的不幸之樹再也不會重新發芽了。

「我想離開這個家，一直往前走，往前走，往前走，永遠不再回來。」她說。

「你乘船去吧。」阿里薩說。

費爾米納沉思地瞅了他一眼。

「好的，你看著辦吧，這是完全可能做到的。」她說。

在說出這句話之前，她從未認真考慮過這次旅行，如今話已出口，她就當真事對待了。兒子和兒媳聽了高興得什麼似的，表示理解母親的心情。阿里薩忙不迭地說明，費爾米納在他的船上將做為貴賓接待，給她專門佈置一間寢艙，讓她過得跟家裡一樣舒適，服務將是無可挑剔的，船長親自負責她的安全及生活。為了振奮她的精神，他給她送去了路線圖、絢麗的黃昏景色的明信片和讚頌馬格達萊納河昔日天堂的詩篇。那些詩是有才華的旅客寫的，也許正是由於這些傑出的詩篇，馬格達萊納河畔才真的成了天堂。她心緒好的時候就翻一翻這些東西。

「你用不著像哄小孩那樣哄我，」她說。「我去旅行是因為我自己決定要去，並不是對風景有興趣。」

當兒子建議讓他妻子陪伴她時，她斷然拒絕了：「我不是小孩子，用不著別人照顧。」她自己收拾行裝。一想到八天上行、五天下行的旅途，她感到是一次很好的休息，除了不可少的東西之外，別的什麼都不帶。只帶了五、六件棉布衣服、梳洗用品，一雙上下船穿的鞋和路上穿的拖鞋，僅此而已。這樣的旅行，也是她一生中的幻夢。

一八二四年一月，內河航運創造人，海軍准將胡安·貝爾納爾多·埃爾伯爾斯註冊了第一艘航行在馬格達萊納河上的蒸汽輪船，那是艘四十馬力的原始玩意兒，取名「忠誠號」。一個多世紀之後，一個七月七日的下午六點鐘，烏爾比諾·達薩醫生及妻子陪費爾米納登上了那艘將帶她做首次沿河旅行的輪船。這是當地船廠所造的第一艘船，阿里薩為紀念其光榮的前輩，將它命名為「新忠誠號」。費爾米納永遠不能相信，那個對他們來說如此意味深長的名字純屬歷史的偶然，而並非阿里薩長期浪漫主義的又一傑作。

不管怎麼說，與其他一切老式和新式的內河航船不同，「新忠誠號」緊靠船長艙有一個寬敞而舒適的輔助艙。艙裡有一個擺著五顏六色竹製家具的會客廳，一個完全用中國圖案裝飾起來的雙人臥室，一個帶浴缸及淋浴設備的衛生間，一個寬敞的帶頂瞭望台，它十分廣闊，吊著的蕨類植物，船的前方及兩側都看得清清楚楚，還有一套無聲響的製冷設備，可以保持整個環境不受外界聲音的影響，溫度不高不低，總像春天。這個豪華房間被稱為「總統艙」，因為到當時為止已有三位共和國總統旅行時住在那兒。這一船艙不是用來賺錢，而是留給高官和貴人使用。阿里薩當了加勒比內河航運公司的董事長後馬上讓人造此寢艙，公開說法是為了上述目的，但內心他想的是，遲早它會成為他與費爾米納結婚旅行的幸福的庇護所，對此他充滿信心。

這一日子終於來到了，她以女主人和夫人的身分佔據了「總統艙」。船長用香檳和燻鮭魚款待烏爾比諾·達薩醫生及夫人，還有阿里薩。船長叫迭戈·薩馬利塔諾，他身著白色亞麻布制服，從靴子尖直到用金絲線繡著加勒比內河航運公司徽章的帽子，都是整整齊齊、乾乾淨淨，顯得很有教養。與其他內河航船船長一樣，他有一個結實得像木棉樹般的體魄，果斷而洪亮的聲音，以及弗洛倫薩紅衣主教的派頭。

晚上七點，拉了第一道啟程汽笛。費爾米納感到汽笛聲震得她的左耳疼痛難忍。頭天晚上作了些夢，盡是些惡兆，她不敢去解釋。大清早她就讓人把她帶到當時叫做拉·曼加公墓附近的神學院公墓去。她站在丈夫的墓穴前自言自語，對他進行合乎情理的責備，把那些憋在心中的話全部傾吐出來，然後與已故的丈夫和解。接著她向他述說了旅行計畫，並說了聲「很快再見」，以示道別。像她每次去歐洲旅行那樣，她不想把外出的事告訴任何人，以避免沒完沒了的送行。雖然她作過多次旅行，但仍感到像第一次出行一般。隨著時間的流逝，她的不安也在增加。一上了船，就覺得像是被遺棄了，心中十分淒涼，她真想單獨待在一處痛痛快快地哭一場。

響起最後一道汽笛時，烏爾比諾·達薩大夫和妻子爽快地跟費爾米納告別。阿里薩陪他們走到下船跳板那兒。烏爾比諾·達薩大夫在妻子後邊為他讓路，只有這時，他才明白了阿里薩也去旅行。烏爾比諾・達薩大夫掩飾不住自己的惶惑。

「可是，這事我們不知道呀！」他說。阿里薩向他出示了他的寢艙的鑰匙，意圖再明顯不過了；讓他明白他占用的是公共甲板上的一個普通艙。然而烏爾比諾・達薩大夫並不覺得這就足以證明他的清白。他向妻子投去一道遇難者的目光，像是為自己的惶惑尋找一個支撐點，但是他遇到的是冰冷的目光。她以非常低然而是嚴厲的聲音對他說：「你也……？」是的，他也像妹妹奧費利亞一樣，認為愛情有其年齡界限，過了這個界限，就開始不體面了。可是他擅於適時作出反應。他與阿里薩握手告別，那握手與其說是感激，倒不如說是無可奈何。

阿里薩從大廳欄杆那兒看著他們下船。正如他所等待與期望的那樣，烏爾比諾・達薩大夫和妻子在登上汽車之前，背轉身來看了看他，而他則揮手向他們告別。他們也向他揮了揮手。他繼續站在欄杆那兒，直到車子在貨場院子裡的塵埃中消失。然後他進到自己的寢艙，穿上一套更適合在船長私人餐室裡吃登船後第一頓晚餐的衣服。

這是一個美麗的夜晚，而且迭戈・薩馬利塔諾船長以其四十年河上生涯的內容豐富的故事為這個夜晚加了調料。但是，費爾米納不得不費老大勁兒才裝出了開心愜意的樣子。雖然八點鐘就拉過了最後一道啟航汽笛，送行的人也都下了船，撤了搭板，但是，輪船還是在船長吃完飯走上指揮台上開始操作後才開航的。費爾米納及阿里薩站在大廳的欄杆旁，往外眺望。以辨別城市燈光取樂的喧嚷的旅客，跟他們擠在一起。就這樣，輪船慢慢地開出港灣，駛入看不清的水道及布滿點點漁燈的沼澤地，最後終於在馬格達萊納河寬闊的主航道上自由自在地加速行進了。這時，樂隊奏起了一支流行的民間樂曲，旅客一片歡騰，舞會亂哄哄地開始了。

費爾米納寧願躲在客艙裡。整個晚上她默無一言，阿里薩也聽任她去安靜地遐想，只是在艙前向她道別時打擾了一下。但是她沒有睏意，只感到有點冷。她建議兩個人一起在艙房瞭望台前坐一會，看一看河流。阿里薩抱了兩個籐椅到欄杆邊，關了燈，給她披上條毛毯，爾後坐到她身邊。她從他送的小盒子裡取出菸葉捲了支菸。她熟練的捲菸技術令人吃驚。她悠悠地吸著，煙霧留在口中，也不說話。接著又捲了兩支，不間斷地吸著。阿里薩則是一口接一口地啜了兩暖壺苦咖啡。從黑乎乎的瞭望台看去，河流平緩而安靜，月光下，沿岸的牧場變成了閃著磷光的平原，時而可見大堆大堆的篝火旁有間草屋，告訴人們，那兒可以買到供輪船用的木柴。阿里薩對青年時作的那次旅行尚有記憶，而沿河所見使那些記憶陡然復甦，像是昨天剛剛發生的事。他給費爾米納講了一些當時的情景，以為可以振作她的情緒，但是，她只是吸烟，彷彿什麼都沒聽見似的。阿里薩放棄自己的回憶，讓她獨自去想自己的心事。這當兒她仍舊不停地捲菸，點菸，吸菸，直到將盒子裡的菸葉全部捲完，吸光。

半夜過後，音樂停止，喧嘩的旅客們散去，只聽到入睡時的竊竊私語。那時，只有他們兩個人單獨坐在黑暗的瞭望台上了，兩顆心在一起跳動，兩個人和輪船行駛的節奏在一起呼吸。過了好一會兒，阿里薩借著河水的反光看了一眼費爾米納。她在出神，表情神祕，河水微弱的反光照在她雕像般的側影上，顯得柔和而甜蜜。他發現她在無聲地啜泣。可是，他沒有像她希望的那樣去安慰她或等著她的眼淚流盡，而是嚇得慌了神兒。

「你是想一個人待著嗎？」他問。

「要是那樣，我就不會叫你進來了。」她說。

於是，他在黑暗中伸出指頭，摸索著尋找另外一隻手。他找到了，那隻手正等著他。在同一瞬間，兩個人都十分清楚地意識到，兩隻手中哪一隻都不是他們接觸之前所想像的那樣，而是兩隻老骨頭的手。但是，過了片刻，就變成他們想像的手了。她以動詞的現在時開始講述已故的丈夫，就像他仍然活在世上。阿里薩明白，對她來說，也到了這樣的時刻，她要帶著莊重、崇高和無法遏制的活下去的願望自問，她該如何對待自己的沒有主人的愛情。

費爾米納為了不把手從他的手中抽出來，只好停止吸菸。她沉溺在理解的熱望之中。她不能想像有比她的丈夫更好的丈夫了。然而，當她回憶起她的生活時，想的更多的都是挫折和不幸，而不是滿意和高興。他們有那麼多相互理解的事，那麼多毫無意義的爭執，那麼多沒解決好的怨恨。突然，她嘆了口氣：「真是無法相信，這麼多年，發生了那麼多口角和令人不悅的事，居然還能如此幸福，天哪，實際上連這是不是愛情也不曉得！」講出了內心的話，費爾米納感到心情異常憂鬱。輪船行駛得十分緩慢，有如一隻伺機覓食的巨大動物在悄悄爬行。費爾米納從憂慮中甦醒了。

「現在，你走吧！」她說。

阿里薩緊握她的手，向她俯過身去，想吻一下她的面頰。但是，她躲開了他，並以沙啞而溫柔的聲音說：

「不行了，我已是老太婆了！」

她聽見他在黑暗中走出去，聽見他走在樓梯上的腳步聲，聽見他漸漸消失的聲音。費爾米納又點了一支菸。一面吸著，一面看到了烏爾比諾醫生。他穿著整潔的麻布衣服，帶著職業的莊嚴和明顯的同情，以及彬彬有禮的愛，從另一條過去的船上揮舞著白帽子向她做再見的手勢。「我們男人都是些可悲的偏見的奴隸。」有一次他這麼對她說。「相反，當一個女人決定和一個男人睡覺的時候，沒有她跳不過去的圍牆，沒有她推不倒的堡壘，也沒有任何她不能對付的道德：一切都見鬼去吧。」費爾米納坐在那兒一動不動，直到天亮。她一直在想著阿里薩，不是福音公園中那個神情憂鬱的哨兵阿里薩，那個阿里薩已激不起她的一絲懷念之情了，而是此時的阿里薩，他衰老了，然而是真實的阿里薩，她一直伸手可及，但卻沒有及時識別出來。當輪船喘著粗氣拖著她向天邊映出的第一抹玫瑰色光亮行進時，她唯一祈求上帝的是讓阿里薩知道第二天從何處重新開始。

阿里薩知道第二天該怎麼辦。費爾米納告訴船上的侍者讓她好好睡一覺，不要驚動她。當她醒來的時候，床頭櫃上已擺著一個花瓶，花瓶中插著一朵白玫瑰，它是那樣的新鮮，還掛著清晨的露珠。玫瑰花旁還有一封阿里薩的信，有好多頁，說明他跟她道別後一直在寫。這是一封冷靜的信，只是述說了自從頭天晚上以來的心情，沒有涉及別的事。它像其它的信一樣抒情，像所有信那樣字斟句酌，但是以現實為基礎。費爾米納讀著讀著害臊起來，心跳得厲害。信的結尾懇求她，在她準備就緒後通知船上的侍者，因為船長在指揮台上等著他們，想給他們表演一下輪船操作。

十一點，她已作好了準備，洗過澡，身上飄溢著香皂的氣味，穿著一件很樸素的灰色薄棉布寡婦服，已從頭夜的折磨中完全恢復過來。她讓那位穿著潔白衣服專門為船長服務的侍者送來一份早餐，但沒有捎信讓他們來找自己。她自個兒走上了甲板。萬里無雲的天空閃著耀眼的光芒，她看見阿里薩正在指揮台上跟船長交談。她覺得他變成了另一個人，這不僅因為此時她對他已另眼相看，而且還因為他的確變了。他一反常態，脫下他穿了一輩子的暗色衣服，穿上了一雙很舒服的白皮鞋和麻布衫褲，上衣還是開領短袖的，胸前的口袋上繡著他的名字。頭上還戴一頂蘇格蘭帽，也是白色的，近視鏡框裡放上了養目鏡片。很明顯，那一切都是第一次，而且是都為那次旅行剛剛特意買來的，只有那條很舊的棕色腰帶除外。費爾米納一見那腰帶，就像在自己的湯中發現了一隻死蒼蠅。一想到那身打扮顯然是給她看的，她的雙頰不禁感到火辣辣的，立刻變得像一塊紅布。她跟他打招呼時顯得有些慌亂，看到她的慌亂他就更慌亂，他們同時意識到兩個人表現得跟一對未婚夫妻一樣，就變得更加慌亂。而當兩個人意識到自己的慌亂時就變得愈發慌亂，以致船長薩馬利塔諾察覺到這一點，對他們有點可憐了。為了把他們從窘境中解脫出來，他給他們講解指揮系統操作和輪船機械原理，整整講了兩個鐘頭。馬格達萊納河此段沒有河岸，闊闊廣廣的河灘一直伸延到天邊。輪船航行得十分緩慢。這兒的水與入海口處的濁水截然不同，靜靜地流著，十分清澈，在烈火般的太陽下閃爍著金屬般的光澤。費爾米納記得那一個布滿沙洲的三角洲。

「河面變得越來越窄了。」船長對她說。

阿里薩確實對變化感到驚奇。當第二天航行變得愈發困難時他就更驚奇了。他發現，世界大河之一的馬格達萊納河的原河道，現在只是記憶中的一場幻夢了。薩馬利塔諾船長給他們解釋說，五十年的濫伐森林把河流毀了。輪船的鍋爐吞沒了阿里薩第一次旅行時感到壓抑的大樹參天的茂密的原始森林。費爾米納再也看不到她夢中的動物了：新奧爾良皮革廠的獵人們將幾個鐘頭在河岸峭壁上張著大口裝死，伺機捕捉蝴蝶的鱷魚捕殺光了；隨著繁茂枝葉的完結，鸚鵡的喧囂，長尾猴及其發瘋般的吼叫也逐漸消聲匿迹了。有著巨大的乳房給幼畜餵奶、在河灘上像女人一樣傷心慟哭的海牛，也被那些以打獵取樂的獵人們用裝甲子彈打盡殺絕了。

薩馬利塔諾船長對海牛有一種近乎母性的愛，因為他覺得它們像是些由於在愛情上行為不端而被判了罪的夫人，而且他相信這樣一個神話：海牛是動物界中唯一只有雌沒有雄的動物。他一向反對人們從船上射殺海牛，——雖然有禁止射殺海牛的法律，但有些人還是常常這樣幹。一個身帶合法證件的美國北卡羅來納州的獵人，違背他的命令，用他那斯普林費爾德式獵槍準確地射擊打碎了一隻母海牛的腦袋，小海牛痛苦得發了瘋，伏在母海牛屍體上哭叫。船長讓人將那「孤兒」弄到船上來自己照管，而把那獵手扔在荒灘上與被他殺害的母海牛作伴。由於外交上的抗議，他坐了六個月的牢，幾乎丟了航行許可證。但是從牢中出來以後，不管是遇到多少次類似事件，他仍準備這麼幹。然而，那件事成了一段歷史性的插曲：那隻海牛孤兒在巴蘭卡斯的聖．尼科拉斯稀有動物園中長大，並且生活了多年，成了在這條河上所見到的最後一頭海牛。

「當我經過這段河灘時，」船長說，「我都懇求上帝讓那個美國佬再來乘我的船，好叫我再將他扔在荒灘上。」

費爾米納本來對船長沒有好感，聽了這個慈悲心腸的偉大的故事後卻深為感動，以致從那天下午起，就把他擺在自己內心深處的一個特殊位置上。她作得對，旅行剛剛開始，往後她會有足夠的機會發覺自己的正確。

費爾米納和阿里薩在指揮台上一直待到吃午飯的時候，那時剛剛過了卡拉瑪爾鎮。這個鎮子幾年前非常繁榮，娛樂活動不斷，如今街道卻變得荒涼冷落，成了一個在廢墟上的港口。從船上只看到一個穿白色衣服的女人，她搖著手絹在岸邊向船上的人打手勢。費爾米納不理解為何不讓這個女人上船，看上去她十分痛苦。可是船長解釋說，那是個淹死鬼的魂靈，在那兒打手勢是想誘引船隻航行到對岸危險的漩渦中去。他們從離她很近的地方經過，在陽光下費爾米納把她的一切都看得真真切切。她不懷疑事實上那個女人並不存在，但她覺得她有些面熟。

那是一個漫長而炎熱的日子。費爾米納吃過午飯就回到艙裡去睡她不可或缺的午覺，但是由於耳痛沒有睡好。當這條船在老巴蘭卡上邊十幾公里遠的地方與另一條加勒比內河航運公司的輪船相遇而互相拉汽笛致意時，她耳膜受到激烈震動，耳疾更加嚴重了。阿里薩在大廳裡坐著打了個盹兒，大部分沒買客艙票的旅客也像半夜一樣在那兒睡覺。他夢見羅莎爾芭在一個很近的地方上了船。她單身旅行，穿著上世紀蒙波斯地方的服裝，是她，而不是小孩，在掛在廊檐下的柳條筐裡睡午覺。這是一個既費解又有趣的夢，整個下午，他一面與船長及兩名旅客打骨牌，一面在回味這個夢。

太陽落山，炎熱稍退。輪船上又活躍了。旅客們像從昏睡中醒過來一樣，剛剛洗完澡換上乾淨衣服鑽出來，坐在大廳的藤椅上等著開晚飯。一個侍者，在人們嘲弄的掌聲中，搖著教堂司事鈴，從甲板一頭走到另一頭，宣布晚飯五點開始，人們吃飯時，樂隊奏起方丹戈舞曲，舞會一直持續到半夜。

費爾米納由於耳痛沒有胃口吃晚飯。她看到了第一次從岸上給鍋爐送來的木柴。那是在一個光禿禿的懸崖上，除在堆在那兒的樹幹外沒有任何東西。一個上了年紀的人在照料著這項買賣。在很長一段距離內好像再沒有看見什麼。費爾米納覺得那是一次漫長而枯燥無味的停留，這在歐洲遠洋輪上是不可想像的。瞭望台內安有冷氣設備，依舊悶熱難忍。輪船重新起錨之後，音樂也更歡快了。在希蒂奧・諾埃沃鎮，從一所孤零零的房子的孤零零的窗戶中射出了孤零零的燈光。港口辦公室沒按慣例給輪船亮出載貨還是載客的信號，因而，輪船也沒致意就駛過了。

整個下午，費爾米納都在自問，阿里薩將會用什麼辦法不敲她的艙門而見到她。八點鐘以後，她再也忍不住了。她要和他在一起。她走進過道，希望以一種看上去似乎是偶然的方式碰到他。她無須走多遠就達到了目的，阿里薩正在走廊的一張長靠背椅子上，沉默不語，神情悲傷，像在福音公園裡一樣，從兩個鐘頭以前他就一遍遍地問自己怎樣才能見到她。兩個人露出了相同的吃驚表情，但兩人都知道那是裝出來的。他們一起走上了一等艙甲板，在那兒踱步。甲板上擠滿了年輕人和吵吵嚷嚷的大學生，他們已到了假期的最後階段，希望痛痛快快地玩一場，把剩餘的精力消耗掉。在餐廳裡，阿里薩和費爾米納像大學生一樣站在櫃台前喝了一瓶冷飲，後者突然發現自己處於一種可怕的境地中，驚叫道：「多可怕呀！」阿里薩問她在想什麼，又看到了什麼。

「我在想那可憐的老人，」她說。「就是在遊艇上被槳打死的兩位老人。」

兩人在昏暗的瞭望台上沒有任何打擾地進行了一次長談後，音樂停了，他們便去睡覺。沒有月亮，天空陰沉，天邊在打閃，不時地照亮他們，但卻不聞雷聲。阿里薩為她捲了菸，她只吸了四根，那是在耳痛減輕的時候。當輪船與其他輪船相遇，或減緩速度，以試探河水深淺而拉響汽笛的時候，她的耳痛便又加劇，折磨得她不敢再吸菸。他告訴她，他在賽詩會上、氣球旅行時和雜技兩輪腳踏車上見過她，當時他心情是多麼地激動，他全年都在眼巴巴地等著公共喜慶活動的到來，目的只是為了看到她。她也見過他許多次，但從未想到，他在那兒僅僅是為了看她。然而，當她差不多在一年前讀到他的信時，她突然暗暗自問，他為什麼從未參加賽詩會呢？如果參加，他肯定會獲勝的。阿里薩在她面前撒了謊，說那些詩是寫給她看的，專門給她寫的，除她之外，就只有他自己讀到那些詩。那時是她採取了主動，在黑暗中尋找他的手，但不像前天晚上那樣，一隻手等待另一隻手慢慢抓住它，而是一下子突然抓住。阿里薩霎時驚呆了，心也變得冰冷。

「女人多怪呀！」他說。

她發出了一陣深沉的笑，像小鴿子一般，但轉而又想起了遊艇上的老人來。那是上帝的旨意，那個形象將會一直追隨著她。這天晚上她居然能經受得住，因為她覺得平靜、輕鬆，這是她一生中少有的。

擺脫了一切負疚之感。她真願整夜留在那兒，不說話，把他冰冷的汗漬漬的手握在自己手中，直到天亮。但是她忍受不了耳朵的劇痛。所以，當音樂停下來，普通艙的旅客在大廳裡忙碌了一陣拴好吊床後，她清楚地意識到耳朵的疼痛比和他在一起的願望更強烈。她知道，只要把這件事告訴他，耳痛馬上可以減輕，但她沒有這樣做，為的是不讓他擔心。她感到自己了解他，就像跟他生活了一輩子一樣。她相信，只要往回走能減輕她的疼痛的話，他是會立即下令把船開回港口的。

阿里薩早已預料到這天晚上事情會這樣發生，於是便退了出去。已經走到了艙門口，他試圖在告別時吻她一下，但她給了他左臉。他堅持著要右臉，並且呼吸已斷斷續續，她只好依了他，而且那股撒嬌的勁兒，遠在她的中學時代都未見過。那時他再次堅持，而她則用雙唇迎接了他。她渾身顫抖，她力圖用笑聲來抑制這種顫抖，自從新婚之夜以來，她從來沒這樣笑過。

「我的上帝！」她說，「在船上我真夠瘋的！」

阿里薩震驚了。真的，正如她自己說過的那樣，她已有一股老太婆的酸味了。然而，當他在睡著的旅客的吊床迷宮中尋找著道路向自己的艙房走去時，想到自己比她還大四歲，應該也有同樣的味道，而且她準會以同樣的激動察覺到了，於是便得到了安慰。這是人發酵的味兒，他在最早的那些情人身上聞到過，她們也在他身上聞到過。炮筒子納薩雷特的遺孀曾十分粗俗地對他說過，「我們都有禿鷲味了。」兩人都能相互忍受，因為他們是半斤八兩，我的味兒跟你的味兒抵消。但是，對阿美利卡·維庫尼亞他卻常常很當心，她的孩童味道總是激起他母親般的本能。可是，每每想到，她可能忍受不了他的老色鬼的味道，他就感到十分不安。但這一切都已成了過去。要緊的是，自從埃斯科拉斯蒂卡姑媽那天下午將祈禱書放在電報局的櫃台上起，今天夜晚是阿里薩第一次感受到的幸福。這種幸福是如此強烈，以致他都有點害怕了。

五點鐘，他開始入睡，輪船上的會計在桑布拉諾港將他喚醒，交給他一分加急電報。電報是前一天發出的，由卡西亞妮簽署。那是一封可怕的電報，只有一行字：阿美利卡·維庫尼亞昨日死亡，原因不詳。早上十一點鐘，他通過電報與卡西亞妮聯繫，了解到了事情的真相。自從他離開郵電局以後，這是他第一次重新操作發報機。由於期末考試不及格，阿美利卡·維庫尼亞極端苦悶，便喝了一瓶從校醫務室偷來的鴉片酊。阿里薩知道，那消息並不完全確實。可是，不，阿美利卡·維庫尼亞絕對不會留下任何文字，從而使某個人為她的這一決定受到譴責。她家裡的人此時正從帕德雷港趕來，那是卡西亞妮通知他們的，葬禮將在當天下午五時舉行。阿里薩鬆了口氣。為了繼續活下去，他唯一能做的就是不讓那件事的回憶折磨自己。雖然在餘生中那一回憶會時常不合時宜地突然再現，如同老傷疤的刺痛一般，但他還是將它從腦海中抹掉了。

後來的日子又是炎熱而漫長的。河水變得混濁起來，河面變得越來越窄，兩岸已不見盤根錯節的參天大樹，這種大樹當年曾使阿里薩感到吃驚。現在看到的只是枯焦的平地，被輪船鍋爐吞沒的整片原始森林的殘迹，以及被上帝遺棄的村鎮的瓦礫。這些村鎮的街道，即使在最乾旱的季節裡，也被水浸泡著，晚間使他們難以成眠的，不是河灘上海牛的美人魚般的歌聲，而是那漂向海洋的死屍的惡臭。雖然沒有戰爭，也沒有瘟疫，但是有膨脹起來的浮屍在河裡漂過。有一次，船長意味深長地說：「我們奉命告訴旅客，這是些偶然失足淹死的人。」過去每到中午最悶熱的時刻，鸚鵡便吱吱喳喳地吵鬧起來，長尾猴便嗷嗷地長鳴起來，現在這一切都無聲無息了，取而代之的，只是荒蕪了的大地的寂靜。

供應木柴的地方很少，而且相距甚遠，結果「新忠誠」號航行到第四天就斷了燃料，不得不就地停泊了幾乎一個星期。與此同時，船上一夥一夥人深入到浮著灰燼的沼澤中去尋找最後剩下來的零星樹木。沒有別的木柴了，樵夫們離開了他們的樹莊，以逃避地主老爺們的殘暴，逃避從天而降的霍亂，逃避政府堅持用轉移注意力的法令掩蓋的不明顯的戰事。閒得無聊的旅客們進行游泳比賽，組織出征打獵，回來時帶著活鼠蜥，將它們剖開肚子，取出一串串透明的軟蛋，然後又用打背包的針將它們的肚子縫合。他們把成串的鼠蜥蛋晾在輪船欄杆上。鄰近村鎮上的窮妓女們追隨出征隊的足迹，在河岸兩邊的懸崖上臨時支起帳篷，帶去音樂和食品，在擱淺的船對面歡鬧。

在就任加勒比內河航運公司董事長以前很久，阿里薩就不斷接到關於河流狀況受到嚴重破壞的報告，可是他幾乎連看都不看。他安慰股東們說：「別擔心，等木柴用光了，就會有燒油的船了。」他一直被費爾米納弄得無精打采，從來沒為此事動過腦筋，當察覺到實情時，已無計可施了，又不能去開闢一條新河。晚上，即使在水位最高的時候，也必須停下船來方能睡覺。這時，連活著這件起碼的事情都變得難以忍受了。大部分旅客，尤其歐洲人，脫開骯髒的艙室，到甲板上走來走去地過夜，用擦拭沒完沒了地流淌的汗水的毛巾驅趕著各種毒蟲。第二天黎明，他們筋疲力盡，身上被咬得腫起大包。十九世紀初葉的一個英國旅行者在談到那甚至可能延續五十天的獨木舟和騎驢結合的旅行時，曾這樣寫道：「這是一個人所能進行的最糟糕、最不舒服的國外旅行了。」蒸汽輪船開航的頭八十年，情況有了改變，後來又變成了這個樣子，而且將永遠如此。鱷魚吃掉了最後一隻蝴蝶，母海牛絕迹了，在村鎮，鸚鵡、長尾猴也都不見了，一切都完了。

「沒問題，」船長笑著說，「再有幾年，我們就將在乾涸的河道上開著豪華汽車來了。」

費爾米納和阿里薩頭三天還處在瞭望台的封閉的柔和的春天般的環境裡。但是，一旦實行了木柴配給制，冷氣系統就失掉了，「總統艙」同樣變成了大蒸籠。靠了從敞開的窗戶吹進來的河風納涼，費爾米納尚能度過晚上的難關，她需要用毛巾不斷地趕蚊蟲，因為在停船時蟲子太多，噴殺蟲劑已毫無用處。費爾米納耳朵痛得再也不能忍受，可是一天早上醒來時，突然疼痛完全停止了，彷彿一隻叫炸了肚皮的知了，一點聲音也沒有了。到了晚上，她才發現左耳聽不見了。阿里薩從這邊跟她講話時，她得轉過頭來才聽得清他說些什麼。她沒告訴任何人，只是默默地忍受著，反正到了這個年紀到處是毛病，再加一個也無所謂。

無論如何，船的延誤對他們來說是件上帝保佑的大好事。阿里薩有一次看到這麼一句話：「災難中的愛情更加偉大和高尚」。「總統艙」中的潮溼使他們陷入一種超越現實的昏睡之中，在這種情況下，無須你問我點什麼，我問你點什麼，愛起來就更容易。他們一個鐘頭一個鐘頭地在欄杆的靠背椅上拉著手，親吻，沉醉在歡樂之中。第三個昏昏欲睡的夜晚，她備了一瓶茴香酒等他。過去，她與表姊伊爾德布蘭達在一起曾偷偷喝過這種酒。後來，結了婚，有了孩子，就和那與自己格格不入的女友們一塊喝了。她需要頭腦有一點胡塗，以便不要過分清醒地去考慮自己的命運。可是阿里薩卻以為，她是為了鼓起勇氣走最後一步。

她將他帶到臥室去，亮著燈，開始大大方方地脫衣服。……

他們仰面躺了好長一會。隨著醉意消失，他越來越焦慮了。她卻十分安靜，近乎喪失了意志，但她祈求上帝不要叫她像每次喝茴香酒失態那樣傻笑起來。他們談著，目的在於消磨時間。談他們自己，談各自不同的生活，談他們赤裸裸地躺在一隻輪船的黑咕隆咚的艙房裡的令人難以置信的偶然性，——他們本來應該去思考等死的問題！她從來沒有聽說過他有女人，一個也沒有，在這個城裡，一切事情甚至在被證實之前就會家喻戶曉的。她是偶然給他提起這件事的，而他則立即作了回答，聲音一點也不含糊：

「那是因為我在為你保留著童身。」

雖然可能真是如此，可是她無論如何也不相信，因為他的情書就是用這類句子寫成的。那些情書不是因其內容而有價值，而是由於其令人目眩的威力。但她喜歡他說這話的勇氣。而阿里薩這時則突然暗暗自問那件他從來也沒敢問過自己的事：她在夫妻生活之外還有什麼樣的外遇？即便有，他也絕不會感到驚奇，因為他知道，女人和男人一樣喜歡祕密冒險的。在男人和女人之間，計謀，衝動，背叛，大家都有，相互不感內疚。但他沒有問她。他做得對。有一個時期，本來她與教會的關係已經相當緊張了，而懺悔牧師偏偏不著邊際地問她是否有過對丈夫的不忠行為。她沒有回答就站起來，沒有做完懺悔，也沒有告別，便悻悻而去。自此以後，她再也沒去找這個牧師，也沒找別的牧師去作懺悔。

在後來的日子裡，他們一刻也沒有分開過，幾乎連吃飯都不出艙門。薩馬利塔諾船長憑著本能就能發現他船上任何企圖保守的隱祕，每天早上都給他們送上白玫瑰，給他們播送他們那個時代的華爾滋小夜曲，吩咐給他們準備加入刺激性佐料的開玩笑性質的飯菜。

如果不是船長寫了個條子通知他們，航行十一天之後，這天午餐後就將到達最後一個灣口（黃金港）的話，他們是不會想到從船艙裡走出來的。費爾米納和阿里薩從船艙裡看到一大片在黃金色的陽光下照耀下高高聳立的房子，於是他們理解了港口名字的來歷。然而，當感到熱得像鍋爐般的空氣，看到大街上熔化的瀝青時，他們就頗不以為然了。再說，輪船也沒有停泊在那兒，而是停靠在對岸，那裡是通往聖菲的鐵路總站。

旅客們一下船，他們就離開了庇護所。費爾米納在空曠的大廳裡呼吸著未受汙染的新鮮空氣，兩個人從船上瞭望著在火車廂中尋找自己行李的亂哄哄的人群，那列火車有如一個玩具。可以想見，這些人是來自歐洲，尤其是女人，她們身上的北歐人的大衣和上一個世紀的帽子，跟灰塵飛揚的炎熱的伏天顯得十分不和諧。有一些女人的頭髮上裝飾著美麗的土豆花，由於天熱，已開始蔫了。列車在夢幻般的大草原上奔馳了一天，他們剛剛從安第斯平原來到這裡，還沒來得及換上加勒比地區的衣服。

在喧鬧的市場上，一位面目可悲的老人正從他的叫花子大衣口袋裡往外掏小雞。他穿著一件該是別人丟棄的破舊外套——外套的主人要比他高大魁梧——突然從人群中擠出來，摘下了帽子，將它翻開放在碼頭上，看看是否有人願意往裡扔個硬幣，同時開始從衣兜裡抓出一把一把半死不活的小雛雞，彷彿小雞是在他手指間繁殖出來的。一時間，碼頭上到處是一片跑動著的小雞了，它們啾啾地叫著，急匆匆的旅客們把牠們踩在腳下還不知道。費爾米納被這種像是為歡迎她而出現的奇觀迷住了，連回程的旅客何時開始上船都沒有發覺。她的快活日子結束了。在登船的人中間，她看到了許多熟悉的面孔，有一些還是不久前在悼唁活動中陪過她的朋友，於是她趕快又躲進艙裡去。阿里薩發現她驚恐不安。她寧願死也不願在丈夫死後這麼短的時間中所進行的一次消遣性旅行中讓自己熟悉的人發現。她的沮喪對阿里薩影響是如此之大，以致他答應要想出某種辦法來保護她，而不是讓她像坐牢一樣，總是待在艙房裡。

當他們在船長專用餐廳吃晚餐的時候，他突然有了主意。好久以來，船長在為一個問題感到不安，並想跟阿里薩進行討論，但他一直躲開他，理由總是一句話：「這些囉嗦事卡西亞妮處理得比我強。」但這一次他卻聽進去了。事情是，輪船上行時裝貨物，下行時卻跑空船，而載客的情況卻恰恰相反。「載貨有利，付的錢多，又不用吃飯。」他說。費爾米納晚飯吃得很沒滋味。對兩個男人關於票價的討論感到厭煩。但是，阿里薩一直跟船長討論到最後，終於提出了一個在船長看來有可能使他得救的問題。

「我們來作一個假設」，他說，「能否作一次直達航行，不裝貨物，不運旅客，也不在任何一個港口靠岸？」

船長說，這只是假設而已。加勒比內河航運公司有各種勞務協議，這一點，阿里薩比任何人更清楚。其中包括運貨合同、載客合同、郵政合同及許多其它合同，大部分是必須履行的。唯一可以不履行一切合同的條件，是船上發生瘟疫。輪船宣布處於隔離檢疫期，升起黃色旗，並作緊急航行。由於在河上多次發現霍亂病人，薩馬利塔諾船長曾幾次這樣做，雖然過後衛生當局強迫醫生簽署了普通痢疾證明。另外，在這條河流的歷史上，許多次曾升起過標誌瘟疫的黃色旗，為的是逃稅、不接受不願捎載的旅客和避免不恰當的檢查。阿里薩在桌子下面找到了費爾米納的手。

「那好」，他說，「就這麼辦！」

船長吃了一驚，轉瞬間，憑著他老狐狸的本能，把一切都看得明明白白。

「這條船該由我指揮，但您指揮我們大家，」他說。「那麼，如果您說了算數的話，就請給我一分書面的命令，我們馬上就啟航。」

他說話當然是算數的。阿里薩簽署了命令。歸根結柢，誰都知道雖然衛生當局打如意算盤，霍亂時期尚未過去。至於輪船，不成問題：已經裝上的少許貨物可以轉到別的船上，對旅客就說是機器出了事故，請他們在這天凌晨改上另一家公司的船。做這些事都是不道德的，甚至可說是卑鄙的，但在阿里薩看來，既然為了愛情，也就沒有什麼不合法的。船長唯一請求的是在納雷港停一下，讓一個陪他旅行的人上船，他也有自己的隱私。

這樣，「新忠誠」號第二天天一亮就起錨了，沒貨，也沒載客，大桅杆上標誌霍亂的黃色旗嘞啦啦地飄揚。傍晚，他們在納雷港讓一個比船長還高大結實的女人上了船。她異乎尋常的美麗，只差一把鬍子就可以受聘到馬戲團裡表演了。她叫塞奈達·內維斯，但船長叫她「我的魔女」：一個老情人。他常常在一個港口把她帶上，在另一個港口把她放下。她一上船，便沉浸在幸福的漩渦之中。在那個令人傷心觸目的地方，阿里薩對羅莎爾芭的懷念不禁油然而生。這時，他看見開往恩維加多的火車正在艱難地沿著當年馱騾走過的山路往上爬行著。天空突然落下了亞馬遜河地區的瓢潑大雨，而且在整個未來的旅行中一直很少停歇。但誰都不在意，航行中的娛樂活動連續不斷，勢不可擋。那天晚上，作為個人對歡樂的貢獻，費爾米納在船員們的歡呼中下了廚房，為大家作了一道他們從未嘗過的新菜，阿里薩將其命名為「愛之茄」。

白天，他們玩牌，吃得肚子都要爆炸了。午覺睡得又長又酣，醒來時個人疲憊不堪。太陽剛到西方，樂隊即開始演奏，他們吃鮭魚，喝茴香酒，吃飽了仍不停口。這是一次快速旅行，船輕，順流，水好，源頭下了大雨，那個星期及整個途中都在下大雨，上漲的河水沖著輪船風馳電掣般地前進。有些村鎮向他們開炮，表示要驅趕霍亂，而他們則以一聲悽慘的汽笛表示感謝。任何公司和他們相遇的船隻都向他們發出同情的信號。在梅塞德斯出生地馬崗格鎮，加足了以後旅程所需的全部木柴。

費爾米納的那隻好耳朵也開始聽到輪船的汽笛聲，把她嚇了一跳。但是喝茴香酒的第二天，兩隻耳朵同時聽到時就好多了。她發覺，玫瑰花比過去更香了，鳥兒黎明時比從前叫得更加動聽了，上帝製造了一隻海牛，把它放到了塔馬拉梅克河灘上，唯一的目的就是把她喚醒。船長聽到了海牛的叫聲，命令改變船的方向，他們終於看見了一頭巨大的海牛，牠正在把一頭小海牛抱在懷裡喝奶。不管是阿里薩還是費爾米納，都沒有意識到他們已經多麼情投意合，心心相印。她幫他灌腸，讓他多睡會兒，自己早早起來為他洗涮他放在杯中的假牙，她丟掉眼鏡的問題解決了，因為她可以戴上他的眼鏡看書和縫補衣服。一天早上，她醒來時，看見他正在暗中縫襯衣上的鈕扣，沒等他再說那句「需要有兩個老婆」的口頭禪，她就把活搶到了自己手裡。相反，她唯一需要他作的事，只是給她拔火罐來消除背痛。

阿里薩則用樂隊的小提琴重新開始抒發他的舊情。只用了半天工夫，他便能為她演奏「戴王冠的仙女」這支華爾茲舞曲了。一連幾個小時他都拉這支舞曲，直到大家強迫他停下來。一天夜裡，費爾米納平生第一次突然在窒息中醒來。她想哭，不是由於憤怒，而是由於痛苦，因為她想起了被船工用槳活活打死的遊艇上那兩位老人。相反，她對那不停的大雨卻完全無動於衷，她想巴黎也許並非像自己感覺的那樣陰鬱，聖菲的大街上也許並沒有那麼多葬禮，這種想法為時已晚。將來再與阿里薩一塊旅行的夢想，在她的腦際湧現出來：瘋狂的旅行，不帶那麼多行李，不進行社交活動，換言之，純粹的愛情旅行。

旅行結束的前夜，他們舉行了一次盛大的晚會，晚會上裝飾了紙花環，還掛了彩燈。黃昏時分，雨停了。船長和塞奈達緊緊地摟緊地跳了最初的幾個博萊羅舞。在那些年月裡，博萊羅舞曲已開始令人心醉。阿里薩大著膽子向費爾米納建議一塊親親熱熱地跳個意味深長的華爾滋舞，她拒絕了。然而，整個晚上她都用腦袋和鞋跟和著舞曲的節拍打點兒，甚至有一會兒不知不覺地坐著就跳起舞來。與此同時，船長和他的魔女也如膠似漆地在陰影中跳著博萊羅舞。費爾米納喝了那麼多茴香酒，以致大家只好扶著她上樓梯，她突然又哭又笑，驚動了周圍的人。可是，她一回到艙房，便在溫柔的香氣中控制住了自己。他們安安靜靜地在一起敘著舊情，這舊情將作為對那次發瘋般的旅行的最美的記憶永遠留在他們的腦海中。跟船長和塞奈達所猜想的相反，他們的感覺不像新婚夫婦，更不像晚遇的情人。那頗像一下越過了夫妻生活中必不可少的艱苦磨難，未經任何曲折，而直接奔向了愛巢。他們像被生活傷害了的一對老年夫妻那樣，不聲不響地超脫了激情的陷阱，超脫了幻想和醒悟的粗魯的嘲弄，到達了愛情的彼岸。因為長期共同的經歷使他們明白，不管在任何時候，任何地方，愛情就是愛情，離死亡越近，愛得就越深。

六點鐘，他們醒了。她由於喝了茴香酒感到腦袋劇烈的疼痛。同時，她感到心慌意亂，因為她似乎看到烏爾比諾醫生又回來了，比從樹上滑下來時胖了些，年輕了些，坐在家門口的搖椅上等著她。然而，她十分清楚地意識到，那不是茴香酒的作用，而是由於馬上就要到家了。

「就要跟死一樣了。」她說。

阿里薩聽了這話大吃一驚，因為他也隱隱約約地有這種想法，這意味著他回家後再也不能活下去了。無論他，還是她，都無法想像再適應另一個不同於船艙的家，吃不同於船上的飯菜，投身於一種對他們來說永遠是陌生的生活。真的，就跟要死一樣了。他無法再入睡，仰面躺在床上，雙手交叉枕在腦勺下。一會兒，阿美利卡·維庫尼亞的事情如一把利劍似地刺傷著他的心，以致他痛苦地蜷曲起來。不能再睜眼不看事實了。他把自己關在衛生間裡，痛痛快快地哭了一場，一直哭到流盡最後一滴眼淚。只有在這時，他才有勇氣承認他曾經是多麼地愛她。

當他們穿好衣服起來準備下船時，當年西班牙人的關口水道和沼澤地已被拋在後面，輪船開始在海灣裡的廢棄的破船和貯油池之間行駛了。這是一個星期四，燦爛的陽光在總督城房舍的金色圓頂上空升起，但是費爾米納從船欄上卻忍受不了這天堂一般威嚴的地方的惡臭和被鼠蜥糟蹋了的堡壘的高傲：現實生活的可怖。無論是他還是她，不用說，都未曾感到這麼容易地就累垮了。

他們在飯廳裡找到了船長，他那副亂七八糟的樣子，與他平常的乾淨洒脫的儀表很不協調：鬍子沒刮，眼睛因失眠而布滿血絲，衣服被前天夜間的汗水漬溼，說起話來顛三倒四，還不時打著帶茴香酒味的嗝兒。塞奈達還睡著。他們開始默默地吃早餐。這時，一艘港口衛生局的汽油艇命令他們停船。

船長從指揮台上大聲喊叫著回答武裝巡邏隊的問語。他們想了解船上是什麼樣的瘟疫，有多少旅客，多少病人，傳染的可能性有多大。船長回答只有三名旅客，全都害霍亂，但處於嚴格的隔離之中。不管是應該在「黃金港」上船的人，還是二十七名船員都沒與他們有過任何接觸。但巡邏隊長不滿意，命令他們離開港灣，在拉斯·梅塞德斯沼澤地等到下午二點，同時準備辦理隔離手續。船長放了一個鞭炮，打了個手勢，讓領航員繞了個圈子，掉轉船頭回沼澤地去了。

費爾米納和阿里薩在餐桌上聽到了一切，但是船長像是滿不在乎。他繼續默默地吃著飯，一舉一動都顯得很不高興。甚至連維護內河船長美譽的禮貌和修養都不顧了。他用刀尖畫開了四個煎雞蛋，在盤子裡用油炸青香蕉片蘸著，大塊大塊地塞入嘴中，津津有味地嚼著。費爾米納和阿里薩看著他，一言不發，像在學校裡坐在凳子上等著宣讀期末考試評分一樣。在船長與衛生巡邏隊對話時，他們沒有作聲，對自己的命運，他們一點數也沒有。但兩人都知道，船長在為他倆著想，這從他蹦蹦跳跳的太陽穴可以看出來。

在船長吃光那盤雞蛋——油炸青香蕉片和喝光那杯牛奶咖啡的同時，輪船離開了港灣。鍋爐靜悄悄的，船在港汊裡畫破水面，穿過片片浮萍，深紫色的蓮花和心臟形狀的大荷葉，回沼澤地去了。水面上側身漂浮著的死魚閃爍著光芒，那是被偷偷開船進來的漁民用炸藥炸死的，陸地和水上的鳥兒在牠們上空盤旋著，發出尖利的叫聲。加勒比海的風隨著鳥兒的喧鬧，從窗戶中吹進來，費爾米納感到她的血液在沸騰，並且陣陣發疼。右邊，馬格達萊納河的潮淹區的水混濁而緩慢，一直延伸到世界的另一邊。

當盤中的食物全部吃光的時候，船長用餐桌布角擦了擦嘴，用一種放肆無禮的行話打開了話匣子，一下子把內河航運船長為人讚美的好名聲徹底毀壞了。他不是為他們抱不平，也不是為任何人，而是想發洩一下自己的怒氣。在一連串粗魯的咒罵之後，他的結論是，掛霍亂旗所陷進的困境，無論如何也難以擺脫了。

阿里薩眼睛眨也不眨地聽他說完，然後從窗戶中看了看航海羅盤的刻度盤，看了看清晰透明的天際，看了看萬里無雲的十二月的天空以及永遠能航行的河水，說：

「我們一直走，一直走，一直走，再到『黃金港』去！」

費爾米納震驚了，因為她聽出了昔日聖靈所啟發的那種聲音。於是她瞅了一眼船長：他就是命運之神。但船長沒有看見她，他被阿里薩衝動的巨大威力驚呆了。

「您這話當真？」他問。

「從我出生起，」阿里薩說，「我從來沒有把自己的話當過兒戲。」

船長看了一下費爾米納，在她的睫毛上看到了初霜的閃光。然後他又看了一眼阿里薩，看到了他那不可戰勝的自制力和勇敢無畏的愛。於是，終於悟到了生命跟死亡相比，前者才是無限的這一真諦，這使船長大吃一驚。

「您認為我們這樣瞎扯淡的來來去去可以繼續到何時？」他問。

阿里薩早在五十三年七個月零十一個日日夜夜之前就準備好了答案。

「永生永世！」他說。

■註

①英國小說家Joseph Conrad，原為波蘭貴族，曾航海冒險二十年，到過南美；一八九五年用英語出版第一部小說。

番石榴飄香

加西亞·馬奎斯談寫作

●普·阿·門多薩 作
●林一安 譯

哥倫比亞著名作家，一九八二年諾貝爾文學獎金獲得者加西亞·馬奎斯是當代拉丁美洲文壇的傑出代表。他的中短篇小說，特別是他運用魔幻現實主義手法創作的兩部長篇小說——《百年孤寂》（一九六七）和《家長的沒落》（一九七五）被推崇為當今西班牙語文學界乃至世界文壇的重要文學作品。拉丁美洲文學評論界認為，加西亞·馬奎斯能夠兼收並蓄，因而自成一派。在其長期的創作實踐中，作家如何博採眾長，在藝術上不斷探索和創新，如何以提醒公眾牢記歷史為職責，刻意反映拉丁美洲的歷史嬗變、社會現實及澆漓世風，已引起廣大讀者普遍關注。為滿足這一迫切願望，西班牙布魯格拉出版社和哥倫比亞黑綿羊出版社分別於一九八二年四月和五月出版了《番石榴飄香》（El olor de la guayaba）一書。它是加西亞·馬奎斯與另一位哥倫比亞作家兼記者普利尼奧·阿普萊約·門多薩的談話錄。談話錄共十四章，具體而詳盡地敘述了加西亞·馬奎斯的生平、創作實踐及社會活動。番石榴係南美洲一種常綠灌木，其果實呈球形或卵形，香味濃鬱，可供鮮食或製果汁、果醬、果凍。作者將談話錄題名《番石榴飄香》，頗具匠心，想指文學需經提煉及藝術加工。這裡選譯的《談寫作》是該書第三章，著重介紹了作家的文學淵源、創作主張及其小說的創作初衷和藝術手法的探索過程。其中某些觀點雖不同於拉美文學界的普遍看法（如對危地馬拉作家阿斯圖里亞斯的長篇名著《總統先生》的評價），但亦不失為一家之言，對於我們從各個角度來了解和研究作家以及其他拉丁美洲作家的創作是很有價值的。

普·阿·門多薩（Plinio Apuleyo Mendoza，一九三二——），哥倫比亞小說家、記者。曾在委內瑞拉的《埃利特》周刊及《現代》周刊、哥倫比亞的《自由行動》及《文匯》雜誌、法國的《自由》雜誌中擔任領導職務。著有短篇小說集《逃兵》（一九七四）、長篇小說《逃亡歲月》（一九七九）等。一九七九年曾獲哥倫比亞國家文學獎金。

本文據西班牙布魯格拉出版社一九八三年一月第二版版本譯出。譯文中加西亞·馬奎斯簡稱為「馬」，門多薩簡稱為「門」。

馬：我是偶然開始寫作的，也許只是為了向一位朋友表明，我這一代人是能夠出作家的。從此，我就愛上了寫作，而且欲罷不能；後來，我竟然認為，除了寫作，世界上沒有任何事物能使我更加喜愛。

門：你說過，寫作是一大樂事，也說過，寫作是一件苦差。究竟應該怎麼看？

馬：兩種說法都對。我在開始寫作的時候，剛剛探索到寫作的奥祕，心情欣喜愉快，幾乎沒有想到自己要負有什麼責任。我記得，那時候，每天凌晨兩、三點鐘，我幹完報社的工作，還能寫上四頁，五頁，甚至十頁書。有時候一口氣就寫完一個短篇小說。

門：現在呢？

馬：現在一天能寫完一個大段落就算萬幸了。隨著時間的推移，寫作已經變成一件苦事。

門：為什麼呢？有人會說，你已經嫻熟地掌握了駕馭文字的技巧，寫起來應該是得心應手的了。

馬：問題很簡單，就是責任心越來越強了。現在我覺得，每寫一個字母，會引起更大的反響，會對更多的人產生影響。

門：這也許是你成名後產生的後果吧。聲譽能這麼左右你的心緒嗎？

馬：確實使我心神不安。在我們這樣一個沒想到會湧現一批有成就的作家的大陸上，對於一個沒有文學才華的人來說，更是如此，因為他的書像香腸一樣地出售。我非常討厭自己變成眾目睽睽的對象，討厭電視、大會、報告會、座談會……

門：那麼，採訪呢？

馬：也討厭。我不想跟任何人爭名奪利。這和登山運動員一樣，冒著生命危險攀登高峰，但是一旦登了上來，下一步該怎麼辦呢？要下去，或者爭取明智地、盡量體面地下去。

門：你年輕的時候，從事過別的職業，所以常常在晚上寫作，菸抽得很厲害。

馬：一天抽四十支。

門：現在呢？

馬：現在不抽了，我只在白天工作。

門：是不是上午？

馬：從上午九點到下午三點。房間裡安靜無聲，暖氣充足。要是又吵又冷，我思路就亂了。

門：你是否像別的作家一樣，面對空白的稿紙會感到焦慮？

馬：是的。除了醫學上所說的幽閉恐怖之外，最使我感到焦慮的就是這件事了。但是，我聽了海明威的忠告之後，這種焦慮就一掃而光了；他說，只有對第二天要幹什麼心中有數時，才能休息。

門：對你來說，具備什麼條件才能動手寫一本書？

馬：一個目睹的形象。我認為，別的作家有了一個想法，一種觀念，就能寫出一本書來。我總是先得有一個形象。《禮拜二午睡時刻》①我認為是我最好的短篇小說，它是我在一個荒涼的鎮子上看到一個身穿喪服，手打黑傘的女人領著一個也穿著喪服的小姑娘在火辣辣的驕陽下奔走之後寫成的。《枯枝敗葉》②是一個老頭兒帶著孫子去參加葬禮。《沒有人給他寫信的上校》③的成書原因是基於一個人在巴蘭基利亞④鬧市碼頭等候渡船的形象。那人沉默不語，心急如焚。幾年之後，我在巴黎等一封來信，也許是一張匯票，也是那麼焦急不安，跟我記憶中的那個人一模一樣。

門：那麼，《百年孤寂》⑤又基於怎樣的目睹形象呢？

馬：一個老頭兒帶著一個小男孩去見識冰塊。那時候，馬戲團把冰塊當做稀罕寶貝來展覽。

門：是你的外祖父馬奎斯上校吧？

馬：是的。

門：那就是說，你是從現實中擷取素材的了。

馬：不是直接從現實中取材，而是從中受到啟迪，獲得靈感。我記得，我們住在阿拉卡塔卡⑥的時候，我年紀還小，有一次我外祖父帶我去馬戲團看過單峰駝。又有一天，我對我外祖父說，我還沒見過冰塊呢，他就帶我去香蕉公司的倉庫，讓人打開一箱冰凍鯛魚，把我的手按在冰塊裡。《百年孤寂》就是根據這一形象開的頭。

門：你把這兩件事歸納成這部小說開始的一段話了。確切地講，你是怎麼寫的？

馬：「多年之後，面對行刑隊，奧雷良諾·布恩地亞上校將會想起，他父親帶他去見識冰塊的那個遙遠的下午。」

門：一般地說，你非常重視一本書的第一句話。你對我說過，第一句話常常比全書其餘部分還要難寫，費時間。這是什麼原因？

馬：因為第一句話很可能是成書各種因素的實驗場所，它決定著全書的風格、結構、甚至篇幅。

門：寫一部長篇小說，你要用很多時間吧？

馬：光是寫，倒不用很長時間，那很快。《百年孤寂》我不到兩年就寫完了。不過，在我坐在打字機旁動手之前，我花了十五、六年來構思這部小說。

門：《家長的沒落》⑦，你也用了這麼多的時間才醞釀成熟。那麼，你用了幾年時間才動手寫《一件事先張揚的凶殺案》⑧呢？

馬：三十年。

門：為什麼用了那麼長時間？

馬：小說中描寫的事情發生在一九五一年，當時，我覺得，還不能用來作為寫長篇小說的素材，只能用來寫篇新聞報導。可是那時候，在哥倫比亞，新聞報導這種體裁的作品還不太流行，而我又是一個地方報紙的記者，報社對這類事情也許不大感興趣。幾年之後，我開始從文學的角度來思考這件事。但是，只要一想到我母親看到這麼多好朋友、甚至幾位親戚都被捲進自己兒子寫的一本書去會不高興，我又猶豫不決了。不過，說實話，這一題材只是在我思索多年並發現了問題的關鍵之後才吸引住我的。問題的關鍵是，那兩個凶手本來沒有殺人的念頭，他們還千方百計地想讓人出面阻止他們行凶，結果事與願違。這是萬不得已的，這就是這齣悲劇唯一真正的新奇之處，當然，這類悲劇在拉丁美洲是相當普遍的。後來，由於結構方面的原因，我又遲遲沒有動筆。事實上，小說描寫的故事在案件發生之後二十五年才算了結。那時候，丈夫帶著曾被遺棄的妻子回到鎮上。不過，我認為小說的結尾必須要有作案行為的細節描寫。解決的辦法是讓講故事的人自己出場（我生平第一次出場了），使他能在小說的時間結構上筆意縱橫，奔放自如。這就是說，事隔三十年之後，我才領悟到我們小說家常常忽略的事情，即真實永遠是文學的最佳模式。

門：海明威說過，對一個題材既不能倉促動筆，也不能擱置過久。一個故事裝在腦袋裡那麼多年也不動筆寫出來，你不著急嗎？

馬：說實話，如果一個想法經不起多年的丟棄，我是決不會有興趣的。而如果這種想法確實經得起考驗，就像我寫《百年孤寂》想了十五年，寫《家長的沒落》想了十六年，寫《一件事先張揚的凶殺案》想了三十年一樣，那麼，到時候就會瓜熟蒂落，我就寫出來了。

門：你記筆記嗎？

馬：從來不記，只做一些工作紀錄。積多年的經驗，我認為，要是記筆記，就會老想著記筆記，顧不上構思作品了。

門：你修改得多嗎？

馬：在這方面，我的工作有了很大的變化。我年輕的時候，往往一口氣就寫完，然後一式打幾分，進行修改。現在我邊寫邊改，一行行地改，這樣寫一天，我的稿紙乾乾淨淨，沒有塗改勾畫，差不多可以送交出版社了。

門：你撕掉很多稿紙嗎？

馬：不計其數。我先把一張稿紙裝進打字機……

門：你總是打字嗎？

馬：是的，我用電動打字機。如果出了錯，對打的字不太滿意，或者只是因為打錯了字，不管是由於我自己的壞習慣、癖好還是由於過分審慎小心，我就把稿紙撤下來，換上一張新的。寫一篇十二頁的短篇小說，我有時要用五百張稿紙。這就是說，我有個怪脾氣，我認為打字錯誤等於創作錯誤，這個毛病我改不了。

門：許多作家不適應電動打字機，你沒有這種情況吧？

馬：我沒有。我和電動打字機結下了不解之緣。不使用這種打字機，我簡直無法進行寫作。我認為，一般地說，各種條件舒適，能夠寫得更好。有一種浪漫主義的神話，說是作家要想進行創作，必須忍飢挨餓，必須經受磨難，這我根本不相信。吃得好，使用電動打字機，能夠更好地進行寫作。

門：你在接受採訪時很少談到你正在寫的作品，那是為什麼？

馬：因為我正在寫的作品是我私生活的一部分。老實說，我對那些在採訪時大談其未來作品情節的作家倒感到有點可憐，因為這證明，他們的事情進展得並不順利，他們想把在小說創作中解決不了的問題拿到報刊上來解決，以求自我安慰。

門：可是你常常跟你的知己好友談論你正在進行寫作的作品。

馬：這倒不假。我是要他們幹一件苦差使。我只要寫東西，就常常跟朋友們談論。用這種辦法，我就能發現哪兒寫得成功，哪兒寫得還有缺陷，這是在黑暗中認清前進方向的一個訣竅。

馬：從來不讓別人看。這幾乎已經變成了一條我必須遵循的準則。實際上，我認為，在文學創作的征途上，作家永遠是孤軍奮戰的，這跟海上遇難者在驚濤駭浪裡掙扎一模一樣。是啊，這是世界上最孤獨的職業。誰也無法幫助一個人寫他正在寫的東西。

門：你認為，最理想的寫作環境是什麼地方？

馬：我已經說過好幾次了：上午在一個荒島，晚上在一座大城市。上午，我需要安靜；晚上，我得喝點兒酒，跟至親好友聊聊天。我總感到，必須跟街頭巷尾的人們保持聯系，及時了解當前情況。我這裡所說的和威廉·福克納的意思是一致的。他說，作家最完美的家是妓院，上午寂靜無聲，入夜歡聲笑語。

門：咱們著重來談談寫作技巧吧。在你漫長的寫作生涯中，誰對你的影響最大，你能對我說說嗎？

馬：首先，是我的外祖母。她不動聲色地給我講過許多令人毛骨悚然的故事，彷彿是她剛親眼看到似的。我發現，她講得沉著冷靜，繪聲繪色，使故事聽起來真實可信。我正是採用了我外祖母的這種方法創作《百年孤寂》的。

門：那麼是她使你發現自己會成為一個作家的嗎？

馬：不是她，而是卡夫卡。我認為他是採用我外祖母的那種方法用德語來講述故事的。我十七歲那年，讀到了《變形記》，當時我認為自己準能成為一個作家。我看到主人公格里高爾·薩姆莎一天早晨醒來居然會變成一隻巨大的甲蟲，於是我就想：「原來能這麼寫呀。要是能這麼寫，我倒也有興致了。」

門：為什麼這一點引起你那麼大的注意？這是不是說，寫作從此可以憑空編造了？

馬：是因為我恍然大悟，原來在文學領域裡，除了我當時背得滾瓜爛熟的中學教科書上那些刻板的、學究式的教條之外，還另有一番天地。這等於一下子卸掉了沉重的包袱。不過，隨著年逝月移，我發現一個人不能任意臆造或憑空想像，因為這很危險，會謊言連篇，而文學作品中的謊言要比現實生活中的謊言更加後患無窮。事物無論多麼荒謬悖理，總有一定之規。只要邏輯不混亂，不徹頭徹尾地陷入荒謬之中，就可以扔掉理性主義這塊遮羞布。

門：還得不陷入虛幻。

馬：對，還得不陷入虛幻。

門：你很討厭虛幻，為什麼？

馬：因為我認為虛幻只是粉飾現實的一種工具。但是，歸根結柢，創作的源泉永遠是現實。而虛幻，或者說單純的臆造，就像沃爾特·迪斯尼⑨的東西一樣，不以現實為依據，最令人厭惡。記得有一次，我興致勃勃地寫了一本童話，取名《虛度年華的海洋》，我把清樣寄給了你。你像過去一樣，坦率地對我說你不喜歡這本書。你認為，虛幻至少對你來說，真是不知所云。你的話使我幡然醒悟，因為孩子們也不喜歡虛幻，他們喜歡想像的東西。虛幻和想像之間的區別，就跟口技演員手裡操縱的木偶和真人一樣。

門：從文學創作和寫作技巧的角度來說，除了卡夫卡之外，還有哪些作家對你產生過影響？

馬：海明威。

門：你並不認為他是一個偉大的長篇小說家。

馬：他不是一個偉大的長篇小說家，但是個傑出的短篇小說家。他有句名言，他說，短篇小說彷彿一座冰山，應該以肉眼看不見的那個部分作基礎。也就是說，應該以研究、思索，經過搜集然而沒有直接選用的材料作為基礎。是啊，海明威讓人獲益匪淺，他甚至告訴你如何去描寫一隻貓拐過一個街角。

門：格林也教給你不少東西，我們有一次談到了這一點。

馬：是的，格雷厄姆·格林確實教會了我如何探索熱帶的奧祕。一個人很難選取最本質的東西對其十分熟悉的環境作出藝術的概括，因為他知道的東西是那樣的多，以至無從下手；要說的話是那樣的多，最後竟說不出一句話來。我興致勃勃地讀過富有觀察力的哥倫布、皮卡弗達⑩和西印度群島編年史家的作品，我還讀過戴著現代主義有色眼鏡的薩爾戈里⑪、康拉德⑫和本世紀初拉丁美洲熱帶風俗作家以及其他許多人的作品。我發現，他們的觀察和現實有著非常大的差距。有些人只是羅列現象，而羅列的現象越多，眼光就越短淺；據我們所知，有的人則一味地雕詞琢句，咬文嚼字。格雷厄姆·格林非常正確地解決了這個文學問題：他精選了一些互不相干，但是在客觀上卻有著千絲萬縷真正聯繫的材料。用這種辦法，熱帶的奧祕可以提煉成腐爛的番石榴的芳香。

門：你還從什麼人哪兒受到了教益，你記得嗎？

馬：大約二十五年前，我在加拉加斯聆聽過胡安·博什⑬的教誨。他說，作家這個職業，他的技巧，他的構思才能，甚至他的細膩隱蔽的描述手段，應該在青年時代就融會貫通。我們作家就跟鸚鵡一樣，上了歲數，是學不會說話的。

門：從事新聞工作，畢竟對你的文學創作總有些幫助吧？

馬：是的，但並不像人們所說的那樣：它使我有效地掌握了語言這個工具。新聞工作教會我如何把故事寫得有血有肉。讓俏姑娘雷梅苔絲裹著床單（白色的床單）飛上天空，或者給尼卡諾爾·雷依納神父喝一杯巧克力（是巧克力，而不是別的飲料），就能使他騰離地面十厘米⑭，這些，都是新聞記者的描寫手法或報導方式，是很有用的。

門：你一向很喜歡電影。作家也能從電影裡學到有用的東西嗎？

馬：我不知道怎樣回答這個問題。就我本人而言，電影既有長處，同時也有不足之處。不錯，它讓我看到了形形色色各種形象，但是我現在認識到，在《百年孤寂》之前的我的所有的作品裡，我都過分熱中於描繪親眼看到的人和事，甚至還考慮到了取景的視點及角度。

門：你現在一定想到了《沒有人給他寫信的上校》這部小說。

馬：是的，這部小說的風格和電影腳本極為相似。人物的活動彷彿受著攝影機的操縱。當我重讀這部小說的時候，我彷彿看到了攝影機在工作。今天，我認識到，文學手段和電影手段是不盡相同的。

門：你為什麼在你的作品裡不太重視對話？

馬：因為西班牙語的對話總顯得虛假做作。我一直認為，西班牙語的口頭對話和書面對話有著很大的區別。在現實生活中，西班牙語對話是優美生動的，但寫進小說就不一定了。所以，我很少寫口語。

門：你在著手創作一部長篇小說之前，作品中每個人物將來要展開的種種活動，你是否心中有數？

馬：只是有個大概的想法。在小說的寫作過程中，會發生難以逆料的事情的。我對奧雷良諾・布恩地亞上校的最初設想是，他是我國內戰時期的一名老將，是在一棵大樹底下小便時一命歸陰的⑮。

門：梅塞德斯⑯告訴我說，你寫到他死的時候，你心裡很難受。

馬：是的，我知道我遲早要把他結果的，但我遲遲不敢下手。上校已經上了歲數，整天做著他的小金魚。一天下午，我終於拿定了主意：「現在他該死了！」我不得不讓他一命歸天。我寫完那一章，渾身哆哆嗦嗦地走上三樓，梅塞德斯正在那兒。她一看我的臉色就知道發生了什麼事。「上校死了。」她說。我一頭倒在床上，整整哭了兩個鐘頭。

門：請問，什麼是靈感？它存在嗎？

馬：靈感這個詞已經給浪漫主義作家搞得聲名狼藉。我認為，靈感既不是一種天賦，而是作家堅忍不拔的精神和精湛的技巧為他們所努力要表達的主題做出的一種和解。當一個人想寫點東西的時候，那麼這個人和他要表達的主題之間就會產生一種互相制約的緊張關係，因為寫作的人要設法探究主題，而主題則力圖設置種種障礙。有時候，一切障礙會一掃而光，一切矛盾會迎刃而解，會發生過去夢想不到的許多事情。這時候，你才會感到，寫作是人生最美好的事情。這就是我所認為的靈感。

門：你在寫一本書的過程中，是不是有時候也會喪失這種才能？

馬：是的，那時我就得從頭至尾重新進行構思。我用改錐修理家裡的門鎖和插座，給門刷上綠漆。我認為，體力勞動常常會幫助我驅除對現實的恐懼感。

門：什麼地方會發生差錯？

馬：這常常發生在結構上。

門：問題有時是否會很嚴重？

馬：很嚴重，我往往不得不重寫一遍。一九六二年我在墨西哥寫《家長的沒落》，寫了近三百頁稿紙，便停了筆，底稿裡只有主人公的名字給保留了下來。一九六八年我在巴塞羅那重新開始寫，辛辛苦苦幹了六個月，又停了筆，因為主人公——一個年邁昏憒的獨裁者品格方面的某些特徵寫得不太清楚。大約兩年之後，我買到一本描寫非洲狩獵生活的書，因為我對海明威為此書寫的前言很感興趣。這篇前言對我來說價值不大，但是等我讀到了描寫大象的那一章，便發現了寫好我這部長篇小說的辦法。原來，我可以根據大象的某些特性來描繪我小說中的那個獨裁者的品格。

門：除了作品的結構和中心人物的心理之外，你還碰到過其他問題嗎？

馬：碰到過，有一次我簡直無從下筆，我怎麼也寫不好我作品中某個城市的悶熱的氣候。這事很棘手，因為那是加勒比地區的一座城市，那兒的天氣應該熱得可怕。

門：那你後來是怎麼解決的呢？

馬：我想出了一個主意，舉家前往加勒比。我在那兒幾乎逛蕩了整整一年，什麼事也沒幹。等我回到過去我寫《家長的沒落》的巴塞羅那的時候，我栽了幾種植物，讓它們飄逸出陣陣芳香，於是我終於讓讀者體驗到了這座城市的酷熱天氣。這本書後來沒費多大周折就順利寫完了。

門：當你快寫完一本書的時候，會出現什麼情況？

馬：我對它再也不感興趣了。正如海明威所說，它是一頭死去的獅子了。

門：你說過，優秀的小說是現實的藝術再現。你能不能解釋一下這個觀點？

馬：可以。我認為，小說是用密碼寫就的現實，是對世界的揣度。小說中的現實不同於生活中的現實，儘管前者以後者為依據。這跟夢境一個樣。

門：在你的作品中，特別是在《百年孤寂》和《家長的沒落》中，你所描繪的現實已經有了一個名稱，即魔幻現實主義。我覺得，你的歐洲讀者往往對你所講述的魔幻事物津津有味，但對產生這些事物的現實卻視而不見……

馬：那一定是他們的理性主義妨礙他們看到，現實並不是西紅柿或雞蛋多少錢一斤。拉丁美洲的日常生活告訴我們，現實中充滿了奇特的事物。為此，我總是願意舉美國探險家Ｅ．Ｗ．厄普．德．格拉夫的例子。上世紀初，他在亞馬孫河流域作了一次令人難以置信的旅行。這次旅行，使他大飽眼福。他見過一條沸水滾滾的河流；還經過一個地方，在那裡，人一說話就會降下一場傾盆大雨。在阿根廷南端的里瓦達維亞海軍准將城，極風把一個馬戲團全部颳上天空，第二天漁民們用網打撈上來許多死獅和死長頸鹿。在《格蘭德大媽的葬禮》這個短篇小說裡，我描寫了教皇對哥倫比亞的一個村莊進行了一次難以想像的，不可能成為現實的旅行。我記得，我把迎接教皇來訪的總統寫成一個禿了頂的矮胖子，以別於當時執政的高個瘦削的總統。小說問世十一年後，教皇真的到哥倫比亞來訪問，迎接他的總統跟我小說裡描寫的一模一樣：禿頂、矮胖。我寫完《百年孤寂》之後，巴蘭基利亞有一個青年說他確實長了一條豬尾巴。只要打開報紙，就會了解我們周圍每天都會發生奇特的事情。我認識一些普普通通的老百姓，他們興致勃勃、仔細認真地讀了《百年孤寂》，但是閱讀之餘並不大驚小怪，因為說實在的，我沒有講述任何一件跟他們的現實生活大有逕庭的事情。

門：那麼，你在作品裡所說的一切都具有現實的基礎罷？

馬：在我的小說裡，沒有任何一行字不是建立在現實的基礎上的。

門：你敢肯定嗎？在《百年孤寂》裡，就有許多相當奇特的事情。俏姑娘雷梅苔絲飛上天空，黃蝴蝶纏著毛里西奧．巴利洛尼亞打轉轉……

馬：這也都有現實根據。

門：請你舉例說明……

馬：比方說毛里西奧·巴比洛尼亞吧。我大約四、五歲的時候，住在阿拉卡塔卡。有一天，家裡來了一個電工換電表。這件事，歷歷如在目前，彷彿昨天發生似的。他用一條皮帶把自己綁在電線桿子上，免得掉下來。這條皮帶當時真把我看呆了。後來他又來過好幾次。有一次他來的時候，我看見我外祖母一面用一塊破布趕一隻蝴蝶，一面叨嘮：「這個人一到咱們家來，這隻黃蝴蝶就跟著來。」那個電工就是毛里西奧·巴比洛尼亞的原型。

門：俏姑娘雷梅苔絲呢？你怎麼會想到把她送上天空的呢？

馬：本來，我打算讓她在家中的走廊裡跟雷蓓卡和阿瑪蘭塔一起綉花時銷聲匿迹的。但這是電影鏡頭般的安排，我覺得很難讓人接受得了。雷梅苔絲說什麼也得留在那裡。於是我就想出一個主意：讓她肉體上和精神上都升上天空。這樣寫，有事實根據嗎？有一位老太太，一天早晨發現她孫女逃跑了，為掩蓋事情真相，她逢人便說她孫女飛到天上去了。

門：你在一個地方曾經說過，讓俏姑娘雷梅苔絲飛上天空可不容易。

馬：是啊，她怎麼也上不了天。我當時實在想不出辦法打發她飛上天空，心中很著急。有一天，我一面苦苦思索，一面走進我們家的院子裡去。當時風很大。一個來我們家洗衣服的高大而漂亮的黑女人在繩子上晾床單，她怎麼也晾不成，床單讓風給颳跑了。當時，我茅塞頓開，受到了啟發。「有了。」我想道。俏姑娘雷梅苔絲有了床單就可以飛上天空了。在這種情況下，床單便是現實提供的一個因素。當我回到打字機前的時候，俏姑娘雷梅苔絲就一個勁兒地飛呀，飛呀，連上帝也攔她不住了。

■註

①加西亞・馬奎斯的短篇小說，一九六二年發表。

②加西亞・馬奎斯的中篇小說，一九五五年問世。

③加西亞・馬奎斯的中篇小說，一九五八年發表。

④巴蘭基利亞，哥倫比亞北部的一個港口。

⑤加西亞・馬奎斯的代表作，長篇小說，一九六七年出版。

⑥阿拉卡塔卡，加西亞・馬奎斯誕生地，哥倫比亞馬格達萊納省一小城鎮。

⑦加西亞・馬奎斯又一著名長篇，一九七五年問世。

⑧加西亞・馬奎斯的中篇小說，一九八一年出版。

⑨沃爾特・迪斯尼（一九一〇—一九六六），美國動畫片及「主題公園」製

⑩安東尼奧・皮卡弗達（一四九一—一五三四），意大利航海家。

⑪埃米利奧・薩爾戈里（一八六三—一九一一）意大利作家，著有冒險小說多種。

⑫約瑟夫・康拉德（一八五七—一九二四），英國小說家。

⑬胡安・博什（一九〇九—），多米尼加作家、政治家。

⑭加西亞・馬奎斯的長篇小說《百年孤寂》中的人物和情節。

⑮這段情節，後來被加西亞・馬奎斯在《百年孤寂》中描寫成：

在一棵巨大的木棉樹下，奧雷良諾・布恩地亞上校用手槍對準自己胸脯上用碘酒畫出的圓圈開了一槍。

⑯加西亞・馬奎斯的夫人。

作者簡介

●何湯

加夫列爾・加西亞・馬奎斯（Gabriel García Márquez, 1928——），哥倫比亞作家。生於一個醫生家庭。自幼愛好文學，富于幻想。十八歲入大學攻讀法律，後因政局動盪，中途輟學，進入報界並從事文學創作。一九五五年發表第一部長篇小說《枯枝敗葉》一九六一年出版中篇小說《沒有人給他寫信的上校》。

代表作長篇小說《百年孤寂》於一九六七年出版，轟動西班牙語文學界並奠定文學上的地位。小說通過主人公布恩迪亞上校一家五代人的經歷，描繪了加勒比海沿岸某國小城市馬孔多從荒漠的沼澤地上興起到最後被一陣旋風捲走以至完全消亡的一百多年歷史演變。作家把這五代人的許多曲折離奇的遭遇和瑣碎平常、甚至荒誕不經的情節，跟本國的政治、歷史以及神話、傳說、宗教習俗等材料巧妙地揉合起來，用魔幻現實主義手法在反映和表現現實方面進行了新的探索。作者在《百年孤寂》中要引起公眾思考的是造成馬孔多——實際上是拉丁美洲的縮影——一百年孤寂的原因，以及打破這種狀態的途徑。

一九七五年，長篇小說《家長的沒落》發表，再次引起轟動。這部小說寫法更為新穎，作者運用「多人稱獨白」的筆法，敘述主人公的身世，同時以誇張虛構、嘲諷挖古的筆調，淋漓盡致地刻畫了一個當權二百來年的暴君昏庸無能、窮奢極欲的一生，猛烈抨擊拉美殘暴血腥的寡頭獨裁統治。

加西亞·馬奎斯的其他作品還有長篇小說《惡時辰》（一九六一）、《一件事先張揚的凶殺案》（一九八一），短篇小說集《藍狗的眼睛》（一九五五）、《格蘭德大媽的葬禮》（一九六二）等。

國家圖書館出版品預行編目資料

愛在瘟疫蔓延時/加西亞．馬奎斯(Gabriel Garcia Marguez)作；姜鳳光，蔣宗曹譯．--
初版，--臺北市：允晨文化出版，民84
面；　公分．--(經典文學；1)
譯自：El amor en los tiempos lel c'olera
ISBN 957-8983-60-3(平裝)

885.7357　　　　84000143

經典文學 ①

愛在瘟疫蔓延時

作　　者：加西亞．馬奎斯
譯　　者：姜鳳光、蔣宗曹
總 策 畫：鄭樹森
發 行 人：廖志峯
主　　編：李怡慧
執行編輯：楊家興
出　　版：允晨文化實業股份有限公司
初版日期：中華民國八十四年二月二十日
初版六刷：中華民國八十七年十二月一日
服務電話：(02)507-2606(代表號)
法律顧問：蔡欽源、邱賢德律師
登 記 證：行政院新聞局局版臺字第2523號
電腦排版：極翔企業有限公司
製　　版：正峯彩色製版印刷股份有限公司
印　　刷：正峯彩色製版印刷股份有限公司
裝　　訂：協億裝訂有限公司
地　　址：台北市南京東路三段21號6樓
傳真電話：(02)507-4260
劃撥帳號：0554566-1

定價：新台幣320元
原著書名：El Amor En Los Tiempos Lel C'olera

ISBN:957-8983-60-3

允晨文化　讀者服務卡

謝謝您購買這本書，爲加強對讀者的服務，請您詳細填寫本卡各欄，寄回給我們（免貼郵票），您即可收到允晨文化的出版訊息。同時，我們將依據您的寶貴意見，不斷地改進、努力。謝謝！

允晨文化與您共創書香社會！

____**您從哪裡得知本書／**

1書店　2DM
3報紙廣告　4廣播節目
5雜誌廣告　6電視節目
7親友介紹　8允晨書訊、目錄　9一般書評

____**購書方式／**

1逛書店　2劃撥、郵購
3電話訂購　4傳真訂購
5團體訂購　6直銷
7信用卡　8書展　9別人贈送

____**您經常購買哪一類書籍？(可多項選擇)**

1財經企管　2藝文　3傳記
4宗教哲學　5政治、法律　6心理勵志
7教育　8休閒及輕鬆小品文

____**本書吸引您的原因？（可多項選擇)**

1作者　2封面設計
3書的內容、編排　4書名

★您對本書的建議／

★最近讀過印象最深刻的書／

填妥正反兩面後，請沿虛線剪下，向後對折，並以訂書針釘牢直接投郵，免貼郵票，謝謝！

廣　告　回　信
臺灣北區郵政管理局登記證
北台字第2357號

免　貼　郵　票

允　晨　文　化
實業股份有限公司　**收**

台北市南京東路３段21號６Ｆ

⊙為加強對讀者的服務，請您詳細填寫本卡各欄，寄回給我們(免貼郵票)，您即可收到允晨文化的出版訊息。

購買書名：愛在瘟疫蔓延時〈3001〉

●姓名／＿＿＿＿＿＿＿＿　性別／1男　2女(請打勾)

●出生日期／民國＿＿＿＿年＿＿＿＿月＿＿＿＿日

●身份證字號／＿＿＿＿＿＿＿＿

●地址／＿＿＿＿＿＿＿＿

●學歷／1小學　2國中　3高中、高職　4大專　5研究所(含以上)

●職業／1學生　2軍警　3製造業
4公　5教職員　6商
7資訊　8服務業　9自由業
10傳播業　11金融　12其他＿＿＿＿＿＿